（第五版）

连锁经营管理

理论·实务·案例

王吉方 编著

首都经济贸易大学出版社
Capital University of Economics and Business Press
·北京·

图书在版编目(CIP)数据

连锁经营管理:理论·实务·案例/王吉方编著. --5版. --北京:首都经济贸易大学出版社,2021.1

ISBN 978-7-5638-3115-9

Ⅰ.①连… Ⅱ.①王… Ⅲ.①连锁经营-经营管理 Ⅳ.①F717.6

中国版本图书馆CIP数据核字(2020)第152986号

连锁经营管理——理论·实务·案例(第五版)

Liansuo Jingying Guanli——Lilun·Shiwu·Anli

王吉方 编著

责任编辑	晓 红
封面设计	**风得信·阿东** FondesyDesign
出版发行	首都经济贸易大学出版社
地　　址	北京市朝阳区红庙(邮编100026)
电　　话	(010)65976483 65065761 65071505(传真)
网　　址	http://www.sjmcb.com
E-mail	publish@cueb.edu.cn
经　　销	全国新华书店
照　　排	北京砚祥志远激光照排技术有限公司
印　　刷	北京市泰锐印刷有限责任公司
开　　本	710毫米×1000毫米 1/16
字　　数	387千字
印　　张	22
版　　次	2007年5月第1版 2010年7月第2版 2013年8月第3版 2017年1月第4版 **2021年1月第5版** 2022年8月总第14次印刷
书　　号	ISBN 978-7-5638-3115-9
定　　价	39.00元

理论顾问：裴亮——中国连锁经营协会会长

实践顾问：郑丹阳（北京凡佳诗管理顾问公司总经理、副研究员，中国连锁经营协会特许委员会委员）

编　　者：王吉方

编委会委员：李方勇　王吉方　朱荣欣　王洪涛　楚　东　王亚文　潘红尧　朱风仙　刘雅娟　苏　平　王　厦　黄少石　李白华　王鹤然　白　芸　张珠花

序　一

中国零售业正处于它的黄金发展期，消费者、经营者、投资者都在它的快速发展中享受到各自的利益，相关产业和整个社会也在零售业的兴旺与繁荣中获得更大的增长空间。综观中国零售业十几年所取得的进步，与两个因素密不可分。一是连锁经营的引入和推广，把工业化大生产中的专业化、规模化优势导入零售业，使零售企业摆脱了空间的束缚，一个个连锁王国随之诞生，同时，连锁化带动了零售业信息技术和物流技术的发展，使零售业在现代科技的应用和推广方面占据重要地位。二是对外开放和外资零售企业的进入，给中国零售市场和消费者带来了新的零售业态、营销理念和消费模式。在这些因素的作用下，在国家经济快速发展的背景下，中国的零售业正在以空前的速度迈向现代化。

但是，现代化的产业离不开现代化的人才。和其他产业一样，零售业也面临着专业人才缺乏的窘况。企业的经营管理者中鲜有受过系统零售专业培训的人员，因为在几年前的高等院校，很少有零售专业的设置，也很少有针对实践需要的零售教学。身处一线的管理者需要一些框架整齐、脉络清晰、深入浅出的零售教材，使自己的实践得到理论上的指引。学校的教育也应适应市场发展的需要，为零售业输送更多的人才。王吉方老师编写的《连锁经营管理》一书，是在较为充分的调研基础上完成的，篇幅虽不长，但具有自身的特点：

一是案例丰富。该书在每一章的前面加入了一个背景资料（案例），后面加入两个相关的综合案例，并带有思考题。这种体例可以增强学生的感性认识，达到举一反三、触类旁通、活学活用的目的。

二是关注中国企业。该书紧贴中国市场经济的实际与当前连锁经营的发展现状，所举案例和资料主要来自我们身边的本土企业。作者在编写过程中翻阅了大量的资料，并到许多连锁企业进行了实地调查，了解和掌握了许多第一手资料，然后从实用角度把这些最新的连锁信息纳入书中。

三是兼顾中外。书中涉及几十个外国连锁企业的资料，其中著名国际连锁巨头的案例达十几个。书中分析了当今国际市场连锁经营的发展趋势和发展流派，并进行了比较，为我国连锁经营的健康发展提供了有益的借鉴。

当然，本书经过前四版的不断修订与完善以及企业人员的参与，实操性有了极大的提高。但与企业实践还略有距离。这与该书的教材定位有密切关系，因为教材更强调理论体系，与追求实操性难免会有矛盾。要将两者有机结合，对作者不啻为一个很大的挑战。但是瑕不掩瑜，我相信该书会受到广大师生和业界同仁的欢迎。它会让同学们在接触理论的同时通过案例切切实实地去感悟，从而激发他们对连锁经营理论和方法的学习热情；会让连锁企业的同仁在工作之余，通过理论的学习，加深对企业实际操作和管理运营的理解。尤其是我希望那些有志于在零售业寻求自己事业机会的同学们，通过系统学习掌握基本理论后，能抓住当前零售业蓬勃发展的市场机遇，积极投身这个领域。这样的学生也会受到零售企业的欢迎。

中国连锁经营协会会长、博士 裴亮

2020 年 10 月 10 日

序　二

连锁经营在我国经过十多年的发展,已经从导入期进入蓬勃发展期。作为现代主流商业模式,连锁经营使世界商业的发展出现了质的飞跃,取得了突破性进展,改变和加快了世界商业的发展进程,对世界经济特别是现代商业经济的发展产生了深刻的影响。从连锁经营一百多年的发展过程来看,不同时代的连锁经营所包含的内容不同:最早是为了分销商品;工业经济时代,连锁经营成为企业扩张及扩大销售规模的重要方式;知识经济时代,连锁经营已成为企业进行品牌运作、资本运作、结构优化的重要工具。连锁经营充分体现了现代企业应具备的价值,是一个涉及多种专业和学科、知识含量相当高的综合性知识经营平台,是企业进行知识经营的载体。

我国目前已成为连锁经营大国,截至2015年底,已拥有连锁体系6 000多个,成为世界上连锁体系最多的国家,超过了连锁经营的始创国——美国。连锁经营已经成为我国零售业、餐饮业、服务业等多种行业普遍采用的经营方式,并取得了令人鼓舞的成绩,日益显示出其强大的发展潜力。但是,由于我国的连锁经营起步较晚,发展时间较短,同发达国家或地区相比,在经营规模等方面还存在着较大的差距。面临国际大型零售企业的竞争,我国的连锁企业如何利用有限的时间加快发展、做强做大已成为当务之急。“互联网+”的出现为我们提供了契机。

连锁企业要想加快发展、做强做大,就必须在经营理念、产品与服务、经营规模、管理能力、品牌营销能力、技术水平、企业文化等方面尽快提升,而这种提升又是一个综合性很强的系统工程,它也相应地对经营管理人员提出了更高的要求,正因为如此,人才的缺乏,特别是连锁经营中高级管理人才的缺乏,已经成为制约企业发展的一个瓶颈。我在为企业做咨询的过程当中,对这一点深有体会。连锁企业都想有所作为,但由于缺乏人才,加上专业人才流动性较大,往往使得很好的想法和制度无法落实。要彻底解决人才问题,根本还是要从人才培养入手,从基础教育入手。只有培养出大量的基础性人才,才能源源不断地为连锁企业供应新鲜血液,继而让这些基础性人才在经营实践中发展成熟，最终成为高级人才和专业人才。

培养优秀的人才需要优秀的课程，而优秀的课程又需要好的教材，此次王吉方老师主编《连锁经营管理》（第四版）一书的目的也在于此。本教材有四个显著的特点：一是知识系统。本书从战略管理、商品管理、店铺设计与布局，到商品陈列、物流管理、营销管理、内部组织管理，再到分店管理，对连锁企业经营管理中的诸多环节进行了理论、实践、系统的探讨，使学生能较全面地了解连锁经营所涉及的方方面面。二是实际操作性强。本书在内容上侧重于对实际操作问题的深入讲述，同时配以案例教学，有助于学生学以致用，加深对连锁经营的理解。三是中外结合。书中详细介绍了中外连锁经营的历史沿革、最新现状和未来趋势，这对于学生充分了解中外连锁经营的发展历程、区别、差距和特征具有很好的指导意义。四是时代感强。本书的许多资料都来自最近 3 年甚至 2019 年，紧贴我国当前连锁经营发展的现状，并且附录里的名词、术语等资料也有助于读者有针对性地进行连锁经营知识的学习。不论什么行业，其连锁经营的要素都是相同的，因此，虽然本书是以零售业为主线对连锁经营进行全面阐述的，但对其他行业或业态的连锁经营也具有很高的参考价值。

中国连锁经营协会特许委员会委员
北京凡佳诗管理顾问有限公司总经理 郑丹阳

2020 年 9 月 28 日

第五版前言

《连锁经营管理》第四版自 2017 年出版至今，受到全国各地广大师生和业内朋友的欢迎，已经连续印刷 11 次，发行 5 万余册。在当前国际国内新形势下，面对连锁经营发展势头减缓的现状，根据广大读者的要求，编写组决定对本书第四版进行修订，编写了《连锁管理经营》第五版，以适应连锁及相关行业发展、业态变化、专业建设和课程改革、实践教学以及人才培养的需要。本书第五版仍由王吉方担任主编，组织从事连锁经营管理课程教学的老师或连锁企业的专家进行修订并统稿。参与修订的人员包括王吉方、郑丹阳、王洪涛、白芸、苏平等人。

本修订第五版的发行恰逢全球新冠疫情肆虐之际，全球经济受到重创，连锁经营企业也受到很大影响，经营业态不断融合与迭代。对此本书尽量通过每章章后的案例做了体现，特别是彭建真秘书长在 2020 年 8 月国际零售创新大会上的讲话，比较系统地反映了当前我国连锁企业的新变化。

新版教材在保持第四版特色的基础上，主要体现以下几点创新：

1. 继承了第四版教材的优点，修改不足之处，涉及行业更广。本版继续保持第四版教材背景资料导入、章后案例分析的体例，同时在章节里加进一些小资料，便于学生丰富知识。

2. 资料时效性更强。本版采用了 2020 年最新的行业数据，多采用 2018 年以后的案例，充分体现当前连锁经营的实际。

3. 每章的课后案例、章前背景资料和章中资料进行了绝大部分更换。对附录里的名词术语进行了补充、完善，达到 200 多条。

4. 用危机视角看待连锁经营的发展。“危机唤生机”，我们从经济危机大环境去看待连锁的创新，更具有现实意义，更有助于连锁企业与连锁学院教学的实践。从“互联网 +”的层面看连锁，连锁进入了一个新时代。

5. 本书配套的教学课件正在不断更新完善，大家可以和作者联系（微信729546445），也可以和出版社联系（xue16726@163.com），免费获得教学课件。

继续感谢为本书的再版作出贡献的裴亮博士、郑丹阳总经理，感谢相关的单位领导、专家、学者、教师们，感谢首都经济贸易大学出版社的编辑们给予本书的大力支持，是他们的劳动，奠基了本书的价值。

限于水平，本书的第五版仍会有很多不足，欢迎广大读者提出批评和建议。

王吉方

2020 年 10 月 30 日

目录

第一章 连锁经营基本原理

- 连锁经营的定义与本质
- 近现代连锁经营的形成与发展
- 连锁经营的类型与原则
- 连锁经营的优劣评估
- 连锁经营体系与业态选择

在现代商业发展的过程中，有两大划时代的变革：即19世纪的连锁经营和20世纪的超级市场。连锁经营这种企业经营、组织的形式，之所以在商业上被称为“现代流通革命”的一大标志，是因为连锁经营在世界发达国家已取得普遍成功，并且多业态、多行业、多空间地快速扩张。连锁经营模式从20世纪80年代中期进入我国，发展迅速，显示出强大的生命力和巨大的发展潜力。连锁经营作为一种大规模的销售或营业体系，秉承简单化、标准化、专业化的“3S”原则，与其他经营模式相比具有明显的优势。

背景资料

DQ 品牌传奇

DQ 是 DairyQueen 的首字母缩写，意为“奶品皇后”，是冰激淋连锁店。

1938 年 DQ 由 J. F. 麦卡洛和他的儿子亚历克斯共同发明。1940 年首家 Dairy Queen 店于伊利诺伊州诞生。从此以后，保存在 -4℃冷藏条件下、现制现卖的新鲜冰激淋被称为“软冰激淋”，与保存在 -18℃冷冻条件下的传统冰激淋（也称“硬冰激淋”）划出了鲜明的分水岭。

DQ 产品极其丰富，其中又以“暴风雪系列”和“风尚瘦身系列”最具特色。暴风雪系列是 DQ 冰激淋中最大的系列产品，包括草莓、巧克力、抹茶、奥利奥、m&m 巧克力、腰果、核桃不同的口味，顾客还可以根据自己的喜爱，添加其他的调料，造出属于自己的口味。

DQ 店面一般不大，但都明亮整洁，有的会设些桌椅供人们坐下来享用。

正因为 DQ 独特的品牌形象和“软冰激凌”产品工艺，使得 IDQ（International Dairy Queen ©，简称 IDQ）不断在全球开发特许加盟连锁店，而且用的是复合区域加盟的形式开发市场。在中国，上海某餐饮管理公司就是二级加盟商，已经在全国 14 个省市开发了 86 家门店。

到 2018 年，DQ 已分布 25 个国家，共计 7 000 多个连锁店。DQ 明星产品“暴风雪© 系列”更是一直享有“倒杯不洒”的神奇美誉，已成为冰激淋行业的全新风潮。

DQ 成功的原因有以下几点：

第一，连锁经营的模式运用得炉火纯青。比如在中国有三大特许加盟商，分别在上海、北京、西安，分别开发不同的区域。同时，从中心城市渠道下沉，不断开发三四线城市。

第二，尽最大能力将产品口味调制得更贴近消费者的喜好。同时，将小吃类增添进门店的菜单，也让消费者享受更加多元化的食品选择。

第三，资本的关注。投资之神巴菲特是 DQ 的股东，资本的支持对于 DQ 的发展起到了至关重要作用。

第四，紧贴消费者生活习惯，适应顾客休闲消费需求，选址多在商业综合体。

（资料来源：作者搜集整理。）

连锁经营在世界发达国家已取得普遍成功，并且正以其多业态、多行业、多空间的特点快速扩张。连锁经营模式在 20 世纪 80 年代中期进入我国，经过十几年的发展逐渐壮大起来，并日益显示出其强大的生命力和巨大的发展潜力。

第一节 连锁经营概述

一、连锁经营的含义

（一）连锁经营的定义

一个企业（或企业集团）以同样的方式、同样的价格在多处同样命名（店铺的装修及商品陈列也差不多）的店铺里出售某一种（类、品牌）商品或提供某种服务的经营模式称为连锁经营。连锁经营以连锁店作为其存在的方式和载体。连锁经营是当今世界许多国家普遍采用的一种现代化的商业经营模式。

连锁经营的本质是现代工业发展到一定阶段的产物，它把独立、分散的商店联合起来，形成覆盖面很广的大规模销售体系，其实质是把社会化大生产的分工理论运用到商业领域里，分工明确，相互协调，形成规模效应。

连锁企业形成于社会化大生产和商品生产的大规模化。它脱胎于大工业化生产，是资本集中的产物，是市场垄断的结果，同时也是消费者多种需求增长的必然结果。连锁企业通过各个连锁分店的连锁经营，可以扩大产品销售，同时能够将各地市场的需求信息反馈到总店，进而反馈给生产商，并组织生产。

（二）连锁经营的特征

作为一种现代化的经营模式，连锁经营与其他经营模式存在着明显的区别，具有以下鲜明的特征。

1. 经营的统一化、标准化。体现在：

（1）管理的统一化。企业管理的目的是实现企业目标，而企业目标的实现则有赖于企业管理。统一管理是连锁企业最基本的特征，因为只有通过各分店联合的方式，才能形成集团的竞争优势，没有统一的管理，连锁企业就不可能得到快速的发展。所以，连锁分店必须接受总部的统一管理，实施统一的营销战略和策略。

（2）统一企业形象。连锁企业总部提供统一的企业形象，包括统一的商标、统一的建筑形式、统一的形象设计、统一的环境布置、统一的色彩装饰等，要求各分店在店铺内外建设和员工装束上保持一致。因为这些象征着该企业的整体设计和经营水准，它在一定程度上是一种极好的大众广告，往往影响着顾客对商店、商品和服务的第一印象。譬如，麦当劳各快餐连锁店的设计，必须严格按照麦当劳公司规定的建筑式样进行，以充分保持麦当劳独一无二的外观特色和商业个性，至于麦当劳的店名更是一个字都不能更改；在内部管理方面，规定“在所有麦当劳连锁店内，不能有自动点唱机、公用电话和自动贩烟机等摆放”，甚至不允许在其窗户上张贴海报，报贩也不准进店售报。

（3）统一商品和服务。连锁企业各分店经营的商品的种类、商品的定价、营业时间、售后服务等方面都必须基本保持一致，分店只有极少的自主权。例如，麦当劳连锁总部决不向任何加盟者下放自由经营商品的权利。对于那些违反规定的加盟店，总部要求其予以整顿，暂停推行连锁；对拒绝改正的加盟者，总部不惜停止与其合作。在服务方面，麦当劳所有分店实行标准化。以员工上岗时的着装、仪表为例，麦当劳规定：“男雇员必须把头发剪得和军人一样短，皮鞋要（规定为墨色）擦得油光锃亮；女员工必须身穿深色服装、平跟鞋，戴发网；所有雇员必须保持指甲干净，并一律穿规定的制服。”服务统一之所以不可小视，是因为服务标准是使顾客放心满意、信得过的重要因素，是建立商店信誉、创造品牌效应、吸引顾客的内在动力。

2. 范围广，渗透力强。现在，连锁经营已经不仅仅局限于商业、服务业等个别行业。随着经济全球化的到来，连锁经营已经成为经济发展和企业战略扩张的一种重要方式，渗透到了各个行业。据美国商务部的统计，目前采用加盟业态的已有 19 个大类，几乎包含所有零售业和大多数的服务业，共有 5 万多种。从这个意义上说，连锁经营是无止境的。

3. 扩张速度快，成功率高。由于连锁经营追求的是整体规模，是“小店面，大企业”，其背后有名牌作支撑，这就使扩张成为成功企业的延伸和发展，所以，在相当程度上降低了企业扩张的风险。对于特许连锁企业，投资的风险还可以由双方共同承担。

4. 便于迅速实现国际化、集团化。连锁经营企业能够快速扩展经营组织，可以迅速地在市场中树立良好形象，这是连锁经营发展的一个重要特点。美国排名前 200 家的连锁企业都是世界性连锁集团。如麦当劳在北京仅 5 年时间就发展到 350 家，特别是近几年来其以每周一家的速度在增长。可以预测，21 世纪将是世界范围内连锁经营的大发展、大普及、大深入的一个世纪。

5. 价格方面竞争力强。连锁企业规模大，采购数量多，中间环节少，所售商品进货价格低，和竞争者相同售价则利润率就会提高；相同的利润率则售价较低；也可实行一些优惠措施，为消费者带来实惠。

连锁经营容易产生定向消费信任或依赖，利于维持顾客忠诚度。从某种意义上讲，连锁体系中的每一家分店在经营的同时，也起着其他分店的实物广告作用，这使得各分店之间形成了统一的顾客群，因为只要顾客在一家分店得到了满意的服务，就等于为全系统的所有商店拉住了回头客。

（三）连锁经营与传统商业经营方式的区别

表 1－1 列出了连锁经营与传统商业经营方式存在的显著区别。

表1-1　　连锁经营方式与传统商业经营方式的区别

经营方式 / 项目	连锁经营	传统商业经营
定义	公司连锁,同一资本所有,经营同类商品和服务的组织化零售企业集团	商业企业集团下属企业,独立经营模式,由总部投资扩建的分店有较大的自主权
特点	分店必须有统一的经营风格;分店不独立,与总部具有协作关系,特别强调总部与分店的互动关系	分店都独立运作,没有形成统一的经营风格;偏重于差异化经营
经营范围	一般以流通业和服务业为主	涉及诸多行业,范围更广
运作方式	需足够的资金和合适的业态类型,同时需受总部约束	一般总部掌握分店的所有权,分店经营决策有较强自立性
法律关系	依各种连锁模式而定	分店属总部所有
发展方式	扩大规模只需有市场、有资金,总部必须有成熟的运行模式和专有技术	取决于企业集团的决策

二、连锁经营的原则

连锁经营的原则主要包括两类:一是与各种企业相同的通用原则,主要是指各类企业必须遵守的经营原则,是其他原则的基石;二是与连锁经营相关的行业原则,这主要是指具有连锁企业经营特色或连锁企业所特别强调或者由连锁企业创新发展的原则。

(一)各类企业的通用原则

1. 诚信原则。诚信是企业经营的基石,也是连锁经营的基石。一个企业诚信与否,关系到合作伙伴的风险大小,所以,没有诚信的企业在市场经济中是难以站住脚的。在企业内部,诚信体现为上下同心、同心同德,老板热爱员工,员工努力工作,有良好的企业文化和团队合作精神。在企业外部,诚信表现为企业领导人言行一致,严格遵守企业同相关单位签订的商业合同,货到付款或款到送货。这属于企业道德范畴。

2. 效益原则。连锁经营的效益原则应主要从经济效益、社会效益、环境效益三个方面考虑。

第一,连锁经营的经济效益。这主要是指连锁企业经营的首要目标是获取利润、加速资金周转、减少库存、节约成本、提高效率,进而使企业不断扩大,同时带动相关合作企业互利互惠,共赢发展。

第二,连锁经营的社会效益。这主要包括三个方面:一是为广大居民和单位提供物美价廉的商品,满足群众的日常文化生活的需要,方便群众生活;二是发展经济,促进社会向前发展,向国家缴纳税费等;三是提供大量就业机会,为政府分忧解忧,维护社会安定。

第三,连锁经营的环境效益。连锁企业在营运过程中尽量减少对环境的污染,使企业周围绿化美观、空气清新、无噪音、无异味,垃圾清运及时快捷等,这些都是对环境作出的贡献。

3. 守法原则。合法经营才是正当经营,合法经营所得才是正当经营所得。这里的法不但是指我国的经济法,还包括民法、商法及大量的交易惯例等。也就是说,连锁企业要摆正国家、企业、员工和消费者的关系。这属于基本的素质范畴和法律范畴。

(二)连锁企业经营的行业原则

连锁企业经营的行业原则是指连锁企业必须遵守的经营规范、要求等。日本7-11和麦当劳的例子折射出了连锁经营的基本行业原则。

日本7-11四项基本的原则是:第一:鲜度管理——比任何商场都新鲜的商品;第二:商品结构满足顾客需求;第三:店面整洁、干净、明亮;第四:亲切的服务:和顾客打招呼,记住常客的脸孔和名字。世界连锁巨头麦当劳的经营原则是"QSC三原则",即品质第一的"Quality"原则,服务至上的"Service"原则,清洁卫生的"Cleanness"原则,以及后来又追加的物超所值V(Value)原则,这便构成了著名的"QSC+V"原则。

现在我们可以对日本7-11与美国麦当劳的经营原则进行比较(见表1-2)。

表1-2　日本7-11与麦当劳的经营原则

日本7-11的经营原则	麦当劳的经营原则
鲜度管理	Q(品质)
亲切的服务	S(服务)
店面整洁	C(清洁卫生)
商品结构满足顾客需求	V(价值)

通过以上比较我们可以看出，日本 7－11 和麦当劳的基本经营原则是相通的。这两个最为著名的国际连锁系统，竟不约而同地道出了相类似的经营奥秘，同时印证了所有连锁经营的共同法则——“QSC＋V”四项原则。

当然，有时也会因为行业的不同而使经营原则会有一定的差异。例如，科技含量高的商品，其售后服务可能是重要的经营原则。又如，房地产中介的连锁，其经营的一条重要原则是合理透明的收费，统一的规范化、标准化的服务，因为它经营的是不动产信息。

以上四项原则对一个合格的连锁企业来说是缺一不可的，只不过不同行业在这四项原则上有不同的体现而已。“QSC＋V” 原则是连锁企业制胜的首要条件，选址再好，价格再低，违背了这四项原则，终究会走向失败。

三、连锁经营的类型

连锁经营的分类主要是基于现实市场上各连锁企业的经营模式、资金、权利与义务、技术服务范围而划分的。世界上对连锁的分类主要有两种分法：一是日本式分类；二是美国式分类。

（一）日本式分类

日本的流通体系比较复杂，因而对其连锁体系分类较难。从现实中分为三类：一是直营连锁；二是特许连锁；三是自由连锁。

1. 直营连锁。其定义、特点及典型企业如下。

（1）定义：直营连锁即正规连锁（Regular Chain，简称 RC），是指总公司直接经营连锁店，即由公司本部直接经营、投资、管理各个零售点的经营形态。在此连锁形态下，总部直接掌管所有的零售点，零售点也毫无疑问地必须完全接受总部的指挥。

日本通产省确定的定义是：“处于同一流通阶段，经营同类商品和服务，并由同一经营资本及同一总部集中管理领导，进行共同经营活动，由两个以上单个店铺组成的组织化的零售企业集团。”

国际连锁店协会（IFA）对直营连锁的定义是：“以单一资本直接经营 11 个以上商店的零售业或饮食业组织。”

（2）特点：所有权与经营权统一和集中，各成员店经理是雇员而非所有者。

（3）优缺点：优点是店铺完全在总公司的控制之中，有强大的议价能力，兼有批发功能和多店铺销售的效率，可以利用广告传媒，有明确的长期规划；缺点是完全由总公司出资，总公司派人经营，在市场开拓方面进展较慢，缺乏灵活性，限制了个人的独创性。

（4）典型企业：世界上第一家连锁店“美国大西洋与太平洋茶叶公司”就

是正规连锁,1862 年在伦敦成立的英国第一家连锁企业——无酵母面包公司也是正规连锁。日本的大荣超市、西友超市、王子大饭店都是只有直营店,无加盟店。在美国,麦当劳、肯德基都为直营店(麦当劳、肯德基在世界上大多数国家都以加盟店为主,在我国则例外,以直营店为主)。

2. 特许连锁(Franchise Chain,简称 FC)。其定义、特点及典型企业如下。

(1)定义:根据国际特许协议的定义,特许是指主导企业与加盟者之间的持续契约关系。一般将主导企业视为总部,而将加盟者视为加盟店。根据特许合同,总部必须提供一项独特的商业特权,如商标、产品、标识等给加盟店使用,并给予加盟店以员工训练、商品供销、组织结构、经营管理的指导和协助;加盟店享有总部赋予的权利,但同时也要交付相应的费用并遵守总部的规定。这种经营的关键在于总部的特许权的授予,所以称之为特许连锁。又因为它们以契约为纽带,所以也叫合同连锁。特许加盟店是独立法人,但也可能是同一资本所有者,即特许者和被特许者为同一人。

(2)特点:

①加盟投资小、扩张快,可降低风险,减少失败率;

②有一个总部和许多加盟连锁店;

③特许核心是特许权转让,总部是转让方,加盟店是接受方;

④特许连锁是通过总部与加盟店一对一地签订特许合同而形成的;

⑤所有权是分散的,而经营权集中于总部;

⑥特许连锁关系主要是总部与加盟店的纵向联系,加盟店之间没有横向联系;

⑦总部在进行 Know - how 辅导时,还要授予加盟店店名、店号、商标、服务标志等在一定区域内的垄断使用权,并且在开店后继续进行 Know - how 指导,而加盟店对这些权利的授予和服务的提供,以某种形式(销售额或毛利的一定百分比等)报偿。

(3)典型企业:美国胜家(Singer)缝纫机公司 1865 年首创特许经营这一方式;日本"不二家"西点糕饼店于 1963 年开始进行特许加盟。

这里没有考虑产权问题,只是考虑运营方式和授权问题。在我国,彩色快速冲印店是典型的特许加盟店。

3. 自由连锁(Voluntary Chain,简称 VC)。下面分别从此类连锁的定义、特点等方面进行介绍。

(1)定义:自由连锁,也称自愿连锁,是指一批所有权独立的商店自愿归属于一个采购联营组织和一个服务管理中心领导的经营方式。管理中心负责提供销售计划、账目处理、商店布局和设计以及其他服务项目。自由连锁的成员店大多是小型独立商店,它们实行自由连锁的目的在于同正规连锁竞争。

自由连锁经营总部是由加盟店或加盟店和主导批发的批发商结成组织体形成的。

(2)特点:自由连锁保留了单个资本所有权,同时实现了联合经营。自由连锁店在所有权和财务权、经营权上是独立的,与总部没有隶属关系,只在经营活动上与总部存在着协商和服务关系,总部与加盟店间实行集中订货与送货、统一使用信息和广告宣传、统一制定销售战略、统一使用物流及信息设施;各店铺不仅独立核算、自负盈亏、人事自主,而且在经营品种、经营方式、经营策略上也有很大的自主权,但要按每年销售额或毛利的一定比例向总部上缴加盟金及指导费;总部经营的利润,也要部分返还加盟店。总部没有加盟店的援助就不能发挥机能,同时加盟店要对总部作出贡献。

(3)优缺点:优点是灵活性强,各店自主权大,主动性高;缺点是统一性差,决策迟缓。

随着消费的个性化、多样化和零售业竞争的激烈化,为了使以中小企业为基础的自由连锁组织在竞争中生存和发展,有的国家的自由连锁组织提出了新的概念,将"自由连锁组织"改称为"同志联合体",其理由是:

第一,当每个独立经营者自愿地结成连锁组织时,必须具备共同的价值观念,有共同的目的,必须明确自由连锁是"目的共同体",是"同志联合体"。

第二,连锁组织为了开展有效的经营,不仅加盟店应具备共同的价值观、共同的目的,而且在经营活动上必须以各加盟店之间有机结合的共同系统为基础,联合开展各项连锁经营活动。

第三,总部与加盟店在自由连锁组织中,相互分担着各自不同的作用。加盟店承担销售职能;而强大的自由连锁组织总部,则承担纲举目张、统领全局的职能。二者的联合是自由连锁组织的基础。

以上三种连锁之间的异同如表 1-3 所示。

表 1-3　直营连锁、特许连锁、自由连锁的异同点

类型 项目	直营连锁 (正规连锁)	特许连锁	自由连锁 (自愿连锁)
总部与加盟店的资本所属	同一资本	不同资本	不同资本
总部资金构成	企业总部自身所有	加盟店持有一定股份	全部由加盟店出资

续表

项目 \ 类型	直营连锁（正规连锁）	特许连锁	自由连锁（自愿连锁）
加盟店与总部关系	属企业内部管理的上下级关系	总部对加盟店具有较大影响力	加盟店对总部具有较大影响力
总部对加盟店的人事权和直接经营权	有	无	无
加盟店自主性	小	小	大
加盟店上缴总部指导费	—	5%以上特许费	自由连锁管理费
分店间联系	同隶属于企业总部	无横向联系	有横向联系
总部与加盟店的合同约束力	视公司规章而定	强硬	松散
合同规定的加盟时间	—	多为五年以上	以一年为单位
总部机构人员	企业职工	专业人士	加盟店参与或委托代理

（二）美国式分类

在美国，连锁经营主要分为两类：一类是“商标商品的连锁经营”（Product and Trade Name Franchising），简称 P&T 型连锁；另一类是“经营模式的连锁经营”（Business Format Franchising），简称 BF 型连锁。美国连锁由于采用广义的解释，所以所有连锁店都属于 FC，这也是麦当劳、肯德基又划归 FC 的原因。

1. 商标商品的连锁经营（P&T 型连锁）。这是一种传统的连锁经营形式，加盟店与加盟总部的关系就像是生产商与经销商或代理商的关系，加盟店专门用来销售某一家公司的产品或某一公司的特定产品，加盟店从总部只得到商品的供应和商标的借用。

这种连锁形态的典型如客、货车经销商（如专卖通用汽车、福特汽车、上海大众汽车的经销商）、加油站（如专卖艾克森汽油、壳牌汽油的加油站）以及饮料经销商（如专卖可口可乐、专卖汇源果汁的经销商）等。在国内，“供货连锁”即属于此类。这类连锁在美国只是由于车的售价金额大，且用户多，才导致经销额所占比重大，但由于经营商品类别少，顾客选择余地小，利润的增长点也少，所以比重也在逐年降低。

2. 经营模式的连锁经营(BF型连锁)。这是较新型的加盟方式。在这种连锁方式下,总店除需提供商品和商标使用外,还要提供:①全套的管理制度;②成熟的销售运作技巧;③完善的财务支持。这种连锁以快餐厅、超市为代表,如麦当劳、肯德基、沃尔玛、家乐福都属此类。这类连锁由于提供的商品或服务范围广,顾客多,目标定位较广,所以经营加盟店数不断增加。

以上两种类型的连锁经营的消长说明,随着经济的迅速发展,传统的经销代理制度已不符合市场的需要,在讲求专业化分工的今天,具有专业化分工和标准化经营特点的连锁经营无疑是新时代的宠儿。

近年来还有一种提法是中国式连锁。中国式连锁主要指中国企业界的一些学者,在日、美连锁模式的基础上根据中国营商环境而采取的有我国特色的连锁形式。比如委托加盟、投资加盟、控股连锁、合作式连锁。这些连锁主要解决控制力和标准化不强的问题。

第二节 连锁经营的优势和风险

一、连锁经营的优势

连锁经营和超级市场,被称为“现代流通革命”的两大标志。世界最大的商业零售企业美国沃尔玛公司2012年的销售额达到4 691亿美元。一家属于传统产业的零售企业,能够在销售收入上超过一些大银行、保险公司等金融机构,超过引领“新经济”的信息企业,其奥妙就在于发展连锁经营。连锁经营之所以被世界上许多国家采用并快速发展,关键就在于这种经营模式有许多传统企业无以比拟的制度优势、效益优势和竞争优势。

(一)连锁经营的制度优势

在流通领域,连锁经营将分散理财的零售网点组织起来,形成具有足够规模的企业。科学的制度安排,有利于降低交易费用,能使连锁企业与上游企业及下游顾客形成长期的信任合作关系,有利于连锁企业获得良好的发展。不同类型的连锁经营有着不同的制度安排,体现着各自不同的制度优势。

1. 直营连锁的制度优势。包括:

(1)规模优势。在直营连锁的经营方式下,总部对同属于某个资本的多个店铺实行高度统一的经营,总部对各店铺拥有全部所有权和经营权,包括对人、财、物及商流、物流、信息流等方面实行统一管理。这种制度安排有利于集中力量办事,可以统一资金调运,统一人事管理,统一经营战略,统一采购、计划、广告等业务以及统一开发和运用整体性事业,以大规模的资本力同金融界、生产部门打交道；在培养和使用人才、运用新技术开发和推广产品、实现信息和管理的现代化等方面，也可充分发挥连锁经营的规模优势。

(2)经济优势。功能集中化体现了直营连锁的经营经济优势。如利用总部统一集中大批量进货，容易开发稳定的供货渠道和获得折扣，以达到减少管理费用、降低经营成本、以较低价格出售商品的目的，而这是独立零售店所不具备的优势。

(3)技术优势。在各个零售连锁店工作的从业人员，虽然人数少且不一定都很专业，但因有总部的 Know - how 直接指导和援助，仍然可使连锁店获得预期成果。

2. 特许连锁的制度优势。特许经营的核心是特许权转让，通过总部与加盟店一对一地签订特许合同，总部在教给加盟店完成事业所必需的所有信息、知识技术的同时，还要将店名、商号、商标、服务标记等在一定区域内的垄断使用权授予加盟店，并允许其在开店后继续经营。所以，特许经营的制度优势主要表现在其对连锁体系中经营者(盟主)、加盟者、消费者三方的好处上。

(1)特许连锁经营对盟主的好处：

第一，盟主既节省了资金，也获得了扩大市场的机会，能够提高其知名度，加速连锁事业的发展；

第二，盟主开展新业务时，有合伙人共同分担商业风险，能够大大降低经营风险；

第三，加盟店是盟主稳定的商品流通渠道，有利于巩固和扩大商品销售网络；

第四，盟主可根据加盟店的营业状况、总部体制和环境条件的变化调整加盟店数量和布局策略，掌握连锁经营的主动权；

第五，统一加盟店的店面设计、店员服装、商品陈列等，能够形成强大而有魅力的统一形象，有助于企业品牌的塑造。

(2)特许连锁经营对加盟店的好处：

第一，没有经验的创业者也能经营商店，可以减少失败的危险性；

第二，能借用连锁总部的促销策略；

第三，用较少的资本就能开展创业活动；

第四，能进行高效率的经营，能够受到总店的参谋指导，可以持续地扩大和发展事业；

第五，能稳定地销售物美价廉的商品，并能够专心致力于销售活动；

第六，能够迅速适应市场变化。

(3)特许连锁经营对消费者的好处：

第一，标准化的经营使消费者在任何一个加盟店都能享受到标准化的优质商品和服务；

第二，加盟店通过扩大规模、简化环节，降低了销售费用，使消费者能享受到物美价廉的商品和服务。

3. 自由连锁的制度优势。自由连锁是在保留单个资本的所有权的基础上实行的联合，各分店都独立核算、自负盈亏、人事自立，总部对各分店的管理功能较弱，侧重于指导和服务功能。自由连锁的优势体现在以下几个方面：

(1)灵活性。在自由连锁的经营方式下，各分店有较大的独立性，因此灵活度较高，能充分调动经营者的积极性，迅速跟踪市场行情作出及时有效的调整。

(2)学习性。自由连锁各分店具有横向联系，有利于相互学习、共同发展。

(3)流通性。自由连锁将两个以上流通环节的职能互相结合，能够实现流通的"纵向组合"并发挥出更高的效能。例如，自由连锁可以在批发和零售职能相结合的基础上，引入设计、加工的职能，从而提高商品的附加值。

(4)获利性。自由连锁总部是由加盟店集资组成的，所以加盟店可以得到总部利润中作为战略性投资的、持续性的利润返还。

(二)连锁经营的效益优势

连锁经营之所以能取得良好的经济效益，最根本的原因在于把现代化工业大生产的原理应用于零售业，实现了商业活动的标准化、专业化和统一化。这也构成了连锁经营产生规模效益的重要基础。一方面，先进的营销技术可以在众多的店铺大规模推广，从而获得技术共享效益；另一方面，投资的成本和风险又可以在众多的店铺得到均摊，从而可以降低商品的成本。连锁经营的效益优势体现在：

1. 经营技术开发的专业化，有利于店铺经营水平的提高。在连锁体系内部都有总部和店铺两个层次。总部的重要职责之一就是研究企业的经营技巧，包括货架的摆放、商品的陈列、店容店貌的设计、经营品种的调整等，直接用于指导店铺的经营，这就使店铺摆脱了传统零售业那种靠经验操作的模式，转而向科学要效益。连锁总部统一开发的经营技巧可以广泛应用于各个店铺，使各店铺的经营水平普遍提高，从而获得技术共享效益(相对其他企业来说是一种超额利润)，同时分摊技术开发的成本。这是单个企业所无法做到的。

2. 标准化的经营，有利于改善服务、扩大销售。在商业连锁经营方式中，商店的开发、设计及标准化的设备、陈列、产品、操作程序、技术管理、广告设计等等，都集中在总部。总部负责连锁店的选址及开办前的培训工作，提供全套的商业服务方案，并始终不断地对各连锁店进行监督、指导、交流和培训工作，从而保证了各连锁店在产品、服务、店名店貌等方面的统一性，以满足消费者对标准化的产品和服务质量的要求，达到吸引顾客，扩大销售的目的。

标准化的经营对树立店铺的形象更是意义重大。

3. 物流中心承担了部分批发职能,使批发环节的部分利润由社会转到了企业内部。零售环节的利润很大程度上取决于商品所经过的流通环节数量。一般而言,流通环节越少,商业流通费用越低,零售环节所能获得的销售利润也就越多。连锁企业一般都设有物流中心,专门为店铺进行商品配送。这些商品一部分直接从工厂进货,减少了流通环节;同时还有一部分商品从供应商取得时是原材料或半成品,需要物流中心进行加工、包装、分类等装配作业,增加了商品的附加值,从而将一部分利润转移过来。

4. 集中化的经营与管理,有利于降低企业的经营成本。连锁经营的同业性,使各个店铺的一些共同性活动,如采购、储运、广告宣传、会计核算等,可以集中起来由总部统一操作。这样,众多的店铺共享一套经营设施,共享一套管理机构,各个店铺无须设置繁琐的管理机构,无须配备相应的管理人员。这样做的好处有两个:其一,从总体上降低了企业的管理成本;其二,集中操作所带来的经营成本的降低也是显而易见的。如进货,由于有多个店铺而创造了大量销售的条件,所以总部可以通过大批量采购,从厂家获得较低的价格即批发价格。又如,由于有总部送货,各个店铺需要的库存面积及库存量都很小,从而可以扩大销售面积,减少资金占用。

5. 连锁经营有利于减少商业投资风险。连锁企业经营多个店铺,即使个别店铺经营上失败也不会影响整体的经济效益,因为某一决策的失误所造成的损失可以由许多店铺共同分摊,这样大大降低了商业投资的风险。对于购买特许经营权的被特许人而言,加盟一个特许连锁店,可以利用一个已得到实践检验的成功的商业交易方式,获得特许人的指导和帮忙,比起其单独开店,成功的概率大大提高了,大大减少了行业新人面临的各种风险。难怪有人说,特许经营是进入商界的"安全通道"。

6. 连锁经营有利于提高零售商业的地位,有利于指导生产,组织适销对路的商品。连锁经营店自产生和发展以来,对生产领域的促进作用日益增强。一是连锁店联合起来大批量购买,使生产过程的连续性得到保证,生产厂商减少了生产费用。二是连锁店一头连着消费者,另一头连着厂家,能更及时地向厂家反馈消费者的信息,指导厂家生产适销对路的商品。同时,连锁店还给厂家提供了在广大地域内迅速、经济地试验新产品的零售实验室。这样,商业不再是单纯地把工厂生产的商品卖给消费者,而是根据消费者的需求让工厂生产商品;商业不再是隶属于生产厂家进行销售的商业,而成为反映消费者要求、指导厂家生产的商业。三是连锁店的形成增加了社会产品的总量。因为零售费用的降低相对扩大了消费者的购买力,购买力的增加反过来刺激了生产的发展,也增加了商店的销售额。

除此之外，连锁经营网点多、辐射范围广、市场占有率高，能够迅速大规模地集中资金，实现投资的灵活转移，取得市场机会效益等，这些都是连锁经营取得良好经济效益的重要原因。

（三）连锁经营的竞争优势

连锁经营解决了大批量销售与消费者分散需求之间的矛盾，是零售组织的重大变革，被称为零售业的第三次革命。连锁经营通过标准化、简单化、专业化原则提高经营效率，实现规模效益，有着其他零售组织形式无法比拟的竞争优势。具体表现在：

1. 容易快速聚集资本，有利于抓住稍纵即逝的市场机会。连锁经营方式，特别是加盟连锁方式，能把众多单个资本迅速集中起来，形成整体力量，在同样的竞争条件下，可以及时抓住市场机会，进行投资、进货、研发新产品，给企业带来良好的经济收益和发展机会。

2. 组织化程度高，增强了市场竞争能力。连锁经营是商品流通中一种组织化程度较高的集生产加工、零售、批发为一体的组织形式。它组织环节少，调节灵敏，反应迅速；它通过连锁体系的销售网络和销售渠道与消费者相联系，能快速准确地了解和掌握市场信息，迅速将生产厂家的产品推向市场，扩大自身的市场占有率，增强自己的市场竞争能力。

3. 经营费用低。连锁经营总部统一采购，进货量庞大，能够最大限度地获得较大程度的价格折扣和其他优惠。连锁经营一般不经过批发商而直接从供应商（厂家）进货，降低了购货成本和运输费用；由于采取总部统一存货管理，采用物流配送中心的组织形式，较之单店可以节约很多仓储费用；在广告宣传方面，由连锁总部统筹负责，既体现了整体的宣传效果，又节省了广告费用。此外，由于连锁经营标准化、模式化的操作和店铺形式，提高了连锁经营管理的效率，使管理成本降低。

4. 产品销售能力强。由于连锁店中的商品或服务较其他商业模式的机构更具价格优势，而且集中采购又使商品的品质有所保证，所以对顾客有很强的吸引力。连锁店铺位置分散、运输方便、配送快捷；而且多个分散的连锁单店构成一个有序的服务网络，能从售前、售中、售后给消费者提供快捷优质的服务，具有服务优势。这些都使连锁店具有强大的销售能力。

5. 实现规模经济。连锁经营的出现解决了大规模销售与单个中小零售商要求维持其经营独立性之间的矛盾，使得连锁总部和连锁分店都能享有规模经济带来的经济利益，同时对连锁分店的独立经营又不构成威胁。

正因为连锁经营有上述优势存在，才使连锁经营有较强的竞争能力，具有巨大的发展前景，才使连锁经营在全球经久不衰。

二、连锁经营中存在的风险及风险规避

(一)连锁经营的风险

连锁经营虽然有巨大的优势,但也存在一定的风险。连锁经营不是一用就灵,它只不过是一种经营组织方式,只有和经营者的能力、资金以及市场环境等各方面因素相结合才能发挥出最大的功能。连锁经营中可能存在的风险有:

1. 由经营者带来的风险。连锁经营作为一种现代化的经营形式和组织形式,要求经营者必须具备相应的素质和能力。连锁总部提供给各分店的经营诀窍和经营模式并不能保证成功,这只不过是提供了一个基本的业务工具,经营成功最主要的还是要靠各分店经营者的经营才能。而决策的失败意味着经营成果的丧失,由此带来一定的风险,这就是由经营者带来的风险。

2. 由市场带来的风险。市场变化莫测,消费者的需求呈现多层次、多样化的趋势,连锁经营者面对的是不确定因素的增加和更加激烈的市场竞争。这些风险是由市场本身带来的。

3. 总部指导不力及信息传递、广告宣传出现偏差等带来的风险。连锁经营总部支援、指导不力,特别是信息传递、后勤支援、广告宣传等出现偏差或力度减弱,会给企业带来意外的风险,使整个连锁企业遭受重大损失。

(二)连锁经营风险规避

对连锁经营中存在的风险进行风险规避的主要方法有:自我评估、行业评估、连锁集团的评估、消费者评估等。

1. 自我评估。这主要是评估以下两方面内容:

其一,企业是否要开展连锁经营?要确定这一点,须评估:品牌实力如何?是否有独特的技术、专利技术或管理技术?是否有开展连锁经营的人才储备?是否有足够的资金实力?

其二,对于特许连锁经营,加盟者要参加一个加盟体系,需检验自己是否适合成为加盟者,一定要明确地认识自我的需求及发展方向,确认自己能否融入某个连锁体系。因为加盟是一种事业而非一份工作,加盟给予的是经营传承而非成功的保证。

2. 行业评估。必须认真研究所选行业的发展前景:是属于流行性的行业?有发展后劲的潜力行业?还是如餐饮业和日常生活用品的零售业一样的平稳性行业?

3. 连锁集团的评估。这里的连锁集团评估只能是针对特许连锁中的盟主,因为直营连锁决策完全由总部决定,分店只能去执行,只有特许加盟店才会考察集团总部。考察的内容包括:盟主的经验、开店时间、店铺数量、专业化程度、企业文化、人才实力、资金实力、服务状况、社会口碑、经济效益、产品

生命周期、费用情况、店铺成活率等。

4. 消费者评估。做好消费者评估就等于做好市场评估，这里有两种评估形式：一是对当地消费者的评估。评估内容主要包括人数、年龄、收入水平、消费欲望、生活方式、家庭结构、文化层次、社会地位、消费结构、消费倾向等。二是进行消费者比较评估。目的是考察清楚样板店的繁荣是不是就是自己开店的繁荣，就像是营销学里讲的市场有机会，但不一定是自己的营销机会一样。进行比较研究，发现不同市场的差异，或扬长避短，或对症下药，采取相对应的目标策略，才能把握消费者的消费行为。连锁企业由于地域广、分布散，做好消费者评估显得尤为重要。

第三节　连锁经营体系及适用业态

一、连锁经营体系

分析中外大型连锁企业的成功经验可以看出，战略化的管理，科学化、标准化的经营，完善的连锁经营体系是企业成功的重要条件。连锁经营体系包括以下几部分。

（一）批量商品经营体系

批量商品经营体系是连锁企业在商品经营方面所开发的适用于本企业的系统化的经营技术体系，包括从商品设计开发到最终提供给消费者的所有商品经营活动。批量商品经营体系包括商品开发过程和经营技术开发过程。

1. 商品开发过程。这一过程主要包括三部分，即采购体系开发和巩固；企业自有商标品种体系开发；商品委托加工生产体系开发。

2. 经营技术开发过程。这一过程包括经营商品结构开发、售价、分类、组合、仓储、运输、售货现场设计、布局、商品陈列、店内广告、促销、支付方法、服务等经营过程的各环节。

批量商品经营体系是支撑连锁企业站在消费者、使用者立场上规模化经营的商品经营制度和技术，是连锁经营最主要的经营技术之一。实现批量商品经营，需要掌握：零售业或饮食业经营的基本技术；消费者需求的技术；将需求转化为商品的技术；对生产技术、制造过程的充分知识；能够运营和管理多家分店的经营管理技术；对各方面标准化、过程化的经营管理技术。

（二）标准化分店组合体系（标准化拓店体系）

标准化分店组合体系是指对分店的选址、设计、经营及与总部的法律关系进行标准化操作，形成的一个已成形、可操作、可复制的体系。标准化分店组合体系是连锁企业拓展分店的经营战略体系。标准化分店组合体系主要包括三个方面：

1. 新设店铺所需基础条件（拓店的基本条件）。新设店铺所需基本条件主要包括商圈人口、收入水平、需求特点、交通条件、地价、体制、人文环境等企业经营的外部环境条件。

2. 分店设计、布局、陈列等技术设施。分店设计、布局、陈列等技术设施包括建筑设计外观、形状、形象特征、店铺布局、货架货柜、通道、冷藏保鲜设备、照明设备、商品陈列安排等与购物环境、商品展示相关的技术设施和安排，是连锁经营成败的重要条件。

3. 投资、利益分配、契约等财产关系。这是对特许连锁而言，在发展加盟店时，投资额、利益分割比例、契约内容和期限等一系列相关方面，都与企业日常分店管理和发展密切相关，具体包括：①新开设店铺初期投资的额度和权责分担。如初期投资的双方分担比例、店铺所有权、双方各自的权利和应承担的责任等。②利益分割方面的协议安排。如本部应保障的最低销售额、供货安排、业务技术培训、双方协议的利益分割形式和比例等。③契约相关内容。如合同期间对双方权利义务、经济责任、协调沟通方式等方面的具体规定。

（三）物流配送体系

物流配送体系是负责安排日常经营过程中商品保管、加工、分类、配货、送货等方面的业务技术体系。物流配送体系的职能是保证按照各分店销售需求，按时、保质、保量、低费用、高效率地配送商品。

（四）组织管理体系

广地域、多店铺的经营方式使连锁企业的组织管理具有与单店企业不同的特点。既要分散营业，又要做到标准化、科学化经营管理，因此，连锁企业需要开发独自的组织管理体系，以保障战略设想最终实现。连锁经营的组织管理体系包括：组织结构；科学化、标准化业务操作系统；考核、职务晋升、薪酬系统；财务系统；企业文化系统。

（五）人才培养教育体系

人才培养教育体系是企业最主要的战略保障体系。人才培养教育体系包括人才的引进、录用、挖掘、吸收方面，人才教育、训练、培养方面，人才使用、考核、评估、提高方面等多方面内容。由于连锁经营是一种不同于以往的新型经营方式，创新性强，随着发展不断会有新成员进入，需要的人员素质、知识、能力都会有所不同，所以大型连锁企业都独立构造自己的教育培训体制，以适应企业发展的需要。

（六）连锁信息系统

连锁企业日常经营活动中获得的丰富的信息资源，既是企业经营活动的组成部分，又是企业经营管理的决策依据。信息的不断流动形成了信息流，它和商流、物流、资金流等密切相关且不断扩大，使连锁企业各方面管理和决策的难度加大，为此必须利用信息技术进行信息化管理，以达到信息管理制度化、规范化、科学化。因此，有必要建立一套快速、灵敏、准确、高效甚至智能化的信息系统。我国连锁企业（以商业为例，下同）信息系统的基本结构是：POS 系统 + MIS 系统，在此基本结构上同时还运行 EOS 系统（电子订货系统）和 EDI 系统（电子数据交换系统）。详见本书第九章第四节相关内容。

（七）连锁经营技术系统

连锁经营技术系统主要是指连锁企业为保证经营的成功而建立或开发的相互联系和作用的技术综合应用系统。以连锁总部建立的技术平台为支撑，以各个分店设立的各种服务或信息反馈为技术系统末梢，以信息资源共享的总部相关职能部门技术对接为内部系统，以原料供应商、生产商、物流中心、中间服务商为主体的外部系统，共同形成了技术系统的架构。

连锁企业，尤其是特许连锁企业，之所以成功，表面上看是在不断复制店铺，实际上在其中起关键作用的是网络系统，而网络系统的核心是技术系统。比如，管理技术系统、专利技术包、特有设备及与其他设备配套、配方及相关应用技术、操作流程与作业设计、店铺设计系统等。

（八）连锁店经营管理体系

连锁店是连锁经营战略与策略的落脚点，只有把具体的门店经营好，才能实现规模经济。连锁店经营管理体系是一个门店经营策略与经营技术的综合。该体系主要包括：门店的组织结构、岗位设置及岗位职责、岗位的操作规范和标准、店员考评体系、店铺安全及事故处理体系、店铺的客户关系处理体系、店员考勤系统等。

（九）连锁行销体系

营销是企业经营的根本，任何企业的经营都是以营销为中心展开的。我们经常用到的营销策略有 4P，4C，4V，10P 等。连锁行销体系是连锁企业开发新技术、生产新产品、提供服务、制定价格、建立销售渠道、实行产品与服务促销，并将消费者的欲望、企业的成本、沟通、价值等方面都考虑进来的行销系统。连锁企业品牌营销、连锁店开发与设计、连锁商店形象策划与广告宣传、连锁企业文化与公共关系等都是连锁行销体系的内容。

（十）安全防护系统

安全防护系统包括消防系统、防盗系统、监控系统设备安全使用规范、应急处理系统、品牌安全防护系统等。

知识卡片

1. 4P 基本营销组合:产品(Product)、价格(Price)、渠道或地点(Place)、促销(Promotion)。

2. 4C 新营销组合:顾客需求与希望(Customer)、顾客的费用或成本(Cost)、顾客购买的方便性(Convenience)、顾客与企业沟通(Communication)。

3. 4V 营销组合:差异化(Variation)、功能化(Versatility)、附加价值(Value)、共鸣(Vibration)。

4. 10P =6P +新 4P

其中:6P =4P +2P,式中的 2P 指的是:权力(Power);公共关系(Public Relations);新 4P 指的是:市场研究(Probing)、市场细分(Partitioning)、目标选择(Prioritizing)、产品定位(Positioning)。

二、连锁经营的适用业态

所谓业态,是指针对不同消费者的不同需求,按照既定的战略目标,有选择地运用商品结构、价格政策、销售方式、店铺选址、规模及形态等手段,提供销售和服务的种类化经营形态。业态主要是根据"如何销售?"、"销售什么?"为标准划分的。连锁经营是一种企业经营形式和管理模式,必须与具体的业态相结合,才能显示其存在的形式和独特的魅力。

(一)零售业态分类

零售业态是零售企业为满足不同的消费需求,进行相应的要素组合而形成的不同经营形态。零售业态分类标准是形成结构合理、功能完善、层次分明、体系完整的商品市场格局的重要基础。

2000 年,国家制定了国家标准《零售业态分类》(GB/T18106—2000)。2004 年上半年,中国连锁经营协会会同有关单位,对我国原有的《零售业态分类》进行了重新修订,并由国家质量监督检验检疫总局、国家标准化管理委员会联合颁布。新国家标准按照零售店铺的结构特点,根据其经营方式、商品结构、服务功能以及选址、商圈、规模、店堂设施、目标顾客、有无固定场所等因素,将零售业划分为 18 种业态,具体如下:食杂店、便利店、折扣店、超市、大型超市、仓储会员店、百货店、专业店、专卖店、家居建材商店、购物中心、厂家直销中心、电视购物、邮购、网上商店、自动售货亭、直销、电话购物(详细参见附录二)。

(二)零售业态分类原则

零售业态分类有以下四个原则。

1. 提供用途的差异。由于商品能够满足消费者某种或某层次需求,故可据此进行业态划分。随着人们生活方式的日益多样化,消费者的需求也日益多样化。满足不同的购买需求,是区别商业经营方式的主要标志。现在,随着社会进步,以顾客层次的划分为标志的店铺定位逐步被按用途区别的业态选择所取代,因而,选择业态必须考虑消费用途的区别。以食品为例,根据店铺所经营食品类型不同,可分为三类业态(如图 1－1 所示):①每日三餐桌上必需的食品是超市经营的主要品种;②隔一段时间才购买一次的食品,是部分高档专业食品店或百货店经营的品种;③偶然性、一次性购买的食品,是更多的地方特色店、礼品店经营的品种。

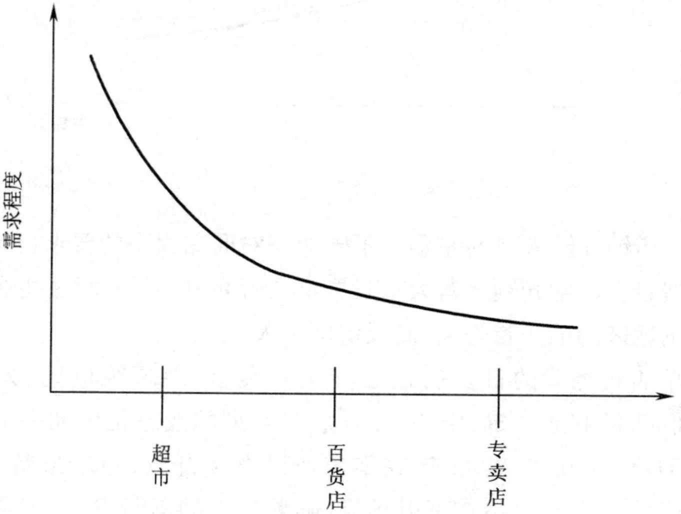

图 1－1

2. 价格带与服务水平的差异。价格带是指某一类商品品种的价格以基本价位为基础从低到高形成的价格范围,是区别各业态的一个主要标志。用途不同,价格带自然不同,用途的区别意味着使用频率和购买频率不同。使用频率、购买频率高的商品,价格必须在消费者容易接受的范围内,而且同类商品价格差异不宜太大,否则不利于消费者选择购买(见图 1－2)。

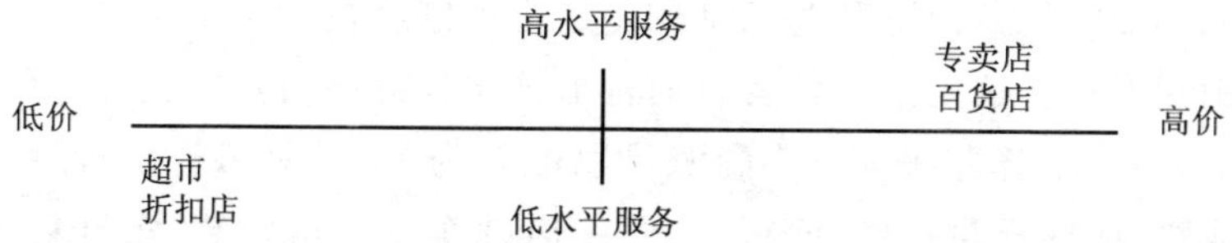

图 1－2

3. 顾客来店频率的差别。如图 1 – 3 所示,连锁店经营的越是日常生活中使用和购买频率高的商品,价格带越低,顾客越是易于、乐于购买,顾客来店频率也越高;相反,连锁店经营的如果是使用和购买频率低的商品,其价位相应会较高且价格带也会较宽,顾客来店的频率必然低。

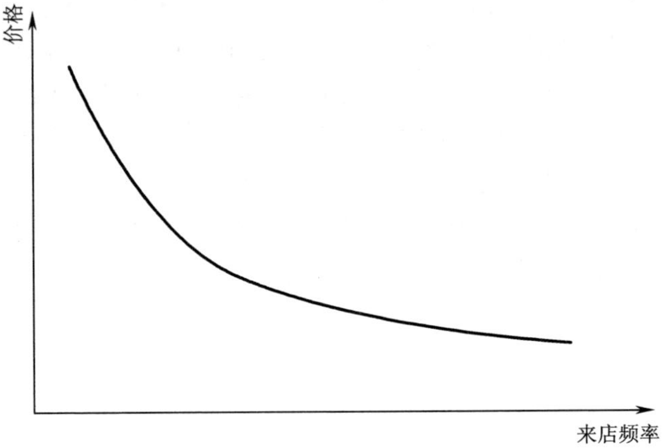

图 1 – 3

4. 每一店铺商圈人口的差别。不同业态对商圈大小的要求也不同。70%以上的消费者会经常光顾经营大众日常必需品的店铺,因而这些店铺一般会以店铺周围地区的消费者为主,商圈范围不大。

现在单店式经营的百货店正逐步走向衰落,而超级市场、大型综合超市、折扣商店、便利店、家居中心、专业店等类型的业态正风靡中国市场。我国加入 WTO 已有几年,2004 年底零售业已全面开放,迫于形势,连锁创新成为企业经营的必由之路。可以预见,随着经济的不断发展,将会出现新的连锁业态。

(三) 连锁经营的适用业态

具体地说,一种业态能否采用连锁经营方式主要有以下两个决定要素:

1. 经营品种、品种结构和范围。便民店一般只经营食品和日常用品,专卖店只销售某一单一品牌的商品,专业店则经营某一系列产品,而百货商店所经营的是综合性、挑选性强的消费品以及高价值、高技术、高档次的商品。具有相同或相似的经营范围和商品结构是进行连锁经营的基本条件。

2. 销售形式。这是指经营者以何种形式出售商品,包括商品陈列、顾客与商品接触方式、结算办法等。小商贩是以散装为主,零星出售;仓储商店则主要采取成箱、成捆批量销售;而超市、便民店则实行定量包装、敞开售货、自选形式、集中收款的方式。

复习题

1. 列举连锁经营与传统经营方式的区别。
2. 连锁经营与传统经营方式相比有哪些优势？
3. 某一业态采取连锁经营方式应考虑哪些因素？
4. 特许连锁有哪些特征？
5. 应如何构建连锁经营体系？

案例一

沃尔玛的经营之道

一、沃尔玛的辉煌成就

1962 年，成立第一家沃尔玛商店。

1990 年，沃尔玛成为美国最大零售商。

1991 年，在墨西哥开店，进军海外市场。

1996 年，进入中国市场。

2015—2019 年，连续 5 年在美国《财富》杂志评出的世界 500 强企业中居首位。

2020 年 7 月 22 日，在《财富》杂志世界 500 强排名中，沃尔玛营业额居首位，营业额达到 5 144 亿美元。2020 年 7 月，福布斯 2020 全球品牌价值 100 强发布，沃尔玛排名第 19 位。

二、沃尔玛的经营之道

（一）管理模式

1. 店面设计标准化。所有新开业的零售店的店址选择都按统一标准，店铺面积大小、店铺装饰、商场货架尺寸、商品摆放位置、商品标牌放置等都由公司统一规定。店铺的内部装饰、店面商标要求及商场货架尺寸都由公司统一设计和制作。为了顾客挑选商品时观看价格标牌的方便，公司一律要求所有商品的价格标牌都挂在货架上。

2. 组织结构扁平化。公司根据业务单元分为四个事业部，事业部下设区域总裁、区域经理和店铺经理。沃尔玛按业务分为折扣店事业部、购物广场事业部、山姆会员店事业部和家居商店事业部。事业部总裁管理所有区域总裁，每一个区域总裁管理 12 个区域经理，一个区域经理管理所在区域的店铺经理，管理责任层次分解，但从下到上的反馈信息是没有级别和层次的。沃尔玛老总的办公室从来不关门,鼓励和倡导公司员工与公司老板对话。

3. 管理程序规范化。沃尔玛在管理上要求三个标准:一是日落原则,即今天的工作必须于今日日落之前完成,对客户的服务要求在当天予与满足,绝不延迟;二是比满意更满意的服务原则,给予客户更好的服务,这种服务超过客户原来的期望;三是"10 英尺原则"。要求员工无论何时,只要顾客出现在你 10 英尺距离范围内,员工必须看这个客户的眼睛,主动打招呼,并询问是否需要帮助。

(二)经营策略

沃尔玛倡导低成本、低费用结构、低价格,让利给消费者的经营思想。那么沃尔玛的利润来源到底在哪里?

1. 消费者定位策略

沃尔玛打出的标题就是天天低价,目标人群就是普通的家庭,中低层消费者。

2. 商品结构策略

沃尔玛在经营商品品种选择上主要以销售量大、周转速度快、购买频次多的中档商品为主,适度兼顾高低档商品。商品销售量大、周转速度快是沃尔玛经营利润来源的前提条件,因为沃尔玛在商品销售中利润率很低(1.7%左右,而行业平均 5% 以上),其主要靠年销售规模优势向生产厂家收取商品上架费、商品折扣、年底退佣及资金占用费等取得收益。

3. 企业文化

"顾客是上帝""尊重每一个员工""每天追求卓越"是沃尔玛企业文化的精髓。利用"利润分享计划、雇员购股计划、损耗奖励计划"将员工视为合伙人,从而将员工利益与公司利益有机地结合在一起,造就了员工的献身精神和团队精神。凡是每年在沃尔玛工作不低于 1 000 小时的员工,均会分享到公司的部分利润。并且鼓励员工购买公司的股票,让员工融入沃尔玛这个大家庭中来,体会到公司收益的实惠。沃尔玛 60% 以上的经理(店面经理以上)是从内部员工提升上来的,这极大促进了员工积极进取的敬业精神,所以各个业务价值链的流程不断得到优化,员工素质不断提升。

折扣店行业的竞争日趋激烈,沃尔玛一方面积极实行国际化战略,开拓新市场,另外,从 20 世纪 80 年代中期又先后开发出批发式俱乐部、巨型购物中心、超级购物中心等新型店。此外,沃尔玛所采取的一项最重要的策略就是千方百计从竞争者手中夺取市场份额,这就使折扣店行业之间的竞争进一步加剧。

三、沃尔玛在中国

自 1996 年进入中国市场,在深圳开设了第一家沃尔玛购物广场和山姆会员商店,沃尔玛在中国的门店扩张进入加速阶段。截至 2020 年 1 月,沃尔玛在中国 170 多个城市共开设了 400 多家门店,预计到 2022 年,这 400 多家门店中会有一半完成全新升级,沃尔玛计划未来5~7年在中国市场新增500家门店和云仓,包括沃尔玛大卖场、社区店和山姆会员店多种业态。2020年沃尔玛继续推进果蔬直采,派驻产地采购,实现商品从田间直达门店。同时,未来3年还将对200家现有门店进行大刀阔斧的升级改造。

配送方面,沃尔玛分别在2 100个地点和800个地点提供提货和送货服务,并计划将提货点增至3 100个,送货点则扩充至1 600个。

随着电子商务市场的爆发和移动互联网的兴起,沃尔玛等以大卖场业态为核心的传统零售商也受到了冲击。沃尔玛积极地进行了变革。2011年,沃尔玛入股1号店,至2015年对其完成全盘收购。2016年,沃尔玛将1号店转卖给京东,此后经由两次增持,成为京东第三大股东。目前,沃尔玛和京东在多个领域有合作,首先在京东上有全球购的旗舰店,沃尔玛会引进世界各地的商品,这些商品可能来自世界各地不同地方的仓库,再通过京东的物流网络运送到中国顾客手中。同时,在京东也有沃尔玛和山姆会员商店的官方旗舰店,中国各地的顾客可以通过这个平台来购物。第三个领域,沃尔玛跟京东到家提供最后一公里配送,通过京东到家这个平台,顾客可以在线上订购商品,通过他们的物流配送来实现最后一公里的配送,配送时间是在一小时内。现在很多沃尔玛的门店都提供这样的服务。

除了与京东的合作,2018年6月,沃尔玛中国和腾讯共同宣布正式结成深度战略合作伙伴关系。2019年6月17日,新版"沃尔玛到家"小程序如期成功切换上线新系统。

沃尔玛在中国的经营始终坚持本地采购。目前,沃尔玛中国销售的产品中本地产品达到95%以上,与近2万家供应商建立了合作关系。沃尔玛一贯视供应商为合作伙伴,与供应商共同发展。沃尔玛中国重视人才本土化,鼓励人才多元化,特别是培养和鼓励女性员工参与管理层。目前沃尔玛中国超过99%的员工来自中国本土,商场经理100%由中国本土人才担任,女性员工占比超过60%。

此外,过去三年沃尔玛在自有品牌方面的销售翻倍增长,预计到2022年实现翻三倍。未来三年,沃尔玛还将会与80%的顾客和会员建立数字化链接,全渠道顾客和会员的占比将达到1/3。

2020年2月初,沃尔玛发布年报表示,预计2021财年在线销售将增长约30%,低于去年37%的增幅。其中有疫情影响的因素。该公司预计全年利润为每股5.00美元至5.15美元,低于5.22美元的预期。

(资料来源:中国连锁经营协会网站 http://www.ccfa.org.cn/;沃尔玛官方网站 http://www.wal-martchina.com/walmart/history.htm#us)

案例思考题

1. 沃尔玛在全球的经营策略有什么特点?

2. 查找资料,结合案例,说说沃尔玛在中国是如何构建其连锁经营体系的?

案例二

赛百味——世界餐饮巨头

赛百味英文名称是SUBWAY,起源于美国,至今已经有近半个世纪的历史,于1965年正式建立,半个世纪来在全球大量发展加盟店。截至2019年,赛百味是世界餐饮特许经营500强中的老大,在全球110个国家及地区曾设立门店超44 000家,在美国最多时达到27 000家门店,被美国《企业家》杂志评为连锁加盟系统第一名。赛百味是一家著名的速食集团,主要经营潜水艇三明治,是全球最大的三明治速食集团,也是全球最大的速食连锁加盟企业。

"7种赛百味三明治的脂肪含量低于6克",这是在美国和加拿大随处可见的广告标语。传统洋快餐给人印象总是高脂肪、高热量,而赛百味却一直以低脂健康为卖点。一个赛百味三明治里,会放比肉丰富得多的生菜、西红柿、青椒等蔬菜,根据顾客的不同需求,工作人员可以组合搭配出超过5 000种的个性三明治,它在美国甚至得到过"素食奖"。

探究赛百味能快速开店的最关键原因,是如今的消费者更加注重自己的健康,尤其是在欧美国家,而赛百味的产品恰好就有这种相对健康的理念和特征,比麦当劳要占优势。市场的容量越来越大,开店的速度自然就会加快。而相对麦当劳严格的连锁式,赛百味采取的加盟特许经营模式也更容易些,资金门槛更低。

赛百味正式走进中国是在1995年,逐步开展加盟和发展,并协助加盟店发展。中国第一家赛百味加盟店设立于北京。经过25年发展,赛百味如今已发展500多家加盟快餐店,并且加盟规模还是不断扩大。赛百味的快速发展曾经创造了一个神话。其创始人弗雷德·德卢卡曾表示:他希望用极快的开店速度占领市场,抢占消费者的心智,塑造品牌的竞争力。

案例分析:

一般快速发展的公司采取特许经营的方式,都是比较松散的。一般公司吸引加盟者加入,会把品牌、技术让加盟者使用,收取一定的费用。而有的特许经营发展比较快的企业,并不是自己来掌握特许的权利,而是会把一个地区的权利授权给其他公司来使用,被授权的公司可以在该地区内广泛地快速开店,这种模式下的管理就比较松散。赛百味的特许加盟,全球只有一家加盟店,是纯加盟的方式,加盟者做了投资之后,有自主经营权,有管理权,店也是属于投资者名下的,公司还会提供专门的培训和质量控制,以确保三明治食品的品质。

(资料来源:作者整理。)

案例思考题

1. 连锁加盟有哪些优势?

2. 试分析快餐连锁企业赛百味与我国的庆丰包子连锁店的发展策略的异同。

第二章 连锁经营的起源及展望

- 连锁经营的起源和发展
- 美、日、欧三方连锁经营发展的道路特点
- 世界连锁经营发展的现状
- 中国连锁经营的发展特点

由于经济发展水平不同，各国连锁经营发展体现出了不同的特点。美国是连锁经营的首创者和领头羊，欧洲是跟随者、竞争者，日本是学习者、发展者，大多数的发展中国家是连锁经营模式的学习者。分析世界连锁经营的现状，探索世界连锁经营的未来发展趋势，可以使我国连锁经营走得更快、更好。

背景资料

Costco——会员制仓储商场的创始者

开市客(Costco)又称好市多,是美国最大的连锁会员制仓储量贩店,全球第一家会员制的仓储批发卖场 COSTCO Wholesale。

目前开市客在全世界经营超过 581 家卖场,分布遍及八个国家,全年营业额超过 779 亿美元,为超过 6 200 万的会员提供最好的服务。毋庸置疑,开市客已是仓储批发卖场的领导者。2019 年,《财富》世界 500 强排行榜发布,开市客位列 35 位。

开市客成立以来即致力于以可能的最低价格提供给会员高品质的品牌商品,这成了开市客的经营理念,配合开市客的会员制度、自有品牌制度、多品类的产品组合、周到的免费服务制度,都使得开市客品牌与商品广受顾客欢迎。

1. 在商品策略上,选择市场上最受欢迎的品牌商品。以较大数量的包装销售,降低成本并相对增加价值。持续引进新的有特色的进口商品以增加商品的变化性。随时反应厂商降价或进口税率的降低并回馈给会员。

2. 在营运理念上,尽可能以最低价格提供给会员高品质的商品。为了达成此目标,竭力降低所有的营运成本,将省下的金钱完全回馈给会员。

3. 质量保证。任何在 Costco 卖场所购买的商品,除附有原制造厂商的保证书外,还享有 Costco 全额退款的保证。

4. 在卖场经营管理上。所有商品以原运送栈板的方式进货并陈列于简单的卖场环境。提供给会员安全整洁的购物空间,走道宽敞、舒适。商品的处理、有关温度控制及卫生均有严格控管。尽可能地提供给会员更多的免费服务,例如:免费轮胎安装 / 平衡服务,免费视力检查 / 镜架调整服务,免费停车。卖场采用自助式,并使用纸箱而非塑料袋包装商品。

5. 收取会员费

收取会员费帮助开市客减少营运及管理成本,商品的价格整体来说都较竞争者低,因而给顾客更多的价值回馈。

(资料来源:https://baike.baidu.com/item/开市客/23560569? fromtitle)

连锁经营作为一种现代化的商业经营模式和组织形式,具有广泛的适应性,在很多行业都屡试不爽,成为商业投资者和管理者首选的经营模式。本章从连锁经营的起源开始,介绍连锁经营在世界各地的发展现状与未来趋势,并通过分析美、日、欧三方的连锁经营发展道路,希望对我国连锁经营发展有所借鉴。

第一节 连锁经营的起源

一、连锁经营的起源和发展史

连锁经营的发源地是美国。[①] 在美国内战之前，连锁经营已经有了一定程度的发展。连锁商店首先出现在大零售商尚未完全建立起来的那些行业和部门，如杂货业、药品业和家具业，没有进入纺织业。在地区分布上，连锁商店大多分布在小城镇和大城市的郊区，在大城市的中心和乡村地区极少。而且，起初连锁商店几乎全是地区性的。直到第一次世界大战以前，连锁商店一直都没有成为美国的重要零售机构。

但到了第一次世界大战期间，连锁商店经营已经成为全国性的，并且同其他大零售商展开了激烈的竞争。20 世纪 20 年代，连锁经营已经发展到遍布美国各地，并且有了很高的发展效率，连锁商店成为成长最快的销售商，并正在成为美国标准的大零售机构。然而第二次世界大战期间，由于战争的影响，连锁商店的发展一度受阻，发展停滞。二战后，美国经济开始复苏，这是连锁商店迅速发展起来的转折点。

第一家颇具规模的连锁商店是 1859 年乔治·F. 吉尔曼和乔治·亨廷顿·哈特福特创办的大美国茶叶公司。在短短 6 年的时间里，便已发展到了 26 家正规连锁店，全部集中在百老汇大街和华尔街一带，全部经销茶叶。1869 年，该公司更名为“大西洋与太平洋茶叶公司”(Great Atlantic & Pacific Tea Co.)，并开始把它的连锁商店延伸到美国东北部，越过阿巴拉契亚山脉。到 1880 年已经发展了 100 多家分店，经营地区从圣保罗、明尼苏达到诺福克、弗吉尼亚州。1900 年前，该公司经营的地区横跨太平洋和大西洋之间的整个大陆，经营范围也有了进一步的扩大，除了茶叶，还经营咖啡、可可茶、糖、各种浓缩汁和发酵粉等商品，销售额达到了 560 万美元。在随后的 10 年，它有了更大的成长。

大西洋与太平洋茶叶公司的经营方式是连锁经营在杂货业的小试牛刀，它的锋芒初露引来了很多企业的效仿。其他茶叶公司相继建立了连锁商店，也有人用同样的方法经营别的杂货。

跟随“大西洋与太平洋茶叶公司”的脚步，另一家成功的大型连锁企业是美国“胜家缝纫机公司”。在商界它的营销方式要远远比它的产品更吸引人，

① 也有人根据《美国文献百科全书》和《美国连锁店百年史》指出，在公元前 200 年的西汉时期，一个中国商人就拥有多家店铺，称得上是连锁经营的最早萌芽。

被公认为特许连锁(加盟连锁)的鼻祖。它生产的缝纫机在140年前属于领先时代的新产品。公司成立之初,由于消费者对新产品的性能及产品本身认识不足造成销售困难,胜家公司决心进行大胆的尝试,遂于1865年开始采用"特许经营"分销网络的方式进行产品销售,收到很好的效果,迅速打开了产品销路,从此雄霸美国缝纫机市场。这样,现代特许连锁就在美国胜家公司诞生了。之后一个半世纪,无数的商界神话造就了麦当劳、肯德基、柯达、富士等连锁巨人。1959年,国际特许经营协会(IFA)成立,制定了特许经营道德规范和营运标准,进一步推动了特许连锁经营事业在全球范围的蓬勃发展。

在台湾,连锁业萌芽于1956年,当时较有名的连锁店有生生皮鞋、天仁茗茶、郭元益饼铺、宝岛钟表公司等。这些连锁体系大多以拓展直营店为主且成长速度较为缓慢,直到1961年的正章洗染店才以直营店与特许加盟并行的方式,以惊人的速度,在短短的两年内成立了一百多家连锁店,此为台湾连锁业加盟的开始。在1970年,统一企业引进美国南方公司的(7-11)连锁便利商店经营技术,台湾逐渐进入第一波的渠道革命。

虽然兴起的时间要比美国晚六七十年,日本的连锁经营却发展得有声有色。日本最早的连锁经营企业当属1963年成立的"不二家"西式糕点咖啡店,从此日本开始抛弃传统的直营式连锁经营业态。20世纪70年代以后,日本的特许经营以零售业和饮食业为中心迅速发展起来,并形成了自己的特许经营体系。

当连锁经营在欧美一些发达国家逐渐流行的时候,香港于20世纪60年代末开始出现了这种经营方式,时间上和日本差不多,在东南亚地区属于最先起步的了。东江菜馆是香港饮食业尝试连锁经营的第一家企业。在商品零售方面,超级市场是最早采用连锁经营的。到了20世纪70年代,随着香港经济的起飞,连锁经营迅速发展起来,除了饮食业和超级市场之外,其他的服务性行业及商品零售业也越来越多地采用连锁经营。

在中国,1984年8月首家以商标特许形式在北京落户的皮尔·卡丹专卖店的开业,被视为中国连锁经营的开端。1986年,天津立达集团公司创办了天津立达国际商场并在国内率先组建连锁店,拉开了我国本土连锁经营的序幕。1987年,木兰集团旗下的"沈阳木兰家电连锁"可能是国内最早的家电连锁销售的企业,在20世纪90年代初该集团最鼎盛时期,木兰集团在国内开了200多家家电连锁商店。1987年,"肯德基"首家连锁店落户我国,1990年"麦当劳"连锁店也开始在我国遍地开花。同年,东莞市糖酒集团美佳超市在虎门开设了第一家"美佳食品连锁店",两年内连锁店增加到18家,销售额突破7 000万元,一时声名鹊起。美佳凭借其连锁经营,统一规范管理,确立了在东莞乃至全国连锁业的整体优势地位。1991年5月,上海联华超市商业公司成立,成为上海连锁超市的"领头羊"。1992年9月,上海华联超市公司成立,第二年门店数就达到

11家，到1993年底全市开设了300个超市门店和自选商场。

连锁作为一种企业组织形式在我国发展迅猛，尤其以食品、零售、餐饮业等行业最具代表性，如上海“荣华鸡”、河南“红高粱”、“亚细亚”、“华联”、“联华”等众多的连锁企业，一轮又一轮地不断将连锁经营推送到各个领域。

从国外到国内，连锁经营已经不再局限于快餐业、家电业、汽车业或是商品零售业，它已涉足了服务业的大多数行业。这种连锁的观念，正如风行草偃般地，深深影响到许多其他种类的产品或是服务业。

二、启示

沿着连锁经营的发展轨迹，我们可以发现以下几条规律：

其一，在某一区域，连锁企业起步于哪个行业有一定的偶然性。我们看到，最早的连锁经营企业开始于美国，是茶叶销售公司，属零售业；而在日本、中国香港，最早的连锁企业却在餐饮业；我国国内的连锁经营又在工业品销售领域发端。可见，连锁的行业起源更多的是一种偶然，不过，这一行业在当地区域的竞争都是比较激烈的，企业出于一种市场拓展或品牌经营的角度而采取了连锁经营。

其二，连锁经营与具体的某个行业之间没有必然联系。想进入连锁经营的企业经营者往往会有一个疑问：“我这个行业能不能进行连锁经营?”实际上，连锁经营与行业无必然联系，只是在某些行业普遍一些，如零售业、服务业；而在某些行业连锁企业少一些，如工业品行业。前文已经提过，连锁经营作为一种经营模式，在很多行业都有涉及，而不能简单地从商业层面去理解，这实际是对连锁经营思想的束缚；如果说有联系的话，只是企业层面的，有些企业适合采用连锁经营，有些企业就未必适合，这在后文的开展连锁经营的企业所需具备的几个条件中可做判断。由此可见，什么样的行业适合开展连锁经营，什么样的行业就不适合开展；什么行业能开展连锁经营，什么行业却不能开展连锁经营，并无明显的边界和僵死的条条框框。

其三，国内的连锁企业基本上是在与跨国连锁巨头的竞争中发展起来的。从连锁经营发展的历史沿革中可以看出，国内的连锁经营起步比较晚，当时国外连锁巨头已初具规模，并已随着国内经营环境的放开，纷纷抢滩登陆，所以，我国国内很多行业的连锁企业几乎都是在与狼共舞中成长起来的。

其四，近现代进行连锁经营须具备以下社会背景和经济条件：①社会的相对稳定为保证。②相对发达的市场经济为前提。③拥有较完善的交通运输网络和交通工具。④有遍布全国的通信网络，可以便利地与各地店铺联系。⑤有强有力的科技支持。⑥总店能提供强有力的管理、制度和品牌支持。⑦消费者的消费能力、消费水平、消费观念上升到服务品牌、企业品牌、生活方式品牌阶段。

第二节　世界连锁经营的现状

一、世界连锁经营的现状

连锁经营是世界经济发展的重要组成部分，其发展必然受全球及世界各国的经济发展水平的制约，从全球范围看，结合世界五大零售企业和全球零售十强的情况，当今世界连锁经营的发展状况主要表现在以下方面：

（一）发达国家的商业连锁巨头向发展中国家"抢滩"，跨国连锁风头劲足

21 世纪，随着科技的发展、信息的迅捷，国家同企业间的经济往来日益密切，连锁加盟在经济全球一体化的潮流中进入了一个全球化时代。美国等发达国家的连锁企业凭借其雄厚的资金，成熟的技术，野心勃勃地占领着海外市场。目前，发达国家的连锁巨头把海外扩张的重点放到了发展中国家。2015 年亚太、非洲、南美等新兴市场的发展继续加快，连锁巨头努力提升在这些市场的占有份额，不过也遭到顽强反击。2016 年公布的中国连锁 100 强数据显示，外资销售额占比进一步增加。2016 年 5 月中国连锁经营协会公布的外资在华连锁 18 强企业营业收入 4 403 亿人民币，门店数 15 277 家，门店增长率 11%。

（二）连锁经营带有明显的网络时代的特征

21 世纪被称作信息和网络时代，连锁经营搭上了网络时代的末班车。网络与连锁企业的战略联合，是连锁业的发展的方向，具体来讲主要反映在三个方面：

1. 连锁经营可以借助虚拟的网络市场帮助企业以电子商务的形式扩展自己的地盘，赢得更大的市场空间；帮助企业占有尽可能多的市场份额。

2. 网络经济能够使企业进入市场的成本降低。一个新兴企业通过连锁经营，可以依附在一个成功的大企业之下，利用其诸多优势，以最低的成本、最小的风险进入市场。

3. 可以使企业增强竞争力。网络经济的发展，对企业的规范化和标准化管理有着更高的要求，连锁经营正好符合这一发展趋势。

（三）连锁巨鳄以惊人速度扩张

从全球市场来看，由于欧美市场恢复缓慢，零售市场日趋饱和，竞争日趋激烈，形成了零售企业跨国扩张的巨大压力，全球消费力受到影响。加大向金砖国家为首的发展中国家市场的扩张成为首选。如家乐福扩大在巴西、中

国、印度的扩张步伐。又如星巴克把中国当成他的金牛利润源，百胜集团保持每年在中国近 1 000 家门店的扩张速度。

（四）连锁经营分布在近 80 个行业

连锁经营最初出现在零售业、餐饮业，随着这一经营形态逐渐被人们所认识，理论家和实践者都不断对其进行研究和探索，把其运作模式全部或部分拷贝到其他行业。现在连锁经营在世界各地已发展到房地产业、教育、洗染业、美容美发业、汽车销售、加油站、书店、图书馆、修理业、服装加工、旅游业、医院、皮鞋销售、金融业（保险、银行）、彩扩、咨询业、药店、商务服务、快餐、正餐、酒店、影院、微店、网上商城、建材、装饰装修、房产经纪、婚姻介绍、自行车、贵金属、快递等近 80 个行业。

（五）连锁经营业态不断调整，业态边界出现逐渐模糊的趋势

跨国连锁巨头，由于经营不善，迫于形势，在扩张过程中在不断调整业态。如，沃尔玛在中国正在尝试开设小卖场，与加油站开展捆绑式合作；2015 年家乐福进行“easy 家乐福”便利店试水。百货业不断向购物中心变化，餐饮业里出现休闲、生态经营业态，大卖场里出现了儿童设施，连锁领域进行新业态融合成为趋势，边界出现了模糊特征。家乐福在意大利米兰和法国等地也在尝试大卖场 24 小时通宵营业，业绩都还不错。

（六）跨国连锁经营出现水土不服的问题

连锁巨头跨国经营，经常出现以下问题：本土化的问题，由于完全搬来输出过的模式，本地消费者不一定接受；产品组合、市场定位不准，不得不退出市场；由于汇率的变动，导致销售额产生较大的变化；由于扩张速度过快，导致出现一些官司和有损企业形象的事件。如沃尔玛在德国、韩国的撤退说明了其本土化政策的失败。又如家乐福退出俄罗斯、韩国、日本、中国台湾（被统一出售），家乐福巴西并购计划失败，家乐福中国被苏宁收购等。

（七）O2O 模式成为当今连锁领域全球热议的话题

2016 年 4 月，世界零售业大会（WRC）在阿联酋迪拜进行，全球范围内的零售商都在讨论行业的变化，电商和实体店的关系成为讨论的热点，二者究竟是此消彼长的万全竞争者，还是终将会达到再平衡的两条渠道，各方观点不一，但在做法上都是将商品思维转向了消费者思维，真正将线上和线下相结合，创造完美的全渠道、全体验模式。在欧洲、英国和日本等发达国家，实体店的经营依然在品质的基础上，经营得有声有色。

（八）大数据的应用让连锁门店的经营精准化、科学化

大数据分析，通过线上线下两重通道对数据的分析把控，牢牢掌握进出平台每一个商品的单品信息，帮助企业实现从品类管理到单品管理的转变。

单品管理的实现,意味着企业将能够有效把握商品进销存节奏、控制库存风险,进而全面掌握商品自营能力。传统百货将有望完成从简单联营→深度联营→单品管理→数据共享、独有商品→经销商品、集合店→自有商品的一级级蜕变,成为真正有差异化竞争优势的市场单元。如梅西百货早在数年前便开始了基于大数据的O2O布局,其示范效应在全球引起业内关注。

(八)"强强联手,资源整合"是必须走的新经营思路

资源整合早就被强调过,现在时机基本成熟,其中商机和优势很大,工商联手、商农联手,共同开发新产品或创造新型营销方式的趋势成为连锁经营新方向。主要表现为:制造业以品牌为基础发展专卖连锁店;商业企业以发展专业连锁店方式,吸引国内外著名品牌企业与之合作。工商资本渗透,将促使连锁经营资源的有效利用,连锁经营成功企业的"无形资产"将更有用武之地,甚至被视为"投资手段"得以发展。

(九)无人超市崭露头角

无人超市的出现推动了零售业的转型升级,随着技术的升级和国民素质的提高,无人超市将凭借其优势占有一定的市场份额。无人超市的发展前景较好,但仍需要市场的检验。作为一种新的业态,目前无人超市技术不成熟、道德风险高,在我国的发展在短时期内遭遇了困境。站在新的风口上,无人超市机遇与挑战并存。无人超市的发展始终要坚持以人为本,以客户体验为中心,着实解决客户的痛点,培养客户消费习惯的同时应真正做到便民利民。

二、中国连锁经营的现状和发展特点

(一)中国连锁经营的现状

中国连锁经营协会(CCFA)进行了"2019年行业基本情况及连锁百强调查",于2020年6月2日发布了"2019年中国连锁百强"及相关榜单。调查显示,2019年连锁百强销售规模近2.6万亿元,同比增长5.2%,占社会消费品零售总额的6.3%;连锁百强门店总数14.4万个,同比增长5.9%;百强连锁企业提供就业岗位160余万个;苏宁易购以3 787.4亿的销售规模居百强榜首。

2019年中国连锁零售行业呈现出以下几个特点:

1. 百强增长整体放缓,部分企业实现双位数增长。百强销售和门店数量绝对值依然保持增长,但增长幅度整体放缓。2019年,百强企业销售实现正增长的有73家,比上一年减少5家,增长率平均为14.4%,同比下降0.1个百分点,中位数为6.4%,同比下降0.3个百分点;销售出现负增长的有27家,增长率平均为-9.6%,降幅同比增加1.2个百分点,中位数为-7.6%,降幅同比高出2.4个百分点。2019年门店数量下降的企业数比上年增加了8家,

共计29家。

18家企业实现销售和门店两位数增长。其中,红星美凯龙、永辉、居然之家、盒马鲜生、美宜佳、孩子王、百果园、大参林、7－11、罗森10家企业连续两年保持双位数增长。

2. 便利店增幅明显,社区超市成为亮点。百强企业中,便利店依然发展强劲,社区超市后起直追。2019年,便利店销售增幅为16.5%,专业店、超市、百货店增幅分别为10.4%、4.0%、0.7%;便利店门店增幅为7.8%,超市、百货、专业店门店增幅分别为7.7%、2.4%、1.5%。除超市业态外,各业态销售和门店增幅均出现不同程度的下降。超市业态中增长最快的是社区超市,销售和门店增幅分别达到16.5%和16.9%。

3. 成本上涨趋于平稳,成本占比与上年持平。调查数据显示,连锁百强企业的租金成本占总体销售的比例为3.2%,与上一年持平。其中,以超市为主营业态的连锁百强企业租金占比为2.8%,同比下降0.1个百分点;百货、便利店、专业店租金占比分别为1.9%、6.5%、7.1%,与上一年基本持平。

单位人工成本虽有上涨,但整体人工费用占销售额的比重稳定在4.6%。其中,以超市为主营业态的连锁百强企业人工成本占比为5.4%,百货、便利店、专业店人工成本占比分别为3.5%、6.5%、5.5%,与上一年基本持平。

4. 升级改造加优化调整,百强企业核心经营效率指标有所提升。2019年,百强企业持续对百货和大卖场业态进行购物中心化改造。数据显示,经营百货店的百强中,有近一半企业对门店进行了改造,改造的门店约占企业总店数的30%;经营大型超市的百强中,有近四成的企业对大卖场进行购物中心化改造,改造门店占总门店数的30%。

通过业态调整及管理优化,百强企业运营效率有所提高。表现在以下几个方面:

第一,人效提升明显。其中,超市业态平均人效为94.3万元,同比提高1.3%;便利店、百货和专业店平均人效依次为58.8万元、245.4万元和362.4万元,同比提高18.5%、10.0%和6.1%。

第二,平效保持不变。其中,百货平效为1.8万元,60%的百货企业平效出现下降;超市平效为1.4万元,三分之一的超市企业平效下降;便利店平效为2.6万元,与上年基本持平;专业店平效为2.8万元,比上年下降9.0%。

第三,毛利小幅增长。2019年,百强企业平均毛利率为19.5%,比上一年略有提高。其中,超市毛利率为18.9%,同比提升0.5个百分点;百货店毛利率为17.0%,同比提升0.5个百分点;便利店毛利率为26.3%,同比提高1.2个百分点;专业店毛利率为23.7%,同比下降0.3个百分点。

5. 行业注入新活力。新技术、新模式、新方法给行业发展注入了新活力。

(1)线上销售增长显著。2019 年,连锁百强企业线上销售增长 28.7%,高于全国实物商品网上零售额增幅 9.2 个百分点。线上销售规模达 5 000 亿元。

专业店平均线上销售占比最高,便利店最低。百强企业平均线上销售占比为 4.3%。其中,超市线上销售占比为 2.1%;百货店线上销售占比为 1.2%;便利店线上销售占比为 0.6%;专业店线上销售占比为 21.9%。

(2)到家业务成为标配。百强企业的超市业态普遍开展到家业务。其中,约 1/3 企业的到家业务已在全部门店铺开,约一半企业则在部分门店运营,其余企业还在尝试阶段。到家业务的平均客单价约为 84 元,单店日均订单 56 份。到家业务的逐步拓展,也对单店效率产生正向影响。全面铺开的企业相较部分铺开和尝试阶段的企业,到家订单的客单价更高,达 92 元,人均单店订单数达 95 单。

前置仓是支持到家业务的基础设施。2019 年,百强企业的超市中约有 1/3的企业设置了前置仓,前置仓大部分依托现有门店运营。

(3)拼团直播丰富渠道。调查显示,超市类百强企业有近六成开展了社区拼团业务,其中过半数处于尝试阶段,社区拼团业务占超市销售比大约为 2‰。短视频、网上直播等作为新的渠道,也有约三成百强企业导入。

受 2020 年初发生的新冠疫情影响,企业对 2020 年的发展持谨慎态度。据对参与预测的百强企业的统计,78% 的企业 2020 年会继续拓展新店。只有 36% 的企业认为门店同比销售有望实现增长,42% 的企业认为门店销售会下降。

(二)中国连锁经营存在的不足

分析中国连锁经营发展的现状,可以看到以下不足和差距:

1. 从总体上看,我国目前的连锁经营还处于发展阶段,在业态分布、企业数量、经营规模、经营销售额、规范化程度等方面,与国际水平和我国市场容量相比都有差距。2019 年,连锁百强企业销售额的第一名,也是我国零售企业销售额的第一名苏宁易购的销售额,是 3 787.4 亿元人民币,而同年沃尔玛销售额为 5 144 亿美元,这就是说,中国之最只占世界之最的 10.67%(汇率按 1∶6.946)。

2. 民营连锁企业从全局看,组织化程度较低,抗风险能力低。我国一些大型连锁国企虽然在财富 500 强里比较靠前,但政府力量是起作用的。我国一些大的民营连锁企业虽然按照市场规则运作,但自身实力弱,总体上抗风险能力低。我国企业连锁集团,相对而言组织化程度低,对相对规模较小的连锁企业资源的整合力差,难以真正发挥集团的整体效益。发达国家世界零售 100 强,平均门店数目是 3 171 家(2010 年数据,都是连锁企业);而 2019 年我国连锁百强企业平均门店数是 1 436 家。可见,同国际零售百强企业的差距明显,不利于发挥连锁经营的规模优势。

3. 旧有的管理体制束缚了商业连锁经营大发展。国家行政管理体制改革多年,但效果不明显。目前,我国分灶吃饭的财政体制、地方所有的管理体制和部门所有的企业体制导致连锁企业难以跨地区、跨部门、跨行业以及跨省、跨市进行发展,只能在同一地域范围内、同一行政隶属关系下有限发展,形成的是近亲繁殖、就地联姻的封闭连锁。在许多城市商业繁华地段,都是很多不同部门设立企业,资源难以整合,纯商业行为下,地产商导致租金价格很高,企业盈利困难,难以发展。同时,许多网点的规划也不合理。这种现象不符合连锁企业为实现规模效益必须发展分店、按市场规律优化的企业门店的经营策略。而且各地政府根据当地的情况制定了相关规章制度,这对连锁企业标准化也造成一定影响。比如北京的生鲜店、便利店、社区店政策。

4. 管理思想落后,缺乏现代连锁经营意识和整体战略意识。我国许多连锁企业的连锁经营管理缺乏知识化,运作不规范,表现为缺少市场竞争和整体战略意识。原因是连锁企业在成立时,根本没有制定连锁经营的战略,是边干边连锁发展的,所以,企业决策者的连锁意识还比较落后,还属于粗放型经营方式,只顾扩张,不计成本。另外,连锁经营是一种先进的现代化经营方式,对从业人员的素质提出了更高的要求,没有战略就没有人才储备,发展过程中,相应管理人才的缺乏都制约了连锁企业的发展。同时连锁经营发展到电商时代和新媒体时代,不少决策者没有与时俱进,及时融合各类技术,没有形成全渠道发展的格局。

5. 资金短缺,店铺建设缓慢,难以形成规模经济。连锁经营努力通过规模经济取得效益,若店铺较少,则通过集中进货和统一管理带来的价格优势和成本降低都无从实现,从而难以获取规模效益。连锁经营的九个统一:统一店名、统一店貌、统一采购、统一价格、统一配送、统一核算、统一管理、统一服务、统一宣传需要较多的资金,企业在起步阶段难以承受,致使店铺开设缓慢。我国曾经出现过一段风投关注连锁企业的现象,但很多企业并没有实现应有的效益和社会效果。因为像便利蜂、瑞幸咖啡、全时便利等获得投资的是少数。多数由于资金和店铺的制约,企业难以形成规模经济。

6. 连锁经营的物流配送落后。配送中心是连锁企业的核心,关系到整个企业的营运效率和效益,集中采购、统一配送是连锁经营的两大特色,也是连锁经营的规模优势。我国连锁企业与国外企业自动化、现代化的配送相比有很大差距。这种状况导致配送效率低下,配送过程中的物耗和物流成本极高。

7. 技术的制约、人才的缺乏。发展连锁经营是实现企业从劳动密集型向技术密集型转变的过程,也就是说,企业不仅要按传统营销过程中的硬件条件进行改造,还必须按照网络要求进行资源配置,如条形码管理系统、二维码数字识别、计算机信息管理系统(MLS)、销货管理系统(POS)、电子订货系统

(EOS)、无线通信网络技术、大数据分析、云计算、人工智能AI、移动支付系统等。而这些不但需要投入资金,而且需要大量科技人才。而这恰恰是多数传统连锁企业缺乏的。国内像苏宁易购、物美、永辉、步步高这样及时进行数字化改造的不多。

具体的,我国连锁经营的问题从国家角度讲,零售业法律、法规滞后,有关连锁的专业法律还没出现,仅仅颁布了《商业特许管理条例》和两个办法;从企业管理角度讲,连锁企业的管理机制阻碍企业发展,以人为本的企业文化因为机制问题没有落到实处,连锁企业员工满意度低,人员流失严重;从企业运营角度讲,连锁企业的运营与管理技术偏低,劳动密集型连锁企业还很多,很多连锁企业的信息化程度不够,企业商品管理的科学性差;从合作角度讲,供应商与零售商的博弈还在继续,共赢发展的理念还没有深入贯彻,零售商与供应商的关系还需进一步改善。

第三节　美、日、欧三方连锁商业发展道路之比较

美、日、欧是当今世界经济发达的国家或地区,在这些国家或地区,连锁经营这一商业模式都得到了较早的发展,但三方连锁经营发展的道路还是有些不同。本节通过分析它们的连锁经营发展历程,希望能对我国有所借鉴。

一、美国——连锁经营的开创者和领头羊

1859年,世界上第一家近代连锁店——大西洋和太平洋茶叶公司产生于美国。在以后的150多年里,连锁经营从零售业开始,发展到餐饮、酒店、房地产、汽车销售、服装、咨询、教育等几十个行业,带来了零售业的第三次革命。从全球范围看,美国在世界连锁经营的发展过程中始终充当着领头羊的角色。迄今为止,美国仍是世界上连锁经营最发达的国家。

(一)美国连锁经营发展的历史

美国连锁经营的发展历史可划分为四个阶段:

第一个阶段:创始时代(19世纪中叶到20世纪50年代)。从第一家连锁店成立到20世纪初,全美连锁店数量并不多。20世纪20年代,连锁店开始进入发展期,销售额的比重占美国销售额的1/4;30年代进入成熟期;第二次世界大战前后进入一个回落期。在这段时期,连锁经营以“商标商品连锁”为主要方式,连锁店借用总公司的商品和商标名称,但在经营管理制度上并没有统一。

第二个阶段:黄金时代(20 世纪 50 年代至 20 世纪 80 年代)。第二次世界大战后,美国高速公路网的建成,计算机技术的普及,自我服务的销售方式,以及多种营销策略的兼收并蓄,都促成了美国连锁商业在这一时期的高速发展,这一阶段称为连锁商业的黄金时代。

第三个阶段:发展时代(20 世纪 80 年代)。20 世纪 80 年代美国连锁业进入一个全面开拓和渗透时期,这段时期也被称为第三代现代连锁加盟店发展时代。如果说第一代的特点是“传统”;第二代的特点是“现代速食”;那么第三代的特点则是“形式”的连锁加盟系统,多行业发展。

第四个阶段:连锁加盟店全球化时代(20 世纪 80 年代后)。伴随着经济全球化,连锁加盟也进入一个全球化时代。据美国《连锁店时代》杂志 1994 年 8 月的资料显示,1993 年全美最大的 100 家零售企业共有连锁网点 10 万多个,平均每家企业有连锁网点 1 000 多个,共创销售额 5 830 多亿美元。

(二)美国连锁经营发展的条件

美国连锁经营发展所经历的 4 个阶段,同当时美国的生产力水平及与该生产力水平相适应的商业理念相关。正是以下 5 个条件推动了美国连锁经营的发展。

1. 市场经济是美国连锁经营发展的前提条件。美国是典型的资本主义国家,有着很浓的自由市场经济的特点:市场发育成熟,生产要素、流通要素的配置以及企业结构调整在市场机制下可自动完成;企业可在非市场阻力很小的情况下,实现自己的经营方案;企业的兼并重组、扩张紧缩能够较容易地实现。连锁商业经营作为规模经营、降低交易成本的一种制度创新,就成为企业在竞争中求生存的首选形式和最佳模式。

2. 一定的技术条件和必要的配套设施是美国连锁经营发展的物质条件。连锁经营是一种现代化管理的模式,也是物流制度的一种创新,任何企业要进行连锁经营必须具备一定的技术条件,并要求有必要的配套设施,只有这样,连锁经营才能产生较好的整体效应和社会效果。美国科技的迅速发展,高速公路网络的形成,先进的信息和通信设备的广泛运用,为分散的商业网点集中配送、规模经营、科学管理、信息共享提供了可能,为连锁经营的发展创造了良好的外在环境和物质条件。

3. 传统行业尤其是商业、餐饮业的发展迫切需要新的经营模式,这是美国连锁经营发展的市场条件。商业、餐饮业及服务业的发展一旦遭遇瓶颈,连锁经营这种商业模式的优势就能显现出来;反过来说,连锁经营也只有与零售业、餐饮业、服务业等相结合,才能显示出其强大的生命力和长远的发展前景。美国 20 世纪中期以后的经济发展面对的正是这样一种市场状态。

4. 政府的保护和支持是美国连锁经营发展的政策条件。在连锁企业的发展过程中,美国政府充当了解决纠纷和维持秩序的角色,先后制定了一系列法律、法规,对连锁商业进行支持并鼓励其健康有序地发展。健全的市场体系,严明的法制秩序,保证了市场机制充分发挥作用。

5. 适宜的社会环境是美国连锁经营发展的社会条件。美国人生活节奏快,时间观念强,重效率、讲实际,这为超市连锁、仓储连锁、快餐连锁的迅速发展创造了客观社会条件。

(三)美国连锁经营发展道路的特点

美国连锁经营的发展道路有以下四个特点:

1. 美国是世界连锁业的开创者和领头羊。这是因为许多业态的连锁都是从美国开始的。

(1)世界第一个连锁企业是位于美国新泽西州蒙太奥的大西洋与太平洋茶叶公司。

(2)1962 年沃尔玛的缔造者沃尔顿,在美国阿肯色州与其兄弟开办了自己第一家沃尔玛折扣店。现在沃尔玛已成为年营业额达 4 691 亿美元的超大型企业,2002 年至 2012 年多次位居世界 500 强之首。

(3)1952 年,第一家以特许经营方式经营的肯德基餐厅在盐湖城建立,这是世界上餐饮特许加盟的开始。

(4)1865 年,美国胜家缝纫机公司在美国诞生,这是世界特许经营的鼻祖。

(5)1927 年创建于美国达拉斯的修士兰公司(后改名为美国 7 - 11)开创了便利店概念的先河,且是当前全球最大的便利店,拥有 20 200 家店铺,其区域特许商日本 7 - 11 是世界上最大的区域特许。

2. 连锁企业销售额占商品零售额的比重大。表现在:

(1)1988 年,全美有商业网点 190 多万个,而采取连锁方式经营的网点已达 150 多万个,占比 79%。其中,正规连锁店有 40 多万个,约占 27% 多;特许连锁店有 70 多万个,占 46% 多;自愿连锁店有 40 多万个,约占 27% 多。

(2)美国《连锁店时代》杂志 1994 年 8 月的资料显示,1993 年全美最大的 100 家零售企业共有连锁网点近 10 万个,平均每家零售企业有连锁网点1 000 个,共创销售额 5 830 亿美元。

3. 国内市场趋于饱和后,积极开拓国际市场。20 世纪七八十年代,美国国内市场经济的发展和超级市场的出现,推动美国连锁业进入黄金时期。连锁企业不断涌现,数量不断增多,市场竞争日趋激烈,国内市场趋于饱和,于是,沃尔玛、肯德基等大型连锁企业从 1991 年开始向海外大肆扩张。

4. 美国的连锁经营之路还有一个重要的特点,就是美国连锁企业在世界各地的扩张以推销"美国文化"为排头兵。美国各大连锁企业根据世界各国的经济发展水平,有针对性地进行市场定位,其中文化定位于市场定位之前进行,以达到接受了“美国文化”就不得不接受美国连锁的目的。如肯德基、麦当劳、必胜客等莫不如此。

二、欧洲——连锁经营的跟随者、竞争者

欧洲在世界经济中,占有非常重要的地位,但欧洲市场在发展模式、发展进程方面与美国有比较显著的差别,欧洲连锁经营的发展也必然带有浓厚的欧洲色彩。欧洲的连锁经营在形成、机制及功能方面都独具特色,它对欧洲各国生产的扩大、技术的革新及统一市场的形成起到了推动作用。

(一)欧洲连锁发展的几个阶段

1. 形成期(19 世纪末 20 世纪初)。这一时期欧洲完成了第二次工业革命,生产力得到空前发展,产品越来越丰富。随着欧美经济的频繁往来,连锁经营的商业模式也传到了欧洲,一些大的零售商开始进行连锁经营。例如,从 1894 年英国玛莎公司宣告成立到 1900 年底,玛莎公司共开设了 36 家分店(其中 24 家为市场货摊),1907 年其分店数已达到了 60 家。

欧洲的特许经营萌芽较早。20 世纪二三十年代,在法国首先出现的卢拜毛纺公司、企鹅商业网及高里斯·萨劳梅公司,就是欧洲特许经营的雏形。但由于特许经营的组织管理尚未系统化和规范化,这种形式在当时并没有普及开来。

2. 发展期(20 世纪六七十年代)。这一时期欧洲连锁业的发展伴随着美国特许经营组织向欧洲的大肆进军,是欧洲商业企业为了生存而作出的本能的抵抗反应。

创建于 1856 年的法国春天集团,从 20 世纪 60 年代开始,为了适应人们的消费习惯和购买力的不同,开始创设大众商店,开展特约连锁,并合资兴办连锁超市,形成了多业态连锁的局面。另外,法国对世界连锁业的最大贡献是 1963 年由家乐福创建的大卖场这一购物业态。

英国连锁业在 20 世纪六七十年代发展很快,整个零售商业结构以连锁店为主。1977 年,单店零售商店有职工 293 万人,而连锁店有职工 151.2 万人,但连锁店的销售额要占到零售业销售总额的 2/3 以上。英国的玛莎公司是当时英国最大的连锁店,每周接待顾客 1400 万人次,它经营的“圣米高”品牌产品畅销世界各地,并于 1977 年获英国女王出口奖。

在这一时期,欧洲的连锁企业都得到了不同程度的发展。1972 年 9 月,一个非营利性的国际协会“欧洲特许权联合会”(简称 EFF)在法国巴黎宣告成立。EFF 本着在欧洲提倡和促进特许经营的精神,通过有针对性地开展各种活动,积极宣传特许经营知识,维护各成员的利益,加强各成员之间以及与

外部之间的交流与合作,制定特许经营道德准则,对特许经营在欧洲的发展起到了非常重要的作用。

3. 高潮期(20世纪八九十年代)。20世纪80年代后,欧洲连锁进入蓬勃发展时期,尤其是特许连锁发展极为迅速,在一些发达国家甚至超过了其他两种连锁形式。从1984年至1992年,英国特许经营加盟店由9 000家发展到近1.8万家,从业人员由5万人增加到近15万人;特许经营的营业额在1987年达到了31亿英镑,比1981的6.7亿英镑增长了约3.6倍。法国1971年仅有特许加盟店7 500家,1992年增加到2.1万家。德国连锁业也比较发达,如麦德龙、阿尔迪等公司实力在不断增强。

4. 海外扩张期(20世纪90年代后)。伴随着美国连锁业20世纪八九十年代的海外发展,欧洲连锁业也从90年代开始了海外扩张。

英国的零售业顾问公司"管理视野"行政总裁瓦伦斯指出:"如果阁下想为90年代的零售业定出五六个最重要的目标,国际化几乎名列榜首。"据统计,在20世纪90年代开始的最初4年里,欧洲连锁集团共发动了610次海外拓展市场行动,而整个20世纪80年代才有611次类似行动。以中国为例,家乐福(法国)1993年进入中国,麦德龙(德)1995年进入中国,万客隆(荷兰)1996年进入中国,欧尚(法国)1997年进入中国,阿霍德(荷兰)1997年进入中国,宜家(瑞典)1998年进入中国。

(二)欧洲连锁经营的特点

通过前面对欧洲连锁经营发展阶段的研究,我们可以总结出欧洲连锁经营发展的几个特点:

1. 欧洲各国善于向美国学习而相互之间借鉴不够。这一是由美国的经济地位决定的,二是缘于美国连锁经营总是在不断创新中发展,而欧洲连锁业的发展总比美国慢一拍。

2. 欧洲主要国家连锁经营的特色并不相同。在英国,多种业态的连锁系统并存且发展迅速;连锁企业形成了巨大的销售网,其营业额、从业人员等均在整个零售业中占很大一部分。在德国,公司联号是普遍存在的商业组织形式,规模也日趋集中。德国连锁的显著特点就是薄利多销,较低的货价也容易促成大额长期合同的签订;货物脱手时间短也可以避免占用大量资金。此外,德国连锁企业十分讲求缩短收付款之间的时间差,从而达到以较少资金运营较多物资商品的效果。例如,德国著名的阿尔迪公司出售的商品价格比超市还低30%,且通常不签订金额在100万马克以下、期限短于10年的供货合同。法国连锁业是继英国之后,欧洲连锁业的又一巨头。法国连锁业从结构上看主要有两大特色,一是中小型连锁店居多,二是大型连锁店在总营业额中占较大的比重。1989年法国营业额在10亿法郎以上的只有27个连锁体系，但其营业额占全法国连锁业总营业额的63.1%。

3. 欧洲对世界连锁的最大贡献是1963年由家乐福创建的大卖场这一购物业态。麦德龙集团的“未来商场”计划，引入无线射频技术（RFID），成为全球零售业技术创新的领导者。

三、日本——世界连锁经营的学习者、发展者

（一）发展史

日本连锁经营是在第二次世界大战后，尤其是20世纪五六十年代日本经济逐渐恢复后形成和发展起来的，并且是在美国的支持下和学习美国经验的基础上发展起来的。相对欧美来说，日本连锁经营发展较晚。1957年9月，大荣开设了第一家自选超市“家庭主妇大荣”，其经营思想的核心是：大量廉价销售优质商品。1958年，大荣建立第2号商店，开始了连锁经营。

1962年和田一夫正式就任八佰伴社长，他上任后的第一件事就是将“八佰伴食品店”改名为“八佰伴百货店”，决定学习美国办连锁店，使商店网络化。1963年，八佰伴开了伊豆山分店，从此开始了连锁之路。

伊藤洋华堂设立于1913年，原名叫“伊藤洋华堂服装店”，后进行多业态发展。1961年发展成连锁店，经营范围随之扩大，并于1973年12月经美国7－11授权，建立了日本7－11股份公司。

（二）特点

通过对日本连锁经营的分析，可以发现日本连锁经营之路主要有以下特点：

1. 同时代的发展紧密结合。第二次世界大战前，日本的政治和经济条件不适合也不允许连锁经营的形成与发展。第二次世界大战后，日本经济纳入美国战略范围，得到迅速恢复。日本经济恢复带来的繁荣，使日本商业零售业得到迅速发展，从而为连锁经营的发展创造了前提和背景条件。

2. 学习美国的先进经验。日本连锁巨头的总裁如大荣的中内功、八佰伴的和田一夫、伊藤洋华堂的铃木敏文，都曾到美国考察学习。伊藤洋华堂的铃木敏文在20世纪70年代初就将目光投向了流通业典范美国。通过对美国市场的调查，铃木注意到开设在高速公路旁、进入居民区道路口的7－11便利店，该店在北美拥有连锁店近6 000家。铃木认为这是连锁组织在发生作用，于是联系到7－11店所属公司——美国修士兰公司进行访问。双方的谈判异常艰苦，最终于1973年11月30日，签订了“区域性服务与许可证合同”，从此才诞生了日本7－11。又如，大荣的中内功善于借鉴美国的先进经验，并不断总结大荣自身的经验。1962年，中内功出席在芝加哥召开的全美超市协会创立25周年大会。当时美国食品的70%～75%由连锁超市销售，超市正处于

兴盛期。美国连锁超市的经营规模、技术令中内功惊讶万分,他认为日本超市时代一定会到来。从美国回来后,中内功加快扩展经营规模,增加店铺和商品种类数量。1963 年元旦,中内功向员工公布了公司发展规划,提出 3 条誓言作为大荣员工的宗旨,从而形成了"中内功主义"。从那时起,"为所有顾客的美好生活服务,诚心诚意地以大量廉价出售优质商品为最大乐趣,爱人、爱店,天天作出美好的努力",这三条成了大荣的经营思想。据不完全统计,从 1963 年至 1999 年,日本先后有 180 个团组、1.2 万余人到美国学习考察企业连锁经营的发展与管理。

3. 日本连锁企业在许多方面对世界连锁的发展作出贡献。日本连锁业的发展与作为连锁经营创始人的美国相比,具有后来者的优势。日本企业以较低成本引进成熟而完善的连锁体系,并加以改造,以适应日本本国的情况,在较短的时间内完成了日本商业连锁化的进程。首先,日本将美国连锁的企业家推进模式改为政府推进模式。以政府为推动者,大大加快了日本商店的连锁化进程。1966 年,日本政府制定零售商业连锁化政策;在自由连锁研究会的基础上,建立了社团法人"日本自由连锁协会";1976 年制定《中小零售业振兴法》,从税收、贷款利率、设备更新、营业场所选择等方面,扶持自由连锁发展。其次,日本不仅引入美国连锁商业购物程序简洁、方便、价格低廉、适应大量消费的优点,同时也全面引入了以消费者为中心的经营理念,而美国连锁商业发展初期的经营观念是以销售为中心的。最后,由于美国连锁店与超市产生的年代不同,连锁店与超市的关系经历了一个由竞争到结合的过程;而日本的正规连锁店在引进美国连锁技术的同时,便将超级市场与廉价商店的做法加以结合,发展成具有日本独特风格的大型综合超级市场连锁店。

4. 日本连锁企业走不断创新之路。日本流通业长期以来一直以划界、细分市场为序开展经营,相互竞争关系不强,特别是几乎没有直接竞争关系。当时,不断划分市场是业态创新的一种形式。到了 20 世纪 90 年代中期,日本连锁业一方面要应对来自美国的压力,另一方面要应对日元升值、国际市场冲击、众多制造业外移造成的压力。部分企业率先打破了原有市场秩序,缩短流通过程,减少流通环节,开拓新渠道。在此期间,以"价格改革"为调节的机制发挥着巨大作用,迫使日本流通业不得不改变传统经营方式,开始寻求以变求存、以新求生、以廉求利的振兴之路。日本在连锁经营的实践中,进一步发展了自由连锁理论,在深刻认识自由连锁本质的基础上,提出了"同志联合体"的新概念,即认为自由连锁组织的总部和加盟店是分工合作的统一体,各连锁店不仅要联合开展各项连锁活动,而且要具备共同的价值观念,抱着"依靠有组织的经营提高竞争力最终对自己的店铺也有益处"的共同目的来经营。在这种观念的指导下,日本在不断地创造新的连锁经营方式,如探索把自由连锁与特许连锁结合起来的有效方法等。

5. 加盟商重构授权商的特许连锁之路。进行特许经营主要由母公司依靠自身品牌对加盟商、分公司进行品牌、产品的特许,而在日本的连锁业,分公司重构母公司的案例成了其辉煌的业绩。

1971 年,日本伊藤洋华堂与美国修士兰公司总部签订特许转让合同,从那里学习经营便利商店的经营技术,从此诞生了日本 7 - 11。1991 年,伊藤洋华堂收购了向日本 7 - 11 提供特许经营权的美国修士兰公司(The Southland Corporation)的股份,并接受该公司的要求,再建美国 7 - 11。结果,在 1993 年上半期结算时就转亏为盈,1994 年取得 9 200 万美元利润。这些都反映了日本连锁企业走出国门,敢于创新,勇超前人的经营特色。

四、对我国连锁经营发展的启示

通过以上对美、欧、日三方连锁经营发展道路的比较分析,我们可以得到以下启示:

第一,发展连锁要适合本国的国情。当人们的生活比较富裕,从追求物美价廉变为追求品牌消费时,连锁的时代就要来了。显然,我国城市正处在这一阶段,而广大的农村还只是潜在的市场。

第二,连锁经营作为一种模式,要和不同的业态相结合,只有业态不断创新,连锁经营才可以获得更快的发展。

第三,善于学习他人的长处。欧洲、美国、日本三方的经验我们要认真学习,避免走弯路。例如,我们可以借鉴日本的生鲜超市技术,发展我国的生鲜超市;学习沃尔玛,发展我们的物流;学习家乐福如何开发大卖场;学习麦德龙的"未来商店计划"。

第四,跨国经营是我国连锁企业发展的未来之路。我国的连锁企业进行国际扩张是必然的趋势,并要勇于探索新的连锁之路。

复习题

1. 目前世界连锁经营的发展有哪些特点?
2. 中国连锁经营的发展现状如何?
3. 中国连锁经营的发展趋势有哪些?
4. 世界连锁经营未来发展的总趋势有哪些?
5. 美、日、欧三方连锁经营发展的道路特点有哪些? 说说对我国的启示。
6. 思考中国连锁企业同外资连锁企业竞争可采取哪些策略。

案例一

迎难而上，更坚定地走数字化转型之路

（彭建真秘书长的讲话）

昨天上午的闭门会议和下午的行业下一步形式的讨论，我想大家对行业的下一步发展情况已经有了初步的了解，从商超、餐饮、购物中心到旅游，尽管疫情进展依旧不明朗，以及中美关系的不确定性一直存在，大家还是表达了谨慎的乐观态度。

今天我演讲的主题是《迎难而上，更坚定地走数字化转型之路》，我们继续来梳理行业几个变化，以及下一步的对策。

一、2020 年以来行业的五个明显变化

（一）各业态表现各异，内需出现一定程度萎缩

2020 年上半年，中国 GDP 下降 1.6%，其中第一季度下滑 6.8%，第二季度增长 3.2% 还是好于预期，尤其是在多数主要国家第二季度 GDP 大幅下滑的背景之下，显得尤为难得。

尽管降幅在逐月收窄，但 2020 年上半年中国社会消费品零售总额下降了 11%，这意味着内需出现了一定程度的萎缩，我觉得这个数据值得零售同行关注。在过去正常年份，我们经济正增长的时候，社会消费品零售总额的增速总是要高于 GDP 增速。现在我们第一次出现了负增长，我们也看到社会消费品零售总额的降速远大于 GDP 的降速，有一个放大效应，远高于 -1.6% 的降幅。详细可参见图 2-1。

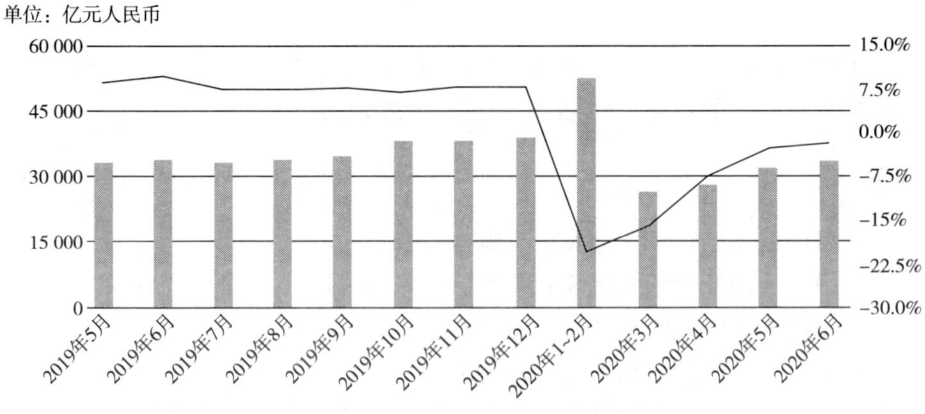

图 2-1　疫情暴发以来中国消费市场表现（逐月）

这个放大效应的后果就是,疫情对于整个零售行业影响很大。我们看到百货、购物中心、餐饮、旅游、专业店增速都出现了比较大幅度的下降。

接下来的图2-2展示了2019年上半年和2020年上半年主要零售业态增速的对比。

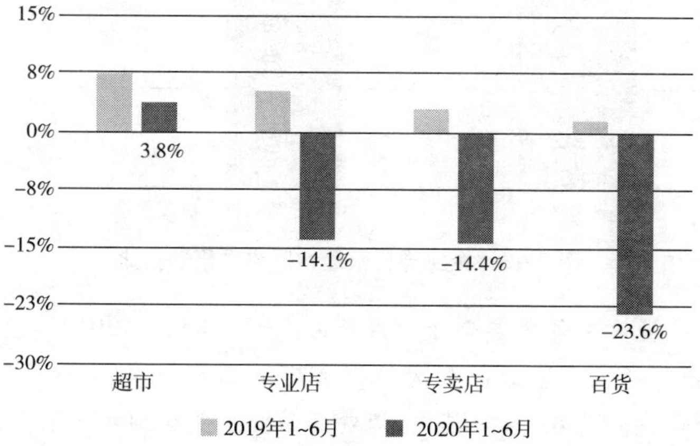

图-2 2019年上半年和2020年上半年主要零售业态增速的对比

我们看到,除超市业态以外,百货、专业店、专卖店销售额均出现大幅下降,即使在疫情后,恢复也需要较长时间。

根据国家统计局数据显示,2020年上半年,超市、专业店、专卖店、百货的同比增速分别为3.8%、-14.1%、-14.4%、-23.6%。由于疫情在全球仍存在诸多不确定性,在防疫常态化下,专业店、专卖店和百货的销售将继续低迷。

(二)网络零售进一步走强,品牌商强化零售属性

传统业态中,商超和便利店行业从中受益,获得了一定程度的增长。

我们看到另一个突出的现象就是,传统企业的到家业务出现井喷,线上零售在疫情下仍然维持了较高的增速,今年上半年,线上零售在社会消费品零售总额的占比达到了25.2%,比2019年提高了将近5个百分点(2019年为20.7%)。

谈到网络零售,今年连锁经营协会也和德勤联合推出了中国网络零售TOP100,界定了B2C的自营为主的网络零售企业,这也是国际对网络零售排名的惯例。

我们接下来看一下今年的网络零售百强。

我们看到,网络零售有非常大的市场集中度,其中,网络销售额超过千亿的企业2家(京东和天猫),这两家企业的网络自营销售额占百强企业的52.9%。电商有非常明显的头部效应,见图2-3。

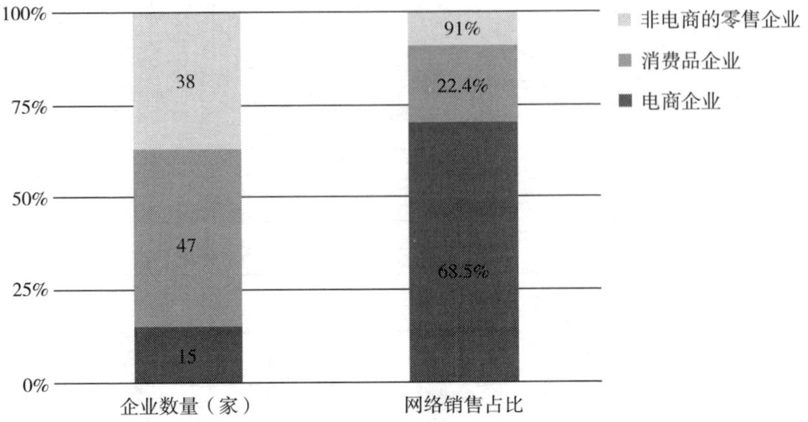

图 2－3　企业类型数量和网络零售额占比

消费品企业和实体零售企业的数量占比达到85%。2019年上榜企业中，有15家是电商企业，电商企业网络销售额占百强网络销售总额的比重达68.5%。非电商企业85家。其中，消费品品牌企业达到47家，网络销售占比为22.4%；非电商零售企业38家，网络销售占比达9.1%。

今年我们看到品牌商更加活跃，很多企业除了在京东和天猫的自营旗舰店之外，还强化了直播业务。

我们需要正确看待品牌商角色的转变，某种程度上品牌商越来越像零售企业。

上榜的47家消费品企业中，包括食品饮料、个护和化妆品、服装鞋帽、奢侈品、电子和家电家居五大类。消费品企业的具体情况如图2－4所示。

<5%	烟酒 金银珠宝 饮料 建筑及装潢材料
5%~10%	家具 通讯器材 文体办公用品 粮油、食品 化妆品
10%~15%	家用电器盒音响器材
15%~20%	日用品
20%~25%	服装鞋帽、针织织品

来源：商务部商务大数据，德勤研究

图 2－4　网络销售对各品类的渗透情况

（各品类网络销售额占实物商品网上零售额的比重）

(三)基于数字技术,零售新业态活跃用户大幅增加

本次疫情中,网络零售市场展现出强大的韧性和活力,成为拉动消费的重要力量。疫情期间越来越多的消费者通过电商平台、数字化商超业务购买商品。

与此同时,在少接触的消费需求下,新的购物模式在零售中快速地得到应用,同时数字化也持续向下沉市场加快渗透。

我们可以从两个维度来看这种变化,一是生鲜电商的活跃用户情况,二是三线以下市场电商的占比。我们先看看生鲜电商月活跃用户情况。疫情暴发以来,生鲜电商月活跃用户数大幅增加,并在疫情后继续保持较高留存。从图 2－5 我们可以看出,2020 年 5 月相较于 2019 年 5 月,生鲜电商的活跃用户增加了 21.9%。

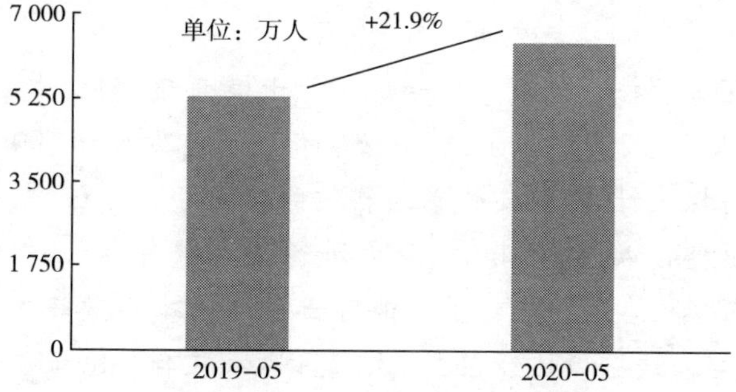

图 2－5　生鲜电商月活用户数情况(单位:万人)

与此同时,疫情期间数字化持续向下沉市场渗透,快速释放了三线以下低线地区的消费需求。消费市场持续发展,三线及以下城市和农村地区为消费市场提供了新的增长动能。

如将疫情前和疫情后下沉市场的网购占比进行比较,三线以下城市的网购占比已由 2019 年第一季度的 43.1% 升至 2020 年第一季度的 47.4%(图 2－6)。

(四)数字化转型更看重投入产出

一方面,疫情期间,连锁零售企业真正体验到精准营销、全渠道、到家服务等数字化手段发挥的重要作用。协会抽样调查的企业都强调会在未来数年,加大企业数字化转型深度和广度方面的应用投入。但另一方面,企业普遍面临资金紧张的局面。根据连锁经营协会与德勤中国联合发布的《新冠肺炎疫情对中国零售行业财务及运营影响调研报告及行业趋势展望》,52% 的零售企业预计未来一年内将出现资金紧张现象,也将在一定程度上制约企业在创新和改革方面的投入与尝试。

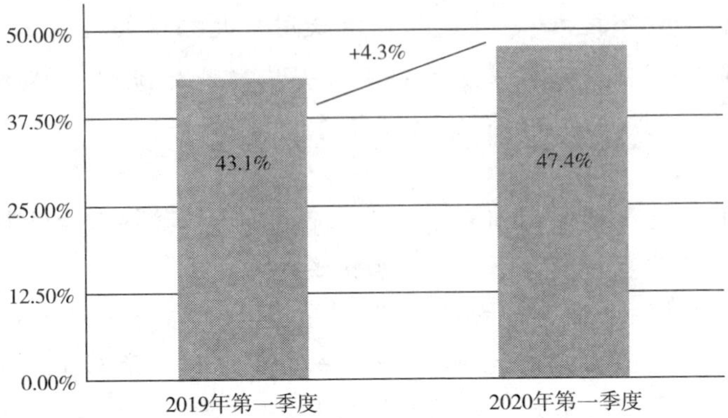

图2-6　三线以下城市网购占比情况

如何平衡数字化转型的巨大投入和企业面临的实际财务压力，是每家企业都必须考虑的。

CCFA中国零售技术创新中心专访了几十家商超、购物中心、专营专卖和快消品生产企业高管，调查显示，企业数字化转型将发生如下变化：

(1)减少对探索性、不确定性前沿科技的投入。

以往，企业会投入人力、物力、财力进行技术储备、技术探索。根据本次调研，未来1~2年，终端用户对于不能直接实现降本增效等价值转化的零售技术投入会非常谨慎。但已经在企业有过试点，并有数据证明可以实现降本增效的零售技术，将更受终端用户的青睐。

(2)大而全不如小而精。

未来几年，动辄成百上千万的IT投入会比较少。反之，针对特定应用场景(如：小程序App、微商城、抖音引流等)，或解决特定企业需求的(如：对外服务核心业务系统逐步云化，提升在线服务能力等)IT投入的需求较大，同时，数字化手段也将从技术支持向深度融合转变，成为企业日常运营不可或缺的组成部分。

(3)重新定义技术服务商的角色。

在不远的未来，技术服务商将不再是单一的技术方案提供方，而是能够针对特定场景/需求与终端客户合力研发的合作伙伴。此外，技术服务商不仅要提供软硬件的技术支持，更要能帮助用户将原先停留在IT层面的技术转型，与企业内部组织架构变革与优化融为一体。

此外，按利润/成果分成的合作模式也将越来越普遍。现在单一的"IT费用"逐渐向"前期费用+利润/成果分成"改变。

(4)以在线办公为核心的人员优化。

超过2/3的终端用户在调研中提到在线办公、远程协调。行业企业希望能够以即时通信App为载体深度融合OA、HR等常用功能和各业务系统功能,在线处理所有工作事务,满足各应用场景。此外,与该技术相匹配的远程办公、弹性工作等工作模式也将有所普及。

(5)自动化和智能化。

本次疫情初期出现的人员不足,直接制约了企业的复工复产,后期虽然有所缓解,但调研显示,凡是可以用来提升员工工作效率的自动化和智能化手段都会成为终端用户关注的重点。

(五)消费者行为发生显著变化

作为零售行业,我们第一需要关注的就是消费者,我们首先来看看,疫情常态化之后,消费者发生了哪些根本性的变化。

1. 消费者对于手机或移动设备的依赖显著增加

2020年QuestMobile的数据显示,2020年1季度,移动互联网月活跃用户数成功突破11.56亿!同时,月人均单日使用时长,从去年的5.6小时增加至7.2小时,增幅28.6%。消费者的时间有限,花在手机上的时间大大增加。如果我们去看这段时间和广告投放监测,会发现品牌商投向抖音、快手等短视频App和今日头条等推送新闻App的预算大大增加。这些拥有巨大流量、占据消费者大量时间的应用,已经逐步开始通过广告和电商在变现。

2. 消费者光顾实体门店的时间在缩短,意愿也在减少

我们知道过去5年来,中国实体门店的客流在互联网冲击和消费者习惯的改变下,一直处于下滑的趋势,每年下降5%~8%。即便是受益于疫情的商超行业,客流下滑的情况依然在继续,根据CCFA采购委对58家超市企业的调查,58家企业中有46家企业在今年1~4月出现客流下滑,平均下滑17%。

对于商超之外的其他业态,受疫情影响更大。由于担心秋天之后第二波疫情到来,很多业态面临重大的变化,购物中心首当其冲。过去购物中心将重心放在家庭体验场景的打造,但是新冠疫情对家庭体验型的业态打击最大,无论是餐饮、儿童教育还是影院,长时间的疫情影响,使相信一部分购物中心的招商业态已经在开始考虑转型,比如把部分影院改造成运动相关的业态。

3. 消费者购物渠道的多样化

疫情期间,消费者拥有更多的闲暇时间,更愿意发掘和尝试各种购物渠道。据德勤全球消费者调研显示,疫情后中国消费者对线上渠道以及线上线下融合的渠道的偏好持续提升。

除了过去常用的电商和线下门店,现在通过手机广告链接、直播购买,包括利用各种团购购买商品的频率大大增加,品类覆盖范围也越来越全,从蔬菜、生鲜、水果、奶制品、特色饮料到小吃等,都包含在内。

4. 消费者品类偏好逐渐走向健康化、安全化、高性价比

总体上，疫情过后，中国消费者对健康、安全的关注提升，对免疫力提升、安全性高、保障功能强的产品兴趣浓厚，且对这些品类的购买意愿在疫情结束后的较长时间内将仍然比较强劲。

未来购买行为将出现明显的分化，一小部分消费者受惠于所在行业，会增强消费能力，但是大多数消费者直接或间接受经济下行的影响，支付能力降低，从而关注性价比更高的品类。根据德勤的消费者调研显示，中国消费者中，中老年消费者对打折力度大的可选消费品的购买意愿持续增长。

从今年我们小范围调查企业的情况看，上半年高端果品的销量出现了不同程度的下滑。

二、挑战和未来对策

刚刚我们提到了疫情期间从行业到企业发生的一些变化，面对这些变化，企业面临的难点和下一步的对策有哪些？与此同时，由于疫情的常态化趋势越来越明显，我们看到国际上很多实体企业门店宣布关闭，中国会不会面临同样的情况？我们也看到总体上国与国之间的贸易摩擦呈现增加趋势，美国当局“去中国化”的动作也越来越频繁，这些变化对于零售企业未来的供应链布局将产生哪些影响？这些问题都值得我们深度去思考。

首先我们来看看，企业如何去应对消费者的变化。

(一)满足消费需求，实现品类重构及渠道多样化

1. 满足消费者的健康需求

企业除了为消费者提供更健康的购物场所外，也需要强化健康类商品的营销，契合消费者日益增强的需求。消费者对于健康品类的偏好，一定会伴随着收入水平的提高而提高，疫情只是加速了这一进程。

2. 针对消费者更看重性价比的变化，优化供应链和运营能力

针对消费者今年对于性价比的看重，我们在商品结构上可能要侧重对性价比更高的商品的选择，同时，也需要在短期内强化企业的供应链能力和运营能力，优化成本构成，甚至在短期内牺牲一部分毛利来满足消费者需求，这些都是可以选择的应对工具。

3. 建立多元化购物渠道，满足消费者具体场景的需求

对于零售企业来说，尽量完善自己的能力，促使消费者购物渠道的多样化和便利化，多渠道、全方位地接触消费者。

对于企业内部的单个业态或门店而言，今天我们不能再大而化之地把消费者划分为某一类人了，要重新考虑消费者的复杂性和可变性，因此，对于零售企业的具体业态而言，很重要的一点是把自己定位成满足消费者某一类场景需求，而不是满足某一类消费者。

今天的消费者,非常多元和复杂。

以我自己为例,如果我想多了解一款手机产品的使用性能,我会去线下实体门店购买;

如果我只是简单地复购一个无线耳机,我会去价格有优势的线上渠道购买;

如果考虑到运动和多走路,可能会去旁边的大卖场顺便购物;

想购买实体店不容易找到的东西,包括一些长尾商品、书籍和一些电子产品,我会选择线上渠道。

其实消费者的消费是由一个个实际的场景需求构成的,所以线下零售业要重新定义自己的核心场景,门店的定位在满足消费者的哪个场景或哪几个场景,在这几个场景中消费者的痛点到底是什么,消费者关注什么,我们能不能满足他,让他把场景需求和自己的企业建立某种关联。我觉得找到适合消费者的场景,占据属于自己的那部分消费者光顾的时间,在未来非常关键。

所以,零售企业应该依照消费者场景化体验设计驱动业务模式转型。市场思维模式须从传统的产品、地点、渠道转向24小时市场,即(图2-7):

- 未来消费企业需要围绕消费者24小时来争夺线上线下的时间份额;
- 围绕消费者不同的生活消费场景来争夺线上线下的心智份额;
- 围绕消费者的消费时刻争夺线上线下的钱包份额。

图2-7 市场模式的转变

(二)用科技主导未来企业的发展

未来科技对于零售企业如此重要,我们看到很多大型零售企业都成立了自己的科技公司,希望通过科技来提升企业的效率。

为了进一步推广科技在零售企业中的应用,连锁经营协会和毕马威推出国内零售科技50强。

今年我们从候选企业中,评选出了科技50强企业,这些企业都是在零售连锁领域表现突出的企业。

协会与毕马威合作并发布的领先消费科技50企业榜单,从技术和商业模式的创新、对传统消费领域的变革与赋能、财务健康状况与增长水平、市场认可度与细分领域发展潜力、估值与资本市场认可、团队能力与企业创新机制这六个方面，对所有备选企业创始团队进行了一对一调研，历时半年，最终整理出64家有代表性的消费科技企业（50家领先企业+14家新锐企业）。希望通过本次梳理，能够为我们的连锁零售企业与品牌商提供一定的借鉴，使企业在数字化转型的路上，少走点弯路。

除了和毕马威合作推出科技50强企业榜单，CCFA中国零售创新中心也在大力推广一个API项目。我们知道目前零售商和供应商之间、零售商和技术厂商之间存在大量的数据对接工作，过去由于大家的数据标准不一致，花费了大量的时间和金钱来对接数据，我们希望通过推进API项目，建立统一的数据对接标准，帮助业内企业实现更高效的数据对接。

API是一个非常典型的重要但不紧急的工作，也是一个非常庞杂的系统工程，我们希望有更多的大企业参与进来，一起推动这项工作的进行。

（三）更坚定地走数字化转型之路

在5G、数据中心、工业物联网、人工智能等新技术的支持下，零售和消费品行业的数字化和智能化转型将进一步加快。

零售各业态依托零售技术加快企业的数字化运营步伐，并积极搭建标准化、全品类的线上服务，加快门店数字化和智能化改造。

未来企业的竞争力在于数据驱动的消费者洞察和触达能力。随着线下业务向线上的迅速转移，消费者的消费习惯发生了诸多改变，对消费者的触达也悄然发生了改变，各种创新型传播方式层出不穷。在此情形下，实时地掌握和洞察消费者的需求将成为未来企业竞争的核心能力之一。企业将以数据化洞察驱动触达消费者的方式和途径。

除了传统的渠道，微信、直播等新型触达渠道将在未来继续发展，并作为消费品行业触达消费者的重要手段。如从体系成熟的化妆品，延伸到休闲食品、日化、消费电子、健身，甚至房产。直播电商价值链可参考图2－8。与此同时，在销售压力下，线下门店将积极拥抱社区拼团等私域传播，通过贴心的O2O服务留住客户，行业将加速推动新型沟通渠道的产生和发展。

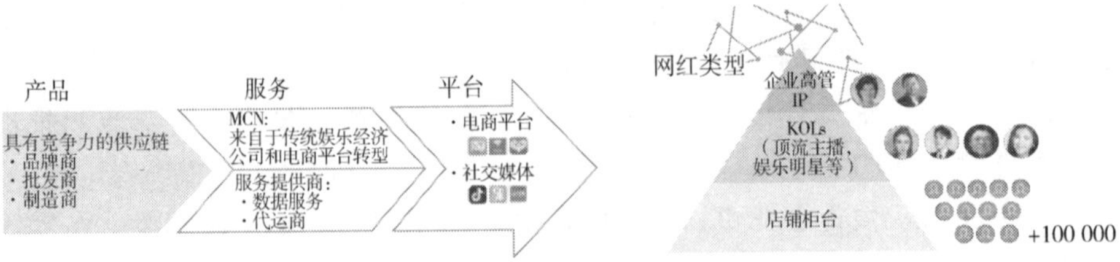

图2－8　直播电商价值链

在中国线下零售企业的数字化转型方面，2020年行业也涌现出了一批好的案例，今年，我们从入围的68个案例中选出了20个优秀案例，这些案例包括了私域流量构建、渠道建设、会员体系与顾客服务、门店经营、营销沟通，以及数字化供应链等方方面面。我们也会将这些优秀的案例编辑成册，提供给行业做借鉴。

上面就是我今天演讲的主要内容。

最后，我把今天的内容做一个简要回顾。

我们提出了上半年从行业到企业到消费者发生的五个显著变化：

(1)各业态表现各异，内需出现一定程度萎缩；

(2)网络零售进一步走强，品牌商强化零售属性；

(3)零售新业态活跃用户大幅增加；

(4)数字化转型更看重投入产出；

(5)消费者行为发生显著变化。

以及应对策略：

(1)满足消费需求，实现品类重构及渠道多样化；

(2)用科技主导未来企业发展；

(3)更坚定地走数字化转型之路。

希望上面的演讲内容能给大家带来帮助，谢谢大家！

(注：本文系中国连锁经营协会秘书长彭建真在“CCFA新消费论坛——2020中国国际零售创新大会”上的主题发言，全文发表时间：2020年8月12日)

案例思考题

1. 认真阅读彭建真秘书长的主题发言，谈谈自己的体会。

2. 受新冠肺炎疫情的影响，我国目前的社会经济商业环境和几年前相比发生了很大的变化，消费者的购物习惯和消费心理都发生了巨大变化。调查一下身边的连锁企业，看他们是如何改变经营模式和盈利模式、创新经营理念、结合新媒体以实现业绩增长的。

案例二

全球最赚钱的便利店?

在零售业曾有一种说法：“世上只有两种便利店，7－11便利店和其他便利店。”

坐拥全球17个国家7万个门店,7-11的成功绝非偶然,其背后是品牌与消费者之间的"零售心理战"。

《零售心理战》一书中,创始人铃木敏文曾结合40多年的零售经验自述洞察顾客心理的成功秘诀:不要为顾客着想,而是要站在顾客的立场上思考。他出生于1932年,领导的日本零售集团SEVEN&ELEVEn控股公司为全球第四大亚洲零售王国,2019财年总销售额为120 180亿日元(约1 094亿美元)。

要知道,根据世界货币基金组织数据,日本2019年预估总GDP是5.1万亿美元,这意味着SEVEN&I的销售额就相当于日本总GDP的约2%。

今天便利店在零售业中的地位越来越重要,以其灵活性抢夺了大量新兴市场的份额。那么作为行业先驱之一的7-11又是如何走上崛起之路的?

一、从诞生到破产出售

大多数人恐怕都不了解的是,因为日式管理而出名的7-11,最早其实是一家美国企业。

7-11连锁便利店诞生于美国德州达拉斯(Dallas,Texas),前身是成立于1927年的南大陆制冰公司(Southland Ice Company),主要业务是零售冰品、牛奶、鸡蛋。

7-11原本被命名为Totém Stores,直到1946年,南方公司(The Southland Corporation)将营业时间延长为早上7点到晚上11点,"7-11"的名字就由此而来。

7-11从1964年开始特许加盟(FC)经营,10年后,1974年日本伊藤洋华堂公司(Ito Yokado)与美国南方公司签订地区性特许加盟协议,便有了日本的第一家7-11。

20世纪80年代,美国实施的"新自由主义"经济政策使美国经济形势逐渐好转,是美国现代消费产业发展的黄金十年,但美国南方公司并没有把握住这个时机,大量7-11便利店在这个阶段倒闭。

现在看来,当时7-11在美国的失败有下面几个原因:

第一,便利性较差。美国的国土面积大,地区划分比较明显,大部分便利店在商业区周边,距离住宅区较远,普通人步行或骑车都到不了,所以7-11便利店对美国人的便利性大大下降。

第二,受到了大型购物中心和折扣店的竞争压力。由于资本扩张,美国的便利店竞争逐渐白热化,但与此同时,郊外大型购物中心和折扣店不断涌现,价格低廉且种类丰富,这对于零售便利店7-11的冲击很大。

第三,在这样的背景下,美国南方公司还错误地采取价格折扣的形式仓促应战，最终不但没能在价格战上扳回一城，反而连同便利店在服务等方面的竞争优势也丧失殆尽。

最终，美国南方公司以多元化策略扩张的7－11宣告失败，并在1990年申请破产。与之形成鲜明对比的是，在大洋彼岸的日本，特许经营的日本7－11的业务蒸蒸日上。

为了挽救7－11这个品牌，1991年伊藤洋华堂购买了这家公司73%的股份，成为美国南方公司的最大股东，保证了7－11品牌的延续，这个品牌在日本重获新生。

二、在日本"起死回生"

接手了7－11的铃木敏文，面对日本市场的竞争需求，为7－11从三个方面制定了关键性的策略，分别是清晰市场定位、快速响应顾客需求的能力和可明确执行的高服务标准。

和美国不同，日本7－11始终坚持着自己街边便利店的定位。日本7－11充分遵循差异化经营理论，吸取了美国7－11的失败教训，不和大超市大商场拼库存和折扣，采取严控库存、小批量进货、单品管理等措施，兢兢业业地发展了起来。

在日本，7－11创立初期扩张门店的方法，就是利用日本的地理优势，在同一个区域密集地扩展门店，这样大大加强了品牌的覆盖率和营销率。

当达到一定密度后，7－11再选择往其他邻近的地区扩展。这样的做法，不但能使运营区域内的顾客加深品牌印象，同时还能提高配送的效率。

在响应顾客需求上，日本7－11也做到了极致。7－11进入日本的第三个年头，铃木决定将便利店的营业时间变为"24小时"。这是因为，日本人的作息时间不规律，24小时都可能是活动时间，而7－11"全年无休"的卖点正是响应了这一变化，广受大众尤其是年轻人的支持。

同时，为了满足客户对于速食的需求，虽然是便利店品牌，但7－11成立了自己的产品研发团队，创立了价格亲民的7－Premium产品系列、更高品质的7－Gold产品系列和减少繁琐烹饪步骤的Mealsolution产品系列，拥有超过1 700多个食品种类的产品系列，给顾客带来了更多选择。

而为了满足顾客24小时随时能够存取现金，以及缴纳水电费、社保及购买电影票等需求，Seven&I集团又创办了Seven银行，并在店内配备多功能打印传真机，在顾客的立场上做到便民的最大化。

另外，在销售第一线的门店内，员工们贯彻了四项基本原则，分别是"产品备货齐全"、"鲜度管理"、"舒适整洁"和"亲切服务"。这些基本工作原则，保证着7－11门店的服务品质。

同时，7－11便利店的每间门店都配有被称为OFC（Operation Field

Counselor)的店铺经营顾问,每周都定期前往门店进行运营和经营上的指导。在这样的高标准经营理念下,7-11已经成为目前世界上连锁门店最多的便利店。

根据公开资料,7-11目前在全球共有64 000个店铺之多,覆盖17个国家,全年销售额超过10万亿日元,2019财年营收为6.8万亿日元(约合人民币4 323亿人民币)。

相比之下,7-11在日本国内的门店数量比它的两个主要竞争对手全家便利店(Famliy Mart)和罗森(LAWSON)分别多23.5%和43.8%;在分布国家或地区数量上,比全家便利店多11个,比罗森多9个;在全球门店数量上,是全家便利店的2.8倍,是罗森的4.1倍。

可以说,在同类日式便利店中,7-11已经是当之无愧的行业龙头。

三、疫情冲击下7-11是否能延续辉煌

不过,正如20世纪80年代变化的外部环境给美国7-11带来了致命冲击一样,今天全球的零售环境也在给7-11带来新的挑战。比如说,"全渠道零售(Omni-Channel Retailing)"的概念,就正在给整个零售行业带来思想上的重要变革。

所谓"全渠道零售",就是零售业和制造商通过网络与实体的融合,利用所有的销售渠道,将消费者在各种不同渠道的购物体验无缝连接。

7-11的新目标也正是如此——打造融合了现实实体店与虚拟网络的新型零售业。这与国内市场上这几年所倡导的新零售概念也有着相似的内核。但是,在这个目标的指导下,7-11便利店在中国的扩张并不算顺利。

7-11目前的主要店面分布在以北京为代表的华北地区,但从媒体报道来看,截至2019年,7-11在北京只有250余家门店,在上海也只有百余家门店。

而像便利蜂这样的本土竞争对手,从2017年首批门店开业到2019年9月,全国门店数就已经突破了1 000家。和这样快速铺开的本土玩家相比,7-11在中国就显得有些"水土不服"了。

7-11在中国没能复制日本的扩张速度也有很多层面的原因:

第一,曾经为7-11奠定胜局的关键之一——高服务标准,在中国的市场环境下,却成了制约7-11扩张的一个问题。

相比起中国本土的连锁便利店,在7-11的管理标准下,开店成本是要更高的,根据行业数据显示,7-11一家店的投资成本约为70万元,商品定价相较市面来说也偏高。

同时,按照7-11的要求,在中国找到符合7-11标准的选址、铺面也不是很容易。中国的城市规划跟日本很不一样,马路宽,社区之间间距大,让密

集开店更不容易实施。

第二,中国便利店市场的供应链尚未发展完全,没有完善的供应链,保质期短的食品、需要冷藏的食品和甜点就无法正常供应,或者容易在运输途中发生变质,从而导致日本的供应链模式无法在中国市场维持。

这也迫使日本便利店连锁品牌,必须针对中国市场作出改变。

第三,当年帮助 7 – 11 在日本市场打开局面的服务精神,在中国市场并没有得到很好的延续。

一个简单的例子,7 – 11 的食物以意面、饭团、寿司等冷食居多;相比之下,本土便利店已经开始做热干面等更加“接地气”、更符合中国消费者口味的中餐、热快餐了。

另外,便利店最大的优势就是快捷性与即时性,然而直至 2018 年年底,7 – 11才宣布全面接入美团等外卖平台,对于中国移动互联网化的反应“慢半拍”,这也导致 7 – 11 在战机上有所延误。

相比之下,中国的便利店新秀们已经在试图通过数字化的手段,来降低对人员、门店的管理要求,并借此提高扩张速度。

比如,开发基于数据和智能算法的全自动订货系统、智能动态促销系统、精准销量预测系统等运营决策系统,让所有决策都建立在对运营及相关数据的详细分析的基础之上。

智能化决策最大的意义,就是降低了对个人经验的依赖。这一方面降低了主观判断中可能出现的偏差,另一方面也能够将个体经验通过量化指标分析,抽象成共性经验,并推广到更复杂的环境变量中进行测试,通过试验结果得到更准确、更具有广泛应用价值的决策体系。

毕竟,对于便利店这样相对较新的业态,市场中有经验的成熟员工数量是相当有限的,如果受到这样的人力供给稀缺性限制,快速扩张基本就无法实现了。

而市场对于便利店的需求仍然在快速增长。2019 年 7 月,商务部发出了《关于推动便利店品牌化、连锁化发展的工作通知》,通知中明确提出了便利店是满足人们便利性需求、服务民生的重要载体,便利店这几年的增速位居零售业态前列,但仍然存在总量不足的问题。

从日本的经验来看,未来便利店还有可能会变成“便利店 + 药店”、“便利店 + 餐饮”及“便利店 + 咖啡”等“便利店 +”的新型零售业态,经营品类进一步增加,所能服务的顾客需求范围也会进一步扩大。

在中国新零售的行业发展下,便利店的数字化已经是大势已趋。曾经通过清晰定位、对顾客需求全面快速响应的能力以及高标准服务要求而夺得行业龙头的 7 – 11,能否在中国市场快速变化的复杂环境中继续升级转型,也将是7－11在新零售时代所要面对的又一个命题。

（资料来源：文/关宁，公众号：深响，2020－07－22）

案例思考题

1．7－11是全球便利店鼻祖，它为何能够从美国走向世界，成为全球便利店规模之最？

2．所有外来品牌都有个本土化过程，中国便利店在学习西方便利业态的基础上接地气，那么，作为外来品牌的7－11是否应该考虑对接中国消费者消费行为变化和服务技术的创新，从而采取一些本土化的措施呢？说说你的看法。

第三章
连锁企业经营战略

- 连锁企业品牌战略
- 连锁企业运营和发展战略
- 连锁企业竞争战略
- 连锁企业形象战略及实施技巧

连锁企业经营战略包括品牌战略、运营和发展战略、竞争战略、企业形象战略。把握品牌战略,可以创造自己的品牌价值;把握运营和发展战略,可以运筹帷幄,决战千里;把握企业形象战略,可以提高企业识别度,提高企业知名度。

背景资料

7－11便利店的经营模式

1. 科学的商圈调查

首先,7－11开店前,要在周边进行消费者实地调查,下至16岁,上至60岁,调查样本要达到1 000个。以此了解附近居民到便利店的消费状况,同业状况,并了解竞争对手。

2. 产品快速迭代

7－11有60%的产品是自主研发的。他们会调动供应商资源,深度交融,每周100种新产品推介,年替换率70%。并提出了“保留经典、小步快跑、快速迭代”的产品观。

3. 门店功能复合化

7－11提供的是各类生活服务,这就是便利店的功能复合化。便利店给顾客的感受是“购物”,但在7－11中,食品占比70%,其中,加工食品占31%,快餐食品占30%。既有零售,还有餐饮,另外还有复印、代收快递等其他服务。

4. 现场服务差异化

针对不同类型顾客,7－11的现场应对不同,且制订既定方案。

(1)根据顾客的年龄,采用不同的交流艺术。

针对老年顾客:讲话语速要慢,语气要真诚、自然,此时你就是顾客的“子女”。

针对中年顾客:以亲切的态度回答顾客提出的问题,尽量多让客人吐露一些信息,并在适当的时候主动推荐一些适合他的商品,此刻你是他们的“朋友”。

针对青年顾客:年轻人到药店一般喜欢“单刀直入”,只买自己需要的商品,如果不是主动询问,不要过分热情地向其兜售,这时,你是他们的“老师”,讲清利害,却不干预他们的生活。

(2)针对顾客的经济情况,采取不同的推荐力度。

经济条件好的顾客:可以立即推荐他使用。

经济条件不是很宽裕的一般工薪阶层:应站在他们的角度,替他们考虑。

经济条件较差的顾客:要先推荐,让其了解一下,循序渐进。

(3)针对顾客的个性,进行针对性营销。

理智型顾客:关键是向其展现切实的专业证据,在做推荐时要有凭有据,有说服力,实际案例和专业知识同时应用。

述说型顾客:要耐心地倾听,给予关心,形成共鸣,站在顾客的角度为他们考虑。

爽快型顾客:表达清晰,言语简练、准确,多着眼于产品的功效与适用范围。

犹豫型顾客:要向他们展示其他顾客使用产品的反馈效果,增强其购买信心。如果顾客能够耐心地听你讲解,并对产品产生兴趣,就可以逐步过渡到产品销售的深一层次了。

(资料来源:https://www.sohu.com/a/59137771_378694)

企业经营战略是企业为实现企业的经营目标,通过对企业的外部环境和内部条件的分析而制定的较长期的全局性的重大决策,它是企业组织活动长期性质的基本设计图。经营战略主要解决企业组织与市场环境相结合的问题。它是企业总体战略的具体化,其目的是使企业的经营结构、资源和经营目标等要素,在可以接受的风险范围内,与市场环境所提供的各种机会取得动态的平衡,实现经营目标。连锁企业经营战略包括营销战略、运营和发展战略、竞争战略、企业形象战略。

第一节 连锁企业品牌战略

一、概述

连锁企业作为零售业、餐饮业、服务业及其他行业连锁经营模式的载体,在未来的商业竞争中,不可避免地会介入越演越烈的"商战"中来。不容置疑的是,企业间的竞争将由以往的产品竞争越来越凸显为品牌的竞争。成功的品牌是连锁企业参与市场竞争的有力武器,是企业的巨大的无形资产。

那么,什么是品牌? 什么是品牌战略? 连锁企业应该如何实施名牌战略?

所谓的品牌,其原始含义是烙印,意思是在人们心中要打上一个烙印。品牌是用以辨别不同企业、不同产品的文字、图形,或文字与图形的有机组合,是企业的无形资产。

品牌包含了名牌。连锁企业品牌战略就是以创名牌、保名牌为基础,以企业经营目标为导向,带动整个企业向持续、稳定、健康方向发展的长远的、全局性的总体规划。

连锁企业品牌战略是伴随西方大型连锁企业集团的发展而产生的一种

新的商品开发战略。这种战略使连锁企业的商品经营权与品牌所有权集成一体,有利于降低营销成本,获得更大的商业利润。

二、连锁企业品牌战略的构成

连锁企业品牌战略主要由品牌创立战略、品牌发展战略、品牌辅助战略、品牌维护战略四部分构成。

(一)连锁企业品牌创立战略

消费者之所以信任品牌、追逐品牌,其主要原因是品牌产品能够很好地满足人们的需要。因此,企业创立品牌的核心战略应当是设计开发满足市场需要的产品或服务,这是创立品牌的基础。连锁企业创立品牌的核心战略主要包括以下几方面:

正确选择目标市场、准确市场定位。这是连锁企业创品牌的前提。

1. 选择目标市场。随着经济的急速发展、商品的极大丰富、“买方市场”的形成以及消费需求的差异化,连锁企业必须以市场为导向,围绕消费需求的变化和特点,正确选择目标市场。

一般来讲,选择目标市场需经过三个步骤:第一,市场细分。即按照购买者消费的分类组合,将一个市场分为若干个不同的购买者群体行为。第二,评估主要的细分市场。这要通过对几个主要的目标细分市场进行 SWOT 分析。第三,目标市场选定。即建立与沟通在市场上该产品关键特征的利益行为。如图 3-1 所示。

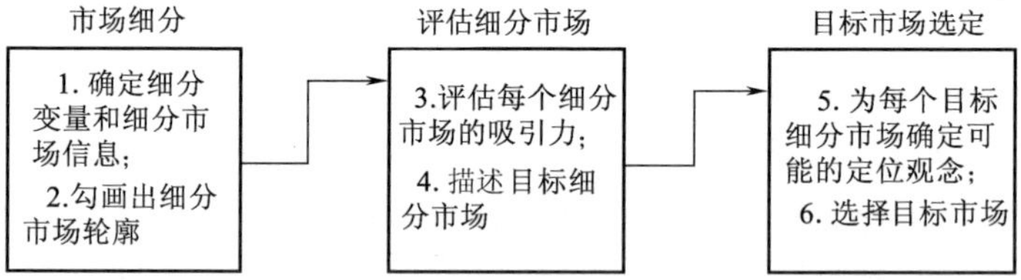

图 3-1

例如,美国爱迪生兄弟公司所经营的 900 家连锁鞋店分为四类,以满足不同的细分市场。查达勒连锁店出售高档的鞋子,旦克连锁店出售中等价位的鞋子,伯特连锁店出售廉价鞋子,威尔达·佩尔连锁店出售非常时髦前卫的鞋子。人们可以发现,尽管伯特、查达勒、旦克、威尔达·佩尔连锁店挨得很近,但互相不影响。这一战略使爱迪生兄弟公司获得了巨大的成功。

2. 准确市场定位。在实施品牌战略过程中,连锁企业一旦选定了目标市场,更重要的是在目标市场进行产品的市场定位。对连锁企业而言,选择什么层次、什么需求的消费群体为服务对象,明确这一目标并确立自己的目标市场,然后打造自己的品牌形象注入消费者心目中,就是市场定位。产品的市场定位是否准确,直接关系到营销过程的成败。尤其是在竞争比较激烈的市场上,市场定位几乎成为产品能否为更多的顾客所接受,企业能否击败竞争对手的关键所在。

一个完整的市场定位过程,通常有四个环节:第一,调查了解竞争产品的形象和该产品在市场上所处的实际位置。第二,调查消费者或用户对该产品的哪个或哪些特征最重视,消费者或用户对某种产品特征或属性的评价标准,消费者或用户通过哪些途径了解该种产品的属性或特征。第三,根据以上两方面的资料,为本企业的产品设计和塑造某种个性或形象。这项工作通常是在产品开发过程中完成的。第四,设计实施一系列旨在把产品个性与形象传达给顾客的营销活动,并根据实施效果及时调整和改进营销组合,或者重新设计产品的定位。

市场定位是一个连续的过程,它不应仅仅停留在为某种产品或产品组合设计和塑造个性与形象的阶段,更重要的是如何通过一系列营销活动把个性与形象传达给顾客。市场定位的最终目的是使商品的潜在顾客觉察、认同企业为商品所塑造的形象,并培养顾客对商品的偏好和引发购买行动。通过市场定位,设计出与市场上同类产品有明显差异、具有自身特色和竞争优势的产品,为企业创造名牌奠定基础。

总之,正确选择目标市场、准确的市场定位是品牌生命力的源泉。连锁企业必须依据自身资源的特点开展调研,选择能发挥资源优势且规模适宜、前景看好的细分市场;确定合理的产品组合宽度、深度和关联度。这样才能在竞争中保持优势,向顾客提供更好的产品和服务,为创名牌提供坚实的基础。

(二)品牌发展战略

连锁企业通过对自身外部环境和内部条件的分析,制定品牌战略的可行性方案,也就是品牌战略规划。其具体内容包括:

1. 开发自有品牌商品。从目前国际趋势发展来看,连锁企业要创名牌,必须开发自有品牌。自有品牌(Private Brand,简称 PB),又称商店品牌(与制造商品牌相对应),是指零售商通过收集、整理、分析消费者对某类商品的需求信息及要求,指出新产品的开发设计要求,并选择合适的制造商进行生产或自行设厂生产制造,最终以零售商自己开发的品牌进行销售的一种策略。自有品牌属于零售商品牌,是商业零售企业自己创意并使用于所经营的商品的品牌。自有品牌商品是一种由零售企业从设计、原料、生产到经销全程控制的产品,由零售企业指定的供应商生产,贴有零售企业品牌,在自己的卖场进行销售,实质上是零售企业的贴牌生产(OEM)产品。

连锁企业自有品牌产品必须具备两大特点:卓越的质量和完美的设计。产品质量是品牌的生命源泉,在创品牌过程中发挥着巨大的作用。优质产品能够给顾客带来更大的利益和满足,能够减少顾客的购买风险和代价。因此,人们通常倾向于购买优质自有产品,使用之后感到满意,还会不断重复购买,并向亲朋好友推荐,具备良好的“口碑效应”。

随着科学技术和经济的发展,产品同质化的趋势越来越明显,企业单靠提高产品质量难以获得明显的竞争优势。随着消费者收入水平不断提高,消费观念由产品的经济实用转向产品的美观大方和新颖别致。在这种情况下,传统的竞争手段很难打动消费者,所以,产品设计已成为企业创品牌、提高竞争力和经济效益的主导环节和手段。消费者不但追求产品经济实用,如降低成本,提高功效,而且追求产品方便灵活、美观精致和独特性。因此,自有品牌产品对提高连锁企业经济效益和市场竞争力以及塑造品牌形象具有巨大的作用。

现在,越来越多的连锁企业在创建并运营自有品牌,与传统的制造商品牌进行竞争。目前,家乐福、沃尔玛、万客隆、易初莲花等国外零售业巨头在我国的自有品牌商品平均都为 100 ~ 500 种,保龙仓、家世界、百联、联华、屈臣氏等国内零售企业的自有品牌商品平均为 20 ~ 100 种。这些数字及反映出来的差距表明自有品牌商品今后的开发潜力十分巨大。

需要注意的是,并不是所有商品都适合开发自有品牌。连锁企业应根据自身的资源特点,所在地区人口的收入、年龄、性别、职业、消费习惯等因素,进行准确的市场定位,考虑适于采用自有品牌的产品范围。从目前看来,零售商也不可能只有自有品牌。当一个商店缺少著名制造商品牌时,消费者会丧失到该商店购物的兴趣,而如果名牌产品的制造商和零售商合作,帮助零售商推出自有品牌,不仅可以防止其他价格较低的全国性品牌分流名牌追随者,还可以加深与零售商的合作,增强自身在价值链中的分量,获得“双赢”效果。

2. 确定商品价格。品牌本身是一种无形资产,具备一定价值,但高价并不一定能创造名牌。价格是市场竞争的利器,更是树立品牌形象的有力手段。企业在定价时应注意:第一,决定价格的主要因素是产品价值、成本费用和市场供求;第二,定价目标和方法应以销售利润率为转移,但须兼顾企业的品牌形象,即企业应有长期的战略目标,不拘泥于暂时的得失;第三,定价策略是赢得顾客、树立品牌形象的工具之一,因此,企业需要灵活运用定价艺术和技巧,根据具体情况选择心理定价策略、折扣定价策略、差价策略、阶段定价策略等。

如果连锁企业销售的是自有品牌商品,由于其掌握商品的自主定价权,所以商品价格往往会低于同档次商品。从西方发达国家的实践看，自有品牌商品价格要比制造商品牌商品的价格低20%～30%，有的甚至更低，因而在价格上很有优势。

3.设计分销渠道。这是指销售渠道的设计、选择与管理。最佳销售渠道受到产品、消费者、企业自身、中间商、经济环境等多种因素的影响。连锁企业在实施品牌战略过程中，应在权衡分析的基础上，确定分销渠道的长短宽窄，争取以最低的成本达到最大的市场覆盖面。建立和维护企业产品的营销网络，这是服务顾客，创造品牌的基本立足点。

4.选择促销策略。促销的根本目的是聚集人气，它是实施品牌战略的核心。企业在利用促销策略实施品牌战略时应注意：

第一，选择适当的促销方式。连锁企业比较常用的促销方式有：免费赠送、品尝；打折优惠；小礼品赠送；展览和展销；免费赠送礼品袋、包装盒；现场制作；宣传品促销等。

第二，选择适当的促销组合、公共关系、营业推广、人员推销、广告构成促销策略组合。企业应综合运用各种促销策略，同时兼顾企业经营目标、产品、市场等影响因素。

第三，在人员推销时，要建立和管理好企业销售队伍，通过培训不断提高推销人员的促销技巧和整体素质。

5."以人为本"，强化管理。品牌规范化管理是连锁企业实施品牌战略的立足点之一。连锁企业无论是创建自有品牌，还是采用制造商品牌，都需要对商品质量、技术、设备等"硬件"进行管理；同时，还需要不断提升企业文化等"软件"，促进企业管理水平的全面提高。连锁企业可以借助各种文化因素，在消费者、员工心目中唤起特定的联想和共鸣，由此形成企业独特的品牌或风格。风靡全球的"麦当劳""肯德基"等连锁企业集团，之所以能在许多国家和地区安家落户、不断发展，就是因为这些连锁企业在营销产品的同时，更是在传播着一种文化，并根据各个国家或地区的文化取向的不同创造不同的消费需求，既巩固自身品牌形象，又融入所在地区社会经济和文化圈之中，从而得到接纳和认同。

追根溯源，强化连锁企业品牌管理要靠人力资源的开发、利用和管理。人是提高产品质量、强化管理、搞好服务乃至塑造企业形象的根本。

6.优质服务。连锁企业的品牌产品必须要有与之相匹配的"品牌服务"作为支撑。未来连锁企业的主要趋势之一就是"服务增值"，因为向顾客提供优质完善的服务对于企业创品牌具有重大的意义。首先，优质的服务可以促进产品销售，从而扩大企业及其品牌的知名度。谁能提供优质完善的服务，谁就能在产品竞争中脱颖而出，赢得消费者的偏爱，从而增加销量，扩大企业及其品牌的知名度。其次，优质完善的服务能减少消费者的错误购买，因而可以减少顾客的风险和损失，具有维护企业和品牌美誉度的作用。再次，优质完善的服务可以增加顾客所获得的价值，从而提升企业和品牌的形象。最后，优质完善的服务是企业向顾客表达尊重的最好方式，对顾客的询问、要求、问题都给予及时地答复、处理，这会让顾客的满意度最大化，成为企业的忠诚顾客。于是，企业及其品牌的形象就会植根于顾客的心中，并不断得到提升和强化。

（三）连锁企业品牌辅助战略

卓越的产品质量、精致的产品设计、科学的管理和优质的服务为连锁企业创立品牌奠定了坚实的基础，但连锁企业品牌核心战略还需辅助战略的支持、配合。连锁企业品牌辅助战略主要是指企业所采取的品牌设计、包装设计、对外宣传等一系列措施，其目的是表现、传达企业产品和服务的优秀品质和独特魅力，扩大品牌的知名度，树立品牌形象。

1. 品牌设计。品牌在连锁企业的营销活动中发挥着重要作用，不但有利于消费者识别产品、保护消费者和企业的利益，而且有利于企业进行广告宣传，扩大市场领域。可以说，品牌是企业和产品的象征和代表。因此，企业不但要生产优质精美的产品和提供完善的服务，而且还需设计和拥有高品位的能充分表现企业和产品特质的品牌。

2. 包装设计。产品包装不但具有保护产品、方便储运的作用，而且是直接影响产品竞争能力的重要因素。因此，企业应重视包装设计，将其作为树立品牌形象的锐利武器。产品的包装应达到下列要求：保护产品、便于储运和使用；反映产品内在价值；新颖别致、美观大方；符合法规、习俗。

3. 广告宣传。美国一位资深的广告业内人士曾说过："想推销商品，又不做广告，就像黑暗中向情人暗送秋波。"——一语道破了广告的魅力所在。广告宣传是创造名牌的重要条件，在品牌战略中占有非常重要的地位。社会心理学调查表明：公众对企业和品牌是相当健忘的，一旦公众较长时间得不到某企业和品牌的信息，便会很快忘记该企业和品牌。这就要求企业坚持不懈地进行广告宣传，以扩大影响，巩固品牌地位。品牌是具有高知名度、高美誉度和高占有率的，没有广告宣传，一个品牌要实现这"三高"是很难想象的。广告宣传在创立品牌过程中的作用是巨大的，所以，必须对广告宣传进行精心的规划设计，做到创意新颖独特且富有吸引力，广告媒体和时间选择恰当合理。

（四）连锁企业品牌维护战略

连锁企业千辛万苦创出品牌之后，仍不能松懈，而是要对品牌进行精心的呵护，否则品牌在激烈的市场竞争中很快就会衰落。究其原因主要有两个方面：一是企业自己倒牌子。企业创出品牌之后，坐吃山空，不思进取，缺乏创新，导致自己的品牌逐渐失宠于市场。二是企业不注意对自己的品牌进行保护，让别人钻空子。品牌蕴含着巨大的利益，很多人对之虎视眈眈，想从中谋取利益，如抢注、仿冒品牌商标，生产假冒品牌产品等，其结果是破坏了品牌的声誉。因此，连锁企业品牌维护战略应当强化经营管理，坚持"攻击自我"的开发策略，不断推出一代又一代的新产品，树立新的品牌形象；采取扩大生产线、兼并、联营、跨国经营等多种方式扩大名牌产品的经营规模，进一步扩大品牌的知名度；在进行充分的市场调研的基础上，掌握最新消费动态，开发最新产品，领导消费新潮流。只有不断创新，才能夯实品牌基础。此外，要运用法律武器和其他手段保护品牌不受侵害。

品牌核心战略、品牌辅助战略、品牌维护战略是品牌战略中不可或缺的三个组成部分。核心战略是整个品牌战略的基础，辅助战略将核心战略的成果顺利推向市场，维护战略使连锁企业的品牌生生不息。所以说，品牌战略对连锁企业而言具有重要的意义和作用。

三、连锁企业自有品牌战略的实施

（一）自有品牌战略优势

自有品牌战略在国外已有几十年的历史，欧美的大型超级市场、连锁商店、百货商店几乎均出售标有自有品牌的商品，如著名零售商西尔斯先后创造了"顽强"电池、"工匠"工具、"肯摩尔"器具等自有品牌，均拥有极高的品牌知名度、忠诚度。据统计，在欧美市场上，零售商品牌的商品销售额已占全部商品销售总额的35%左右，并且还继续保持着强劲的发展势头。

从长远发展看，连锁企业培育自有品牌是在走一条主动、积极、有效的品牌之路。与制造商品牌相比较，连锁企业实施自有品牌战略有其竞争优势：

1. 具有商品价格优势。价廉物美是自有品牌商品的一大优势。第一，连锁企业自己组织生产，或从厂家直接订货，省去了许多进货的中间环节，节约了交易费用和流通成本；第二，自有品牌商品只在连锁企业内销售，无须支付大量的广告费和推广费用，这就使其营销费用大大降低，从而，在保证一定利润率的前提下出售同类商品，可以获得价格上的竞争优势。例如，大容集团公司的三类自有品牌商品：10 000 种优质商品，比同类畅销商品便宜10% ~20%；150 种低价商品，比一般商品便宜15%；另外40 种商品，比品质相近的名牌商品价格低30%。可见，通过拥有自有品牌的价格优势可提高竞争力。

2. 形成企业的经营特色。制造商品牌的商品，通常各零售企业都可以经营，这就使得各零售企业所经营的商品在品牌上的差异日趋缩小，从而导致零售企业间的竞争更加激烈。因此，企业品牌定位一旦明确，就能创造出自身的经营特色，保持与竞争者之间的“差异化”，以特色经营赢得顾客。例如，上海华联超市自1996年推出其自有品牌至今，已在日用小商品、面包糕点等几个系列上形成了自己的特色优势，1998年其自有的“勤俭”牌商品的销售额已达到了1.5亿元。

3. 增强连锁企业的信誉。信誉是连锁企业一笔巨大的无形资产，企业通过开发自有品牌，将自身信誉和品牌形象以一个易认、易懂、易记的象征物即企业标志体现出来，使消费者更容易认识、接受并且产生消费偏爱，从而易于对该零售企业形成较高的品牌认同度和忠诚度。特别是对于连锁经营企业而言，自有品牌更是其吸引消费者、扩大销售的有力手段。

4. 规避连锁企业风险。与制造商相比，零售商处于市场的前沿，能直接接触广大消费者，因此可以更准确、更及时、更有效地掌握顾客需求心理及需求特点和变化，从而可以开发出更能满足顾客需求的产品与品牌，降低经营风险。而且，自有品牌商品是商业企业自己组织生产或指定厂家生产，进货渠道有序规范，质量有保证，能有效防止因管理不慎而经营假冒伪劣商品，给企业带来声誉和经济上的损失。

（二）自有品牌战略实施方式

连锁企业实施自有品牌战略的方式主要有委托定牌生产和自行设厂两种。

1. 委托定牌生产。制造方按连锁企业的要求，在其出售的商品或包装上标明连锁企业指定的商标和牌号，称之为连锁企业的委托定牌生产。这种方式使连锁企业拥有品牌的所有权，而产品制造方则获得生产加工权。在许多大百货商店、超级市场和专业商店中，有一部分商品使用的是该店专有的商标和牌名，这部分商品即是由商店要求有关厂商定牌生产的。该方式的优点在于：连锁企业避免了自行设厂的巨大投资，为其资金周转减轻压力；同时，所生产的产品一般把关较严，质量较高。其缺点在于：连锁企业和制造商合作关系不够紧密，难以结成真正的利益同盟。

2. 自行设厂。这种方式是指连锁企业自行运作整个生产流程，自己完成设计品牌、开发产品等工作。其优点在于：连锁企业从中间流通商跨入生产领域，打通产供销渠道，实施多元化经营，可以从生产源头抓起，降低每一个环节的成本，获得更大的利润空间。在这种方式下，连锁企业与制造商隶属同一企业，故“合二为一”，能充分协调合作，在企业的统一调配下，大大降低商品流通费用，从而在价格制定上，更具优势。其缺点在于：自行设厂需要的一次性投资较大，占用的资金、人力等资源较多，所承担的经营风险也更大。

总的来说，自有品牌经营改变了商家只充当生产和消费的“传导”媒介的传统,使零售业引导生产、创造生产的职能得以发挥。

第二节 连锁企业运营和发展战略

一、连锁企业运营战略

连锁企业的运营战略是指连锁企业在经营过程中,针对运营中的各个环节确定目的标准、制定管理制度、确定经营规模、把握扩张速度、控制产品质量等问题而制定的长期的运营规划。连锁企业的运营战略包括以下五种。

(一)顾客满意管理战略(CS 战略)

顾客满意管理战略是坚持顾客第一、顾客至上的理念,并始终以顾客满意为宗旨的战略,而且,这种顾客第一、顾客至上的理念必须始终贯穿连锁企业运营的全过程。

1. 树立"大顾客观"。连锁企业首先要树立正确的"大顾客观"。顾客不仅仅指消费者,它还包含企业内部的员工、企业供应商、政府、金融机构等,这些都是和连锁企业运营有关的顾客。尤其是终端消费者和企业内部员工,都是值得连锁企业格外重视的顾客群体。因为在企业运营中,人的问题往往占企业总问题的 80% 以上,离开"人"谈企业运营,企业就像无源之水,不可能生存和发展。因此,连锁企业要生存、发展,必须提供给内部顾客(员工)相当的满意度,这样才能促进员工提供给外部消费者更高的满意度。

所以,连锁企业考虑顾客满意管理战略时,首先要明确的是科学的"大顾客观",摒弃以往狭隘的顾客认识,提供使企业内部、外部顾客均满意的商品和服务。

2. 充分贯彻顾客满意的理念。在这里,为行文的方便,我们将企业外部消费者统称为狭义的"顾客"。连锁企业在考虑内部顾客满意战略的同时,更应该注意提高外部顾客的满意度。

顾客的价值不在于他一次购买的金额,而在于他一生能带来的总额,其中包括他自己和对亲朋好友的口碑效应。顾客满意与企业利润存在着因果关系,并且忠诚度高的顾客与企业利润之间关系更为密切。实践表明,90% 以上厂商的利润来源结构为:10% 由一般顾客带来,30% 由满意的顾客带来,60% 由忠诚度高的顾客带来。

实际中,连锁企业可通过以下实际行动地贯彻顾客满意战略:

(1)通过多重渠道,充分了解顾客的需求和期望。首先,站在顾客的立场上,使用最直接深入顾客内心的方法,找出顾客对公司、商品及员工的期望。这里,要进行有效的探求需要依靠以下三个方面:焦点放在最重要的顾客身上;找出顾客和公司对服务定义的差异;利用重质胜于重量的研究方法,找出顾客真正的期望。虽然难度很大,但和收益呈正比。其次,要消除企业—顾客之间信息的不对称性。有许多经营者总是抱怨,顾客越来越挑剔,但从顾客角度看,顾客觉得自己没有得到公司的尊重。这种企业—顾客之间信息不对称现象产生的一个重要原因就在于,企业是站在它自身的立场来看问题,而对外部顾客缺乏"换位"思考,欠缺"同情心"。

(2)重视顾客满意的"关键时刻"。"关键时刻"是一个重要的服务管理学术语,就是当顾客光顾公司任何一个部门时的那一瞬间,公司职员的行为给顾客留下的印象。"关键时刻"既存在于顾客购买的时候,也存在于送货的时候;既存在于顾客抱怨的时候,也存在于进行售后服务的时候。可以说,"关键时刻"存在于任何与顾客打交道的时候,企业文化、企业形象、企业信誉,就在这许许多多的"关键时刻"中形成。

(3)提高内部员工满意度,培养一支训练有素的员工队伍。员工是企业的内部顾客,要想给企业带来百分之百满意的外部顾客,首先要让企业员工的满意度达到更高。而提高员工满意度的重要途径之一就是员工的教育培训。培训内容应从纵向的商业采购、运输、储存、销售,到横向经营不同商品的技能、技巧等,以提高员工的综合应变能力和独立处理问题的能力。企业拥有一支服务技能全面的员工队伍,就等于拥有了最重要的资产,也等于拥有了满意度高的内、外部顾客。

案例阅读

IGA 连锁集团成功的经营理念

大型连锁集团 IGA 总裁有 3 个承诺,这 3 个承诺集中地反映了该公司顾客第一的经营理念。

1. 以诚相待。在与顾客的交往中 IGA 强调:面带微笑地注视着出入商店的顾客;如果顾客询问商品的位置,要亲自把他们带到商品的位置;每天营业前要做到一尘不染,清洁是购物的前提;商店的设计要与顾客购物的方式方法一致;征询顾客的意见,采纳好建议,使他们感到店是为他们设立的;要有孩子们玩耍的场所和老人休息的地方;积极参与社区活动,多做公益事业。

2. 合作伙伴。成熟的商店往往通过把食品加工厂和食品配送中心联合在一起进行合作而换得竞争的先机,从而使商店更好地为顾客服务。合作伙伴之间密切合作,把货架、货箱、冷柜、冰箱都摆满质优价廉的商品,才能使商店具有竞争力,也只有这样,才能使合作伙伴、消费者从中获利。

3. 热情周到。无论在哪个国家,讲何种语言,IGA 保持成功的秘诀都是:店主要热情周到。好的商店具有人情味,有温馨的感觉;好的商店使顾客觉得他们像王子和公主一样。这种气氛来自店主热情周到的服务。只有持之以恒,才能使商店成为最好的工作和购物场所。

(二)商业化运作战略

对于将顾客满意视为自身经营宗旨的连锁企业,其经营必须以商业化运作为主导,完全按市场规则来运作。连锁企业商业化运作的内涵包括:

1. 连锁企业作为现代化的商业企业,要适应市场经济的发展,首先必须有现代化的管理制度,而其现代化管理的重要体现就是产权的明晰。连锁企业内部有了明确的责权利划分,其经营管理才能有据可依,有章可循。

2. 按市场运行规律运作,一切跟着市场走,紧紧把握市场的脉搏,才能使企业立于不败之地。当企业锁定目标市场之后,必须制定相应的经营战略,准确定位,获得市场的认同。

3. 追求利润最大化,努力扩大销售,精干物流环节,降低经营成本。连锁企业必须降低商品进货成本,降低物流费用,有效地控制质量,提高服务水平,才能有效提高经营效益。

(三)规模经营战略

规模化是连锁经营得以生存的前提。连锁的关键在于规模,规模经营才能产生规模效益。首先,规模经营有利于降低企业的经营成本,如采购、储运、广告宣传、会计核算可以集中起来由总部统一操作,这样,众多的店铺共享一套管理机构,从总体上降低了企业的管理成本。其次,由于规模经营创造了大量销售条件,所以总部可以通过大批量采购,从厂家获得较低的批量价格,降低经营成本。一般认为,连锁分店发展到 14 家以上时,才开始赢利,才能产生规模优势。在美国,要实现规模经营,起码要拥有 200 家以上分店。从实践看,达到规模经营的手段是多地区、多分店经营,通过不断扩张来实现一定的规模,降低经营成本,增强连锁企业自身实力,从而在竞争中取得优势。当然,规模经营战略必须是规模经济战略,必须既讲求开店的数量,又讲求开店的质量,规模不经济是不可取的。当然,如果是有潜力的市场,先期投入,放弃短期利益而追求长期利益,则另当别论。

(四)标准化、规范化战略

连锁商店标准化、规范化的经营,是连锁经营这一模式本身决定的。随着市场竞争的加剧、顾客需求的多样化,顾客从对商品的认可转移到对商店、品牌的忠诚，所以，标准化、规范化的经营可以树立商店的形象进而赢得更多的消费者。连锁经营的标准化、规范化主要表现在商品从采购到销售整个过程操作的标准化、规范化和企业整体形象的标准化，这要求统一店貌、统一采购、统一配送、统一价格、统一财务、统一服务和统一管理。商店的开发、设计、标准化的设备、陈列、产品、操作秩序、技术管理、广告设计等都由总部负责规划。总部还始终不断地对各连锁店进行监督指导和交流及培训工作，从而保证了各分店在产品、服务、店貌等方面的统一性，以满足消费者对标准化的产品和服务质量的要求，吸引顾客，扩大销售。

（五）专业化战略

专业化是指连锁经营的各个环节根据不同的生产经营过程分成几个业务部门，并使其固定下来，由专业的人士利用专业设备进行实际操作。在连锁经营中，所有的商业活动都有详细而具体的分工，以保证连锁经营的良好运作。

确定了恰如其分的经营战略，再辅之以完善的贯彻实施，连锁企业就能百战不殆。

二、连锁企业发展战略

连锁企业的发展战略主要是指连锁企业在经营过程中，根据企业特点和经营模式，针对连锁企业发展过程中的发展资金、发展方向、发展方式、发展速度、发展风险规避等问题制定的一种连锁企业战略。俗话说不进则退，企业的发展战略对连锁企业来说十分重要，是企业经营战略里不可缺少的一部分。

（一）连锁企业发展战略的特征

连锁企业发展战略的主要特征有以下几个方面：

1. 连锁企业发展战略是在现有企业实力基础上制定的，不能好高骛远，脱离实际。

2. 连锁企业的发展战略是面向未来企业全面发展而制定的，必须有一定的超前性和全局性。

3. 连锁企业的发展战略，也必须以满足实现经济效益、社会效益、环境效益的目的为前提。

4. 连锁企业发展战略是企业全体员工参加的、关系全体员工利益的战略，而不仅仅是企业管理者的战略。

5. 企业发展战略，也是关乎企业投资人、所有者利益的战略，所以战略的制定必须考虑企业所有者的利益。

（二）连锁企业发展战略选择

连锁经营作为企业一种集团化、规模化生存和发展的经营组织形式，发展和扩张是它生存的动力。但制定连锁企业的发展战略，首先必须对连锁企业内部和外部环境进行评估。在实践中，不同的连锁企业选择的发展方式、发展模式都是不同的，因而，在制定连锁企业的发展战略时，要具体问题具体分析。一般来讲，连锁企业的发展战略主要包括以下几方面。

1. 发展的资本战略。连锁企业要扩张，需要大量的扩张资本。连锁企业可以用自己的经营积累作为扩张资金来源，但仅靠创业者自身和企业的积累，扩张的步伐太慢。扩张资本来源一般有以下四种：一是通过股票筹资；二是举借外债；三是风险投资；四是兼并、重组、合作。

2. 扩张方向战略。扩张发展方向战略即业态的选择和区域的选择战略。如果所在业态市场已高度饱和，该业态已无成长潜力，则可以考虑向其他业态扩张。至于区域扩张，主要取决于两个因素：一是所要扩张区域的市场情况与竞争水平；二是连锁分店的分布（布点策略）与所要扩张区域联系是否紧密。

3. 扩张方式战略。连锁企业主要有三种扩张方式供选择：第一种扩张方式是自身不断开出分店，也就是直营扩张；第二种是兼并，即通过对小型连锁商店或独立零售商实施兼并以扩大连锁规模，使企业不断做大、做强，并提高抗风险的能力；第三种是特许加盟。

4. 扩张速度战略。连锁企业的扩张速度要具体问题具体分析。直营连锁扩张速度不宜过快，否则会出现资金供应紧张，债务负担过重的情况。特许连锁由于是低成本扩张，速度可以快很多，如上海华联 1 年可以开几百家特许店。当然，如果扩张过快，新开店质量会下降，而且规模的迅速扩大可能引起企业一系列不良反应。所以，连锁企业在选择扩张战略时，切勿急功近利，要结合自己在行业中所处的地位和整合自己所拥有的资源，将战略目标一阶段一阶段地分解为阶段目标，然后再寻找最合适的战术手段。做到稳扎稳打，开一家成功一家。

5. 质量战略。质量战略是一种重要的发展战略。连锁企业在高速发展的同时，要重视发展的质量。规模扩大并不意味着企业竞争优势的加强，也不是企业追求的主要目标。例如，华联超市在规模扩大的同时，严格地控制企业各项指标。它制定了一系列的标准，如人均劳效不低于 48 万，按这个标准配备人员；平均地效（商场每平方米营业面积的效益）不低于 10 元/m^2，按这个标准衡量店铺经营业绩。结果，公司的销售利润率一直保持在 1.6% ~ 1.7%。

质量管理中成本控制是重要的一环，是提高企业营利能力，提高市场竞争力的重要方法。如何控制成本呢？例如，华联在运输车辆充分营运的条件下，每天有 4 万箱商品送到各个门店，车辆返回时同时把各门店铺的纸箱带回配送中心，统一进造纸厂回收，仅此一项收入全年就是 400 多万。

连锁企业利润的来源主要有三：一是发展增加的利润；二是控制成本节省的费用；三是物流规模扩大创造的利润。所以连锁企业需要精打细算，增收节支仍是重要的经营手段。

第三节　连锁企业竞争战略

竞争是市场经济的基本规律，企业适应环境、追求自身目标的经营管理过程实际上是在竞争中进行的。竞争也是企业发展自己、抑制对手的手段，是企业发展的动力。在日趋激烈的竞争中，连锁企业要想获取竞争优势，必须从自身的实际情况出发，选择有效的竞争战略，努力创造和保持竞争优势，避免低水平的过度竞争，以维护连锁企业良好的市场竞争秩序。

一、连锁企业制定竞争战略的意义

连锁企业的竞争战略是指连锁企业在企业经营环境中突出自己的竞争优势，弥补自己竞争劣势，抢占市场，克制或回避竞争对手的企业经营战略。连锁企业制定竞争战略有以下四个意义：

(1)形成完整的企业竞争战略体系，才能决战未来市场。企业竞争不是一时竞争，而是全程竞争，分析现在、预测未来而制定竞争战略，有利于企业竞争的长期性和连续性。

(2)便于合理分配资源。企业的资源是一定的，在满足一定条件的基础上，通过贯彻合理的竞争战略，可将有限的企业资源充分、合理地配置，以取得最大的效益。

(3)充分调动经营者的积极性和主动性。优胜劣汰是市场竞争的规律，竞争本身所具有的挑战性，可以激发经营者的上进心和成就意识，激发经营者努力奋斗。

(4)使企业在相互学习中获得更大的发展。竞争具有双重作用，一是使企业在竞争中由于经营不善等原因，造成全军覆没的下场。二是能够使企业在竞争中知道了如何学习，学会怎样变化，形成学习型企业。所以有人说，要么发展更快，要么死亡。如果竞争双方能够相互学习促进，所形成的将是一种双赢的关系。1996 年，美国沃尔玛进入深圳，一时引起国内零售业的惊慌，而沃尔玛也摆出咄咄逼人的态势，不但把当时的万佳百货列入“黑名单”，还扬言要在一两年内将深圳的零售业扫荡干净。如今几年过去了,万佳百货成长得更强更壮。在蛇口,离沃尔玛超市相隔仅百米的“人人乐”超市,曾与家乐福激烈竞争过,如今则面对面地与沃尔玛竞争。竞争压力反而使该超市的规模越做越大,生意越来越好。所以,“人人乐”的总经理何金明说:“我更愿意把这种关系称为双赢。”所谓“双赢”,一层含义是指竞争双方谁都没有吃掉谁,反而共同把蛋糕做大了;另外一层含义是从竞争对手那里学到了很多东西。如“人人乐”在与沃尔玛的竞争压力下,在半年内就学会了如何在自己的超级市场中经营生鲜;在与家乐福比拼价格的同时,学会了如何应用统一的立体策略与对手竞争,“你用价格吸引客户,我用高质量、低价格、优质服务三者的组合超过你”。而沃尔玛则在竞争中加快了本地化进程。

二、连锁企业竞争战略的制定

连锁企业竞争战略的制定是以分析自身条件、竞争对手情况、竞争环境为前提的。SWOT 分析法在战略分析中,是最常用的方法之一,常常被用来分析竞争对手情况,以制定企业竞争战略。

(一)SWOT 分析法简介

所谓 SWOT 分析法,是一种综合考虑企业内部条件和外部环境,进行系统评价,从而选择最佳竞争战略的方法。这里,S 是指企业内部的优势(Strengths),W 是指企业内部的劣势(Weaknesses),O 是指企业外部环境的机会(Opportunities),T 是指企业外部环境的威胁(Threats)。企业内部的优势和劣势是相对于竞争对手而言的,一般反映在企业的资金、技术设备、职工素质、产品、市场、管理技能等方面。判断企业内部的优势和劣势有两项标准:一是单项的优势和劣势。例如,企业资金雄厚,则在资金上占优势;市场占有率低,则在市场上占劣势。二是综合的优势和劣势。为了评估企业综合的优势和劣势,应选定一些重要因素加以评价打分,然后根据其重要程度通过加权确定。企业外部环境的机会是指环境中对企业有利的因素,如政府支持、高新技术的应用、良好的购买者和供应者的关系等。企业外部环境的威胁是指环境中对企业不利的因素,如竞争对手的出现、市场增长率缓慢、购买者和供应者讨价还价的能力增强、技术老化等。这是影响企业当前竞争地位或未来竞争地位的主要障碍。

SWOT 分析的指导思想就是在全面把握企业内部优劣势与外部环境的机会和威胁的基础上,制定符合企业未来发展的竞争战略,发挥优势,克服不足,利用机会、化解威胁。同时,SWOT 分析也是企业竞争情报分析的重要手段。企业高层管理人员根据企业的使命和目标,通过 SWOT 法分析企业经营的外部环境,确定企业存在的机会和威胁;评估自身的内部条件,认清企业的优势和劣势。在此基础上,企业制定用以完成使命、达到目标的竞争战略,并实施战略计划。竞争情况分析最常用的方法是优势弱点分析法(SW)和机会威胁分析法(OT)。

(二)优势弱点分析法

优势弱点分析法是明确地将本连锁企业与竞争对手进行对比,借以发现自己超过竞争对手的优势和不如竞争对手的弱点。如麦当劳的竞争优势源于其清洁、快速、品质、服务和价格,而肯德基的竞争优势则是其独特的口味。优势和弱点可以在连锁企业的产品、服务的各个环节进行比较,通过优势弱点分析可以使连锁企业进一步制定扬己之优势、克敌之弱点的竞争战略。

(三)机会威胁分析法

机会威胁分析法和优势弱点分析法不同,优势弱点分析是针对连锁企业的经营状况而言的,机会威胁分析则是针对连锁企业的经营环境而言的。机会是指经营环境中出现的有利于连锁经营的变化,如各国政府对连锁企业的政策支持,银行放宽贷款条件,消费者的信任感增强,供应商为连锁店提供优惠供货条件等,连锁店经营者要善于利用上述机会发展企业。威胁则是环境中出现的不利于连锁企业发展的因素,如政府政策限制。面对威胁,连锁企业要善于应对,或撤退,或转移,以免受损失。常用的机会威胁分析是机会、威胁矩阵分析(如图3-2所示)。对连锁企业经营者而言,机会水平高而威胁水平低的A区域是最好区域,机会水平低而威胁水平高的D区域则是最差区域。类似方法也可用于优势弱点分析。

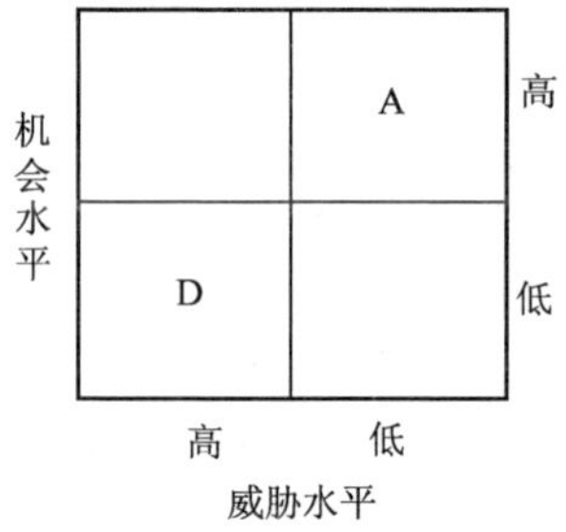

图3-2

三、连锁企业竞争战略选择

连锁企业通过竞争情况分析,就可以根据自身实际条件和面临的各种环境因素作出科学的竞争战略选择。“战略管理之父”、美国哈佛商学院的教授迈克尔·波特提出的三种企业基本竞争战略类型:成本领先战略、差别化战略和目标集聚战略,是迄今为止最被普遍认可的。

(一)成本领先战略(Overall Cost Leadership)

成本领先战略的核心是利用较低的经营成本或费用,在维持较低价格水平的同时,获得较高的利润率。它要求企业必须确保以低价购进原材料,采用先进的技术设备,建立高效率的生产经营体制,努力降低各种费用。低成本企业经过长期的成本竞争,有可能将一般性企业赶出市场,从而扩大其市场份额。如沃尔玛为了保持长久的竞争优势,把“天天平价”和“保证满意”确定为竞争战略目标,想尽一场办法在每一个环节上把成本降至最低,取得了在行业的成本领先地位。

对于连锁企业,成本控制的关键在于采购环节和物流环节。如果连锁企业能够凭自身规模经济优势或成本优势筑起壁垒,成为行业中的成本领先者,它就能够应付现有或潜在竞争对手的攻击。成本领先战略最终表现为产品价格的降低。连锁企业之所以可以取得价格竞争优势,关键在于连锁经营可以有效地降低成本。如日本大荣连锁店的经营宗旨是“大量廉价销售优质商品”,其核心在于廉价。美国沃尔玛折扣连锁店创始人萨姆·沃尔顿的口号是:别人卖 1.2 元的东西,我卖 1 元,虽然每次赚得少了,但卖的次数多了,赚的就不会少了。这也就是我们常说的“薄利多销”。对于大型连锁店而言,这一策略相当有效。

连锁企业创造成本优势的主要途径有:

第一,进行成本分析,找出对企业经营成本影响最大的因素。连锁企业首先要了解本企业的成本现状,看自己有没有成本优势,是否可能创造出成本优势,以及创造成本优势的关键环节是什么,找出那些对企业经营成本影响最大或企业降低成本潜力最大的因素。

第二,进行系统的成本控制。制定成本控制目标和成本控制计划,动员全体员工,实施系统的成本控制。

第三,努力创造规模经济效益。连锁企业通过扩大连锁经营规模,提高组织化程度,进行大规模的购销,提高市场占有率,实现规模效益。

第四,产销合作。连锁企业利用连锁经营优势与供应商建立合作关系,努力降低采购成本。

第五,建立自有品牌。企业把自己开发的质量有保证的产品委托生产,成本就可以降下来,然后在自己的连锁网络中以较低的价格销售,有利于提高连锁企业的知名度和竞争实力。

(二)差别化战略(Differentiation)

差别化战略是指企业通过提供独特的产品以及技术、品牌形象、附加特性和特性服务等来强化产品特点,增加消费者满意度,使得消费者愿意支付较高的价格。应当强调,差别化并不意味着企业忽略成本,但此时成本不是企业的首要战略目标。一般来说,采用差别化战略的企业成本会高于市场一般企业,但由于产品对消费者的附加价值较高,所以能以较高的价格出售而获得较高的利润。差别化战略成功实施的前提是消费者愿意为差别特征多付钱,而且多付的钱高于增加的成本。

连锁企业可以以不同于竞争对手的产品、服务、形象为客户服务，从而赢得特定消费者。差别化战略是回避直接竞争的基本手段，特色是这一战略的核心。如肯德基的口味、麦当劳的速度、沃尔玛商品的快速周转、大荣的低价格等均是差别化的结果。

连锁企业的差别化战略最终主要体现在品牌形象上：一是同样的品质或服务，价格最低，即“成本降低”品牌；二是同样的价格，品质和服务最高，即“价值附加”品牌；三是提供的商品和服务是行业内所独有的，即独有品牌。有了这些品牌形象的支撑，消费者即使支付较高的价格也心甘情愿。如果一个连锁企业通过差别化为自己建立起一个独具特色的市场地位，那么它可以有效地保护自己不受或少受竞争者的打击。差别化不是一种短期行为，所以企业要长期保持。

连锁企业实施差别化战略需要从以下几个方面入手：

第一，深入了解市场竞争状况，为企业准确定位。企业的定位不单纯针对产品，还要确立不同于其他连锁企业的市场地位或形象。企业需要研究市场竞争是围绕什么进行的，这是实行差别化战略的根本点和出发点。这需要进行企业的 SWOT 分析。

第二，全方位了解顾客需求，组织全面服务。顾客的需求是多方面的，专家们称其为需求束。它包括价格、产品（性能、质量、设计、连带性服务等）、服务（支付条件、售后服务等）、形象（社会对产品和企业的认同程度）。需求会因产品特性和顾客特性的差异而有所不同，即使在同一需求中，顾客关心的焦点也是不一样的。所以，差别化战略必须围绕需求束中顾客最集中的部分进行。如果把需求束中顾客最敏感的部分称为需求核心，那么企业实行差别化战略的关键，就是要把顾客的需求核心作为根本来对待。如果所有的企业都看到了需求核心，那么需求核心就要转移为非核心了。

第三，进行 CI 设计，宣传企业形象。CI 设计有助于创造富有个性和感染力的全新的企业形象，因为企业形象是与一整套现代文明的企业形式与规范相联系的，它是企业素质的反映和表现，是消费者对企业所有活动进行综合评价的结果。连锁企业的 CI 设计和广告宣传在很大程度上影响着消费者对企业的主观评价，因此，连锁企业要根据自己将要树立的形象进行塑造和宣传，做到深入人心，展示给消费者一个统一的形象。

（三）目标集聚战略

目标集聚战略就是确定企业的重要目标，其核心是细分市场。对于连锁企业而言，就是通过集中其全部力量主攻某个特定的顾客群、某产品系列的一个细分区或一个地区市场的方式，为自己建立起一个良好的竞争战略体系。

目标集聚战略的优点有以下四点：①能够通过目标市场的选择，帮助连锁企业寻找市场最薄弱环节以切入。②避开与势力强大的竞争者正面冲突。因此特别适合于那些实力相对较弱的连锁企业。③能够以有限资源，以更高的效率、更好的效果为特定客户服务，从而超过在较小范围内的竞争对手。④集中可以降低成本，支持低价格策略。

集中包括地区上的集中、顾客群上的集中和产品与服务上的集中。所以，连锁企业主要有三种目标集聚战略：

1. 地区集中战略。地区集中战略是指连锁企业集中资源于特定地区内开店，可以使有限的广告投入和配送能力在该区域发挥作用，从而使连锁企业在特定区域内站稳脚跟，稳定地占有该市场，获得地区范围内的竞争优势。

2. 顾客集中战略。顾客集中战略实质上是连锁店把主要资源集中于特定的顾客，把他们作为诉求的对象，调查和了解他们的主要需求，针对他们提供有效的产品与服务。在确定以什么样的顾客为目标顾客时，可以考虑地理因素、心理因素、职业因素、年龄因素和消费行为偏好等多种因素。以我国台湾地区的快餐连锁业为例，麦当劳以年龄作为划分目标市场的主要依据，并以年轻人为主；肯德基以家庭全部成员作为目标市场；“唯王”和“三高巧福”则以职业划分作为目标市场划分的依据，选择学生和上班族为主要顾客。确定顾客群后，就可以针对该群体，提供满足其需求的产品和服务。

3. 产品与服务的集中战略。产品与服务的集中战略是指主要经营一种或一类产品或服务，它适合于专业店、专卖店。这一战略在餐饮业表现得非常明显。连锁快餐店的主要产品往往只有一个，在麦当劳是汉堡包，在肯德基是炸鸡。正是在产品与服务上的集中才形成了专业优势，才能推行标准化作业。产品与服务的集中使连锁工作人员可以成百上千次地做一件事情，即使不经过培训，单是熟能生巧也能提高其效率。而反观国内餐饮业，一家餐饮店提供成百上千种菜肴，每个厨师要会做几百种菜，即使天天培训，其作业速度、产品品质恐怕也难以保证。

此外，还有全面竞争战略，这是多种竞争战略的综合运用，是一种不分顾客群和区域而进行的企业竞争战略。

不同竞争战略对企业的能力和资源有不同的要求，同时不同战略的选择也会给企业带来不同的风险，所以，连锁企业要选择哪种竞争战略，必须结合企业实际情况，具体分析而定。

第四节　连锁企业形象战略

家住长沙市定王台附近的赵小姐在沃尔玛超市选购啤酒时，发现一种名为"惠宜"的罐装啤酒,6 瓶售价 10 元,平均每瓶不到 1.7 元,比同一货架上的百威、白沙等其他品牌的同类产品便宜了 1/3 以上。赵小姐仔细查看了一下包装:"惠宜"系沃尔玛百货有限公司自有商标,授权一家公司生产——于是,她毫不犹豫地将啤酒扔进了购物车。这里赵小姐的选择是对沃尔玛的信任与肯定,沃尔玛已经树立了自己的企业形象。

随着产品日益丰富,竞争愈加激烈,各种商品和劳务在品质上已不再具有很大差别,消费者在选择具有相同条件的商品时,很重要的一条评判标准,便是对这种商品品牌或生产者及经营者的评价,即企业形象。

企业形象是指社会公众或消费者按照一定的标准和要求,对某个企业经过主观努力所形成和表现出来的形象特征所形成的整体看法和最终印象,并转化而成的基本信念和综合评价。换句话说,企业形象就是该企业的关系者(政府、顾客、加盟商、供应商)对本企业的整体感觉、印象和认知。当前,企业形象已成为连锁企业在市场角逐中取胜的无形力量,塑造良好的企业形象已成为连锁企业无形资产保值、增值的重要手段。

一、CI 简介

(一)连锁企业形象战略的含义

一般来讲,所谓连锁企业的形象战略就是我们常说的"CI"(Corporate Identify,企业识别)战略。连锁企业的 CI 战略旨在塑造企业的良好形象,将企业理念和企业文化,通过所谓的 CIS(Corporate Identify System,企业识别系统)突出出来,以使消费者一眼就能将其从众多的商家中识别出,进而购买该企业的商品或劳务。

(二)CI 的起源与发展

1907 年,德国 AEG 公司采用培特·贝汉斯设计的 AEG 三个字母形象的图案作为企业标志,并将该标志应用于其系列产品与产品包装、产品宣传以及办公用品上,形成整体形象识别,从而开创了企业实施统一的视觉识别系统的先河。

有意识地把 CI 作为企业识别战略的是美国。1956 年,美国国际商用机器公司(IBM)率先导入 CI,把既长又难于记忆的公司全称"International Business Machines"缩写成"IBM",设计成八条纹的具有个性的标准字体,选用象征高科技的蓝色为公司的标准色,通过整体设计,塑造出一个全新的 IBM 企业形象,成为美国公众信任的"蓝色巨人"。随后,美孚石油公司、东方航空公司等纷纷仿效,设计出了自己的 CI。

20 世纪 70 年代,日本的伊势丹、马自达汽车等企业成为引进欧美 CI 设计的实践者，形成了一股不小的CI旋风。

如果说20世纪五六十年代是欧美的CI潮时期，20世纪70年代是日本的CI时代，那么，20世纪80年代则是韩国和我国台湾地区的CI兴旺时期。

由于各国民族性和企业情况的实际差别，故而对CI的认知与发展也就存在诸多差异。一般的，欧美的CI设计侧重于VI部分，强调视觉传达设计的标准化，力求设计要素与传达媒体的统一性，使得企业标志、企业店名字体等能充分地运用在整个企业体中，让美的视觉形象传达企业的整体信息；日本CI的风格侧重于改革企业理念与经营方针，整个CI策划是以企业理念为核心开发的，在注重视觉美感的同时，从整体的经营思想、价值取向、企业道德入手来规范员工行为，带动生产，创造利润；中国CI的特征是将博大精深的中华民族优秀文化与国际现代经营战略融合在一起，在对CI的认识上，愈来愈趋向于CI是战略、是系统工程的观点，重视企业理念、企业文化的灵魂和核心作用。

（三）CI的构成及本质

CI作为一个战略体系由三大识别系统构成：理念识别（Mind Identify，MI）、行为识别（Behavior Identify，BI）、视觉识别（Visual Identify，VI）。

理念识别（MI）是企业的经营理念，是CI战略运作的原动力和实施基础，是CI的灵魂，被称为企业识别系统的“心”。

行为识别（BI）是企业经营理念的动态化体现，它通过动态的活动或训练形式建立企业形象；它规划企业内部的组织、管理、教育以及对社会的一切活动。它被称为企业识别系统的“手”，包括企业内部行为和企业对外的行为。

视觉识别（VI）是企业形象的静态表现，也是具体化、视觉化的传达形式，经由组织化的视觉方案，传达企业经营的信息。它与社会公众联系最为密切，影响面也最广，故而它被称为企业识别系统的“脸”。

由此可以看出，理念识别是最高决策层次，也是CI的基本精神所在。CI的内涵是由内而外的总体表现，只有具备了内在明确的经营理念，行为意识才能得以表现，也才能完整而一致地塑造企业的形象诉求。只有MI、BI、VI三者高度统一，在相互关联中协调运作，才能在消费者心目中树立一个良好的企业形象。

综上，CI的本质就是运用企业的经营理念，在整体视觉设计与内外行为意识上加以发挥，建立企业文化，并使消费大众认同的企业管理。

二、连锁企业的CI战略导入

（一）CI对连锁企业的重要性

由于连锁企业的管理是规范化、系统化的，其制度也较完整，故有利于CI战略的实施。将连锁企业的经营理念与CI战略结合起来，对于连锁企业的经营效益会有一个较大的提升。引入 CI 对连锁企业的主要作用有：

1. 提高连锁企业的知名度。某一连锁企业在社会大众、消费者心目中占有多大分量，它的商品的使用率有多高，在很大程度上取决于该企业的知名度。企业知名度高，它的产品就易被认可，就有可能在市场竞争中取胜。CI 战略的实施，正是为了提高企业的知名度。它通过一系列同一化、整体化、全方位的理念识别、行为识别、视觉识别的反复运用，不断强化社会公众对企业的印象，提高企业的市场占有率。

2. 降低连锁企业的经营成本。CI 规范统一的设计与制作，如统一的造型、色彩等，应用于连锁企业的各个连锁店，可以节省各店另行设计与制作的费用，并且由于各连锁店都采用共同的材料与施工工程，故可有效降低连锁企业的经营成本。同样，各连锁店标准化的广告宣传、教育培训等其他共同行为，也会令连锁企业的经营成本费用大大降低。

3. 培养连锁企业员工的集体精神，强化企业的存在价值，增进内部团结和凝聚力。连锁企业的生存和发展离不开每个员工的努力，员工是企业构成的基石，是企业活动的主体和企业行为的承担者。CI 战略通过它的理念识别，导入更加成熟的经营理念，经由经营信条、精神标语、座右铭、企业性格、经营策略等传达出去，着重塑造企业员工的理念意识。这样，员工就能明确意识到自己是这个集体中的一员，在心理上会形成一种对群体的“认同感”和“归属感”，员工间形成密不可分的关系，强化了企业的存在价值。

4. 传递未来消费需求。“无论任何时代，企业的走向一定跟随消费者的脚步。”随着消费者日趋成熟，他们已经逐步从物质享受的阶段过渡到以满足精神需求为主的今天，他们希望通过消费过程获得良好的服务与尊重。所以，连锁企业的 CI 战略实施的重要内容还包括传递未来的消费需求。

（二）连锁企业 CI 战略实施

CI 对于连锁企业，其应用范围相当广泛。它直接面对消费者，且又有多点的设置。但如果在整体上的 CI 应用不足，不容易引起消费者的连锁反应。比如，有些连锁快餐店，店面的设计主色调是红色和黄色，人们看到后首先想到的是麦当劳，而不是该店铺。也就是说，该店铺的 CI 对消费者影响太弱。连锁企业 CI 战略的实施，一般包括以下步骤：

1. 整体理念识别系统的应用。连锁企业由多个连锁店组成，不论各店是直营还是加盟，理念意识的整合是非常重要的。有了企业成员共同的、明确的理念，才能凝聚整体行为，才能塑造企业整体形象。所以，在开发连锁企业的理念识别系统时：

(1) 要培育具有企业个性的企业精神；

(2) 确立具有特性的经营理念；

(3)设计具有感召力的形象口号。

经过这样的开发后,连锁企业就可以主动积极地将企业理念传达给社会大众。同时,为了活跃各连锁店气氛,还可以通过具体的文字说明、图形、歌曲、征文等活动,使大众融入其中。

2. 整体行为识别系统的应用。连锁企业的行为识别是以企业理念为核心,渗透在企业内部的组织、教育、管理、制度、行为等,并包括支持社会的公益事业、各项赞助活动、公共关系专题活动等动态识别形式。连锁企业在应用行为识别系统时,应注意以下几点:

(1)要实行科学的管理,将企业的各项工作标准化、专门化和简单化。明确划分各个工作岗位,将各岗位与员工的激励挂钩,促使其完成工作任务。此外,如果连锁企业能将这种程序化的控制与员工的自我管理结合起来,效果会更好。

(2)作为连锁企业,为了达到行为的规范化,还需要在企业内部制定严格的管理规范和工作规范,通过各个连锁店、每个员工的行为,在公众心目中留下对企业的良好印象。比如,在连锁店的卖场里,任何一位员工对顾客的问候、行为举止,都容易给顾客留下深刻的印象,所以,不能由于自己一时的行为表现,造成对连锁店形象的伤害。由此可见,连锁企业行为统一化的基础工作就是各种规范如业务训练规范、岗位操作规范、质量管理规范、培训发展规范等的建立和执行。

(3)为了让外部公众感受到连锁企业的行为特征,就要注重向外传播。这里,可以借助各种媒体,向外展示企业的产品质量、工作态度、服务水平,要重视与公众的情感沟通,要与公众建立良好的协作关系,以便公众能对企业形象形成正确的评价。

3. 整体视觉识别系统的应用。一般而言,连锁企业各连锁店的外观都是一致的,如果规划不当或者维护不好,容易引起不良印象。所以,连锁企业应恰当运用企业的视觉识别系统。

(1)企业识别标志。连锁企业常见的识别标志是各种图案、文字符号,它可以使企业形象明确化,能使公众从中体验到企业整体的鲜明个性。在设计企业识别标志时,要考虑到标志的独特、准确、艺术等特点,要使设计出的标志能够显示企业的风格,能准确地表达企业形象定位,并且美观。比如,麦当劳(McDonal's)取M作为其标志,颜色采用金黄色,设计成像两扇打开的黄金双拱门,象征着欢乐与美味,象征着麦当劳的"Q,S,C,V"像磁石一般不断把顾客吸进这座欢乐之门。

(2)企业识别口号。这主要包括厂风口号、广告口号、宣传口号。通过独特创意的企业口号,可凸现企业形象,扩大企业知名度。比如,沃尔玛店内口号:"谁是第一:顾客!",展示了沃尔玛重视满足顾客需求的经营理念。

(3)企业识别色彩。色彩是人类生活中的特殊语言,通过恰当的色彩运用,能够使企业形象更加鲜明具体、生动丰富。比如,美国 IBM 公司"蓝色巨人"形象。

(4)企业识别环境。这是指企业环境形象,即企业内外生产和生活条件及其在公众心目中的总体评价。它包括:企业门面设计、企业招牌设计、企业建筑物造型设计、企业展示场地设计、企业象征物设计、企业环境美化设计、企业空间布局等。所以,各连锁店海报的张贴、陈列布置、角落美化等,都要独特而美观。

(5)企业识别音乐。连锁企业在应用识别音乐时,应尽量考虑优美的节奏和旋律,通过传播媒介传递给公众,使公众通过音乐熟悉企业,增进好感。

三、连锁企业的 CI 管理

连锁企业 CI 战略的实施是一个长期的动态管理过程。CI 系统需要协调,CI 的运行需要控制,CI 的传播需要策划。

(一)CI 控制

连锁企业的企业识别系统(CIS)是一个统一系统,其识别作用源于个性化的统一。其中,个性化在 CI 导入计划中确立,统一化需要长期的营造。实施 CI 控制管理,可以确保在企业人员流动、设备更新、产品换代等要素发生变化的情况下,保持 CI 系统的相对稳定。

(二)CI 检讨

CI 检讨分两个层面:一是对 CI 实施情况的检查、检验、修正;二是对 CI 实施效果的补充、内容的改进。通过问卷调查等方式调查企业认知度、广告接触度、企业形象一流评价率,或编制分析表对企业形象综合要素进行打分,并与企业导入 CI 前的数据进行比较分析,可以分析判断出导入 CI 的效果。透过 CI 效果评估,可以检验企业 CI 推广成果,检讨 CI 计划执行情况,在此基础上作出调整或加强的决策。

(三)CI 教育

随着时间的推移,连锁企业的员工会对所实施的 CI 逐渐淡漠,新的员工、客户又会对它感到陌生。因此,要通过 CI 教育,使企业的理念在员工头脑里不断扎根,促使企业员工行为统一,激发员工的使命感,巩固 CI 成果,将 CI 作为一种企业经营文化沉淀下来。

(四)CI 传播

CI 的形象来自有计划的、较大规模的、持久有效的传播。CI 传播管理就是对企业的 CI 系统对内、对外进行有组织、有计划的传播宣传,包括信息传播、广告、新闻宣传、公关活动、促销活动等的CIS统筹,以提高传播的力度和效果。

(五)CI更新

随着连锁企业内外环境发生变化,需要对CI系统作出必要的调整和改进,使CI系统与企业发展战略规划契合,生命力更为强大。一般五年左右为一个周期。一个周期过去,CI系统需要进入更新期。

连锁企业实施CI战略的原则是基本不变的,但各企业在实施过程中,可视企业的具体情况,采用不同的CI展示方法和技巧。

复习题

1. 连锁企业品牌战略的构成是什么？分别如何实施？
2. 连锁企业运营战略的内容有哪些？如何确定运营战略？
3. 连锁企业的发展战略有哪些？如何制定连锁企业发展战略？
4. 对比分析波特提出的三种竞争战略的优缺点。
5. 连锁企业如何实施CI战略？

案例一

揭秘“呷哺呷哺”小火锅经营战略

名冠京津的中式快餐“呷哺呷哺”小火锅自1998年在北京西单起家,因首创了“火锅”与“快餐”相结合的吧式休闲小火锅模式而一炮走红,迄今已走过21个年头。它从最初的一天三单生意到如今日均50万顾客的接待量,并于2014年底登陆香港联交所,成为连锁火锅第一股。台湾商人贺光启在不被业内看好的“中式快餐”领域创造了一个传奇。呷哺呷哺何以有今日之成就,有哪些经验可以借鉴呢？

一、抢占先机——敏锐的市场嗅觉

1996年,在北京发展珠宝首饰生意不佳的台湾商人贺光启在一次偶然聚餐时,发现了快餐业市场蕴含着巨大商机。那天贺光启与朋友在火锅店聚餐,他发现北京的火锅还是使用以木炭为燃料的铜火锅,大多三五成群,且吃饭会占据大量时间。彼时,台湾已经流行起电磁炉加热的吧台式分餐火锅,但北京快餐市场还是肯德基和麦当劳二分天下。贺光启觉得,出于环保和安全、迎合中国人的口味以及都市上班族省时省钱的需求,开分餐式小火锅店一定会受到欢迎。于是他果断从台湾购进几十台电磁炉转行,一头扎进了北京餐饮市场。

但情况并没有贺光启想象的那么顺利。北京食客对分餐形式的不接受以及对食材口味的不适应,让小火锅的经营一开始显得举步维艰,最坏的时候,店里一天只能卖出三锅。贺光启开始思索如何改变这一窘迫的状况。

二、核心竞争力——千锤百炼出好料

决策层经过研究找到了问题的关键。“小火锅的形式可以模仿,但味道是怎么仿都仿不出来的,味道的根基就是火锅底料和调料。这是呷哺呷哺的生命,也是我们最具竞争力的部分”。贺光启专门请来厨师针对北方人的口味研发了几种调料,推广到店里请消费者免费试吃,听取他们的意见,用了半年时间才最终定下调料的口味。呷哺呷哺现有的三种调料,都是经过千锤百炼而精心研制出来的经典口味,这还不包括针对地域差异准备的特别料包。

调料底料定下来了,“肉料”“菜料”这些食材成了要突破的又一道关卡。贺光启曾经为了寻找优质肉源,率队冒着大雪开车到内蒙古挑货押货。陆陆续续,山东的黄牛肉、东北的木耳、福建的海带、山东的粉条、两湖的莲藕……这些来自中国最好的农副产品基地的食材源源不断地端上了呷哺呷哺的餐桌。在贺光启看来,要做,就要做最好的。

在公司的不断改良下,加之2003年“非典”的影响导致北京人饮食习惯的剧烈改变,呷哺呷哺逐渐占领了市场的顶端。回想起呷哺呷哺从零到有的第一步,贺光启认为“原料、底料的品质和口味,是企业发展的根基。”

三、中式快餐命门——标准化经营

在我国内地,食客走进任何一家呷哺店面,店面外观、内饰风格、菜品底料的外形口感和种类都高度一致,几乎感觉不到差异。标准化经营是以连锁化为目标的呷哺公司的重要管理原则,而这种模式的建立也对呷哺的迅速壮大发挥了至关重要的作用。

众所周知,由于中餐的特点,标准化经营一直是限制该行业发展的一个命门。在贺光启看来,中餐本就难以量化,既然锁定了“连锁化”,建立各种标准就非常重要。贺光启在呷哺呷哺最初开门营业前,为了研发底料,建立起各种菜品的标准化,花了差不多两年时间准备,最终细化到一盘肉“多重、多少片、厚度”,各种菜品的摆放顺序与形态等细节,都制作出了标准。

谁也不会想到,在经过一年的磨合探索后,呷哺呷哺才在北京开设了第二家分店。也正是在这一年,呷哺呷哺建立起了自己的中央厨房配送系统,为全面扩张奠定基础。

每天凌晨三四点,当这个城市还在沉睡时,呷哺呷哺的中央厨房就已经灯火通明。从各个农副产品基地运送食材的货车进进出出,在这个食材的中央集散地,各类蔬菜副食冷冻产品按照储藏条件被分门别类,并以各店面为区域整理划分。清晨六七点钟,来自北京各个店面的运输车从这里把需要的食材运走。

在贺光启眼中,餐饮业的门槛虽低,但连锁企业的标准化建立非常重要,因为"表面的东西复制很容易,精神上的复制很难"。

从2008年初的40家门店,到如今的200多家,呷哺呷哺的增速惊人,用餐品质却依然高位运行,让食客吃得舒心安心。这些成绩的取得与当初辛苦建设的标准化密不可分。贺光启对此表示,"标准化就像是一个模具,模具刻好之后,复制就容易得多"。

四、发展壮大的关键点——人才本土化

呷哺呷哺良好的运营状态背后,是一支强大的本土化团队在运作支撑。与许多台资企业管理层大多是台籍不同,呷哺呷哺从一开始便实行管理层的完全本土化。

最初,决策层想从台湾招聘人才负责经营,但那时由于两岸没有直航,人员来往很不方便,而且成本很高,况且呷哺呷哺总有一天要本土化。

尽管这在当时的台资里很少见,但决策层觉得"只有大陆人更了解大陆的事情,由本土的人员来经营管理,在处理和解决问题时更顺利,还是要比外来的更好"。

即使现在,贺光启在呷哺呷哺中也是个"光杆司令"——"公司从上到下就我一个台湾人,剩下全是大陆的"。

正是对本土化的人才战略的坚持,使呷哺在不断发展壮大的过程中,并没有遭遇到明显的人才断层的问题。

即使到了今天,贺光启只要有机会到门市店,就要跟分店经理和服务员聊一聊,了解他们的生活与需求。但贺光启面对未来还是有些忧心,"企业发展的关键点,归根结底靠人才。发展得越快,对人才的选择和培育就越要花费更大精力"。

五、执着追求——成功不是神话是必然

1998年,第一家呷哺呷哺在西单明珠开业,而今小火锅已遍布北京,并扩展到上海、天津、东北等地。专家认为,成功源自明确的目标和执着追求,"任何一个台商来之前,都要很清楚自己要做到什么样的阶段,朝着那个方向努力,一定会成功"。

呷哺呷哺自创立起就有个不成文的规矩:每个城市都要力争比肯德基多一家,也就是说,只要有进入的城市,呷哺呷哺一定要成为店数最多的餐饮企业。"我们要做就要做第一、做最好,呷哺一开始就不是奔着'生存'和'温饱'来做,我们要做的是规模,是行业的龙头和标准。没有这些目标,也不会有呷哺的今天。"

六、与时俱进——品牌升级与嫁接互联网

早在几年前,呷哺呷哺便布局高端市场,推出新品牌凑凑。凑凑的人均消费价格是呷哺呷哺的2倍。新的火锅品牌的诞生,让呷哺呷哺形成"高+低"的市场定位,拓宽受众范围,调整档次结构。凑凑的定位不仅仅是"高端",还有"社交"。凑凑试图通过火锅加茶饮的方式构建新的消费场景,可以提供火锅正餐、台式麻辣锅、台式茶歇、宵夜及外送服务。

社交功能的体现是凑凑以园林式装修、5人以下用餐规模的店面设计及高质量的菜品供应,打造出一种火锅用餐与休闲聚会结合的消费场景,目标客户群是25~35岁的都市白领。

在拓展品牌业务的同时,呷哺呷哺利用互联网让每一家店都增加收益。在外卖向连锁餐饮抛出橄榄枝时,呷哺呷哺先后推出"呷哺小鲜""呷煮呷烫"两个外卖品牌,来拓展新的增长点。

呷哺小鲜不仅销售食材,还销售电磁炉和涮锅等器具;而呷煮呷烫则用冒菜填补了火锅淡季的盈利空白。这两个外卖品牌也快速在第三方外卖平台上线,主要为客户提供快捷的呷哺呷哺新鲜食材及火锅体验,提供门店的营收增长。

餐饮企业呷哺呷哺也早已开始尝试接触产业端。尤其是在近两年,呷哺呷哺在酱料及调味品生产及销售领域展现出了巨大的发展潜力,同时呷哺呷哺还将调料产销一体化,并拓展呷哺呷哺集团的餐饮新零售。

敏锐的市场嗅觉、行业高标准、合理的经营方式与用人制度、不断强化的核心竞争力、不断丰富的本土人才储备……任何一个辉煌的企业背后总有着相似的规律。在贺光启决定标准化经营呷哺呷哺伊始,似乎就预示出了这个企业的未来。这样的成功看起来永远像神话,实则却是必然。

(资料来源:http://cehua.tbshops.com/html/news/296/147534.html)

案例思考题

1. 呷哺呷哺的品牌战略是什么?

2. 仔细阅读案例,分析呷哺呷哺成功的经营战略,想想对我国餐饮连锁企业有哪些启示?

案例二

华为组建直营体系

2019年9月28日,华为在深圳开出首家全球旗舰店,这也是华为的第一家直营店。换言之,从选址、设计、投建、销售以及售后等都由华为的员工一手操盘。

店内拥有120名员工，来自酒店、航空、艺术等不同领域，可提供多国语言服务。华为不再将这种店铺称之为“零售店”，并且不会以销量作为KPI考核。

华为消费者业务CMO朱勇刚表示，华为全球旗舰店系列项目是华为消费者业务中非常重要的一环，将展现华为最真实的自我。华为旗舰店将华为价值观传递给顾客，是华为品牌意图的体现，“不管（顾客）爱或不爱，华为都将展示最真实的自我。”

据朱勇刚介绍，华为开设旗舰店并不是以销售为目的，而是希望在创新的过程中和消费者近距离地互动，“华为对全球旗舰店唯一的期待是客户满意度。”

华为全球旗舰店未来还将向全国扩展。除了国内，海外拓展也正在进行中。

一、注重体验营销

随着手机市场竞争的加剧，国产手机品牌在过去两年遭遇了一次结构调整，“倒三角”到“T形”格局的分化变得越发迅速，具体表现为头部品牌继续扩张产品线，腰部品牌空间大幅压缩，规模受限，小品牌产品与消费者形成断层，渠道难以渗透，市场活力大幅减弱。

再加上消费者的换机周期从原来的12个月拉长至24个月，甚至是26个月以上，“街铺式”的零售网点以及导购员扎堆的“人海战术”变得越来越难以打动消费者。

Canalys分析师贾沫认为，国产手机四强在一二线城市的竞争更加胶着，体验营销将成为未来终端店面吸引消费者的重要方向。

在华为看来，也是如此。“旗舰店有40%左右的面积专门用作体验和交流互动区域，在刚开始的设想中，甚至希望打通一楼去掉玻璃隔阂，让消费者可以自由进出。”

华为全球旗舰店位于深圳的流量商圈万象天地，为三层的独栋建筑，外立面采用了大面积高透玻璃，边角采用圆弧设计，看上去像一个精致的玻璃樽。此外，半开放阶梯连接着时光广场及周边环境，打破了店铺的“边界”。

曾经赢得众多设计大奖的法国设计公司Saguez & Partners是这间旗舰店的设计者，该公司零售与互联总监Cecile Poujade表示，以往的零售店就是销售产品，设置购物点，促使客户购买，但当代销售要融入社交、沟通等元素，简称HOSPING，即hospitality & shopping。

旗舰店是一个尝试，华为将其定义为和客户零距离沟通、收集用户反馈的场所。每个月，还将邀请艺术家在旗舰店内开展艺术沙龙活动，了解艺术家如何通过华为产品创作。

二、打造渠道"样板"

深圳华为全球旗舰店对于华为的另一个意义在于它是华为的第一家直营店。换言之,这是华为自己第一次跳入渠道的"深水区"。

在2016年,华为消费者业务CEO余承东在接受媒体采访时表示,全国网点在地级市有500个左右,县级市2 100多个,乡镇4万多个,但华为2016年的目标只是覆盖了县级的一半。"尽管在中低端市场上的一些机型单品销量已经过千万,但实际上,华为在五六线乡镇级市场的渠道覆盖还不够。"

随后华为加快对全国网点的铺设,但和其他厂商不同的是,华为还是选择通过合作伙伴去铺设零售渠道。在华为高管看来,重资产的模式,对于初入零售行业的华为并不适用。

"到现在我们压力也不小,这次对旗舰店的投入费用非常大。"朱勇刚表示,一堆理工男投入到了零售行业,什么都要学习。

但对于此时华为来说,直营店是没有退路的选择。

可以看到,从苹果旗舰店、小米之家到这两年开设的OPPO超级旗舰店以及vivo品牌概念店,头部厂商对于渠道的投建越来越重视,纷纷主导组建了类似零售集团事业部的部门。

vivo的一名渠道负责人表示,当80后、90后、00后逐渐成为中国消费市场的核心消费群体时,新一代的消费革命也正在发生。从消费特点上看,他们更重视购物过程体验,希望与品牌商及零售商建立交易关系之上的信任感和亲密感。"所以我们取消了以往零售店传统的销售陈列式、专卖式的分区,而是在场景化的空间中浸入产品。"

"我们希望做出一套样板,从零售、服务、体验全面进行高端化。"华为内部人士对记者表示,打造全场景智慧生活体验是公司未来五到十年的战略,这家全球旗舰店也是华为全球化直营体系布局的开端,目前已经在加快国内重点区域的选址，但授权加盟模式仍然是华为重要的渠道模式，可以实现快速覆盖。

过去手机厂商常用的销售模式将随着新消费族群的出现及传统渠道的成本提高而逐渐地失去杀伤力，取而代之的是什么，每一家都在探索。

值得注意的是，各种专卖体系的占比持续提升至20%，与此同时随着单品利润的下降和整体市场的不景气，一些成本压力比较高的店面临着盈利压力。

（资料来源：李娜：华为组建直营体系 深圳开出首家旗舰店，第一财经，2019－09－29）

案例思考题

1. 请分析华为为何要进行渠道建设的新尝试？

2. 华为作为制造商，建设渠道是必须的，是自建渠道还是利用代理商渠道是战略选择，请结合你所在地情况，寻找当地品牌，分析制造商建设渠道体系的策略。

第四章 连锁企业营销策略

◆ 营业推广策略

◆ 广告促销策略

◆ 公共关系促销策略

连锁经营营销策略是连锁企业得以发展的基本策略。连锁企业通过营销活动传播信息，帮助消费者了解和认识商品，扩大知名度、刺激购买欲望、促进购买。其中，广告、营业推广（SP）、公共关系是三种主要的营销策略，各自承担了不同的功能。营业推广主要是为产品提供一种购买的激励，来刺激和实现购买行为；广告主要为产品提供一个购买的理由，来接近购买的行为；公共关系活动则主要是寻求超乎产品之上的社会公众对企业从理智到情感的全面理解和支持，为产品的销售创造有利的人际环境。在现实中，连锁企业通常会将几种营销方式综合运用，形成促销组合。

背景资料

西贝莜面村的有效营销策略

西贝莜面村是西贝餐饮集团旗下的主品牌，主营中式休闲正餐，是西北菜的杰出代表。1988年，西贝餐饮在内蒙古临河创立；1993年10月，注册成立西贝餐饮有限责任公司（后文简称为“西贝”）；1999年7月，西贝在北京第一家店——北京金翠宫莜面美食村开业。截至2017年12月，西贝在全国40多个城市拥有200多家门店，员工16 000多人，每年为5 000万顾客提供产品和服务。西贝的快速扩张与它的有效营销策略有关。

1. 科学定位，专业经营

西贝曾经营黄土高坡风味小吃店、西贝酒吧、爱丽格斯海鲜餐厅、新大都酒楼、天天活羊餐厅、餐饮广场、腾格里塔拉剧院酒楼等。1999年12月，西贝将北京金翠宫海鲜餐厅改换为西贝莜面村，后到2003年，陆续建成六里桥店、颐和园店、亚运村店、亦庄店、回龙观店五家莜面村。随后西贝将主打业务确定为西贝莜面村，并将品牌特色确定为“西贝西北菜”和“中国烹羊专家”。历经32年发展，如今西贝成为中国最大的中式连锁餐饮企业之一。

2. 优质产品策略

西贝莜面村一直秉承为顾客提供“闭着眼睛点，道道都好吃”的优质菜品。每道菜不仅甄选优质食材和使用传统工艺制作，同时将背后蕴藏的深厚文化底蕴传递给消费者。

2012年6月，西贝与《舌尖上的中国1》介绍的陕西绥德“黄老汉”签约，推出黄馍馍产品。2014年7月，西贝与《舌尖上的中国2》介绍的陕西榆林“张爷爷”传人签约，推出手工空心挂面产品。2014年12月，西贝确立重大战略：好吃战略。2017年5月，西贝提出开展“好汉工程”。2018年5月，西贝超级肉夹馍项目正式启动。

为了充分展现莜面的营养价值，西贝莜面村经过长时间的研发，全新升级原有产品。2020年4月新一代西贝有机莜面换新上市。相较于以往的生产工艺，西贝有机莜面拥有更高的标准，更浓郁的香味和更筋道的口感，推出新菜品，让消费者在满足味蕾的同时，更能享受到莜面作为健康主食的新体验。

3. 设立莜面节，宣传健康理念

2020年4月，第一届西贝有机莜面节在全国店面启动，由西贝有机莜面加工而成的各种特色美食与公众见面。本次推出的西贝有机莜面节，由西贝莜面村创始人贾国龙倾力推荐，倡导“主食吃莜面”的品牌健康理念。

4. 确立连锁模式，快速扩张

2001 年 11 月成立北京西贝餐饮管理公司，确立了连锁扩张的发展路线。西贝餐饮管理公司的创立和健康发展，为统一管理“西贝餐饮”投资的企业，为品牌扩张、连锁经营奠定了基础。

2004 年 8 月，西贝餐饮职业学校从内蒙古劳动厅注册成立。2015 年 6 月，西贝大学成立，为企业连锁的标准化和培养人才奠定了基础。

（资料来源：作者整理）

第一节　连锁企业营业推广策略

营业推广，即狭义促销、小促销，是指企业向消费者传递商品信息和企业信息，刺激和诱导消费者购买的过程，其根本目的是聚集人气，吸引客户，提高销售额。根据调查，消费者进入商店，计划性购买仅占 30% ~40%，而冲动性购买则占到 60% ~70%。商店只有通过开展各种促销推广活动，才能扩大销售额和提高效益。

一、营业推广方案（促销方案）的制订

实际中，连锁企业总部将各个店铺反馈回来的商情信息以及带有共性的影响销售的客观因素加以综合分析，慎重考虑和周密计划之后，制定企业统一的促销方案，下达给各店铺具体实施。制订促销方案必须掌握以下要点。

（一）明确促销活动的目的

连锁企业举办促销活动，是为了达到以下四个目的：

1. 树立企业形象，参与市场竞争。连锁企业应发挥自身多店铺的规模经营优势，制定统一的促销方案，通过大型促销活动和企业形象宣传，提高企业的知名度，加深企业在消费者心目中的印象，增强消费者对企业的认同感。

2. 刺激消费，增加销售额。在企业的正常销售阶段，通过采取一项或几项促销手段，求变造市，以提高销售额。

3. 优化商品结构，将滞销的商品推销出去，以调整库存结构，加速资金流转。

4. 推广新商品。联合生产厂家共同参与的活动可以直接向消费者推广新的商品。大力宣传消费新观念、新时尚、新生活方式以及与之对应的新商品，不仅缩短了消费者接受某种生活观念的过程，普及了新产品，也使商家获得了利润。

（二）确定促销的规模，测算推广费用

开展各种促销活动，费用的大小与推广规模成正比。在这些必要的费用支出

中,大部分是用来进行销售刺激的,比如折扣、赠物、降价等。由于这些费用支出要从销售额中得到补偿,所以促销方案的制订必须要考虑企业的实际承受力。

(三)确定促销活动受益者的范围

促销活动可以针对任何一个进店购物的顾客,也可以是针对经过选择的参加购物的一部分人。比如,若是让利销售,则连锁店全面降价就是针对一切来店内购物的顾客;若是规模购买让利活动,顾客购买商品须达到规定的数额后才能享受让利;如果组织小范围的特殊活动,那就只有参加活动的人才能受益。总之,不管采取哪种方法,在促销方案中都要规定得明确而且具体。同时,在宣传中要有醒目的提示,使顾客了解促销活动的内容。

(四)前期准备工作及时间的设定

每一次促销活动,不论其规模大小,时间长短,都必须提前做好各项准备工作。前期准备工作的主要内容有:①方案的策划与制定;②商品标价签的修改;③文字宣传品的准备、印刷与分发;④广告的设计、制作与安置;⑤营业场所人员的调配和工作安排;⑥商品库存数量的落实以及销售额的预测。

(五)促销活动时间的设定

选择合适的促销时机也是十分重要的,它可以影响促销活动的成效。

1. 促销活动通常安排在节假日,起止日期与节假日基本同步,可提前几日开始。

2. 对于某一种或者某几种商品开展的促销活动,持续时间一般说来选择一周为宜。

3. 大型百货商场采用的突出主题的促销活动的时间通常较长,一般为1个月左右。

(六)促销活动总结

每一次促销活动结束后,都要从局部到整体对整个活动进行总结,为下一次成功举办促销活动积累经验。

北京华联超市促销方案

下面是华联超市在1999~2000年进行的一次成功促销活动的策划方案。

1. 活动背景。本阶段活动从1999年12月中旬起至2000年3月中旬止,在此期间适逢世纪之交,既是“千禧年”,又是中国的“龙年”。另外,本阶段含多个节日：冬至、圣诞节、元旦、春节、情人节、元宵节、三八妇女节。如何提早准备，抓住销售商机，在促销活动中采取主动，是本次企划活动所要注意的要点。

2. 活动策略。由于本次活动时间跨度大，为避免活动出现无层次、无重点、无序的状态，保证突出重点，本次企划活动分阶段展开，以总的活动主题为主线贯穿各分项活动，分阶段取得成果，最终合为企划活动总的胜利。

3. 主题决定。由于本次活动时间跨度大，中间节日多，且没有过多相关性，如果没有恰当明确的主题贯穿，必将使本次活动出现“散”的现象。因此，活动主题的选定对本次企划活动的宣传至关重要。结合前述背景，该主题应符合以下几点：鲜明时代性、易识别性、特色性、易传播性、冲击性、热情欢快性。

最终，拟定主题为：“千禧购物盛典”系列活动。

点评：一个好的主题犹如串珍珠的线索，越恰当就意味着可以串的珍珠越多越长。该主题以“购物”为中心，“千禧”点明时间性与特色性，“盛典”体现规模与冲击性，给人以整体恢宏、大度之感。

二、促销方案的实施

促销方案制订后，下一步就是如何落实促销方案。促销方案的实施应注意以下两点：

（一）总部的方案一定要具有可操作性

总部一定要考虑各店铺的具体情况，加强沟通和协调，使连锁体系总的促销方案同各店铺的促销计划协调一致。总部要落实同供应商的促销产品、促销费用、促销价格等问题。对既定方案总部必须加强监督与检查，可采取明暗两种方式，确保检查的效率。店铺对于总部的支持力度请求应提前提出计划，向上级申请。

（二）店铺的促销活动应制度化

店铺的促销要落实总部的促销计划和本店的促销安排，要做好这一点必须使促销活动制度化：一是企划部当作首要的工作任务，加强重视；二是必须局部服从全局的利益，首先落实总部的促销计划；三是店铺把自己的促销计划按季度、半年、一年向总部备案，以便总部在安排促销计划时能够统筹兼顾；四是促销工作要常备不懈，各促销计划要具有实用性并形成促销组合。

三、促销方式

连锁企业在实际经营过程中，为了争取到更多的顾客，可以采用多种促销方式来提升企业的竞争力。

（一）会员制推广

企业会员制推广的一般做法是：由到某一场所消费或享受某一产品、服务的人们组成一个俱乐部形式的集合，加入俱乐部的条件是缴纳一笔小数额的会费，成为会员后便可在一定时期内享受有折扣的消费或享受一定的优先服务。会员一般以会员卡作为会员资格的凭证。如沃尔玛推行会员主副卡制，主卡为 150 元，副卡为 50 元。

会员制可为会员带来低价优惠、享受优质全面服务及特殊服务等好处。

会员制给连锁企业带来的利益有：①以一定约束力的方式为企业建立长期稳定的顾客来源；②能培养连锁店忠实的顾客；③能给企业带来可观的会费收入；④会员的变动情况可为连锁企业提供消费者的信息情报，有利于进行消费分析。

此外，连锁企业可通过发放“会员介绍卡”，利用老会员将企业介绍给新的顾客。如果老会员引入了 3 个以上的会员，就可以从企业获得一份礼品；而当被介绍人持介绍卡来企业消费时，给予其优惠，并在其自愿缴纳会费的前提下，将其发展为企业新加盟的会员。

（二）活动策划

活动策划是一种重要的促销手段。很多设计新颖的活动能吸引大批顾客，从而给企业带来更大的经济效益和社会效益。企业可策划的活动主要有以下几种类型：一是演出类活动。企业通过邀请著名的歌星、影星、艺术团、时装表演队、乐队来演出，吸引这些明星的崇拜者和顾客前来观看和消费。如某连锁酒楼策划的“西域风情”表演，特意从新疆请来艺术团体表演民族风情浓郁的新疆歌舞节目，另外还设计了很多顾客参与的活动，如掀“盖头”、“祝酒”等，活跃的气氛吸引了不少顾客，从而增加了酒楼的收益。二是节日类活动。节日是连锁企业开展活动策划推广的好机会，节日活动要以节日为背景，突出节日气氛。企业既可以举办中国传统节日活动，也可以举办外国节日活动，如在一年的春节、元旦、圣诞节、情人节、五一劳动节、中秋节、六一儿童节、国庆节举办各种主题活动。此类活动的关键在于企业设计出有创意的精彩节目。三是娱乐类活动。举办娱乐类活动主要是为了吸引顾客，企业可以在周末或特定的其他时间办一些娱乐活动，如猜谜、抽奖、游戏等。这种活动形式增加了顾客的参与兴趣，从而加大了客流量。

（三）有奖销售

连锁企业的有奖销售是连锁企业根据自身的经营状况、产品及服务特征、顾客的情况，通过给予奖励来刺激顾客的消费欲望，从而增加经营效益的一种促销手段。有奖销售主要有强烈刺激顾客、便于控制推广费用、树立和强化品牌形象、提升销售量等作用,是一种比较灵活的促销方式。有奖销售一般分为消费奖励和比赛奖励两种。

1. 消费奖励。企业消费奖励的形式有以下 3 种:

(1)填写式。顾客可从各种渠道获得抽奖活动的参加表,顾客只需将姓名、地址、消费情况填好后,寄给组织者,然后在预定的时间和地点通过随机抽取的方式来进行抽奖。组织者从全部参加者中决定获奖者。这种方式是抽奖中最普通的一种方式。

(2)消费获奖方式。凡是消费达到一定额度的顾客,均有获奖机会。连锁企业根据顾客的消费额度发放抽奖券,然后在某一固定时间,经由媒体告知或直接通知获奖的顾客,到企业领取相应奖品。

(3)集点优待形式。顾客在消费后即获得消费凭证,当顾客积攒到一定数量的消费凭证或达到某种要求时即可获奖,由企业发给奖品。这种促销方式可以培养长期顾客,增加企业的营业额。集点优待通常是为了在一段时间内积极地与竞争对手抗衡,因此,对于有较多竞争者的企业和产品是一种有效的竞争手段。它主要适用于以下 4 种情况:①当品牌间无明显差异,令顾客难以选择时;②当主要媒体广告费用太高时;③当想让销售突破季节限制时;④当为了配合其他广告形式时。

2. 比赛奖励。这是企业组织各种特定的比赛,并通过提供奖品来吸引顾客,从而带动营业额提升。主要形式有:在经营场所或通过媒介开展各类游戏活动,让顾客参加;让消费者回答问题;征求企业的宣传词和标志,使顾客参与企业的经营工作;针对商品开展竞赛,促进顾客对产品的认识、使用及兴趣。

(四)打折优惠

折价促销是指直接采用降价或折价的方式招徕顾客。折价促销实质是把企业应得的一部分利润转让给消费者。折价促销是一种最古老、最常见、使用频率最高、最被广泛采用的促销手段之一。当然,在市场中,许多先提价后降价的虚假折扣是为人所不齿的。

实际生活中,常见的打折优惠又有以下几种形式。

1. 限时或限期折扣。由于顾客工作休息等方面原因,企业的销售额存在着高峰和低峰时段。为刺激低峰时的消费,连锁企业提出在特定的时段进行价格折让,如限定上午 8:00 ~9:30 购物九折优惠。

还有就是限期价格折扣,就是指在一定期限内进行价格折扣,过期恢复原价。如"五一"期间、连锁店开业期间、店庆期间、"十一"黄金周期间,进行折价销售,节日过后恢复原价,利用的是薄利多销原理。季节性折扣、反季节折扣都是此理。

2. 累积价格折扣。即消费者累积消费到一定数额后，连锁企业根据优惠价格的标准，给予该消费者以后消费时一定比例的价格折扣。

3. 批量作价优惠。即消费者整箱、整包、整桶或较大批量购买商品时，给予其价格上的优惠。这种方法一般用在周转频率较高的食品和日常用品上，可以增加消费者一次性购买商品的数量。

4. 设置特价区。即在店内设定一个区域或一个陈列柜台为特价区，销售特价商品。特价商品多是应季大量销售的商品，或有过多存货、快到保质期的商品，或外包装有所损伤的商品。

5. 发放企业优待券。顾客凭连锁企业提供的优待券消费可享受一定的折扣优惠。企业的优待券通常印制在平面媒体广告或店内的小传单、POP 上。优待券作为一种凭证，可以使顾客在下次购买时，享受一定折扣。优待券可以与抽奖、赠送等活动相结合，也可以作为与其他企业进行联合促销的一种方式。优待券使用的目的在于，通过连锁企业发行优待券，吸引顾客对产品的注意，刺激顾客产生购买欲望，扩大产品销量。它主要适用于下述情况：①产品出现滞销时，用来缓解产品销量下降；②产品的市场占有率下降时；③新产品宣传推广时；④抵制竞争品牌时；⑤为提高本产品和本企业顾客品牌忠诚度时。

（五）免费赠送

一种新产品市场知名度不高，用户也极少，为了打开销路，免费赠送是常用手法。“先尝后买，方知好歹”，这是一句古老的生意经和广告语。这种先尝后买是意在传名，后人称之为“活广告”。这种“活广告”至今仍被广泛运用，并从食品类延伸到日用品、机器设备等。相对于广告而言，免费赠送花费并不大，而且只要事先进行精心周密的调查研究，做到有的放矢，“放长线，钓大鱼”，终会有丰厚的回报。免费赠送适用于以下几种场合：①吸引顾客从其他品牌企业到本连锁企业消费；②在本企业一次消费达到一定标准数量时；③在销售淡季为了维持市场份额时；④促使顾客试用新产品，为扩大影响时；⑤连锁企业庆典时，为扩大影响。

免费赠送是一种有效的促销方式，有以下三种具体形式：

1. 免费样品赠送。这是将产品直接送到顾客手中的一种促销方式，主要针对潜在顾客。当一种新产品或新开发、改良的产品推向市场时，为了鼓励顾客试用，提高产品的知名度和美誉度，可以采用这种办法。例如，超市通过赠送小袋味精、鸡精、化妆品等免费样品来促销。

2. 免费礼品赠送。即设计一些带有连锁企业形象标志的小礼品，如钥匙链、卡通玩具等，在新店开业或消费者购买一定数量的商品时免费赠送，这样相当于做了一次广告。消费者在商店购买商品后，商店给其附赠精美的包装,也属于这一类。连锁店为了加大促销力度,有时也会赠送价值较高的商品,如购买烤箱赠送电扇。

3. 酬谢包装。这是以标准包装为衡量基础,但须消费者提供更多价值的一种包装形式。它又包括四种具体形式:额外包装、包装为赠、包装外赠、功能包装。将赠品直接随产品附送,这种方式能现场激发顾客的购买欲望,使顾客迅速转移品牌,同时会促使顾客购买较大、较贵的产品。

(六)服务推广

连锁企业的服务推广是企业以某种方式(活动或劳务性工作)向顾客提供服务,以获取顾客的好感,进而促进销售的活动。服务推广具有以下特点:①无形性,即看不见、尝不到、摸不着、听不出;②易消失性,即不能贮存以供今后使用;③不可分性,即服务不能与服务提供者分离;④可变性,即服务质量取决于服务人员、时间、地点和方式。连锁企业通常采用的服务方式有以下四种:

1. 售前服务。这是指在商品销售出去以前为顾客提供各种服务,如介绍商品知识,解答顾客疑难等。售前服务有市场铺垫、宣传商品、搜集情报的作用。

2. 订购服务。连锁店设置订购服务部(可隶属于客户服务部),安置计算机及各种通信设备,顾客可通过网络、电报、传真、信函等多种方式订购商品,可大大节约顾客的时间。

3. 送货服务。在顾客购买后,组织车辆和人员为顾客送货上门,有的还作安装调试和进行一定的培训。

4. 维修服务。为了方便顾客维修,连锁店和生产商合作,在消费者集中的地方设立维修中心或上门提供维修服务。如联想专卖店提供 1 年内免费上门维修,5 年质保的服务。

(七)现场制作

现场制作促销方式即请经过专门训练的营业员或厨师在店堂进行现场制作表演。如今,许多连锁店将一定区域租赁给其他商户经营,这些商户的加工就在店内进行,实行的就是现场制作,如店内面包加工、豆制品加工、影像制作,活鱼、活禽宰杀等。其中较有名的是法国品牌福奈特洗衣店的现场表演。这种表演有一定的技巧性、示范性和教学性,可以让顾客从中学到一定的技术窍门,得到快乐,由此产生兴趣。这种促销方式对营造店内气氛,激发顾客的购买欲望十分有效。

(八)展销

展销即邀请多家同类商品厂家,在所属店铺内,共同举办商品展销会,形成一定声势和规模,让消费者有更多的选择机会。也可以组织与自己品牌关联的商品展销，如进行多种节日菜肴配套销售等。这种活动通过各商家的竞争，可促进商品的销售。

第二节　连锁企业广告策略

广告宣传是现代企业最常用的促销手段之一，对连锁企业而言，广告显得尤为重要。广告促销是运用广告手段向消费者、厂商和各类社会机构提供各种商品与服务信息，传播企业形象，扩大知名度和提高销售额的一种方法。广告能引起顾客的注意，引发顾客的兴趣，促成顾客购买行为。

在2004年夏季的北京家电销售市场，我国电器销售的连锁巨头苏宁、国美、大中就上演了一场广告大战。仅以北京晚报为例，每到周末这三家电器销售的连锁巨头都大做广告，甚至有时一家占据两个版面。国美搞出“价格运动会”，苏宁上演“十面埋伏”苏宁版，大中也开展了别开生面的“家电运动会”，可以说上演了三国演义之北京广告版。三者之所以如此重视广告，原因就在于广告对消费者有着巨大的刺激、诱导作用。那么，连锁企业如何进行广告促销呢？如何把握广告促销策略呢？这里需要考虑三个方面的问题：

第一个方面是连锁企业本身的决策问题。广告策划者必须首先确定目标市场；其次确定购买者的动机；最后再考虑广告宣传策划的5个关键决策，即5Ms：①广告要达到什么目的（任务——Mission）；②要动用多少资金（资金——Money）；③要向公众传递何种信息（信息——Message）；④使用什么媒体及相应的形式（媒体——Media）；⑤如何对结果作出评估（衡量——Measurement）。

第二个方面是竞争对手的营销策略。

第三个方面是和供应商的关系，即制售关系。

一、广告的目标市场

确定广告的目标市场是进行广告促销的前提之一。广告的目标市场是一个企业进行市场营销的消费者市场，在一般情况下两者的范围是相同的。如果连锁企业有特殊要求，或对某产品针对特殊对象进行广告宣传，则广告的目标市场同企业的整体目标市场有一定的差异。广告目标市场的确定受许多因素的制约，如媒体、产品特征、企业实力、广告对象等。

（一）广告目标市场的分类

目标市场一般可做以下划分：

1. 以性别划分：可分为男性市场、女性市场。

2. 以年龄划分：可分为老年人市场、中年人市场、青少年市场、婴幼儿市场。

3. 以收入划分：可分为高收入者市场、中低收入者市场、低收入者市场、失业者市场。

4. 以职业划分：目前我国的职业有工人、农民、士兵、教师、公务员、企业管理者、创业者、IT 人士、传媒人士、宗教人士、商业人士、牧民、渔民及其他服务业人士等。

5. 按地域、民族等进行划分。

当然，广告目标市场可以进一步细分，也可以合并，或按不同的标准进行交叉划分，直到符合企业要求为止。

（二）目标市场选择策略

目标市场选择策略主要有 3 种：无差异性市场策略、差异性市场策略、集中性市场策略。在具体的实战中，连锁企业确定广告目标市场的步骤是：

第一步，把握业态；

第二步，把握区域、商圈；

第三步，把握行业；

第四步，把握消费者；

第五步，把握广告主体的利益。

二、购买者动机

消费者购买动机是建立在消费者需求的基础上，能引起消费者购买行为的欲望和意念。购买者动机由三种要素构成：一是需求驱使，二是刺激强化，三是目标诱导。消费者的购买动机是其自身需求受到刺激强化和目标拉动的作用而合成的一种趋向购买行为的推动力。

消费者购买动机按其特点不同，可分为感情动机、理智动机、惠顾动机；按其内容不同，又可划分为求新动机、求美动机、求好动机、求廉动机、求实动机、好奇动机、求安全动机、求时尚动机等。连锁企业的企划部门必须把握住消费者的心理和购买动机，以求做到广告促销能有的放矢。由于连锁店铺的地区覆盖面很广，所以连锁企业在把握消费者购买动机时，要根据不同地区的实际情况，有针对地进行。

三、广告促销 5M 决策

（一）确定广告目标

连锁企业制定广告策略必须先明确广告目标，也就是广告要达到的目的，这是制定广告促销策略的前提。

广告按其目标可分为通知性广告、说服性广告、提醒性广告三种。通知性广告适用于一种产品的开拓阶段，目的是促发初级需求，发展新的顾客，如麦当劳公司为其新产品销售所做的广告。说服性广告在竞争阶段十分关键，这时，连锁企业的目的在于建立某一特定品牌的选择性需求，这是品牌营销的一个重要方面。例如，意大利比萨广告表现出来的是风味独特的欧洲拉丁风格的比萨，它同美国比萨有不同之处。而有些说服性广告仅属于比较广告的范畴，它通过与这一类产品中的其他一种或者几种品牌的比较来建立本产品的优越性。在使用比较广告时，连锁企业应确信它能证明自身处于优势的宣传，并且不会遭到其他强势品牌的反击。提醒性广告则一般是为了保持市场的份额，维系老顾客。由于吸引新顾客的成本远远高于维系老顾客的成本等原因，使得老顾客的流失对连锁企业而言损失较大，所以连锁企业应抓住老顾客的心，使他们依然保持对连锁企业的忠诚。例如，可口可乐公司不但在黄金季节大做广告，在平时也保持一定的广告曝光率，以引起注意。

通知性广告的功能有：向顾客告之店内新增商品；向顾客宣传新产品的用途；提倡一种消费的新时尚、新理念，引导顾客的消费观念；通知店内有关商品的价格变动；具体描述商店所提供的服务；宣传商店的经营特点，树立良好形象。

说服性广告的功能有：建立连锁企业自有品牌的偏好；改变顾客对店内商品的不良印象；使顾客对店内商品的品质放心；说服顾客立即购物；说服顾客接受一次推销访问。

提醒性广告的功能有：提醒顾客可能在最近的将来缺少的某些商品；维持顾客对商店的忠诚度。

（二）广告预算决策

广告预算是十分重要的，总部应本着少花钱多办事的原则对广告资金进行严格而精确的预算。广告预算对于不同发展时期的连锁企业会有所差异。一般来讲，处于发展初期的连锁企业，应加大广告宣传力度来提高知名度，通过建立品牌优势来赢得顾客，扩大销售额，进入稳步发展的快车道，所以，此阶段广告预算必须大一点，可以占到企业销售额的较高比例。对于快速发展的连锁企业，广告预算应与销售额同比例增长。而对于成熟期的连锁企业，品牌优势已建立起来，可以适当削减广告预算，但广告预算必须保持较高的弹性，特别是当竞争优势受到挑战时，应及时进行反击，这时，就应大幅提高广告预算，进行强势营销。连锁企业的广告预算是按各分店的销售额的百分比来提取的，这个比例一般为 3% ~5%，这样既可以保证总店广告费有稳定的来源，也有利于各分店进行财务控制和管理。

（三）广告信息决策

广告信息是指连锁企业通过广告想以什么形式传递什么广告内容，这也决定了广告效果的好坏，所以连锁企业还必须注意广告信息的决策，要求这种信息的传递发布集中而明确，而且要能使观众过目不忘。

例如，1983 年麦当劳公司在电视广告上花费了 1.86 亿美元，超过其竞争对手汉堡王公司所花费用 1 倍，但电视观众反映说，汉堡王公司的广告给他们的印象比麦当劳更深刻，他们喜欢汉堡王的广告而非麦当劳的广告。可见，广告活动的有效性远比广告花费更为重要。有一句格言表达了同样的意思："除非激发兴奋，否则没有销售。"

（四）媒体决策

在进行了广告信息决策之后，接着就要进行媒体决策。媒体决策的内容有三个：一是选择使用的广告媒体的类型；二是选择具体的传播媒介工具；三是决定传播时间，包括长短、时段、频度、栏目等。

选择主要媒体类型时，首先要考虑各种媒体的优势和劣势及其实效性和费用成本，然后结合自身的情况，根据各类媒体的特点，作出最优化选择。然后还需确定在什么时候做广告效果最佳，当然这要与整体营销计划的进度相一致，同时考虑季节性、时尚、社会风气等因素的变化，而且要充分抓住一些突发事件、偶然事件所产生的有利于本企业扩大影响的机会，这样进行的广告宣传才能起到事半功倍之效。表 4 -1 列出了各主要媒体广告宣传的优点和局限。

表 4 -1　　各主要媒体广告宣传优势比较

媒　体	比　例	优　点	局限性
报　纸	24.1%	灵活、及时，本地市场覆盖面大，能广泛被接受，可信性强	保存性差，复制质量低，传阅者少
电　视	21.7%	综合视觉、听觉和动作，富有感染力，能引起高度注意，触及面广	成本高，干扰多，瞬间即逝，观众选择性少
直接邮寄（DM）	19.3%	接受者有选择性，灵活，在同一媒体内没有广告竞争，人情味较重	相对来说成本较高，可能造成滥寄"三等邮件"的印象
广播	6.7%	大众化宣传，地理和人口方面的选择性较强，成本低	只有声音，不如电视那样引人注意，非规范化收费结构，展露瞬息即逝
杂　志	5.2%	地理、人口可选性强，可信并有一定的权威性，复制率高，保存期长，传阅者多	有些发行数是无用的，版面无保证

续表

媒　体	比　例	优　点	局限性
户外广告	0.8%	灵活,广告展露时间长,费用低,竞争少	观众没有选择,缺乏创新
POP 广告		刺激性强,见效快	需其他形式广告配合
网络广告		成本低,感染力强,有听觉、视觉感受,可下载	受众面日益扩大

(五)评价广告效果

广告效果评价要求对广告前、广告中和广告后的广告沟通效果及广告的经济和社会效应作出评价。对广告沟通效应的评价主要介绍直接评分法,该方法要求顾客依次对广告打分,其评分用来估计广告的注意力、可读性、认知力、影响力等方面。评分的项目如下(括号内为该项目满分分值):

- 广告吸引读者注意力程度如何;(20)
- 此广告激起读者进一步细读的兴趣程度如何;(20)
- 此广告的中心内容及其利益交代是否清楚;(20)
- 此特定诉求的有效性如何;(20)
- 此广告对购买行为的影响程度。(20)

对广告经济效果(销售效果)的评价比较困难,如果某个广告使品牌的知名度提高 20%,品牌偏好增加 10%,那么会增加多少销售量呢?一般来说,除了广告因素外,销售还受许多其他因素影响,诸如产品特色、质量价格、竞争者行为等。这些因素越少或越能控制,广告对于销售量的影响越容易衡量。销售额通常用广告前和广告后的对比来进行测量,由于很多因素的干扰,这种方法并不总是正确的,经营者还应对各因素进一步分析,综合考虑,再得出结论。

对广告社会效果的评价关键要看受众对广告的整体看法对社会是否有益。广告社会效果体现在广告必须具备真实性,真实是广告的生命,市场经济中的广告必须把真实性这一原则放在首位。广告社会效果的测定目前比较难,主要是广告社会效果尚无公认的评价标准和评价指标。好的广告效果的评价对下一轮的广告宣传有很好的指导和借鉴意义。

四、广告策略中的制售关系

现在有许多零售商采取制售合作的形式来做广告,目的是增加广告预算,减轻自身负担。但零售商也要答应供应商的一些条件,因为供应商与零售商的目标不同,它们对广告的要求也不同。如供应商希望在广告中自己的产品成为主角和焦点，而零售商也许希望自己的商店品牌成为广告传播的主要内容。

现在我国的制售关系比较微妙。本质应当是制售合作关系，实际表现出来的是博弈关系，是一种无奈的利益关系，一旦处理不好就会两败俱伤。为了处理好两者的关系，应做到以下几点：

第一，在合作协约里进行约定，把有关广告的问题列举清楚。

第二，操作中，共同制定广告计划。

第三，利用不同的广告版本去实现不同的广告目的，分别针对供应商或零售商。

第四，零售商要改变现存的赢利模式，应通过主营业务的提升而不是通过对供应商的“勒索”获得利润。

第三节 连锁企业公共关系促销

一、公共关系概述

公共关系一词源自美国，其英文是“Public Relations”，是企业创造良好形象，提高声誉，增进与社会各界联系和交流的活动。公共关系是促销组合的一个重要方面，其基本手段为信息沟通。由于公共关系具有内容上的客观可信性、形式上的巧妙灵活性以及影响上的长期综合性的特点，所以往往能达到以下效果：

第一，树立良好的企业形象，促进商品销售；

第二，建立良好的信誉，有助于企业赢得大众支持；

第三，建立良好的声望，有助于企业开拓发展。

公共关系分为企业内部关系和企业外部关系。连锁企业只有做到内外关系的相辅相成、相互协调、良性发展，才能有一个良好的生存和发展环境。

二、连锁企业内部公共关系

企业的内部公共关系是企业内部各种社会、经济关系的总和。它具有复杂性、利益冲突性、不完全公开性、集团性的特点。连锁企业与其他一般企业一样，内部公共关系主要由以下关系构成：

● 上下级关系。这往往会有直接或间接的领导内容。如普通员工与中层经理，中层经理与高层决策者等。这是一种冲突关系。

● 平级关系。如普通员工之间，中层领导之间等。这往往是一种竞争关系。

●劳资关系。如员工与企业、老板之间的合同关系。这是一种以利益分割为主要内容的雇佣法律关系。

●集团关系。如部门与部门之间、分公司与公司之间、人员派别之间就是这种关系。它们也是一种竞争关系，有时为了维护本部门利益而大吵大闹，互相倾轧和制约。

●劳保关系。这主要是为了职工的身体健康而存在的各种关系，如劳动保护、工伤、大病医疗、工会互助医疗等。

●文化关系。包括员工与企业制度之间的关系，师生关系、技术创新关系、企业倡导的培训学习关系、企业文化关系、诚信度、职业道德、工作愉快度等。这是一种精神层面的关系，是一种高级的企业公共关系，是对品格、灵魂的一种折射。

以上这些关系虽不是企业内部公共关系的全部，但构成了企业内部公共关系的主干。它们不是孤立存在，而是综合地、交融地缠绕在一起，此起彼伏地发生作用。所以，处理好内部企业关系有它的难度，也有它的艺术性。难度让人"头疼"，艺术性让人愉快。企业内部关系就像矛盾中的内因和外因关系中的内因，在企业的发展中起着关键的作用。所以抓好企业内部关系，对于建立有效团队、稳定职工队伍、缓和劳资矛盾、企业创新发展、平息内部纠纷、展示企业良好风貌、塑造企业优秀文化具有重要作用。

三、连锁企业外部公共关系

连锁企业外部公共关系是指连锁企业与连锁企业以外的相关的社会组织和个人之间所发生的一切社会关系的总和。要想成功地经营连锁企业，单靠自身的努力是不够的，必须得到社会和顾客的支持，营造良好的外部环境。下面我们先来看看麦当劳是怎样做的。

案例阅读

麦当劳的公益营销

麦当劳每年都要拿出所得的4%用于各项社会公益活动。在美国，麦当劳在多处建造了"麦当劳叔叔之家"用于为广大病童的父母提供低价位甚至免费的住房服务，方便他们就近照顾住在儿童医院的孩子。同时，麦当劳设立了"麦当劳叔叔儿童基金"，主要用于三个方面：一是康复治疗和医药科研；二是居民和社会服务；三是艺术和教育。麦当劳还投身于魅力无穷的体育世界,成立了一家“麦当劳运动员公司”,专门向美国的4 000多名各类运动员提供赞助。在社会文化教育方面,麦当劳基金赞助美国“统一黑人教育基金会”扶持美国黑人高等教育事业的发展。麦当劳公司每年拨出该基金25%的款项,为打算进入高等院校的黑人学生提供每人每年1 000美元的助学金。

在中国,麦当劳也做了很多公益活动。中国麦当劳通过中国的慈善协会、宋庆龄基金会等组织向社会捐赠钱物。

特别值得一提的是,麦当劳于2000年在中国组织的“麦当劳圆筒献爱心”活动,为全国100余所希望小学购买了体育设施,为中国体育事业的普及和发展作出了贡献。

麦当劳还紧跟世界潮流,参与中国环保事业。它专门资助了一个生态环境教育项目,向全国的公共组织、在校学生和光临麦当劳的顾客们宣传环境保护意识,并为他们提供方便。

每年10月麦当劳都会举行“防火安全月”活动,配合消防部门和中小学校,广泛宣传防火、灭火知识,积极参与社会安全教育。还时不时开展参观麦当劳活动用以改善与社区的关系,宣传麦当劳的服务精神。

对麦当劳来说,公共关系营销是一个简单而有创意的方法,提升了麦当劳的公众形象,增加了利润,造福了社会。

(资料来源:倪宁:《麦当劳餐饮攻略》,南方日报出版社,2004)

从上面麦当劳的例子我们可以看到,国际餐饮连锁巨头麦当劳是非常重视其外部公共关系的经营的。

连锁企业外部公共关系的范围十分广泛,涉及不同的领域,主要包括以下五方面。

(一)连锁企业与消费者的关系

对连锁企业而言,消费者是其面对的数量最多、范围最广的群体。它不仅包括直接购买商品的顾客,还包括所有商品的使用者和潜在需求者。所以,与消费者之间的关系是连锁企业最大量、最普通的外部关系。消费者作为商品的购买者和使用者,构成现实或潜在的市场需求,他们在市场上购买什么,购买多少,直接关系到连锁企业经营的成败。因此,明智的企业无不对与消费者的关系给予高度重视。连锁企业要建立良好的消费者关系,必须做到:

1. 将满足消费者需求作为企业的首要目标。连锁企业要牢固树立“消费者第一”的经营宗旨,企业的一切行为都应以消费者的利益和要求为导向,根据消费者需求的变化随时调整企业的经营方向和营销策略。能否最大限度地满足消费者需求,最终取决于企业是否能向消费者提供最佳产品和服务,这也是协调企业与消费者关系的物质基础和核心内容。连锁企业应当从产品定价、广告宣传、购物环境、促销方式、最后服务等方面为消费者提供优质产品和全方位服务,使消费者的物质需求和精神需要得到充分满足。只有这样,才能使企业与消费者之间建立稳定持久的良好关系。如沃尔玛为顾客提供“无条件退货”的保证,只要是从沃尔玛购买的商品,无任何理由甚至没有收据,沃尔玛都无条件受理退货。连锁企业要不断研究顾客的需求,也就是市场的需求,根据市场变化不断调整经营力度和内容。

2. 从多方面采取措施,加强与消费者的密切联系。连锁企业可采取的措施具体包括:

(1)向消费者传递有关企业的信息。可以通过口头、文字、视听等多种信息方式和传播手段,向消费者报道企业的政策、宗旨、经营内容、产品特点、经营能力、销售方式、服务项目等,以便使顾客在全面了解和熟悉企业的基础上,形成对企业的良好形象。如免费向消费者赠送企业刊物。

(2)收集消费者的有关信息。通过发放问卷、召开用户座谈会、口头询问、电话信函调查等多种渠道和方式,广泛调查和了解不同年龄、性别、职业的消费者的消费观念、需求和偏好,了解消费者对产品性能、种类、质量、包装及价格的评价及要求,征询对企业服务质量和服务态度的意见等,根据消费者的意见和要求调整企业的经营策略和内容。

(3)切实维护消费者权益。要尊重消费者的权益,健全保障消费者利益的规章制度,设立专业或专门机构,及时妥善处理消费者投诉,采纳消费者好的建议并作出反馈。如很多超市专门设立客户服务部来服务于消费者。

(4)加强对消费者的科学分析。与消费者保持良好关系不仅意味着迎合或满足消费者的显性需要,随着现代经济的迅速发展和产品更新换代的加快,连锁企业还应对消费者进行科学分析,发掘其潜在需求,促进其提高消费能力。连锁企业可以通过开展多种形式的消费者教育,向消费者传授有关产品性能、使用方法和维修技术方面的知识,指导消费者掌握提高生活质量、实现科学消费的技能。在开展消费教育的基础上,连锁商店可以将消费者组织起来,培养消费者成为企业的忠实顾客,从而保持稳定的顾客关系,维持稳定的市场份额。

(二)连锁企业与交易伙伴的关系

与交易伙伴的关系指企业与在经营活动中发生业务往来的其他企业组织的关系。根据业务联系的性质不同,可以分为供应商关系、销售商关系、同业关系等。与交易伙伴的关系是企业面临的最经常、最大量的外部性关系,这类关系的协调与否,直接影响着企业经营活动的顺利进行。对于往来甚为频繁的交易伙伴来讲,这类关系就显得尤为重要了。

1. 与供应商建立全方位的伙伴关系。应首先树立正确的指导思想，即双赢的方针。供应商与企业之间在经济利益上直接相关，只有坚持互利互惠、共同受益，才能形成长期稳定的合作关系。

2. 应制定正确的采购政策。要明确规定供货方与购货方的责任、权利和义务；无论规模大小，给各供应商以公平待遇；选择信誉可靠、能够提供价格适当优质的货源，并能做到准时交货的供应商建立交易关系；重要商品采取多元采购方式，避免独家供应造成供应商对企业的过度支配。

3. 要与供应商保持密切的联系，特别是商品流量信息上的交流和合作。

（三）连锁企业与政府的关系

政府是具有特殊性质的社会组织。一方面，政府是国家权力的执行机构，它代表国家运用权力行使对全社会统一管理的职能。另一方面，政府是国家利益和社会总体利益的代表者和实现者。所以，与政府的关系是连锁企业协调外部关系的重要方面。

1. 政府关系对连锁企业的影响。这种影响主要体现为以下几个方面：

（1）政府运用宏观调控手段对企业的微观经济行为实现间接调节和控制。在市场经济条件下，政府不再直接干预企业的生产经营活动，而主要通过政策法规、税收、价格、工资等宏观调节手段对企业实行间接调控，通过国家工商、税务等职能机构监督企业的经济活动。连锁企业在坚持商品经营的独立性及维护企业权利的同时，不得违反国家的经济政策、法规和条例。

（2）政府对企业经济利益的实现程度和分配具有影响和制约作用。市场经济条件下，企业创造的物质财富不仅要以货币收入形式在企业内部分配，而且要作为国民收入在物质生产部门以及非物质生产部门和其他非营利性社会组织之间进行再分配。如政府作为社会管理者，为保证国家权力机构、军队、学校等非营利性组织有效地发挥功能，以税收形式向企业征收一定比例的收入，从而直接参与企业物质利益的分配。

（3）政府对企业的生产经营活动具有信息导向的功能。在瞬息万变的市场环境中，获得必要的信息是企业制定决策和从事生产经营活动的基本条件。在一定意义上，掌握信息的充足、确凿程度决定着经营的成败。政府提供的信息以其全局性、权威性和可靠性而对企业具有重要的参考价值，成为企业进行经营决策的主要依据。

（4）政府是企业重要的资金来源和客户。政府经常采用财政拨款、低息贷款、提供基金等方式支持企业发展。中国政府对连锁经营采取支持鼓励态度，所以连锁企业应寻求政府政策、税收等方面的支持，形成规模优势，积极争取政府采购的大笔订单。

2. 连锁企业与政府之间关系的协调。正是由于政府对企业有着多方面的行为和利益影响，因此连锁企业必须正确对待和努力协调与政府的关系。具体应做到以下几方面：

(1)及时了解和熟悉政府颁布的各项政策法令，收集汇编各级政府和部门下达的各种文件、条例，并随时研究政府政策、法令的变动，准确掌握政府的大政方针和宏观意图，以便正确接受国家对企业的宏观指导。

(2)自觉遵守政府的各项条令，用法规、法纪规范企业的生产经营和活动，主动协调和正确处理企业与国家的利益关系，维护和服从国家的整体利益。

(3)熟悉政府机关的机构设置和职能分工，弄清与本企业联系密切的职能部门的工作范围和办事程序，并与有关工作人员保持经常联系，以便提高办事效率。

(4)主动向政府有关部门通报企业经营情况，提供有关信息资料，争取与政府部门的了解与沟通，为政府制定有利于企业发展的政策和法令提供依据。

(5)邀请政府官员到企业参观访问，或出席企业庆典仪式、成果展、新闻发布会等，利用各种渠道和形式加强政府与企业的联系，增进政府对企业的了解和支持。

(6)主动协助政府解决一些社会问题，如提供就业机会，进行就业培训和在职培训，积极参加各种公益活动，自觉保护生态环境等，以赢得政府的信任与支持。

(四)连锁企业与新闻媒体的关系

与新闻媒体的关系是指连锁企业与掌握和运用各种新闻传播媒体的社会组织机构、人员的关系，包括与报纸、杂志、广播、电视等媒介实体，编辑、记者等新闻从业人员的关系。

1. 新闻媒体对连锁企业生存发展的影响。新闻媒体是连锁企业的重要公众，它们虽然不直接与连锁企业发生利益关系，但它们所具有的重要的传播信息、影响舆论、沟通联系等功能，对连锁企业的生存与发展有着重要影响。这种影响表现在：

(1)新闻媒体是塑造连锁企业形象的主要力量。新闻媒体不仅是权威性的舆论机构，而且对社会具有强有力的影响和支配作用。通过大量收集、整理和集中发送信息，新闻媒体能在连锁企业和公众之间架起沟通的桥梁，将连锁企业的信息快速地传送给社会各界公众，并可利用舆论导向，引导公众对企业的评价，影响连锁企业在公众心目中的地位。

(2)新闻媒体能够密切连锁企业与社会公众的广泛联系。连锁企业虽然有规模优势，但直接接触和影响的公众都是有限的。而新闻媒体尤其是报纸、广播、电视等主要媒体，拥有数量极为庞大的受众群，与公众的联系广泛而密切。所以，连锁企业积极借助于新闻媒体的力量，可与公众进行更广泛的沟通，有助于扩大自身的社会影响，获得社会的支持。

(3)新闻媒体可以大大加快连锁企业与公众之间的信息交流。连锁企业要在复杂多变的社会环境中求得发展，必须随时收集和整理市场信息，迅速捕捉社会动态，及时了解公众意向以及对连锁企业组织的反映和要求，同时将连锁企业的经营状况尽快传递给相关公众，实现连锁企业与公众的双向沟通。有些连锁企业是上市公司，必须在规定时间内在媒体上公布年报、中报等。新闻媒体采用现代传播工具，反应敏捷，传播迅速，可以大大加快信息传递的速度，促进连锁企业与公众之间的信息交流。

总之，连锁企业要想在社会公众中塑造良好的形象，密切和扩大与公众的联系，加强与公众的信息交流与沟通，必须充分重视并借助新闻媒体的力量。为此，有必要协调好与各种媒体组织及新闻人员的关系。我国与连锁有关的杂志和报纸有:《连锁》《连锁与特许》《商界》《零售世界》《现代商业》《中国经营报》等。

2. 企业协调与媒体的关系应当注意的事项：

(1)尊重新闻媒体的基本权利，与新闻界人士建立友好合作关系。新闻媒体具有独立的工作原则和权利，连锁企业应当充分尊重新闻媒体的各种权利，不能对媒体的报道内容、形式横加干涉；应当把新闻界人士视为企业的朋友和支持力量，在相互信任的基础上建立起友好合作关系。

(2)及时向新闻媒体提供各种真实准确的信息，帮助它们随时了解连锁企业的发展动态及重大事项，对具有新闻价值的信息予以及时报道。

(3)保持与新闻界的密切联系。连锁企业应热诚接待新闻界人士的来访，积极为记者安排与领导或有关专家的会见；积极参与媒体组织的活动，利用连锁企业的规模优势为媒体提供方便的服务。

(五)社区关系

有不少的连锁店都设在社区，进而与社区的关系特别紧密。社区中的居民是连锁店的主要顾客，同时，作为社区一分子的连锁店还必须纳入社区管理体系中，所以连锁企业应积极参加所在社区的各种有益的活动，为社区的建设出谋划策。例如，北京麦当劳连锁之一长安餐厅就设立了麦当劳奖学金，用来资助附近白云路的学生。

(六)与业主、物业的关系

有些连锁企业是租业主房子开业的，而有些门店是同物业签订租赁合同。处理好同这两者的关系有助于化解公司违约风险、融洽各方面关系、降低成本。

复习题

1. 我国连锁店常用的营业推广方式有哪些？
2. 结合我国实际，说说如何选择广告媒体。
3. 试述连锁企业如何建立良好的公共形象。

案例一

百果园的营销策略

深圳市百果园实业发展有限公司是国内较大的集果品生产、贸易、零售为一体的企业。2002 年 7 月首家百果园水果专卖店开业，经过 18 年的发展壮大，现已在我国开设了超过 4 000 家门店。十多年来，百果园改变了人们购买水果的习惯，同时也创造了水果连锁销售的奇迹。2020 年 8 月，百果园以 100 亿元人民币市值位列“苏州高新区 · 2020 胡润全球独角兽榜”第 256 位。百果园水果专卖连锁店冲破了水果零售传统业态，开创了新的水果专卖连锁营销模式，引领了水果行业发展的潮流，产生了良好的经济效益与社会效益，影响和带动了果品零售行业的发展，成为水果专卖连锁的营销典范。百果园在其市场扩张和品牌化的过程中的经验值得借鉴。

百果园水果超市定位于中高收入社区目标消费者，这类消费者的经济收入较高，受教育程度也较高，易于接受新兴事物，工作忙碌，日常消费品的采购喜欢集中在节假日到大型超市实现一站式购买，但对水果又显示出追求健康，追求新鲜、新奇的喜好和偏向，重视水果质量，喜欢符合自己口感的果品，而不太重视果品价格。因此，百果园制定了符合目标消费者的需求及购买行为特征的营销策略。

一、产品策略

（一）扩大产品种类，满足不同消费需求

1. 增加新、奇、特产品。百果园店面面积一般在 20 ~ 30 平方米左右，相对大型购物超市来说，百果园单店能陈列的水果种类有限，而受到门店面积的限制，百果园无限增加产品种类是不可能做到的。因此，百果园就增加新、奇、特的果品来吸引消费者，蔬果类新品如：水果玉米、水果萝卜，还有一些水果中的另类新品，如：方形西瓜、人参果型香瓜，这些水果业的新兴明星产品较容易引起消费者的好奇心，符合这部分消费者敢于尝试的购买特征，常常能刺激其购买。

2. 增加水果采摘体验。百果园建有 32 个水果生产基地，是我国水果种植基地最多的水果连锁企业。百果园依靠已有的水果基地，开展水果采摘体验

活动，既可以拉拢已有的消费者，让其对百果园的水果产地、果品质量有一个最贴身的感受，又有利于鼓励顾客重复购买、批量购买，培养忠诚顾客。

3. 增加鲜果饮品。在商场和购物中心的饮品店中，一杯普通鲜果汁饮料可以定价十几元到二十几元一杯。于是百果园在销售水果的同时，逐渐尝试销售鲜果汁饮品，在增加销售收入的同时，也更好地处理了部分滞销产品，从而降低损耗率，有利于提高水果经营的利润空间。可以说，发展鲜果饮品不失为一条盈利捷径。

（二）增加附加价值，提高顾客满意度

百果园除了果品本身外，还提供超值服务。百果园利用供应链管理系统，建立顾客信息档案，把握顾客的消费偏好，为顾客提供个性化服务。如帮助购买果品的消费者进行鲜果的加工，提供安全卫生餐具，制作水果盘，提供免费的削皮服务（像菠萝、榴莲这类水果）。

（三）实施品牌战略，提升产品品质，打造绿色无公害形象

市场战就是品牌战，做好连锁经营就是打品牌战。打造特色品牌，百果园通过服务差异化来实现。近几年水果消费更重视水果新鲜度，消费者从追求量多转而讲究质优。绿色、环保、无污染、无公害，成为水果产业发展的新主题。生产无公害水果，确保产品质量安全，发展绿色水果产品是企业发展的前提。百果园确保自身水果的质量安全，在水果连锁专卖店打造绿色无公害形象，为人们的身体健康提供有力保障，提供安全可靠的水果产品。

二、价格策略

（一）增加新的结账方式，方便顾客购买

百果园充分利用手机支付、微信支付、支付宝、助残卡等手段，通过增加新的结账方式，方便消费者购买。

（二）灵活运用招徕策略，吸引消费者购买

百果园充分利用店门口的货架，摆放一些低价果品，吸引顾客更多的注意力，激发其购买行为，来提高商品的销量。通过这种方式，使更多的消费者走进店内同时选购其他产品。

（三）提高会员价格优势，发展忠诚顾客

通过价格优惠、充值优惠等策略发展会员，往往是连锁店经营的揽客之道。

三、渠道策略

（一）科学选址策略，规避同行恶性竞争

水果超市的布点除了选择大型社区外，还选择医院、大型购物商场、商务

区、写字楼、大学等人流优势明显的地区。

(二)开拓电商平台,实现多渠道分销

由于水果不易保鲜、易损坏,百果园采用O2O的营销模式,与线下的店面结合起来,通过网店的形式聚拢人气。消费者可以通过网店购买的方式下单,然后在就近的水果超市提货。百果园利用社区超市的优势,实现就近网店送货,覆盖实体店社区消费市场。

(三)与快递公司合作,覆盖远距离市场

网络销售已成为企业渠道的一种必然,互联网销售已覆盖需要新鲜度极高的水果蔬菜。百果园与著名快递公司合作,开辟远距离市场。

四、促销策略

(一)免费试吃,增加销量,降低损耗成本

百果园致力于做最好吃的水果,但水果的品质往往因消费者的喜好不同,很难进行准确判定。百果园通过免费试吃,可以让消费者亲身体验,一旦产品符合其要求,很容易达成购买的行为。

(二)短信推送,提高促销力度

百果园使用的会员卡即是消费者的手机号码,百果园采用手机短信推送的方式进行商品销售,这对于某些消费者来说,往往具有较好的促动作用,鼓励其进店购买,同时带动其他商品的销售。

(三)参加社区公益活动,树立良好的企业形象

在消费者群体中进行文化营销,如消费者购买绿色、无害水果,买的不是水果,买的是一种环境保护的精神。积极参与公益活动,承担相应的社会责任,通过公关宣传活动把绿色、健康、无公害等形象传播到消费者心中。如百果园依靠电视、报纸、网络等多种媒体形式进行宣传,倡导绿色食品消费生活方式等。

点评:

百果园是我国水果超市连锁加盟的NO.1,其优势就是百果园布局非常广的门店体系以及多年来在水果连锁行业中精耕细作的品牌口碑。百果园水果连锁超市拥有非常稳定的庞大的供应链体系,在国内拥有三十二个自营水果基地,供应了目前百果园所有门店的80%需求。另外,百果园的标准化经营、专业的水果物流系统,科学的定位、精准的市场把握、良好的企业文化,都是百果园发展壮大的重要原因。

(资料来源:https://baike.baidu.com/item/%E7%99%BE%E6%9E%9C%E5%9B%AD/1654640?fr=aladdin)

案例思考题

1. 请说明百果园的4P策略对水果经销商的启示。

2. 百果园是生鲜专营店业态的连锁企业。类似的还有果多美、伊甸果园、吉小果、水果营行等。它们产品品类相似,那么在新时代应如何打造著名的水果连锁品牌呢?

案例二

格力4S店:优化渠道,赢得市场

一、格力建立厂商合作+连锁专卖店模式

(一)背景

2004年,以格力与国美决裂为起点,引动格力模式发展的大潮。当时决裂的背景:2004年,国内家电连锁老大国美电器开展"空调大战"计划,成都分店尤为突出,它几乎对所有空调品牌进行大幅度促销,其中两款格力空调为降价之最,降幅高达40%之多,此种行为导致格力经销商陷入了一片混乱。格力电器认为,成都国美擅自降价破坏了格力空调长期以来稳定、统一的价格体系,决定停止向国美供货。国美则称格力电器在价格方面与国美"薄利多销"的原则相违背,开始在其全国卖场清理格力空调。双方决裂的根源在于目标定位冲突。生产厂家(格力)考虑的是对产品价格体系和品牌的维护;商家(国美)则素以"薄利多销"为原则,其核心理念是"以量换利,以销量换取品牌的升值","以量换取超级零售商的地位",单一产品的相对利润对其微不足道,是否能拉动更大的人流量才是其经营的根本。而格力统一零售价的规定,同国美的战略目标背道而驰,这种决裂是不可避免的。

同样,格力体系内的其他零售商,同国美的终极目标也基本一致,格力要想彻底控制这些卖场,是有困难的。正因为看到大卖场商家的本质,促使格力再次引变其营销模式。2010年4月,苏宁、格力高调宣布中止合作。这些事件表明:格力营销模式具有一定的先进性,但生产商同经销商的博弈永远不会停止,原因是双方所追求的目标的差异所引起的,所有经销商的终极目标都是形成超级寡头;同时渠道力量的变化是动态的。

(二)渠道创新

格力的渠道变革表现在两方面:

1. 格力通过转让10%的股权引进格力经销商作为战略投资者,使其成为格

力的股东。通过这种方式，格力与经销商建立了更牢固的战略同盟。这就从制度上将经销商与格力电器的利益牢牢捆绑在一起，更加充分地调动经销商的积极性，建立厂家和经销商和谐、共赢的战略合作伙伴关系，进一步提高格力电器的市场竞争力。

2. 致力于发展格力的专卖店。目前格力电器在全球拥有近 10 000 家专卖店，分布在全国一、二、三、四线城市，摆脱了对大卖场的过度依赖，提升了格力对渠道的控制力。也因为渠道的多样化，格力同国美决裂后依然取得了较好的销售业绩，2019 年实现营业收入 1 981 亿元，同比增长 0.02%。

二、格力电器营销模式的优点

格力的营销模式具有以下优点：

第一，覆盖面广。格力设立多级代理商，能最大限度地幅射，再者其股份公司是由多个当地大批发商构成，保证多渠道到达终端，其商品到零销终端的覆盖率明显优于区域总代理模式（志高模式）。这种模式继承了批发商带动零售商的优点。

第二，渠道多样化。格力的股东是由地方多个大批发商构成的，各自有各自的渠道，吸纳了传统批发商带动零售商模式的多渠道的优点，并加入专卖店的渠道，实现渠道多元化。格力对任何一个渠道不具有完全依赖性，降低了渠道风险。任何一个渠道发生渠道危机，都不会对格力形成毁灭性打击。

第三，格力对渠道可控性强，保证渠道有序、畅通运行。格力通过多重措施实现对渠道的控制，首先通过销售公司的控股权，再次通过年终的返利权，对各批发商进行有效管理，最后通过股权转让，使大批发商成为格力的战略投资同盟，获得对渠道的绝对话语权。

第四，权责明确，利益共享。格力通过相对清晰的股份制产权关系，很好地解决了利益的创造和分享问题，将厂商之间的利益进行了有机捆绑，形成利益共同体，从而有效避免了各环节出现业内普遍存在的多渠道倾轧问题，克服了不同渠道的价格战，稳定了价格体系，使量成为经销商获利的唯一目标，为格力持续、高效、稳步发展提供了强有力的动力支持。

第五，有效调动经销商的积极性。在业务上，各地销售公司是总部的一个营销部门，并受总部的业务管理；在形式上，销售公司是独立法人，是一个产权非常明晰的企业，这就有了良性的产权激励机制。总部提供品牌和市场，销售公司有很大的自主权，利于其发挥主观能动性，充分整合与调动当地人脉资源等。

三、对格力渠道的一些建议及展望

第一，必需理顺同国美、苏宁及京东等超级零售商的关系，以及同线上平台如京东的关系。京东、天猫等大型线上平台越来越有话语权，线上销售渠道已成为一个不可忽视的零售终端。大型经销商未来必然主宰零售终端,各级批发商都会受到严重的挤压。在这种情形来临之前,格力必须未雨绸缪,理顺其同大卖场及京东等线上平台的关系就成为一种迫切要解决的矛盾。也许单独为某一大经销商设计某种机型,这种机型仅在这种卖场或平台经销,这是理顺这种关系的一种方法。

第二,坚持不懈实行渠道多元化战略。现在专卖店的不足是格力产品单一,无法同大卖场抗衡,必须引入更丰富的产品,增加专卖店人流量,降低渠道的经营成本。可从两个角度解决产品单一问题,一是集团多元化,对一些行业进行收购、合资以实现多元化;二是使个别区域的销售公司成为真正意义上的销售公司,代理多种产品,丰富产品的渠道。

2020年格力上半年年报披露显示,受新冠疫情影响,格力业绩大幅度下滑,甚至弱于它的竞争对手美的。这可能是因为,疫情期间,许多消费者不出门,选择在线上下单,而格力销售大部分依赖线下渠道,对于线上来说,美的比格力做得好,导致很多格力的潜在客户在线上选择了美的和其他品牌。不过,格力也正在做出一些改变,进行渠道变革,发展线上渠道,甚至董明珠也开始走进了直播间。

(资料来源:http://www.gree.com.cn/public/201210/pop_jsp_catid_1261_id_45875.shtml;作者整理)

案例思考题

1. 制造商连锁也是连锁的重要组成部分,思考格力电器自建连锁专卖店渠道有何利弊?对其他制造商有何影响?

2. 结合案例,分析市场情况,说明格力电器专卖店有哪些不足,应采取哪些对策,向哪些方向发展?

第五章
连锁企业开店策略

- 连锁店铺开发规划
- 商圈调查与店址选择
- 加盟店拓展

李嘉诚曾经说过：开店靠的是什么？是位置，位置，还是位置。可见在连锁体系里开新店店址选择的重要性。俗话说：金角，银边，草肚皮。路口拐角的位置是开店最佳的选择。但现代经济纷繁复杂，要求我们必须为规避风险作出详细的开店报告，所以，我们必须把握好以下五大环节：开店规划—商圈调查—店址评估—市场形态选择—店址选定。同时，也要把握十大要素：人口、收入、欲望、文化、交通、城市规划、政策、公众、对手、企业资源。

背景资料

海底捞火锅为何能成功?

如何开一家财源滚滚的餐厅,影响的因素很多,通过海底捞餐厅的经验值得借鉴。

经营诀窍一:正确的选址

在经营之前选择投资的地点是重要的一步,即选择有升值潜力的地段。地点选择不当,仅有高级的装潢、美味的食物、优雅的气氛,仍吸引不了顾客进门,因为顾客不在这里。所谓“民以食为天”,没有“民(顾客)”,不可能经营成功。

海底捞火锅的成功策略:海底捞火锅店一般开在大型商场、电影院、商业街、写字楼等人流密集地段,海底捞火锅兼顾中餐、晚餐和消夜三大市场,即可做正餐又可兼顾休闲饮食,想怎么吃就怎么吃,完全不受市场约束,既方便了食客又让加盟投资者赚取了火锅生意的高额利润。

经营诀窍二:不怕点子怪,只怕没点子

餐饮业需要相当高明的营销艺术,关键还在于巧妙利用,任何一种新点子的诞生实属不易,要好好利用它,使它产生绝妙的功效。比如海底捞的广告语:

“不要”和对象一起去吃,众所周知海底捞是“挑拨”情侣关系的绝佳之境!

他们一系列的神操作,让你一不留神可能从对象降级为闺蜜!

“不要”带小朋友一起去吃,对小朋友的新奇关心,会让家长多年的权威受到严峻挑战,小朋友可能会对这个地方产生不正常的依赖心理!

“不要”一个人去吃,海底捞的贴心服务总是会以不一样的方式,来抚慰你一个人去吃火锅时的孤单感。比如会放一个玩偶陪你吃。

经营诀窍三:以专、精俘虏顾客

市场细分要做好。餐饮业同样面临市场细分,要做到大而全,结果可能“四不像”,餐饮业投资者应考虑建立自己的菜系特色。

海底捞火锅在产品方面不断推陈出新,全心全意为顾客着想。为满足不同顾客的需求,海底捞火锅重磅推出了对味火锅、四季火锅,单是火锅底料的种类就有:麻辣火锅、海鲜火锅、牛羊肉涮锅、豆捞锅、冰(水)火锅……近百个品种,一人一锅,自由搭配,让您想吃什么就吃什么。

海底捞火锅在价格方面更是吸引顾客,一人一锅的分餐制,12 ~ 28 元人均消费,有菜有肉有主食,价格优惠更实惠。

经营诀窍四:以优质的服务,积累忠诚顾客

口碑传播是忠诚顾客的选择,也是企业的营销根本。顾客就是上帝,是营业额的源泉。海底捞的做法是：顾客永远是衣食父母，尤其是忠诚顾客，这不仅在于后续消费，更为重要的是他们能为你带来口碑传播，使忠诚顾客的数量越滚越大，市场也就越来越大。

（资料来源：作者搜集整理，2019 年 12 月）

本章主要讲述连锁店铺开发及加盟店拓展两部分内容。店铺开发主要介绍如何进行市场调研、商圈分析，如何进而选择店址和选择业态等；加盟店拓展主要研究盟主和加盟商建立业务关系时，将会面对哪些主要问题。

第一节　连锁店铺开发

麦当劳进行连锁店铺开发时：首先，进行市场调查和资料信息收集，包括人口、经济水平、发展规模、潜力和收入水平，以及在前期研究商圈的等级及其成长空间。其次，对不同商圈的物业进行评估，包括人流测试与顾客能力测试、可见度和方便性的考量等，以得到最佳位置和合理选择。最后，根据长短期目标作出决策。

连锁企业的发展，其模式是连锁经营，其体现是连锁店铺，其手段是店铺开发。

一、店铺开发规划

连锁企业要发展必须依靠品牌去开发新店，而开发新店作为连锁企业的一项主要业务，必须制定周全的开发计划，才能确保开发成功。下面我们主要介绍新店开发的策略、布点要求、业态选择、适用市场型态等知识。

（一）开发新店的原则

在店铺开发前，连锁企业必须首先确定其开店原则，主要包括以下几点：

1. 符合连锁企业的发展战略、品牌战略和竞争战略。

2. 经营效益是开店考虑的关键问题，也是首要问题。

3. 必须进行充分的市场调查，并写出市场调查报告。

4. 城市开发规划对店铺开发具有重要影响，是必须搞清楚的问题之一。

5. 一定要进行科学的开店布点，最好请专业机构进行评估分析，制定开店布点规划。

6. 做好财务规划。这里面要充分考虑佣金、押金、租金、订金、赔偿金（合称“五金”）等问题。

7. 科学地签订房产使用权等多类合同。前面“五金”的问题在合同中要充分讨论,如使用者有权处理房产的使用权;合同中允许签约者转让和拥有优先承租续约权、购买权。开店中店要考虑大店、大楼、物业和经营时点等。

8. 认真研究当地人民的人均收入水平与开店密度的关系。

9. 认真研究当地人民的民俗文化与开店业务的关系。

10. 充分考虑物流配送的问题,包括交通、第三方物流、原料产地等。

11. 符合店铺开发的基本原则。虽然连锁店铺的设立有的是相对独立开店,有的是在购物中心内租赁店铺,有的则设于购物商城或繁华商业街上,但其开店须符合以下四个基本原则:一是方便顾客购买;二是有利于配送中心供货;三是适应长期规划;四是紧密配合业态类型。

(二)新店开发的布点要求

开店布点是开店计划的具体执行。在开发新店的计划中,必须对开店布点提出明确的要求,如年度开店数量、开店范围界定、开店条件的设计、商业区选择、立地选择及零售网络联结等。

1. 年度开店数量。根据公司的各项资源及市场的需求分析,可以制定出一个年度开店目标。由开店目标的多少,可以看出本企业开店策略是保守还是开放。当然,这里需考虑一下实际开店数减去关闭店数而形成的净开店数。

2. 范围选择。开店范围的选择有两大类:一类是全面性选择;另一类是部分性选择。全面性选择是面向全部市场空间,随着顾客群的发展而发展。部分性选择对象有三类:第一类是选择城市繁华区;第二类是选择城乡接合部;第三类是选择在交通要道处。

3. 开店条件的设计。连锁店铺的发展,必须对所开店铺的面积、交通、招牌、内外卖场、装潢设计有一定的标准规格,而不同的店铺规格会影响展店各项策略的选择。为了应对不同的建筑形式、规格,有的公司预备了 3 ~ 5 种不同面积的店铺设计,进行菜单式选择。除了面积外,开店还要考虑楼层、建筑材料、店宽、水电等需要。

4. 商业区选择。新店开发应依店铺、商品、服务内容、客层来寻找有特定功能或属性的商业区。如美容沙龙应选择在商住混合区,位于次干道或交通方便、立地标志明显、停车方便的地方;超市应选择在有一定商业功能的居民区,以中低收入阶层为主,交通相对方便。便利店一般会选社区或写字楼底商,如全时、便利蜂。

5. 立地布点战术。店铺立地是指确定设立店铺的理想开店场所。这里会涉及两个问题:立地条件和布点顺序。

立地条件是指店铺所在地周围的环境条件,如交通状况、公共设施、停车空间、商店密集度、办公室、住宅密集度、社会稳定状况等。连锁企业必须确定店铺的最佳立地条件,这是开店条件的落地之举。

布点顺序是指各项立地条件的优先顺序,主要有三种顺序:全面布点、中心放射布点及包围布点。全面布点多半在强攻据点或各类立地条件差异不大时使用。中心放射布点是以一个特定区域为范围,先占中心点后再分别扩展到边区,进驻城市繁华地段就是典型方式。包围布点的典型作法就是以"乡镇包围城市",对大城市先沿着边缘环形公路进行新城(卫星城)布点,然后根据情况向中间渗透。沃尔玛的初期布点采用的就是包围布点。

当然也有特殊情况,如"政策性布点"和"卡位"开店。政策性布点是指具有宣传或形象塑造作用的店铺,虽然持平或略为亏损也会考虑经营。"卡位"开店,即为了避免其他同行进驻好的经营地点,虽然有商业区重叠的缺陷,但连锁企业也会在商品结构上进行区别经营的前提下,采取具有一定垄断色彩的布点策略。

6. 零售网联结战术。优良的零售网联结战术,有增强宣传效果、形成网络及建立 Image(提高曝光率)的效果。零售网联结战术主要考虑的是建设单一业态店铺渠道还是多业态店铺渠道。对于多业态店铺连锁经营者,不但要考虑每个单店的经营,更要考虑到整体销售网互相支援呼应的效果。所以,对同一商业区中客源重叠的店铺或政策性布点都要有章可循,以避免造成互相制约、失去连锁的优势及产生布点不均的现象,这种现象经常在连锁店开到一定数量时出现。

(三)新店开发的业态选择

连锁企业有自己的经营业态,那么在开发新店时需作出选择,即是保持原有业态扩展还是实行多种业态扩展。业态不同,在经营上也会有不同的要求,所以,连锁企业在业态选择上要谨慎对待。

我们已知的商业零售业态选择有:杂食店、便利店、折扣店、超级市场、大型综合超市、仓储会员店、百货店、专业店、专卖店、家具建材店、购物中心、厂家直销中心、电视购物、邮购、网上商店、自动售货亭、电话购物等。如今,北京又出现了一种新的连锁业态——快速店。快速店是我国连锁企业物美集团创立的一种新型业态,它以快速服务为特点,服务于快速行动、短暂停留的人群,从连锁的角度看是一种创新。

餐饮业和服务业连锁企业则是另外一种业态划分方法。如餐饮业的业态选择有:快卖店(如连锁饼屋、周黑鸭、久久鸭脖等)、快餐店(如马兰拉面、老家快餐)、专卖店(如全聚德烤鸭店、星巴克、吴裕泰茶庄)、酒楼(如九头鸟酒家、谭鱼头酒楼)、饭店(如希尔顿饭店)、冷饮店(CoCo、快乐时光)等。

服务业的连锁分店由于提供的是"软"的服务,是专业知识、专业技能服务,可以说是专业店。如提供房地产中介服务的连锁企业“我爱我家”“21世纪不动产”,洗衣店品牌如福奈特,教育品牌如学而思、新东方等。

连锁业态不同,其布点策略也会有所不同。例如,快餐店就应设在流动人口密集的地方;洗染店就需设在固定人口密集的地方或聚集设店;出售大众日用品和副食品的超市不宜设在闹市区,而应设在居民区内或交通方便的几个居民区的交汇处;仓储式超市或会员式超市一般应设在城乡接合部。国外的购物中心,尤其是大型或超级购物中心,都远离市区,设在城乡接合部或城郊,而我国则是以市区为主,郊区为辅,这与我国的居民消费水平、交通工具及交通状况有一定关系。

将来连锁业态的发展有两个趋势:一个趋势是在专业上划分层次,即根据客户的消费档次不同而划分出具有不同服务水平的专业店。例如,杭州胡森慧的“内酷”店,是以专营男士内裤为主的品牌专业店,专营国内外名牌内裤。另一个趋势是在生活方式上下功夫,进行差异化经营。例如,为适应工作中的快节奏,“物美”推出了快速店;而针对老年人以静为主,喜欢雅致安闲的慢节奏,则可以推出慢速的能休息的连锁店。又如,设在北京的全国首家民营图书馆——科教图书馆进行的特许连锁,就是抓住广大居民享受休闲节奏生活的愿望,而推出的文化服务品牌。

(四)新店开发的市场型态

在国内市场,可设店面的市场型态不外乎以下几种:

1. 独立存在形式。这在都市中较为少见,但在郊区及小镇最多,其特色为可放置大型且醒目的招牌,可设停车场并较具有弹性的活动空间,但是必须具备独立吸引客源的能力。中石油、中石化加油站就是这样。

2. 商业街。此类商店大部分位于商业区的街道上,可能会与许多其他型态的商店一起营业,如餐饮店、精品店、服饰品店等。此类商店有可能租或购整栋大楼或商业大楼的一两个楼层,也可能与其他相关行业共同承租店面分担使用,店与店之间以墙相隔。此类商店地处商业街,公交车停靠站较多,是下班以及节假日人潮聚集的地点之一,其特色为停车空间紧缺且顾客多半以骑车及逛街方式光临。

3. 百货公司、百货大楼。较具规模的开放式购物中心即属这类。其缺点是无法设立明显的独立招牌,但拥有较为固定的客源,节假日的人较多,因此节假日交易次数较高,营业额也会相应随之提升。

4. 大专院校。这类连锁店大部分设于学校内,主要顾客均来自学生及教职员工,营业时间和学校上课时间相对应。

5. 交通枢纽。这主要是指机场、车站、码头等为旅客服务的场所。设在交通枢纽的连锁店客流量大,有固定的客源,顾客以中、老年龄层居多,且淡、旺季分明。但店面面积较小,顾客停留时间短。此类连锁店多通过投标方式取得经营权,且必须考虑产品与店铺组合的市场影响程度。

6. 写字楼。底商多半设立于地下或低楼层,以吸引大楼本身人员及过往人为主,但店铺必须配合大楼外观及与管理委员会协商来规划店面。因属商业区域,故店面面宽较为重要。

7. 医院。速度、品质、卫生等是医院内店面的常规。因拥有固定客源,较不易产生同业竞争的情形,但需考虑产品配合顾客导向的需求问题。

8. 军区。由于军人无法经常性地擅离营区,生活上较为枯燥,此类商店对设施的品质、保养及水准定位较难控制。另外,产品的运送也应列为考虑重点。

9. 公园、动物园、博物馆、纪念馆、游乐区、古迹区。此类地点是封闭式的商业区形态,仅节假日呈现巅峰营业状况,因此淡、旺季区别很大,而且多半以儿童市场为主,强调家庭组合的产品较符合这一特定性诉求。

10. 特殊市场形态。我国尚待开拓的市场形态包括加油站、购物区、多功能休闲功能区、批发市场等。

二、店址选择

分店开发是连锁店经营中发展战略的核心部分。在连锁店分店开发的流程中,由于店址是关系到分店生意好坏的最关键因素,因此,选址尤为重要。为了选择合适的开店地址,必须先进行商圈分析。

(一)商圈分析

1. 圈的含义及意义。商圈是指商店的有一定地理界限的销售范围,这个地理界限就是以商店所在地点为中心,沿一定距离形成的不同层次的吸引顾客的区域。任何一家商店都有自己特定的商圈。商圈由核心商业圈、次级商业圈和边缘商业圈构成。核心商业圈的顾客占顾客总数的55% ~70%,是离商店最近,顾客密度最高的区域;次级商业圈的顾客占到顾客总数的15% ~25%,位于核心商圈的外围,顾客较为分散;边缘商业圈包括了所有余下来的顾客,顾客最为分散(详见图5-1)。

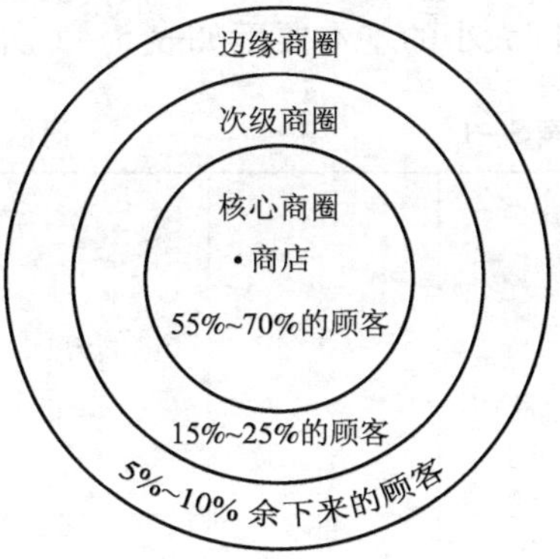

图5-1

例如,在美国一个折扣店的商圈其核心商业圈半径为6.4千米,次级商业圈半径为6.4~12.8千米,边缘商圈半径为12.8~25.6千米。环形只是一种理想状态,实际商圈各有差异。店铺形态及规模、竞争者分布情况、交通时间、媒体使用等因素的差异都会对商圈的大小和形状产生影响。一般而言,百货店的商圈大于超市,而超市的商圈又大于便利店。商店大小会影响到其商圈的大小,商店越大,商圈越大,但两者并不成比例,商圈的扩大有极限。竞争者越少,距离商店越远,商圈越大。同一地区形成的店铺群能共同创造一个更大的商业圈,因为顾客可被不同的花色品种吸引而来。此外,促销、政府的税收、道路障碍均会影响到商圈的大小。

商圈分析的意义在于:

第一,商圈分析是零售企业成功的必要条件。商圈确定以后,就可相应地得到消费者的人口和社会经济特征,然后提供相应的产品和服务。

第二,可以确定促销活动范围。一旦商圈确定,可以根据商圈大小选择传媒。

第三,对于在一定区域内已有分店的连锁企业而言,可以确定新店是否会与老店竞争。

第四,可以确定在一定地理区域内开出分店的数目。

第五,可以充分反映商店地理位置上的缺陷,如距居民区太远,交通不便等。

第六,明确了开店条件后,其他如竞争情况、金融服务、交通运输、劳动力是否易于获得、供应商的位置、法律限制等均可通过商圈分析确定。

因此,商圈分析是开店的第一步。

2. 商圈的测定。划分商圈也非常复杂,受很多因素制约。用来划定商圈范围大小的基本要素如表 5－1 所示。

表 5－1　　商圈测定的考虑因素

商圈测定的因素	外部因素	量的方面	①人口数、人口密度、家庭数; ②流动人口数、客流规律; ③零售业销售额、营业面积; ④大型店状况; ⑤交通装备及交通量
		质的方面	①年龄、职业、家庭人口构成; ②收入水平、消费水平; ③就业状况、产业结构; ④城市规划、城市间关系; ⑤竞争店、互补店的地区分布; ⑥市政设施、商业街的规模

续表

商圈测定的因素	内部因素	主体方面	①店铺规模、业态； ②商品配置、楼层构成及配置； ③吸引顾客的设施状况，如停车场； ④销售促进、营销及其组织活动状况
		附加因素	文化、公共设施的有无

在这些因素里面，究竟哪些因素是未来商圈的决定因素，未来商店商圈到底有多大不可一概而论，须根据各个店铺的具体情况再行决定。而对于现有商店商圈的大小、形态和特征，则可以较为精确地确定。在国外，人们一般用信用证和支票购物，可由此查知顾客的地址、购物频率、购物数量等情况；在国内，可以通过售后服务登记、顾客意向征询、赠券等形式搜集有关顾客居住地点的资料，进而划定商圈。另外，可以通过其他商店发放的海报的范围来确定商圈，也可以通过一些大型超市开设免费班车的范围来确定。例如，北京家世界西四环店共开通了八条免费班车线路，西至石景山区的老山、七星园，东至羊坊店，北至八里庄、玉海园，南至丰台桥，西南至长辛店，这就是它的商圈。

新建商店的商圈相对难以确定，不过也可以根据当地零售市场的潜力，采用趋势分析法，即通过对城市规划、人口分布、住宅建设、公路建设、公共交通等方面资料的分析来划定商圈。

3. 商圈确定方法。由于受各种因素影响，商圈设定会多少有些差异，因此在调查时，通常要配合以下方法来加以判断。

(1)单纯划分法。这是最简单的方法，即按照直接询问法、间接调查法了解顾客的住址，再将所得到的顾客住址标注在地图上，然后把地图上最外围的点连接成一封闭曲线，该曲线以内的范围就是商圈所在。

直接询问法又称来店顾客调查法，由经营者发问卷给每一位来购物的顾客，并要求填上住址。内容的真实性可通过抽样检查确定。间接调查法又可分为如下三类：一类是送发票法，即由发票的填写而得知顾客的住址；一类是记汽车牌号码法，即由来店购物者的自用车的车牌可查知其住址；还有一类是赊账法，即由赊账簿上查出赊账顾客的住址。

但单纯划分仅在原有店铺欲获取本身商圈资料时使用。此外，单纯划分法最大的缺陷就是按该方法设定出来的商圈是有界限的。

下面是沃尔玛对商圈的确定方法：

案例阅读

沃尔玛对商圈的确定

沃尔玛对商圈的确定有自己的一套方法,以山姆会员店为例。由于山姆会员店实行会员制,顾客要凭会员卡购物,每一个会员店的电脑数据库对会员的资料都有较为详细的记载。在此基础上,沃尔玛就能很富创意地通过查询电脑数据库,得出在商场各个方位最边缘的顾客位置,将这些点连接起来,得到山姆会员店商圈的边界。

如果沃尔玛打算在某个城市开设新店,它会参照这个城市已有的零售店的商圈大小。为了尽量接近实际情况,沃尔玛还会根据两个城市在居民人口分布、城市规划、交通状况、商业布局、流动人口等方面情况的差异以及仓储式零售店在经营规模、经营特色上的不同,进行合理的修正,以取得该商圈的各种参数。有时沃尔玛也通过发放顾客调查问卷的方式,了解假定在某地建一个零售店,在各个方向上最远愿意到此购物的顾客分布在哪里,这些顾客的住址就构成了商圈的边缘线。

(2)经验法。经验法是根据以往经验来设定商圈,这种经验包括以往经营过程中获得的各种经验、经历等。例如,便利品(购买频度较高的商品)的商圈一般为步行10分钟左右的距离,而购买频度较低的商品为30分钟左右,这是通常的基本范围。又如,便利店的商圈半径大约是500米。这些都是根据人们长期的经验所得出的结论。在使用这种方法来决定商圈时,还应综合考虑地区性、社会性、自然条件等环境因素的影响。

(3)利用数学方法分析、确定商圈。下面,我们介绍比较常用的两种数学方法:雷利法则和哈夫法则。

①雷利法则(Reilly' law of Retail Gravitation)。威廉·雷利(William J. Reilly)在1929年提出的商圈设定方法被称为"零售引力雷利法则"(Reilly' law of retail gravitation)。这是一种最具代表性的设定商圈的方法。"零售引力雷利法则"主要探讨大城市是如何吸引小城镇顾客的。正如该法则名称所表达的那样,它是以牛顿万有引力定律为依据的。该法则的目的在于确定两个城市或社区之间的无差异点,进而分别确定商圈。该法则认为,两城市从中间地带吸引顾客的数量比率,与两城市的人口数量比成正比,同两城市距中间地带的距离比的平方成反比。这里所说的距离是由中间地带到最具代表性的交通枢纽所需要的时间来测定的。其公式如下:

$$\frac{B_A}{B_B}=\left(\frac{P_A}{P_B}\right)\left(\frac{D_B}{D_A}\right)^2$$

式中:B_A——城市 A 从中间地带吸引的交易量;

B_B——城市 B 从中间地带吸引的交易量;

P_A——城市 A 的人口数;

P_B——城市 B 的人口数;

D_A——城市 A 到中间地带的距离;

D_B——城市 B 到中间地带的距离。

例如,城市 A 的人口为 20 万人,城市 B 的人口为 5 万人,从 A 到中间地带的某小城市距离为 15 千米,从 B 到该小城市距离为 5 千米,那么,

$$\frac{B_A}{B_B}=\frac{20}{5}\times\left(\frac{5}{15}\right)^2=\frac{4}{9}$$

由上式可知,位于中间地带的某小城市被 A,B 两城市吸引的比率为 4∶9。城市 A 因人口较多,所以可以弥补其距离上的不利。而城市 B 人口虽然比 A 少,但其与中间地带城市的距离却是城市 A 的 1/2,因此城市 B 反而比 A 更为有利。

上面所列出的公式,往往会让人以为该公式只不过是在表示两个城市的吸引比率,而并没有显示出所要求得的商圈的范围。不过,如果我们将公式变成$\frac{B_A}{B_B}=1$的形式,即找一个使两个城市的吸引力相等的地点(无差异点),那么上述公式就能表示两个城市商圈的范围。当然,这也可以套用在分店的商圈范围确定上。

对于$\frac{B_A}{B_B}=\left(\frac{P_A}{P_B}\right)\left(\frac{D_B}{D_A}\right)^2$,令$\frac{B_A}{B_B}=1$,则有:

$$1=\left(\frac{P_A}{P_B}\right)\left(\frac{D_B}{D_A}\right)^2$$

$$\frac{P_B}{P_A}=\left(\frac{D_B}{D_A}\right)^2$$

$$D_B=D_A\sqrt{\frac{P_B}{P_A}}$$

则

$$D_A+D_B=D_A+D_A\sqrt{\frac{P_B}{P_A}}=D_A\left(1+\sqrt{\frac{P_B}{P_A}}\right)$$

依前例可计算出商圈范围为

$$20=D_A\left(1+\sqrt{\frac{5}{20}}\right)$$

$$D_A=13.3$$

这就是说,从城市 A 算起 13.3 公里的地点即是两城市商圈界限所在。

②哈夫法则(Haff's Law of Shopper Attraction)。哈夫的概率模型从消费者的立场出发,认为消费者利用某商业设施的概率,取决于表现商品丰富性的营业面积、为购物所消耗的必要时间及该商业设施的规模实力。这里有必要将各商品或各地区商业设备的利用概率列入考虑范围。该模型有如下公式:

$$P_{ij} = \frac{U_{ij}}{\sum_{j=1}^{n} U_{ij}} = \frac{\dfrac{S_j}{T_{ij}^{\lambda}}}{\sum_{j=1}^{n} \dfrac{S_j}{T_{ij}^{\lambda}}}$$

$$E_{ij} = P_{ij} \cdot C_i = \frac{\dfrac{S_j}{T_{ij}^{\lambda}}}{\sum_{j=1}^{n} \dfrac{S_j}{T_{ij}^{\lambda}}} \cdot C_i$$

式中: j——某商业设施;

P_{ij}——i 地区消费者光顾 j 商业设施的概率;

U_{ij}——j 商业设施的效用;

S_j——j 商业设施的规模(营业面积)

T_{ij}——从 i 地区到 j 所需的时间;

λ——随交通工具不同而变化的参数;

E_{ij}——i 地区消费者光顾 j 商业设施的人数;

C_i——i 地区的消费者数量。

商业设施的效用(U_{ij})是指单位时间获得的服务面积。用时越少,获得的服务面积越大,说明商业设施的效用越高。反之亦然。

式中有一个 λ 指数,用来衡量顾客因购物类型不同而对路途时间的不同重视程度,n 为不同商业区的数量。因此,我们还可以利用该公式评价某商业设施规模的变化以及地区交通体系的变化对商圈所带来的影响。

举例说明如下:

假设一家超市在考虑三个选址位置(分别记为位置 1,2,3),在这三个位置中,日用品的总营业面积分别为 60 平方米、90 平方米和 150 平方米。潜在顾客群的住所距离这三个位置分别为步行 7 分钟、10 分钟和 15 分钟。通过调研,顾客对出行时间的重视程度为 2。则

$$P_{i1} = \frac{60/7^2}{60/7^2 + 90/10^2 + 150/15^2} = 43.9\%$$

$$P_{i2} = \frac{90/10^2}{60/7^2 + 90/10^2 + 150/15^2} = 32.2\%$$

$$P_{i3} = \frac{150/15^2}{60/7^2 + 90/10^2 + 150/15^2} = 23.9\%$$

因此,顾客购买的可能性在位置 1 为 43.9%;位置 2 为 32.2%;位置 3 为

23.9%，即假如有 200 名顾客居住在离位置 1 约有 7 分钟路程的地方，那么，约 88 人(200×43.9%)会前往该地区购买商品。

应用哈夫法则时应注意以下四点：

第一，要从里到外进行层层分析。为完整描述地区 1 的商圈，应分别对距离商店 5 分钟、10 分钟、15 分钟、20 分钟……以及远处的顾客进行同样的分析，并加以汇总。这样才能全面估计位置 1 周围各商店的市场规模、商圈范围及各类商品的主要、次要和边缘商圈。如果在该地区内特定商品种类新增加了零售空间和设施，那么不同距离处都会有更多的顾客前来选购。

第二，顾客前来选购的可能性很大程度上取决于商品种类。因为商品种类不同，顾客对路途时间的感觉也不同。在上例中，如果商品更加重要，那么顾客对路途时间的重视程度便有所下降，假设此时取值为 1，结果就变为位置 1 为 31.1%，位置 2 为 32.6%，位置 3 为 36.3%。可见，由于商品种类不同，位置 3 的吸引力大大提高。

第三，绝大多数变量都很难量化，为了制图方便，路途时间应转换为以千米为单位的距离。此外，路途时间也随交通方式的不同而不同。

第四，顾客每次光顾时购买的商品都不完全相同，这意味着商圈处于不断变化之中。

4. 商圈分析的基本流程：

(1)对各种权威性的统计数字与资料进行分析，从宏观上把握人口分布、生活行动圈、中心地区功能分布等总体情况，根据自己的开店政策确定目标区域，并主要参照人口规模、地域发展性、商业饱和度等展开调查。

(2)实施对特定区域的市场调查。包括对立地环境、商业环境、市场特性、竞争店的调查等。

(3)通过市场调查，筛选出几个备选的具体的目标地点，主要考察这些地点以下四个方面的内容：

①稳定的家庭(人口)数的具体位置。考虑影响人们光顾的稳定的因素。

②商业环境上的利弊。确认附近有无竞争店？能否在面积、停车场、商品构成、经营手段等方面与竞争店形成差别？

③是否为将来具有良好发展前景的地区。人口增长率、城市规划政策要研究。

④对销售额作出预测，粗略地确定商圈范围。

(4)对拟选的几个具体的地址进行更详细的调查，作出优劣、适合性的具体评价，如进一步调查土地房产的适用性、周围环境状况尤其是公共配套设施的状况、将来发展余地、基础配套设施状况等。

(5)根据土地房产的优劣顺序，对该房产的每个必要条件作出确认。经过对房产所有者、用途、面积的确认，经所有者的认可，制定开店计划书，经公司批准后，签订合同。

以上五个阶段即商圈调查的流程。

（二）分店选址

商圈分析之后，可以进行店址选择了。在店址选择前，应首先明确以下事项：第一，店铺开张后，发现选错地点，再行变更将损失惨重。第二，分店经营的成败首先受所在地市场状况的制约，其他方面条件再优秀，大多都不能弥补店址条件所带来的影响。第三，对店铺所在环境，必须定期而且持续地作详细的分析，不仅要做现时分析，还要作“未来性分析”，以作为调整的依据。第四，连锁企业应该根据自己的经营宗旨，选择与自身条件及意愿最相适应的地区。

1. 选址应考虑的因素。从全球范围来看，连锁企业在其发展初期，多以商业中心为主要选址区，期望以较高的客流量带动各店铺的发展。例如，麦当劳在北京开店最先开在王府井，而肯德基在上海开店最先开在南京路，待发展到一定规模之后，再向居民区和市郊发展。但是也有采取“农村包围城市”策略的连锁店。不同行业的连锁店，在店址选择上既有共同的要求，也有不同的要求。共同的要求如便利顾客购买、有利于扩大影响力、交通便利、商业网点集中、服务设施齐全等。所有的连锁店在店址择定时都应考虑那些对经营成本有影响的因素，这就是立地条件。表5－2列举了连锁店选址时应考虑的一些主要的因素。

表5－2　　连锁店铺选址的主要考虑因素

商业环境因素	城市结构因素	（1）城市特点，如产业结构、政府机构、历史沿革、自然环境、风土人情、文化氛围等； （2）城市规划，如土地征用规划、市政设施规划等； （3）城市公共设施现状； （4）交通条件，包括公路、铁路状况，车站设施及交通主管部门等
	消费结构因素	（1）人口现状及动态，包括人口密度、人员构成、人口布局、人口的未来增减； （2）人均收入、人均消费水平； （3）生活方式、消费习惯、追求的生活方式、休闲及购物倾向等
	商业结构因素	（1）城市的商业结构； （2）商业的集中化程度及趋向，如商业街、购物中心等； （3）行业竞争关系，如地区间竞争、地区内竞争

续表

店铺选址因素	位置条件	(1)邻近条件,包括附近的商业情况、道路情况、交通情况等; (2)用地条件,包括地理环境、法律规定的条件等
	相对条件	与竞争店的竞争及互补效应
	潜力条件	商圈与购买力,包括购买频率、购买时间、采购距离等

2. 选定店址的程序。连锁经营店铺开发的店址选择,是综合考虑各种影响因素的结果。要使选择在各个方面都能令人满意,客观上往往不容易办到,因此选择合适的区域及地点要在权衡各种因素的利弊后才可确定。店铺开发的店址择定要经过以下程序:

(1)确认前提条件。所谓确认前提条件,就是综合考虑各种相关因素,制定企业的分店店址择定标准。下面是超市连锁店铺的一些选址标准:

①配合店铺开发方针:能较容易地形成具有强支配力的重点区域,以及可以朝该方向发展的区域,如商圈引力大、集约程度高的区域。

②人口与家庭:原则上应拥有 2 万 ~3 万人以上(约 6 000 户以上居民)的城市、乡镇。

③道路:靠近与日常生活紧密相关的道路。其结合地点、地区最好呈扇状分布。

④地形:不受河流、铁路、坡路的影响;在该区域可以获得足够的市场支持,而且还带有广阔的腹地;选择封闭型的商圈为主要区域,有自己的优缺点。

⑤住宅区:应为住宅区及与住宅区相连接的区域。最理想的是新住宅区以及人口增加的地区。

⑥城市规划:规划中的道路和开发的住宅区比起老城区、旧商业街来更为理想。

⑦商业状况:区域内无店铺,或较少有竞争店,颇具商业发展的潜力,并且拟开设分店有望成为该地区的最强店。

⑧城市总体状况:与日常生活有关的生活必需品与城市状况关系不大,但本企业的商品配送体系最好在本地。产业构造方面最好是三次产业型,人口的年龄结构最好是金字塔形,收入水平不低于该市的平均水平。

(2)根据目标顾客选择店铺所在的重点区域。以目标顾客为中心,设想目标顾客的可能去处,往往可以发现经营成功的契机。例如,经营日用品的超市可以随顾客到新的住宅小区,并且最好在闹市区或专业街上。依据目标顾客的需要进行这样的划分,一个城市里可供选择的区域就缩小了。当然,也可以先根据房地产开发商的产品定位,确定目标顾客群,再决定自己是否适合在此开店。

(3)落实最佳结合点。首先绘制出上述重心区域简图,在图上标明朝向、竞争店、互补店、主要商事机构、人流汇集走向、交通要道、居民区等相关因素。信息越多,越容易决定。然后挑选对本企业、周边环境最重要的几大因素进行比较,选出拟开分店核心商圈所在的位置。这显然是“缩小包围圈”的过程。

(4)选定具体地点。在上述重点区域,最好在该商圈区域内,根据上一步骤分析的结果寻找几处作为样本,进行实地调查,以了解客流量及其方向、人口及家庭数量、交通状况,从而决定拟开店铺的最佳位置。

三、详细的店址评估报告

通过商圈分析,初步选定了新店铺拟建店址后,就要对该店址进行仔细的评估,并最终作出详细的店址评估报告。

(一)店址的市场评估程序

市场评估将有助于连锁店开发人员以合理而系统的方式累积市场的重要资讯。这是选址中极重要的一环,主要有以下步骤:

1. 搜集各项资料。首先取得各种统计资料,如已出版的对该区域的资料,包括对外交通、人口数、零售店铺数、住户人口、银行数、车辆数、主要商业行为、平均消费额、气候、报纸发行量、电视的拥有率等;其次取得各行业协会及政府计划部门的统计资料。

2. 搜集消费者资料。了解顾客群所产生的业务容量有多大,并进而建立客户的消费水准及额度;了解该地区的人口密度及消费者的聚集区,那些区域小、人口密度大的地方,才是发展连锁店面的绝佳区域,也才能确实发挥连锁经营的优势。

3. 开车实地勘察。准备完整的街道全图,携带如摄像机、相机、录音机、笔记本等工具,以开车绕行的方式,在地图上按一条街一条街的紧接方式观察及标注各种状况,把看到的街道形态、人流、店号名称、营业项目、外观、道路方向性、红绿灯位置、建筑种类、天然障碍(如桥梁、立交桥或河流等)及附近住户等情形,用上述工具记录下来。

4. 区域对象访谈。访谈对象包括既有店面的营业人员、学校、派出所、水电煤气公司、百货及超市、都市计划单位、相关协会、交通警察等等。访谈目的是帮助我们充分了解各种资料的准确性及各方面的反应程度,同时也增加自己对该地域的洞察能力,这种言谈模式的要求是必须在专业档案里翔实记录其对象、时间及内容,以作为很好的调查资料样本。

5. 对既有店面经营状况加以分析。了解在该商业区或邻近区域的既有店面的获利情形、合约到期期限及重新整修前后的营业差异度等,由此获得建设性的意见，并作为是否可立即再设新店的考虑；了解现有店面在此地的市场占有率、销售比率、行业的占有率等数据。

6. 可能据点的开发计划。无论已经拥有可设地点的交易资料，还是先行圈选出了适宜开店的最佳位置，分出了一、二、三级的选用程度，我们都必须对这些可能地点进行评估。从环境角度，必须考虑可能地点的能见度、外露面、通路及顾客容量；从建筑物本身的角度须考虑的方面有结构、采光、颜色、造型、材质等。如，三角窗或道路交叉口最具设店价值，这是因为四方所汇聚而来的人多而机会较大，加上路口停车的机会多，司机容易看到店面而可能前往消费。

7. 营业额与投资成本预测。开始预估营业额，除了利用房产资料及顾客情报来模拟营业额大小之外，也必须对建筑物本身所能提供的实际产能作出评价。一般来说，如果附近有大型的人口集聚实体，如办公大楼、商场、大学等，则能预估八成左右的未来营业值。了解消费的平均额度，并参照类似地点、类似店面形态，采用市场比较法，也有助于对营业额的预测。投资成本主要有以下几块：房产成本、煤气水电成本、运输成本、工资、水费等。这方面经验的积累是准确预测的保证。最后经由简报会议，会同企划、财务、营业、工程相关各单位与管理部门，共同判断投资该地点的可行性。

8. 评估报告成文提交。经过前面的收集资料、实地勘察、对象访谈、对手分析、可能据点评估、投资预算，就可以得出评估结果，并写出评估报告。

（二）市场评估报告的撰写

在撰写市场评估报告前，应做好如下工作：

一是取得开店重心区域的全景照片作为附件，这样做有助于记录诸如街道的成熟度、地点的易见度、交通流量及未来都市计划的目标设施等信息。二是建立完善的电脑档案，以做到知己知彼，百战不殆，从而可以避免中间商和房地产公司混淆事实，有助于在协商谈判中公平市价标准的制定，并且对于未来再取得该地点的可行性有追踪的机会。第三，店面诊断要实际进入现场进行。至少提前一年，进行不少于三次的软硬件诊断，以便在时间上掌握主动。

市场评估报告的内容非常详细和复杂，主要包括商圈调查报告、法律事务报告、财务预测报告等几个分报告。

1. 商圈调查报告。商圈调查报告是连锁企业总部在企业店铺开发策略的指导下，对某一个预开店铺或已经开发的店铺的商圈进行调查所形成的为经营决策提供依据的书面报告。它是商圈分析结果的具体体现。商圈调查报告的具体内容包括以下几部分：

（1）调查的背景。包括连锁企业的发展形势，连锁企业的扩张战略，连锁企业的开店策略,国家的政策背景、店铺所处行业的发展前景等。

(2)调查的目的。主要有获得商圈范围的资料、商圈性质的资料、商圈结构、商圈经济水平的资料,为开店决策、为经营操作提供依据。

(3)商圈调查的内容与因素。见表5-1。

(4)商圈调查的方法与资料处理方法。商圈调查方法主要有观察法、经验法、直接询问法、间接调查法、对手分析法、专家判断法、雷利法则。数据处理方法包括资料的统计分组、频数分布与累计分布、绘制统计图等。

(5)报告的结果。由于报告篇幅较大,要按一定的逻辑顺序提出紧扣调研目的的一系列结论。主要包括数据结果(消费水平)、现象结果(汽车的档次、住宅类型)、政策结果(导向问题)、趋势结果(威胁与前景)等。

(6)结论与建议。主要是肯定与否定的意见;针对意见提出的下一步应进行的举措或思路。

(7)体现形式。完整的报告应包括封面、前言、摘要、目录、各种图表、报告正文、调查表、参考资料、被访问人员名单等。

2. 法律事务报告。这主要是把开店业务中连锁企业同有关各方的法律事务问题考虑清楚并形成书面文字,以供操作中参考。例如,房产合约的事项。房地产合同是一项非常复杂的合同,双方应认真负责地签订,并备有4份正本,双方各执2份备查。又如,房产所有权和使用权的过户和转移资料。假如开店所用房产以前有过转让,则连锁企业必须事先取得最后一份转让记录,以兹证明协谈对方确实为持有人,并在权利义务方面详阅转让记录中是否已载入优先承租、承购权的规定。

此外,还有营业执照的取得及合法性的问题;房产是否抵押、质押的问题;当地政府的政策是否支持开店行业的问题(如网吧所遇到的政策危机);当地的城市经营与建设的土地规划等问题。

3. 财务预测报告。财务预测报告是指从资本运营的角度,分析新设店铺未来的投入与产出,从而获得近期和远期投资收益的分析报告,以作为开店时的参考。财务预测报告包括以下内容:

(1)租金。即开店房产的以前租金及当地的平均租金,这可从当地的政府资料和房地产中介公司处了解到。

(2)损益平衡分析。即根据商业区调研及租金试算,界定出合理的投资成本,并进而决定营业额的预设标准及逐年成长目标,以保障赢利的稳定。损益平衡点的掌控也是事关该地点是否合理承租的必要条件。

(3)以前的房产税单或纳税证明。找出最后一期房屋税及地价税单,将有助于了解房产的价值,并可作为未来税额核定及交易谈判的参考。

(4)租税费政策。当地的租税费政策对于新开店的赢利有重要影响。

(5)新建店的投资情况。如果建设新店需进行施工,则需考虑土地成本、建安成本、装修成本、政府税费、行业供应成本(指煤、水、电、气、通风的成本等,有的叫大市政费)。

四、便利店的选址技巧

便利店是一种常见的连锁店铺形式,其扩展速度一般较快,经常要面临开店选址的问题。为此,下面我们专门介绍一些便利店选址的技巧。

(一)商圈选择

便利店商圈半径一般至少为500米,则在方圆500米的范围内,应至少有3 000个商圈人口。一般认为,以下地理位置不适合开设便利店:

- 徒步5~7分钟到达的顾客不足3 000人;
- 非顾客汇集的交通干道;
- 在马路上无法看到;
- 在地下或者是地上二层以上;
- 无法设立店铺门面和招牌;
- 店铺日租金超过1天的销售额。

(二)消费群体选择

由于便利店的主要消费群体定位在30岁以下的学生和上班族(占其顾客总量的80%左右),因此,针对这一群体易于接受新事物、消费力强劲和追求时尚产品的特点,在商品的选择上要注重创新与更新,结合时尚主旋律。

便利店的主力消费群体有四种:一是家庭主妇,她们在便利店购买在别处忘买的商品;二是三口之家,年轻夫妇会为家庭进行便利性购买;三是独身的青年人,他们是便利商店的主力顾客;四是中小学生,他们是便利商店零食的最大购买者。

(三)便利店的立地条件

所谓立地是指商店的店址确定。国际上便利店经营的成功经验表明,确定合适的立地条件是保证便利店经营成功的关键。

便利店立地条件的核心是商圈内的客流量。影响客流量的因素主要有:商圈内的家庭数、企事业单位数;经过商店门口的人流、车流;马路的形状、人行道的形状;商店周围的开阔度;等等。国外成熟便利店的商圈通常以商店所在点为中心,其半径在大城市为300米左右,在中小城市则扩大至500米左右,每一店铺的目标人口为2 600~3 000人,如以一个家庭3.6人计算,则家庭数为722~833户。

便利店的立地条件可归纳如下：

1. 坐落于“生活道路”。所谓“生活道路”是指商店所处的道路不是一条单纯的交通道路，周围应该有一定的家庭住户和单位。这样可以保证有一定数量的固定顾客。

2. 紧挨车站。这里的车站主要是指地铁车站，或者多部公交车汇集、客流量大的公共汽车车站。紧挨车站可以为商店带来较多的流动顾客。

3. 商圈内有足量的生活人口。一般情况下商圈内应保证有 3 000 人以上的住户（徒步 5 ~7 分钟之内），这样才能有利于发挥便利店的便利功能。

4. 靠近集聚人的场所。能集聚人的场所主要是指政府机构、影剧院、医院、学校、游览地等，它们可以为商店带来大量的客流。

5. 附近有办公楼。有办公楼存在就有客流存在，办公楼内的客流又是以购买力水平比较高的白领为主，他们对便利店往往具有比较旺盛的即时需求。

6. 附近有单身宿舍或单身公寓。单身宿舍或单身公寓里的居住者对便利的追求特别明显，这就为便利店的销售带来了极大的机会。

7. 月房租应在一天的销售额以下。便利店的运转必须建立在低成本的基础之上，房租太高将阻碍便利店的规模扩张。适宜的月房租最好控制在 1 天的营业额之内。

8. 竞争者较少。商圈内应尽量没有竞争者，因为有了竞争对手将使商店的顾客分流，从而影响到经济效益。

以上便利店的 8 个立地条件的实质是要最大限度地保证商店的客流量。

（四）注意事项

在进行便利店选址的过程中，有以下几个事项须注意：

其一，对于人流量调查结果的分析。虽然人流量是决定门店位置的一个重要因素，但是了解客流的消费目标，才是更为重要的工作，所以要研究门店的有效客流量是多少。例如，上海豫园商城是集园林、庙宇、市场为一体的商业区，每天客流量在数十万人以上，但是客流的大部分是旅客，消费目标是旅游和餐饮。如果在这里选择开近万平方米的大百货商店，则肯定是不行的，所以应在预测了有效客流的预期购买量之后再作决定。

其二，对于竞争对手的分析。对竞争对手的分析可以分为行业内竞争和行业外竞争两种形式。随着市场竞争的加剧，为了吸引更多的顾客群体，为顾客提供一站式购物（One-stop Shopping），常常会出现门店出售的商品与其形态毫不相关的现象，这种现象被称为掠夺式销售（Scrambled Merchandise）。最近就有很多这样的报道：2005 年香港第二大冲洗店连锁品牌“香港靓晒店”的 40 家门店开在了深圳海王星辰连锁药店里；与此同时，以海王星辰为代表的 15 家连锁药店品牌也将以“靓晒店”全面进驻为标志，正式开始以彩印、保健品和化妆品销售为主的多元化经营。这样的方式不仅可以吸引更多的顾客,还有效地降低了门店成本。因此,面对这些来自方方面面的市场竞争,作为一个市场的入侵者,应当有充足的准备,应合理准确地计算剩余的市场份额,以便确定自己门店的经营定位。

其三,地理位置。由于顾客购物时总是选择地址便利的商店,所以店址的临近程度是门店选址的重要因素。连锁企业要正确地判断商圈内顾客的习惯行走路线,最先占领有利地位,为门店的成功做好准备。

其四,成本的核算。连锁门店成本核算的重要性毋庸置疑,但有一点应当注意:连锁门店的成功之道在于利用规模经济的边际效益,应尽量避免门店的位置距离中心库房很远,尤其是超过货车一日的行程。如果门店之间距离很近(在互不影响销售情况下),就可以节省相当一笔费用,如两个门店可以共用一个店长,商品配送更为便利等等。

其五,交通状况。一家大型商店在决定租赁前,通常的做法是与当地政府商讨新的交通线路。如果商店或店标在远处或至少驱车经过时很容易被看到,作为选址它的优势就会增强。明显的店标实际就是一种广告,它能让人因一时冲动而停下来。相反,在一个道路狭窄、单行线,甚至经常交通堵塞的街道上开设的门店,相信是不会有顾客愿意经常登门拜访的。

第二节 加盟店拓展

特许连锁是连锁经营的主流和未来市场推广的重点。因此,本节主要以特许加盟店的扩展作为讲述的主要内容。本节主要讲述连锁总部(盟主)如何选择加盟者、加盟者如何考查盟主以及加盟双方的关系处理三方面内容。

一、寻找合格的加盟者

对于连锁总部(盟主)而言,选择合适的加盟者是其最重要的工作之一。

(一)合格加盟者的基本条件

一个合格加盟者应具备的基本条件包括申请加盟者本身的条件、加盟店铺的基本条件、资金及营运基本条件和其他辅助条件等。

1. 申请加盟者的自身条件。包括:

(1)过去相关工作经验及学历。应寻找有类似工作经验的申请者,避免招收没有工作经验的申请者;要提高对其学历的要求。

(2)身体健康状况。加盟店成立之初事务会比较繁忙,所以加盟者的身体健康与否是很重要的条件。

(3)对加盟企业的了解及市场、商品知识。专业技术性强的连锁企业会要求申请加盟者对市场、商品及加盟企业具有一定程度的了解。但对于可以靠培训来补充专业知识的连锁企业,这项条件可以以申请者能接受什么程度的培训为考虑标准。

(4)心理准备。申请加盟者对于利润的预期、开业初期可能发生的困难、公司本身的经营情况、公司文化及理念等,必须有心理准备,以应对实际营运中的各种状况。连锁总部必须考虑申请加盟者是否能配合企业的做法,并认同企业的经营理念,达到企业要求的标准。

(5)人格品质。即申请加盟者的个性是否适合,是否是诚心加盟,加盟后能否有持续经营的热忱,是否能履行合约等。

(6)发展潜力。这是最难评估,但也是最重要的考核项目。有许多连锁企业并不严格要求申请加盟者具有相关经验,其目的只是希望借此寻找具有发展潜力的加盟者。

2. 加盟店铺必备的基本条件。包括:

(1)店铺地点。包括所在地点的繁荣程度、所在地点的商业区类型及范围等。

(2)营业面积。不同的连锁企业对加盟者营业面积有着不同的要求。

(3)交通状况。这包括交通路线、附近的公共设施等店铺选地条件。

(4)客源条件。这包括是否有固定客源,同行业的竞争状况等。

3. 资金及营运基本条件。包括:

(1)保证金或担保品。有些连锁企业要求加盟者必须以一定数额现金为担保。

(2)加盟金。依照各连锁企业对加盟者的不同规定而有所不同。

(3)权利金、广告促销费。一般有月付或按营业额提成两种支付方式。

(4)贷款及周转金。即加盟者是否有贷款能力及自备初期周转金。

(5)员工雇用。对雇用员工程序是否熟悉,也是某些连锁总部对加盟者的考虑重点之一。

(6)事业经营计划评估。即考察利润、最低毛利保证、风险及初期可能遇到的种种问题等。

4. 其他辅助条件。这包括家庭配合及支持力度、社会关系宽窄、社会金钱观、脾气性格等。

(二)寻找加盟者的方法

在寻找加盟者的过程中,对加盟者本身的审核有时比数据化的资料更重要。一个经营理念不适合的加盟者会导致总部管理上的困难。所以,加盟者的相关经验,甚至个性、脾气等,都会影响到加盟店日后的经营状况。为了加盟店营运的成功，连锁总部应该事先进行一定的审核及评估，系统地评价加盟者可以说是连锁企业招募加盟的必要基础。

加盟者的招募大致可分为由申请者主动前来联系和连锁企业主动寻求两种。初期发展的连锁企业，由于知名度不高，大都选择主动出击，而较具规模的连锁企业，虽然会因为知名度较高而吸引有意加盟者的主动咨询，但是仍经常采用自主招募的方式。对于有意加盟者的主动咨询，在审核加盟店的程序中会加以说明，以下先介绍几种一般的招募方式。

1. 媒体招募。媒体招募是一种传统的招募方式，传递的信息以吸引有意加盟者为目的，一般包括基本的加盟优惠政策、加盟条件及联络方式等内容。通过媒体招募必须考虑传播地区、传播目标及接触频率等因素。使用媒体的目的除了容易建立知名度外，也有较强的引导效果。一般常用媒体包括电视广告、报纸广告、杂志广告、车厢广告、网络等。连锁企业也可利用面向固定的顾客群或 VIP 会员的刊物等传播渠道进行招募，成功率较高。

2. 行业年会/行业展览会/企业讨论会。连锁企业仅由书面或广告的方式，不容易使有意加盟者了解该连锁企业，而面对面的沟通，实际商品说明演示，则是效果较好的招募方式。定期或不定期的讨论会或座谈会，是被经常使用的招募方法，地点多在企业自身的场地或所在地、特定加盟者所在地或行业协会所在地举办。如我国每年一度的特许经营大会展览会就起到了这个作用。

3. 店面 POP。连锁经营企业以店面 POP 的方式传递招募加盟者的信息，是由来已久的招募方式。特点有二：一是成本费用较低；二是有意加盟者肯定在店面经常出现，而店面的商品展示及实际的经营状况，更具参考价值及说服力。

4. 专职开发人员等的口头招募。连锁经营企业拓展部门的专职开发人员，对于潜在加盟者或地段不错的传统店，有时采取主动邀请方式，以说服对方加入连锁体系；对于加盟兴趣不大的潜在加盟者，也会经常由专职的开拓人员负责会谈和说服。

由于内部员工及加盟者对连锁企业和加盟条件较熟悉，所以鼓励内部员工及现有加盟者介绍和招募的方式，也经常被采用。

5. 说明书。加盟说明书是平面媒体的一种，可以夹在报刊里传递，也可以作为说明会、开拓人员招募的辅助工具，或者用在店铺中当成说明资料。部分的说明书甚至直接附有加盟申请书。

6. 混合运用。即连锁经营企业把以上的招募方法同时混合运用。

二、选择高素质盟主和完善的特许体系

对于加盟者而言，寻找到高素质的盟主和具有完善特许体系的连锁总部

是其成功的保证。

（一）盟主的素质

有意加盟特许体系者，应对盟主的素质进行如下考察：

1. 特许经营者的经验。应选择本身已有丰富经验的特许体系，考查标准包括经营时间的长短及店数的多少。如果是开业时间不长，店数又少的品牌，由于本身特许的经验都不足，加盟者贸然加入，风险自然会比较高。

2. 特许项目的专业程度。特许项目不能太过专业，技术难度不能太大。技术难度愈高，学习的时间就愈长，展业速度就越慢。通常技术性较高的行业（如配镜业），较适合员工、同行加盟。技术性愈低的行业愈适合一般加盟者加盟（如超市）。

3. 特许体系的行业发展前景。须注意所选行业的发展前景：是属于流行性的行业，有发展后劲的潜力行业，还是如餐饮业和日常生活用品零售业一样的平稳性行业？

4. 特许体系的志趣。每个行业都有不同的行业特征，加盟者最好选择和自己志趣相投的行业加盟。

5. 总部品牌竞争优势。因为同行业间的竞争必然会涉及品牌的竞争，总部在同行业中的竞争能力越强，品牌影响力越大，总部提供给加盟店的支援可能就越多。

6. 特许加盟分店的经营状况。通过访问已设立的加盟店，意向加盟者可以向已开加盟店打听相关资讯，而这种方式所获得的资讯往往是最真实的，加盟者也可从其中了解自己将来大致的营运状况。如果是一个品牌系统健全的加盟体系，会很乐意为你提供帮助。

7. 是否符合国家行业主管部门规定的特许者必备的条件。

（二）选择特许加盟体系时应注意的问题

1. 明白自己的行为。要参加一个加盟体系，需确定以下内容：

(1)检验自己是否适合成为加盟者。一定要明确地认识自我的需求及发展方向。

(2)一定要找一个拥有专业经营技术及完整的辅导规划的体系，来协助自己顺利地开展事业。

(3)在评估一个加盟制度时，首先应深入了解该制度的 BI（企业活动识别）与 MI（企业理念识别）是否能被真正贯彻，否则形似而神不似，没有实际意义。

(4)确认自己能否融入这个连锁体系。因为加盟是一种事业而非一份工作，加盟给予的是经营传承而非成功的保证。

2. 谨慎作出加盟决策。加盟者在选择加盟体系时，应注意以下四点：

(1)该特许授权者是否是中国连锁经营协会的备案企业和会员企业。

(2)加盟总部需成立相当一段的时间,或者应拥有多家直营连锁体系的经验。如果成立时间很短又不具知名度,当然较缺乏连锁体系的经营经验,在自己脚步还未站稳之前即贸然发展加盟体系,成功率自然较低。

(3)注意该品牌在市场上的存活率及生命周期。有意加盟者在加盟前,最好先到其他已加盟的经营者那里了解其营业状况,知己知彼,百战不殆。

(4)需注意加盟体系的产品在市场上的持久性。有些加盟体系的产品是流行商品,很可能只有两三年的寿命。

3. 要求盟主必须提供真实的信息。在加盟任何体系之前,欲加盟者应与盟主即加盟授权者及其原有的加盟者沟通,以充分了解加盟信息。盟主有义务提供真实的信息,无论中国还是国外,行业主管部门都对这一点作了明文规定。

我国《商业特许经营管理条例》第 22 条至第 23 条规定,加盟前特许授权者应向特许申请者提供下列信息:特许企业的名称及基本情况;经营业绩;同行业间的竞争状况;已被实践证明的特许网点投资预算表;加盟者应缴的各项费用及收取的办法(加盟费、权利金、广告费等);加盟者的资格条件(年龄、学历、资金、地点、人才等);初期投资(装潢、设备、进货等);停业或转让的条件与权利;合同的内容(期间、加盟金、权利金、保密条款、培训指导等)。

4. 明确新加盟者要缴纳的费用。加盟投资成本通常不高。以美国为例,初次加盟金因产业类别不同而介于 0.5 万美元至 3.5 万美元之间;每月的权利金大约是月营业额的 3% ~7%,广告费约为月营业额的 3% 左右;有时还须视实际状况支付月营业额的 3% ~8%,作为设备、土地和建筑物租赁费。加总全部的加盟开办成本,大约介于 0.8 万至 40 万美元之间。

日本大体沿用了美国的加盟办法,但差异最大的通常是“权利金”的计算方式。美国是以“营业额”为计算基础,而日本则是以“毛利额”为基础,其余加盟条件则相似或加以改良。

在中国,《商业特许经营管理条例》对此作出了规定。如目前马兰拉面发展加盟者(如在郑州)时,收取的加盟费为 19.8 万元,特许权使用费为 5 万元,这还不包括设备、广告、配送等费用。

5. 了解新加盟者的成功概率。加盟无法保证百分之百的成功,但成功率比独立店铺要高很多。根据美国商务部及中小企业管理部门报告显示,自 1971 年至 1987 年,美国只有不到 5% 的加盟店停业,但同期的小型独立店铺却有 65% 在 5 年内关店。我国国内虽无类似统计资料,但从连锁业及传统零售业的兴衰来看,亦可知加盟店与传统独立店铺的优劣。因此,只要新加盟者具有强烈的事业心和良好的身体条件,有足够的资金,并能很好地借助加盟体系的经营技术，经营一家成功的加盟店是不难的。

三、加盟合同的制定

加盟必须依靠合同，合同在加盟连锁的发展过程中至关重要。

加盟连锁制度是一种销售成功技术的制度。授权者把自身在直营店开发成功的商品—服务系列技术，以有偿形式提供给加盟者使用，这就是加盟连锁制度。该制度提供的基本形式就是加盟合同。应该说，只要有加盟连锁存在，就有加盟合同。虽在某种情况下未必有一份书面形式的合同，但必有一种类似合同的信用或许诺存在于双方之间。在我国，要求加盟连锁必须签订正式合同。

（一）签订加盟合同的目的

1. 为了获得授权者提供的商品—服务系列技术，加盟店的经营并不是简单地使用总部的商标，而是要使用一整套商品—服务系列技术，甚至还包括部分专利技术成分在内。这些技术内容在开发过程中花费了大量的人力、财力、物力，是受法律保护的，不能随意使用，须通过契约形式的有偿授权，明确双方的责任和义务后方可经营。例如，刻意模仿可能做到开发一家类似麦当劳、肯德基的快餐店，但麦当劳和肯德基的商标、影响和特殊风味这样一些独具特色的东西却是模仿不来的。不加入该连锁体系，就无法得到可望获得的利益。

2. 为了维护加盟关系双方各自的利益。对总部而言，所授权的内容是连锁体系的生命，连锁体系的发展壮大全赖于此。因此，保护这套商品—服务系列技术的形象，就成为一个至关重要的问题。如果缺乏必要的约束，一旦一家加盟店砸了这块牌子，整个连锁体系的发展就会受到严重影响。对加盟店而言，一旦加入了连锁体系，其发展的命运就交给了连锁体系，双方已形成了一个命运共同体，也需要约束连锁体系。此外，还有双方的权利、义务也要在合同中加以规定。

3. 为了连锁体系的标准化、统一化。加盟连锁是一种推广型连锁。加盟连锁是不同资本所有者的结合，发展过程为一种由点及面的轨迹，统一是其显著特征。在发展过程中不可能对每一个加盟店都分别运用一种政策，而必须制定统一政策，这也决定了加盟连锁总部必须开发出一套合同文本，以此来确保各加盟店的统一性。

国外加盟连锁在发展过程中，大部分都有正式合同，只是合同的详尽程度各不相同，严肃性也有差别。

（二）加盟合同的基本内容

加盟连锁由于行业不同，经营项目不同，规模不同，具体契约内容也各有侧重，不可能完全一样。我国《商业特许经营管理条例》第 11 条至第 13 条对签订特许经营合同作出了规定。这些规定要求加盟合同的主要内容须包括：

1. 授权使用连锁体系商标、标志的内容。商标是商品的标志。例如，麦当劳门前的“M”标志，肯德基家乡鸡门面灯箱上的山德士上校头像标志，日本“不二价”连锁使用的花朵组成的“F”标志，日本伊藤洋华堂集团使用的鸽子标志等均属此类。

加盟店加入连锁集团，在同一个商标、标志下从事相同业务活动，需要总部授予使用统一商标、标志的权利。也就是说，加盟店在满足加盟总部提出的条件的情况下，总部必须授予加盟店使用该公司商标的权利。

2. 商品及其他物品提供和使用方面的内容。在销售食品及其他商品的加盟连锁体系中，要求加盟店必须使用总部提供的招牌，销售公司统一采购的商品、材料、包装物等物品；在服务业加盟连锁中，虽无商品销售，但也要使用统一的原材料、设备、工具、包装物和其他消耗品。因此，在契约中，必须明确这种物品的种类、数量、购买方式、支付时间和方法等有关内容。

3. 有关提供经营技术的内容。加盟总部对加盟店有传授经营技术的义务。这种传授通常采取经营手册、技术培训、经营指导等形式实现。例如，对加盟店选址、商店设计和创业准备等活动，总部给予全面的指导帮助，协助加盟店做好开业准备，并在营业过程中持续地进行经营指导。

4. 设立加盟店地点及目标市场的内容。“位置、位置、还是位置”，位置始终是开店的第一要素。加盟店的经营成败，在相当程度上取决于有无有利的地理位置。在加盟连锁中，关于位置和市场范围的划分双方必须明确。

5. 商店装潢设计及制服统一方面的内容。连锁商店对外应当是一种统一形象，这是总部刻意追求的效果，也是消费者的一般观念。在加盟合同中，需要对统一的商店装潢设计、商店布局、着装等作出明确规定，以达到统一形象的目的。如总部统一规定加盟店的装潢设计风格，统一规定制服款式。一般由加盟店承担所需费用。

6. 促销活动的内容。总部为了谋求整个加盟体系的发展，要组织共同的广告宣传促销活动；有时也为部分加盟店从事专项促销活动；也有时统一决定促销方式，由各加盟店分别进行。至于广告费用的支付，须分别按不同的方式在合同中明确规定。

7. 质量管理方面的内容。加盟店经营的商品或服务，是加盟连锁独特的商品或服务，必须保持一致，不允许发生质量下降和特色改变等情况。因此，加盟合同中需要明确规定质量标准、保持特色方法、质量检验和控制等方面的内容。这些要求在总部发给加盟店的营业手册中均有明确详细的说明。

8. 加盟金方面的内容。加盟店得到总部有关经营其独特商品—服务系列技术的授权，需要以等价交换原则支付一定的费用。一般费用有两类：一是加盟金，即在签订加盟契约时一次性支付的金额。加盟金是一次性取得特许经营权的费用。有的国家把加盟金一分为二，开业前作为开办费叫加盟金，开业后作为商标使用权和持续性指导服务缴纳的部分称作权利金。二是附加费，即加盟金之外用于为加盟店服务的费用，契约中一般均有具体说明。

9. 合同的期限、更新与解除的内容。任何合同均有期限，加盟合同也不例外。作为维系加盟关系的加盟合同，往往通过先确定一定的期限，待期满后再决定是否续约。我国2007年5月1日起正式开始施行的《商业特许经营管理条例》第13条规定，特许合同年限一般不得少于三年。但实际上我国目前特许合同期限一般在3～8年者居多。一般情况下，技术难度大的，合同期限相对长一些。合同自生效日起的规定年限内有效。在合同期满前3个月，如果双方未提出任何有关中止合同的意向，合同自动延长一年，以后依此类推。

10. 合同中违约现象的处置规定。合同中一般还规定在合同有效期间，由任何一方导致出现下述事项，均可向对方提出书面通知，主动解除合同：①票据或支票未按期支付，被银行列为拒绝受理户时；②总部解散或加盟者死亡；③出现明显伤害对方信用的行为；破产、公司改组、被查封等。

（三）加盟合同上易出现的问题

如前所述，加盟合同对于避免双方日后产生纠纷至关重要。但也有些加盟者，常常因为加盟合同不完善的问题，为日后纠纷埋下隐患。加盟合同方面容易出现的问题主要有：

1. 合同观念不强。据统计，有32.4%的加盟店认为，合同只是一种形式，与总部的商谈更重要；有19.8%的加盟店平常不太在意，发生纠纷时才认真对待合同。两项相加比例高达52.2%。

2. 签订合同时未经认真研究。有相当一批的加盟店，在签订合同时对有关合同内容的详细说明没能进行仔细认真的研究。

3. 合同中存在不明确事项。调查显示，合同中虽受重视但仍不明确的项目有：保证金、权利金支付项目；广告费负担；营业时间；店址；广告宣传的实施；禁止加入其他连锁事项；最低销售额。

4. 合同期限不合理。调查表明，我国加盟合同期限大部分为3～8年，8年以上的很少。期限太短加盟店难以收回投资，太长又易束缚加盟店的自由。

5. 解约条件的问题。在大多数合同中，均有关于解约条件的说明。其中可能存在的主要问题有：一是解约条件模棱两可，语意不确；二是解约条件对双方不平等，总部占优势；三是解约后对加盟店限制较严格，限制期间长，超出保护商标、商号的需要。

(四)加盟合同的完善措施

针对加盟合同上存在的这些问题,改善加盟合同的措施主要有以下几项:

1. 签约前认真调整,仔细分析,慎重决策。加盟契约是一种法律文件,一经签订,便具有法律效力。加盟店和总部双方都应在签约前做认真的调查研究工作,在仔细研究、反复考虑的基础上行事。加盟连锁制度在一定意义上是一种总部居优势的制度,作为加盟者更应该谨慎行事,不可盲目听信材料介绍,对现有加盟店的业绩材料不充分的要留心,对所需资金的说明含糊不清的要警惕。

2. 建立公开制度和登录制度。为使加盟店不受蒙蔽,降低风险,建立加盟连锁公开制度是一种行之有效的方法。公开制度是依据法律规定,对在达成加盟关系前,总部必须向加盟店公开事项的制度规定。

公开制度在西方发达国家连锁经营发展过程中起到了重要的作用。在日本,除公开制度外,尚有日本加盟连锁协会建立的登录制度。在我国,2007年1月31日国务院通过的《商业特许经营管理条例》中第21条对此进行了规定:"特许者应在正式签约至少30天前,以书面形式向被特许人提供本条例第22条规定的信息"。(《商业特许经营管理条例》详见附录一)

3. 做好拟定契约文件工作。加盟连锁总部均有标准合同文件,但仍需要结合加盟店具体情况逐项研究。在拟定合同文件时要做到:毫不遗漏地把所有重要事项列在契约中;详细规定契约内容,避免简单、抽象,尽可能做到明确、具体;文字表述准确、易懂,前后一致;契约内容符合社会道德规范和法律;注意契约内容公正、公平。

4. 完善有关加盟连锁的立法和司法工作。加盟连锁制度是一种新制度,即使在已有几十年发展史的西方发达国家,也有很多问题。如立法上相互矛盾、未充分考虑加盟连锁特点、司法掌握上不公平对待加盟连锁等,这样的情况并非绝无仅有,所以,还需要依靠立法工作和司法工作的改进来加以改善。

四、连锁加盟双方矛盾关系的处理

就一般业务经营管理而言,加盟连锁与直营连锁、自由连锁没有本质差别。加盟连锁在经营管理方面的特殊问题,一是来自总部,二是总部与加盟店之间关系两方面的问题。加盟连锁既不像直营连锁那样控制程度很高,又不像自由连锁那样各分店有较强独立性,而是一种兼有统一分散两方面特征的类型,由此便产生了发展过程中总部与加盟店之间的一系列矛盾关系。

(一)总部易出现的问题

总部的问题较为显著的有以下几点:

1. 无能总部问题。这是指总部经营能力差，职能欠缺，无力履行总部职能。

2. 商品开发能力较差。加盟体系的发展，相当程度上依赖于商品—服务技术的开发与革新，这项工作是加盟连锁总部应该承担而加盟店不可能承担的。

3. 扩充加盟店速度太快。由于同行之间竞争激烈等原因，许多总部不顾现实条件，急于扩充加盟店，这种扩充造成了总部其他职能的弱化。

由于这些问题的存在，导致了连锁体系总部和加盟店在协调方面出现矛盾。

（二）总部与加盟店之间容易发生的问题

有以下几方面：

1. 总部问题导致加盟店的忧虑和不安。加盟店感到焦虑和不安主要体现在："无法接受总部提供的新产品、新项目"，"总部增加了加盟店和直营店，使竞争加剧了"以及指导能力降低、费用加大和沟通欠佳等方面。

从国外连锁经营发展的情况看，加盟店对总部的不满主要体现在：没有获得期望的收益；商品的价格受到限制；劳动时间太长；总部提供的商品、服务、商标等不像预期的那样有竞争力；设备投资所需资金太多；指导不力，次数少；自主经营受限制；合同期限太短；权利金太高；等等。

2. 加盟店对总部不满。造成加盟店不满的原因主要有两点：一是与总部接触、磋商过程中未得到充分资料；二是虽然得到充分资料，但由于环境变化导致经营不利。

3. 未使加盟者得到充分资料信息。日本《中小零售企业振兴法》中明文规定总部有提供真实情况的义务，内容包括加盟金、保证金、销售条件、经营指导内容、商标、商号、契约期间及更新、解除等项目。我国《商业特许企业管理条例》（后文简称《条例》）也对此项目内容进行了规定（见《条例》第三章第二十条至第二十三条）。

（三）加盟店的问题

加盟店的问题较为常见的有：

1. 要求总部给予过多的支持；

2. 不从总部进货或采购原材料；

3. 超范围经营；

4. 不按期缴纳有关费用；

5. 脱离控制倾向明显等。

（四）解决办法

针对前述加盟连锁发展中出现的问题，可采取如下解决措施：

1. 充实总部职能。加盟连锁事业是一种总部主导型的经营活动，总部各项职能充实、经营管理制度健全、有较高的信誉和雄厚实力，才能带动整个连锁体系发展，缓解加盟店的不满情绪，增强责任感，带来事业的真正发展。

2. 建立为加盟者服务的咨询系统，实行企业备案制。加盟前未能充分了解连锁体系的实际情况，是导致不满的一个重要原因，所以有必要建立为加盟者服务的咨询系统。日本加盟连锁协会于1983年4月开始实行加盟连锁登录制度，协会将登录事项提供给有志加盟的企业，供其选择参考。这是充实总部职能的一项促进措施。我国执行特许企业备案制度。

3. 强化总部与加盟店之间的沟通。强化加盟双方沟通的一种较好的方式就是建立加盟店会议制度。日本的大型加盟连锁都设有此项制度。我国的许多大型连锁企业也每年举办一次年会，也就是加盟店会议。加盟店会议设置的活动主要有：①总部与加盟店之间交换信息，增进关系；②总部经营目标、战略的传达、渗透；③加盟店对总部经营提出意见和建议；④加盟店的福利、保健、教育、研修活动等。

4. 加强对加盟连锁发展的指导。许多国家都有有关加盟连锁的法律制度和专门从事连锁事业发展调查研究的组织和机构，以加强对连锁事业发展的引导和控制。在我国，发挥该职能的是中国连锁经营协会（CCFA），在我国主要大城市也成立了地方连锁经营协会，形成了连锁行业组织管理体系。目前，我国通过商务部颁布的一些法规、规章以及连锁经营协会每年举办特许经营大会来加强对特许经营的研究与指导。

案例阅读

“席殊”败在无法控制加盟店

席殊这个名字在中国图书业曾叱咤一时。1998年，席殊成功发展第一家加盟店，随后一年时间，席殊书屋在全国各地发展了100多家连锁店。在2001～2002年间，席殊书屋平均每个月发展20多家加盟店，每家店的投资规模当时为12万元。到2002年，席殊书屋的零售网点已经超过了600家，成为国内最大的民营书店连锁。席殊本人也被冠以知识分子、书法家、商界领袖、民主党派人士等诸多头衔。

但在2002年以后，席殊书屋的销售便开始下滑。2004年，席殊宣布了席殊书屋将在2～3年内在国内中小企业板上市的重振计划。但2006年2月席殊员工掀起离职潮，又纷纷通过劳动仲裁、法律诉讼等形式追讨工资和报销费用，加上出版社、加盟商对席殊公司的讨债，席殊用近10年时间打造的庞大连锁体系瞬间解体。

在上海某出版社工作的知情人士向记者表示，根据最初的规划，席殊书屋的盈利点在批发，通过建立自己的连锁店网络进行统一采购、统一配送和统一结算。然而事实上，席殊书屋在采购、配送和结算的统一上都存在问题。行业的信用缺失，导致公司的很多应收账款难以及时回笼，而图书物流周期长、成本高的特性，使席殊要为620多家门店提供物流的想法一直难以实现。

此外，席殊书屋在全国多数省市都有网点，分布分散，同时各自的规模也比较小。市场上每年销售20万种书籍，不同地区的消费品种也不尽相同，给统一采购带来困难。独自面对批发商时，加盟店自身的规模也决定了他们拿不到合理的价格，影响着利润。

"鼎盛时期，席殊连锁的年销售额能达到3亿元，但这些资金很难进入总部进行调配。"上述人士表示，由于对各加盟店的掌控不力，除各加盟店所交纳的加盟费用，席殊一直找不到其他有效的利润增长途经，这是导致席殊书屋连锁资金链最后断裂的根本原因。

（资料来源：http://www.flyhorses.com/Join/2008－08－12）

点评：席殊书屋是中国第一家也是最大的全国性民营连锁书店，作为业内的新生事物，在4～5年后就开始走下坡路，不到10年就失败的经历让我们感到惋惜和警醒。分析席殊书屋失败的原因，主要有以下几点：

第一，对图书行业内在规律、特点的把握不够，从而不能按照自己预想的连锁模式实现连锁的高效运转。

第二，对加盟商的控制体系不得力。特许体系必须有强大的服务、支持、管控能力，三者相互制衡，缺一不可，而席殊书屋却缺乏这些能力。

第三，资金链断裂。保持连锁企业资金链连续是基本保证，席殊书屋虽然是特许加盟连锁，可以获得加盟费，但总部的体系建设和渠道支持投入仍然很大，而体系内的销售额又不能自己掌控，有些资金利用不上，同时又没有新的利润源。

五、连锁加盟双方利益关系的分析

加盟双方是一对矛盾统一体，双方在利益上由于所有权的不同而产生矛盾，由于共同的目标而取得一致。所以，双方的利润分配应坚持以下原则：①双赢原则；②按利润来源比重，保证相同的利润比例；③视总部提供的利润多寡，决定利益分配；④按业绩和加盟时间长短分配。

下面，我们通过剖析加盟双方的利润构成，分析二者利益关系的根源。

(一)加盟者的利益

加盟者的利益包括无形利益和有形利益两大类。

1. 无形利益的来源。一般认为,以连锁方式经营或加入连锁体系,有80%以上的成功机会,原因就在于加盟店在开店之初,都可以从总部获得经营方式(Know - how)或者整套的“营利公式”(Business Format)输出。具体有以下几项:

(1)开店的协助。加盟者可以获得总部在店址选择、商场配置与规划、开张时的准备与促销、人员支持等方面的大力协助。

(2)人员的培训。店铺人员素质的高低,直接影响了店铺经营的成败。总部给加盟店的店主和店员提供在示范店里实习的机会,并针对其经营和管理等方面的能力进行分门别类的专业培训,让“新手”变成“高手”。这使新店开始营业时,就能提供给顾客最好的服务。

(3)商品的结构规划。商品的种类繁多,结构复杂,任何一位加盟店店主都很难做到对这些情况的全部了解,而总部各部门的商品经营人员,在自己的工作领域内由于不断搜集资料而成为专家,可为加盟店提供帮助。在总部的协助下,加盟店可了解商品的结构规划,这涵盖了商品部门的大、中、小分类,各类商品的结构化,高、中、低品质搭配等多个方面 ,并能了解定价策略,掌握进货渠道和进货原则等。

(4)经营指导(SV 指导)。店铺开张后,所碰到的问题非常多。总部的监督人员(SV)会不断地给予协助解决。SV 人员的最大作用就是他们随时巡回于各店之间,吸取各店的经验教训,提出改进的意见,并将这些成果提供给各店参考,以此来提升各店的经营管理水平。

2. 有形利益的来源。有形利益指的是直接利益的获得。连锁店的利益来源,主要是靠销售商品的价差(毛利),毛利再减掉费用,才是真正的纯利润。因此,毛利率越高,费用率越低,则纯利润也就越大。

连锁经营之所以能成为零售业的主流,主要是因为连锁经营能发挥两个最大效能,即“以量制价”和“机能代位”。连锁店直接利益的获得,主要就是来自这两部分。“以量制价”指的是以增加采购数量,要求厂商降低价格,从而降低进货成本;“机能代位”指的是将店铺的机能,尤其是采购、会计、管理、促销活动等机能,移交总部负责,以减少人力并降低费用。这两大效能使连锁店实现了直接利益的增加和费用的减少。

(1)直接利益的增加。加盟者在加入连锁系统后,将增加以下直接利益:

①通过降低进价,提高毛利率。连锁企业集合了无数家店铺的力量,大大增加了采购量,不仅确保了销售渠道畅通,也加大了单位数量并减低了送货成本,从而能取得较低的进货成本并扩大利润。

②取得商品进货推广费用。为了确保厂商的新产品能有一定的销售数量，连锁总部在与厂商讨论进货事宜或议价时，通常要求其支付一笔费用，以作为店铺协助厂商陈列商品并向消费者介绍的推广费用。连锁企业的店铺众多，其销售数量一般都颇为可观，因此这项费用厂商大多愿意支付。

这项费用，许多连锁店大多称为“上架费”，新品进店收进店费，非新品收取陈列费、堆头费、展示费。现因法律的限制，今后可能会使用不同的名称。

③取得进货折扣。厂商为取得店铺的配合，而店铺也为了集中力量以降低成本，通常双方会就进货折扣问题加以讨论。一般都是就整年度折扣进行商谈，现在也出现了所谓“半年度折扣”“季折扣”甚至“月折扣”的情形。总部取得折扣后，再按事先的约定，回馈给各连锁店，这也逐渐成为加盟店一笔可观的收入。

④取得促销利益提高销量。总部设有专人统一规划各加盟店的促销活动。促销活动可以增加来客数并提高顾客购买欲，营业额增加后利润也就自然增加。

⑤增加其他利益。连锁企业通常具有较高的知名度，因此较易获得厂商的青睐与信任，还可以增加各种其他收益，包括：①场地出租费。如引厂进店、出租柜台。②特殊位置，如进出口处、收银台旁、端架等的陈列费收入。连锁店可诱导厂商将商品陈列于此，要求其缴纳适当的陈列费收入。③广告费收入。如将店铺橱窗、走道、墙壁等出租给厂商贴海报或做灯箱广告。④店铺陈列面积增加的利益。如连锁企业建立的商品供给的 JIT（Just In Time，零库存）系统，店铺的仓储面积缩小，卖场面积扩大，展示商品增多，顾客选择机会增加，这可提高营业额。⑤服务性商品的开发，如代售邮票、公用电话卡、球票、电影票、彩票等收入。⑥废品处理的收入等。

（2）费用的减少。加盟后，加盟者的费用将有所减少，体现在以下方面：

①投资成本减少。这主要体现在两方面：一是店铺装潢费用、连锁店店内器材的购买费用减少。因为总部与供应商长期的合作关系和大量的购买，当然比独立自己找厂商然后议价要便宜。二是加入连锁体系可利用总部大型电脑的中央处理系统。加盟店只需自备简单的终端系统，然后与总部连线，就可利用大型电脑的管理机能，而无须自行开发或购买软件。

②机能代位的成果。一家店铺的营运，包含了无数的机能运作，如商品开发采购、商品进货验收、陈列、店铺的清洁、顾客服务、会计工作、财务工作及公关工作等，独立店铺的员工要完成这些不同专业的工作或不可能，或费用大得惊人。加入连锁组织后，可将店铺的许多工作（机能）移转给总部，由总部代劳，如此便可降低人力、物力等的支出。这主要体现在采购机能的代位、管理机能的代位、店铺经营人员的减少上。

③管理自动化的成本降低。连锁店如果能应用条码技术,EOS、POS、VAN和EDI系统等,则从订货开始到付款结束,因为与总部、物流中心、特约厂商连线可自动完成,甚至于进出货传票、发票等都可以由电脑来传输,付款也可运用金融物流中的汇款方式由银行代为处理。这样做不但节省了人力,而且管理的品质更精致与严密,损耗率也会相对降低。

④共同负担费用的减少。以广告费的支出为例,连锁店为提高知名度,需要以广告吸引消费者,而连锁店铺愈多,各家店铺所负担的广告费用就越少。

⑤利息负担降低。连锁总部会代替各连锁店与银行斡旋贷款事宜,要求银行把偿还期限拉长,或适度降低利率,这就使各连锁店降低了经营压力。

⑥减少研究发展的支出。连锁企业的各项技术的研究与发展大多由总部负责,而各加盟店的最大任务是做好顾客服务以提高营业额,因而,加盟可大幅度减少研究发展的费用支出。

（二）连锁总部的利益

连锁总部吸收加盟者加盟,也可获得利益。具体有无形的利益和有形的利益两大类。

1. 无形的利益。包括:

(1)发挥垂直整合的优越性。如确保总部产品的销售渠道;带动总部营业额与利益的提升;流通成本的降低。

(2)无形资产的累积。众多店铺的不断累积,Know-how成为总部无形资产;树立了良好的形象,因为开店愈多,与顾客接触的点就愈多,可以形成点、线、面串联的整体效果,这将在顾客的心中留下强烈而深刻的印象。

(3)风险的分散。同分散放鸡蛋的道理一样,这样连锁体系不会因单店经营的好坏而受影响,因而提高了经营的稳定性。

2. 有形的利益。企业的经营,以获取利润为目的,即使是无形资产的获得,也是为了达到赚钱的目的。连锁总部相对于连锁店,其本身也是一个个体,是一个独立计算损益的单位,所以其利润来源和独立店一样,也必须从利润的提升与费用的降低来着手分析。

(1)利润来源的增加。连锁总部利润来源的增加,主要得益于规模经济。

①低价进货及毛利的提高。随着连锁店的拓展,采购数量逐渐增多,连锁总部与厂商的议价能力逐渐加强,即以量制价。

②营业额提升的利益。本身规模的扩大,在市场上将会产生排挤效应,在市场容量不变的情况下,本店顾客增加,则代表了其他店铺顾客的减少。这是一种自然的正增长趋势。

③品牌、商标、技术等的授权收入。加盟店有依合同缴纳各项费用的义

务,这些都是总部应享有的权利。这些费用又包括三项:

其一,加盟金。连锁总部开发的 Know - how、名称和商标,是加盟店的价值源泉和经营之本。被授权者加盟时必须缴纳的第一笔费用,就是加盟金(Franchise Fee)。加盟金是第一次付完后就不需再支付的。比如重庆小天鹅A,B,C,D 四级连锁店的加盟费分别是 12 万元、18 万元、28 万元和 38 万元。

其二,权利金。权利金是店铺开张后按月支付的费用,在美国通常是按总营业额的固定百分比支付;在日本则多是按固定金额支付;在国内则两者皆有,支付比例多为 3%,如永和豆浆的权利金收取定额为 6 000 元/月,按比例支付则为月营业额的 3%,两者选一。

其三,保证金。连锁加盟时,通常要缴纳保证金,尤其适用特许连锁、自由连锁体系中的超级市场或便利商店。保证金通常以现金、本票、银行定期存单或不动产来抵押,在合同期满或解约时退还。保证金金额的计算,通常需考虑总部供给加盟店商品或器材的多少,在超级市场或便利商店的特许连锁体系中,大约是商店经常性库存的余额。比如,重庆小天鹅 A,B,C,D 四级连锁店的保证金分别是 3 万元、5 万元、8 万元、10 万元。

④广告费用。这是指总部向各加盟店收取的用于整个连锁体系广告宣传的费用,通常包括广告、促销、海报、传单等费用。

(2)其他项目收入。其他可考虑运用以增加总部利益来源的有:

①付款折扣。当市场资金紧张,而总部的资金充裕,则可以改为以现金方式支付货款,同时要求厂商给予部分比率折扣。此时厂商一般会同意,而通常折扣下来的金额会比银行的利息高。

②折让。商品价格议定后,总部购货人员会就业绩、数量与厂商谈判折让条件,销售量越高,折让要求的比率也就越大。

总部与厂商谈妥供货价与折让比率后,如果设有物流中心,总部会尽量要求厂商将其商品先运入物流中心,并会就物流成本向厂商要求"入仓折扣"。物流中心因专业化而效率高,其费用率会比总部要求的折扣率低,也可以成为总部的间接收入。

③新商品特价供应。有些超市对新商品不只收取"推广陈列费"(或称上架费),也会要求以特价供应一段期间,这会增加来客数或带动其他商品的销售。

④手提袋赞助收入。连锁超市要求在商品的进货金额中,扣取 1% 作为制作手提袋的赞助款,理由是,手提袋费用与包装费用相当。手提袋的厂商广告费用,也很可观。

⑤促销广告赞助收入。办理促销活动,需要一些辅助器材或用品,如陈列器具、POP、DM、红布条等。这些支出费用,连锁总部也可要求厂商部分

支付。

⑥新店铺开张赞助收入。连锁总部经营一段时间后，通常会向厂商要求一定的金额作为新店铺开张的赞助。例如，一家大型的连锁超市要求厂商，只要超市有新店开张，就从货款中扣除16 000元作为赞助金。总部此举的理由是，“我每开一家新店铺，厂商不费吹灰之力，就得到了卖场，而总部在开设一家新店铺时，需要投入大量人员去开发、评估及设计，同时又要投入很多资金去购买设备并进行装潢，而新开的店铺是供厂商陈列商品做生意用的，这些开店费用的支出，理应由各厂商共同予以赞助”。

⑦周年店庆赞助收入。连锁店铺较多，除各店自行办理的庆祝活动外，还会选择一个适当的日子，由所有的店铺同时再办理一次店庆活动。店有喜事，厂商自然又得恭贺。周年庆的赞助目前已成为一种惯例。

(3)减少费用支出。费用支出的减少，也就是利益来源的增加，这均源于规模经济。连锁企业规模的扩大，会使整个企业整体管理成本、店内器材及装潢成本、广告宣传成本等支出减少。

(4)物流成本的降低。商品的物流成本占总成本很高的比例，降低了物流成本相当于提高了利润空间。日本7-11认为，要在某一地区占有优势，就必须至少开设100家连锁店，原因在于达到100家之后，物品流通费用便可大幅降低。以牛奶、饮料为例，如果对加盟店的服务条件(配送次数)相同，一般流通运输费用就占了交货价格的17%~18%，而当店数达到100家时，流通费用就可降到13%~14%。事实上，连锁店要降低1%的商品成本率都不容易，可见降低4%的流通费用，对经营者的意义多么重大。

复习题

1. 开发新店需遵循哪些原则?
2. 影响商圈分析的基本流程是什么?
3. 影响店址选择的因素有哪些?
4. 简述盟主如何选择合格的加盟者。
5. 简述加盟者如何选择优秀的连锁体系。

案例一

杨国福的成功加盟管理

杨国福麻辣烫在全国拥有5 000多家门店，覆盖34个省级行政区；每年新增店面1 000家，平均每天约开3家新店；开创按斤称重的售卖方式；单店单日最高营业额4万元……

在这么耀眼的成就中,杨国福麻辣烫曾一度停止加盟,之后再重整旗鼓,逐渐成为如今的麻辣烫领军品牌,门店遍地开花,并在市场变化极快的餐饮连锁加盟领域中备受瞩目。

我们来看看杨国福是如何应对加盟的风险和挑战的。

一、磨砺9年门店扩张到800家

2003年,杨国福在哈尔滨开了第一家麻辣烫店,取名为杨记麻辣烫,这个行为在今天看并没有什么出奇的,麻辣烫是国民小吃,开一家店太平常不过了。

但当时杨记麻辣烫做了几点改良:一是将传统麻辣烫从路边摊的消费模式拉回到了室内;二是将麻辣烫做成了一道菜,开创了麻辣烫按碗销售的模式。

由于味道不错且经营模式新颖,杨记麻辣烫放开了加盟,第一批加盟商来自创始人杨国福的亲友。加盟比起单店经营的好处在于能快速收到顾客的真实反馈,比如说按碗销售的模式虽然出餐快、可控制,但也有顾客反映固定的菜品太无趣了。

这时候,市场上开始有了新的麻辣烫品牌,杨记麻辣烫按碗销售的模式被大规模抄袭。这时候,杨国福认为杨记麻辣烫按碗销售的模式应该升级了。

2007年,杨记麻辣烫改名为杨国福麻辣烫。个人IP建立后,2009年,杨国福麻辣烫将按碗销售的经营模式全面升级为按斤销售。

2012年,杨国福麻辣烫凭着800家门店走出了东北,走向了全国,这时候,创始人杨国福意识到,麻辣烫的消费点应该是营养和健康,散乱发展将成为品牌生存最大的障碍。此后,杨国福麻辣烫将门店再次升级,又开创了单锅煮、可以喝汤的经营方式,在视觉上主打暖色调,“幸福的味道”品牌Slogan也在这时推出。

二、加盟失控,加盟商不服管

“2012年东北市场基本饱和,如果想要获得最新的技术和管理经验,一定要走到世界的前沿,了解更大的市场,才能更好地服务加盟商。”杨国福说,这一年他将公司的总部搬到了上海。

然而,令他没想到的是,总部搬到上海后,尽管扩张的速度加快了,但新的问题也随之而来。在加盟过程中,杨国福麻辣烫面临的一个问题是:加盟商的自我意识很强,会超越公司的管理标准,按自己的想法经营。有时候甚至会直接忽视总部统一进购的要求,用成本低廉的原材料。

“如果放任这种情况的发展,加盟店的管理很快就会失控,加盟商声誉的损毁也会影响品牌的形象,企业容易崩盘。”杨国福说。

加上杨国福麻辣烫原本与区域加盟商合作,延长了管理链,如果出现问题不能及时解决，那么总部权力会被架空，出现问题后只能被动地解决。

此时杨国福停止加盟，进行内部整顿。经过分析他发现，以往店面不受管控，大部分都是因利而生。所以，杨国福认为，加盟商的品德是重中之重。

如何来判断一个加盟商是否靠谱？杨国福的做法是亲自和加盟者谈话，“一个人三句话不离老本行，他的价值观是什么、他看重什么，你可以从他的过往生活、工作、家庭等很多事情上判断出来，也能判断出他与你的发展价值观是否相同。”

杨国福认为，品德和价值观一致才能支撑彼此共同走下去，“品德、热爱行业、服从管理是三个不变的标准。第一个做不到，其他都是泡影。”

三、解决加盟乱象，实现双方共赢

为解决加盟商不服管的问题，杨国福将5年的加盟周期，大多改为3年一签加盟合同，并限制区域代理，大多坚持单店合作。这是因为如果签区域代理，时间一长就可能会出现“国中国”的状况，你插不进去手，而问题反馈也会来得更慢，这对于加盟管控就很被动。

当然，这样的思虑并不代表会完全取消区域代理商。据杨国福麻辣烫副总裁徐明哲介绍，公司目前有14个代理商，负责全国20多个省份的店面管理和开发，团队大概有300多人，加上总部团队300多人，共计600多人，为广大加盟商服务。

在快速的连锁加盟中，杨国福麻辣烫还出现了直营店和加盟店产品品质不一、口味不稳定的问题。

“要解决这个问题，必须实现产品标准化。”如何实现产品的标准化？杨国福首先是制定了统一的产品标准：麻辣烫的骨汤要熬够5个小时、面粉采用标准化炮制、菜品采用标准化清洗……还规定了店面50%的食材都由总部供应，另外的50%由具备ISC检验报告等资格证书且总部备案、统一认证的供应商提供。

除了规定专门的标准化操作流程外，加盟商还要到店面跟着师傅学习7天时间，只有师傅评判技术合格过关，才能得到“pass卡”。

为提高加盟商的综合竞争力，杨国福还自建了成都研发生产中心和商学院。其中成都研发生产中心面积达40 000多平方米，是世界上最高端的工业4.0工厂，专注于产品的研发和创新，其根据各地食客不同的口味需求，研发近百种创新配方，并不断进行筛选和改良，让麻辣烫的口感和味道别具一格。

而商学院一方面用于公司人员的培训、管理，打造自身的服务平台，再辐射到代理商，形成服务市场层面的独有体系，增加公司人员与厂家的互动。另一方面，从店面运营、卫生安全、消防安全，到如何提升店面营业额，都做了整体培训规划，为加盟商提供更好的系统化培训。

除此之外，为了让加盟商更加快速细致地了解麻辣烫文化，杨国福还将建成麻辣烫文化馆，让更多的人了解巴蜀文化，喜欢上麻辣烫。

对于加盟商的店面，杨国福开始统一品牌形象，果断地砍掉了因脏乱差、选址不佳、游走在盈利与亏损边缘的店面。“如果要让餐厅的环境跟上菜品，门店形象可以两年翻新装修一次，这样做的好处是，让顾客感觉到企业的升级，并且增加体验感。”

杨国福表示，统一装修风格后，还可以降低店面装修成本，有效缓解加盟商的资金压力，提高资金的有效流通率。

考虑到加盟商对经济付出的忧虑，杨国福意识到仅仅整改店面治标不治本，不能只顾“面子”，还要从科学的选址上带来流量。

为此，杨国福将拓店的选址多聚集在学校、商业中心甚至机场高铁站等具有商圈辐射、人流量较密集的区域，方便顾客记住店铺位置的同时，也为店铺带来更多的关注度。未来杨国福麻辣烫还将加大力度发展更多的形象店，满足潮流客户的体验需求。

近两年，杨国福麻辣烫全面启动了品牌升级战略，统一店面视觉形象，提升服务品质和店面管理，为未来3～5年全国战略布局打下坚实基础。

如今，杨国福麻辣烫已经形成了5 000+加盟店的庞大体量，并且成活率罕见的保持在90%以上。对于这一点，杨国福觉得，核心就是为加盟商负责。

“加盟商来加盟品牌，目的就是为了赚钱。在这个过程中，品牌商不能只是为了赚加盟费，而是要让加盟商赚钱，让店面成活率更高，大家一起赚市场的钱。”杨国福说。

所以，杨国福除了对加盟商有很严格的入门考核外，还会让总部、区域代理给加盟商进行周期性的诊断支持。

比如，一个区域的某个或者某些加盟店开业后，业绩没有达到预期，首先代理商会派人去调查原因，反馈给总部企划，企划要快速反应，进行经营方案调整，看究竟是产品问题、管理问题、营销问题还是人员问题，针对这些问题一一解决。总部还会给予进行调整的资金支持等。

曾经，江西市场的部分杨国福加盟商开业效果不好，杨国福麻辣烫总部直接派了十几个人，驻店两个月，全面调整店面运营，将营业额从2 000元/天，提升到了4 000元/天。

杨国福认为，要把加盟商的店，当自己的店来对待。因为很多加盟商并不是很有钱，一家店的投资成本现在几十万，高的上百万，如果加盟商不赚钱，他不可能配合你的管理。

据了解，杨国福麻辣烫最新的拓店计划是，到2020年末，在国际市场开1 000家店，国内要做4 000多家店。其中，随着杨国福加盟店的增多，直营店的数量也将有所调整，而上海总部2018年的开发任务是增加至100家。

“虽然说商业社会更看重市场价值，但其实每一家加盟店都是加盟商的一项事业，对事业的热爱，这种情感的支撑，才能让加盟体系更稳固。”杨国福说。

（资料来源：http://dy.163.com/v2/article/detail/EDVF1FCU0518TCH6.html）

案例思考题

1. 请说说杨国福麻辣烫的成功开店策略有哪些？

2. 我国的地方小吃有很多，但消费者消费升级和生活快节奏的特点，使得有些小吃不能适应市场，但也有不少小吃有一定的市场潜力，请选择一两个小吃品牌，策划一下连锁经营的可能性。

案例二

肯德基的选址策略

不管开什么店，选址总是开店创业的第一步，开店如何选址？肯德基开一家火一家，肯德基选址无疑是成功的，肯德基的选址策略是什么呢？肯德基的选址方式有哪些特色？选址就是选商圈、选市场、选顾客、选成本。而一个店铺的市场同样包含人数、购买欲望、购买力等因素。

一、选择人流量较大的地段（人数多）

人流量较大的地段有：①城镇的商业中心；②车站附近；③医院门口；④学校门口；⑤人气旺盛的旅游景点；⑥大型批发市场门口。

营业地点的选择与营业内容及潜在客户群息息相关，各行各业均有不同的特性和消费对象，黄金地段并不就是唯一的选择。有的店铺开在闹市区，生意却还不如开在相对偏僻一些的特定区域，例如卖油盐酱醋的小店，开在居民区内生意肯定要比开在闹市区好；又如文具用品店，开在黄金地段也显然不如开在文教区理想。所以一定要根据不同的经营行业和项目来确定最佳的开店地点，要选择合适的店面，并不是越热闹的地方越好，关键是要因行制宜。

二、针对目标消费群（购买欲望）

肯德基的目标消费群是年轻人、儿童和家庭成员。所以在布点上，一是选择人潮涌动的地方，如在汽车站、火车站等交通集散点周边设点；二是在年轻人和儿童经常光顾的地方布点，比如在儿童乐园附近设点，方便儿童就餐；

在人流量较多的广场开设店中店,吸引逛商场的年轻人就餐。

三、竞争对手跟进策略

肯德基对快餐店选址是非常重视的,选址决策一般是两级审批制,通过两个委员会的同意,一个是地方公司,另一个是总部。其选址成功率几乎是百分之百,是肯德基的核心竞争力之一。肯德基与麦当劳市场定位相似,顾客群基本上重合,所以在商圈选择方面也是一样的。可以看到,有些地方同一条街的两边,一边是麦当劳另一边是肯德基,这就是肯德基的跟进策略。

四、着眼于今天和明天

肯德基布点的一大原则是合同一定二十年不变。对每个选址地点的开与否,都通过三个月到六个月的考察,再做决策评估。重点考察是否与城市规划发展相符合,是否会出现市政动迁和周围人口动迁,是否会进入城市规划中的红线范围。进入红线的坚决不碰;老化的商圈坚决不设点。有发展前途的商街和商圈,新辟的学院区、住宅区,是布点考虑的地区。纯住宅区则往往不设点,因为纯住宅区居民消费的时间有限。比如在石景山区的鲁谷社区就没有麦当劳和肯德基,原因是该社区是纯住宅社区。

五、讲究醒目

肯德基布点都选择在一楼的店堂,透过落地玻璃橱窗,让路人感知肯德基的餐饮文化氛围,体现其经营宗旨——方便、安全、物有所值。由于布点醒目,便于顾客寻找,更吸引人。

六、不急于求成

黄金地段黄金市口,业主往往要价很高。当要价超过投资的心理价位时,肯德基不急于求成,而是先发展其他地方的布点。通过别的网点的成功,让“高价”路段的房产业主感到引进肯德基有助于提高自己的身价,于是再谈价格,重新布点。

七、优势互补

肯德基开设“店中店”选择的“东家”,有不少是牌誉较高的百货店和写字楼、购物中心等。知名百货店、写字楼、商业中心为肯德基带来客源,肯德基又吸引年轻人逛商店,起到优势互补的作用。

八、选址步骤

第一步:划分商圈——用数据说话。

肯德基计划进入某城市,就先通过有关部门或专业调查公司收集这个地区的资料,有些资料是免费的,有些资料需要花钱去买。把资料买齐了,就开始规划商圈。

商圈规划采取的是记分的方法，例如，这个地区有一个大型商场，商场营业额在1 000万元算1分，5 000万元算5分，有一条公交线路加多少分，有一条地铁线路加多少分，这些分值标准是多少年平均下来的一个较准确的经验值。通过打分把商圈分成几大类。以某地为例，有市级商业型、区级商业型、定点(目标)消费型、社区商务两用型、旅游型等。

第二步：选择地点——在最聚客的地方开店。

商圈的成熟度和稳定度也非常重要。例如规划局说某条路要开，在什么地方设立地址，将来这里有可能成为成熟商圈，但肯德基一定要等到商圈成熟稳定后才进入。肯德基开店的原则是：努力争取在最聚客的地方及其附近开店。

古人云"一步差三市"，开店地址差一步就有可能差三成的买卖。经过对肯德基的选址分析，再环顾周边的快餐店的选址，不禁发现差距之大。分析位置的优劣时，既要分析现时的情况，又要对未来的商业价值进行评估，一些以往不引人注目的地段，也可能在不久的将来会变成繁华闹市。

(资料来源：https://wenku.baidu.com/view/1763ebdea58da0116c174955.html)

案例思考题

1. 肯德基的选址策略对我们有哪些启示？

2. 肯德基是餐饮企业，假如是一个美容院连锁店，该如何选址呢？请大家讨论分析。

第六章
连锁店铺设计与布局

- 连锁店铺设计与布局的基本原则
- 连锁店铺的外观布局设计
- 连锁店铺营业现场的布局设计
- 连锁店铺营业现场的商品布局

连锁店铺设计的实质是店铺形象的问题。店铺形象是店铺外观、内部陈设以及它的口碑效应三者的有机结合。良好的店铺形象有助于增强店铺的竞争力、吸引人才、创造有利的外部经营环境,是店铺的无形资产。因此,塑造独树一帜的店铺外观,精心设计其内部陈设,配合适当的广告宣传提高知名度,对于连锁店铺经营至关重要。

背景资料

永辉超市的商品布局

永辉超市是人们购物常去的选择,之所以如此受欢迎,是因为它在管理、营销、服务水平等方面与其他购物场所相比做得比较好。

永辉超市一般有两层,第一层布局清晰,主要有蔬菜区、水果区、小吃区、熟食区、特产区、海产区、零食区、奶产品区。第二层主要是服装区、生活用品区、家用电器等。永辉的收银台是布局在二楼的,而二楼摆放的物品也是必需品,这样可以使顾客在结算的时候"顺便"买一些吸引自己眼球的东西。

(1)永辉的货架布局主要采用直线式和格子式相结合的布局方法。这种布局方法是最常用的方法,为消费者所熟悉,便于消费者记忆。

(2)货架高度也融入营销的理念,货架相对于其他超市较高。货架顶上摆放的商品在货架上都能找到,顾客在寻找其所需商品可以直观看到。

(3)永辉的货架之间的距离相对于同类超市来说比较宽松,过道也比较宽松,给消费者足够的空间挑选商品。

(4)货架的颜色多为淡白色,边框多为青绿色,看起来明亮、洁净、美观,这不仅给消费者带来视觉上的效果,还融入了永辉环保的理念。

(5)对于必需日用品,货架一般放在明显的位置,这样的商品是消费者日常所用的必需品。因为这类商品周转率高,消费者消费的次数多,多放在明显的位置,便于消费者看见。(比如:化妆品、护肤品、洗发用品等。)

(6)对于非日用必需品,货架一般放在不明显的位置,商品之间有密切联系的,一般布置在临近或对面,以便顾客选购。(比如:汽水类饮料和奶制品饮料、熟食和生鲜食品等。)

(7)蔬果区的货架和同类超市货架有所不同,看起来更有其特色。不同果类都是用木材制作的大筐所盛着,蔬果放在一个个大筐里,看起来很美观,更能吸引顾客去购买水果。

(8)对于促销商品,货架放在比较直观的位置,一般是在卖场入口处、出口处、通道两侧。

(资料来源:http://wenku. baidu. com/link? url = JwZZYiVAjo22xcfdPFM LFw99Vrga297sw-Q4c30BqM_mFymThTjBU - YMIAEoavk3XsfUMtIIOq0YYJ4hHzv4QaY7YkLqhGoPJwmh - 7WtZHrK)

连锁店铺经营的特征之一是各连锁店铺的标准化、统一化、规范化,这就要求必须进行连锁店铺的统一形象塑造。而作为连锁店铺形象塑造重要内容的连锁店铺的设计与布局，必须做到更科学、更实用，才能吸引消费者，促进商品的销售，给消费者带来快乐。由于连锁经营本身具有的“一个店铺是连锁系统里其他店铺的活广告”作用，所以，要对店铺的外观内里设计加以重视。这也属于连锁企业识别系统范畴。

第一节 连锁店铺设计与布局的基本原则

连锁店铺的设计与布局，关系到连锁店经营的成败。由于它是一种较微观的经营手段，所以对消费者的影响较大。店铺的外部布局具有方便顾客和广告促销的作用，它可以吸引消费者注意店铺，并进入店铺。而店铺的内部设计和布局，也叫店堂布局，它的本质是以入口为始点，以出口为终点的消费通道。科学的店堂布局，可以达成最佳的消费通道，使消费流合理流动，促进消费的连续实现。连锁店铺设计与布局应当遵循以下基本原则。

一、刺激消费者的原则

连锁店铺经营的目的是通过让消费者消费而获取利润，而消费者消费的前提是进入店铺，进入店铺前必须先关注店铺，而关注店铺的前提是店铺给消费者以刺激。刺激消费者的手段很多，如朗朗上口的店名，醒目新颖的店名字体，简洁明快的标志，有特色的大门，宽敞的店前广场，五颜六色的条幅等。

二、方便消费者的原则

方便消费者是连锁店铺设计与布局的基本点之一，主要包括以下四项内容：

第一，从交通往来的角度讲：方便消费者到达、离去和寻找店铺。

第二，从交通工具停放的角度讲：停车场要宽敞方便，进出入要畅通无阻，收费要合理。

第三，从进入店铺的角度讲：店门外不能有任何障碍物，以便消费者能顺利方便地进入商店。

第四，从消费者购买商品的角度讲：让消费者在店内能够方便地接触到所有商品，店内所有商品的摆放都能让消费者看得见、摸得着，不论高处、低处的商品，不用服务人员的帮助，都可以自如地取放商品（仓储式商场例外）。

三、促进消费的原则

促进消费原则也就是尽量延长消费者在店内的停留时间，使消费者尽可能地多消费。据统计,到超级市场、百货店、便利店购买商品的消费者,即时性购买的比例占70%~80%。因此,尽可能丰富的商品、新鲜的商品,会大大刺激顾客的消费欲望。顾客在货架前停留的时间越长,购买商品的可能性就越大。

四、创造良好的购物环境,使消费者快乐的原则

连锁店铺是一个取得消费者好感,让消费者留下美好回忆的空间,因此,要尽可能利用售卖空间,达到一举多用,做到照明(灯类)、音响(声音)、装潢布置(视觉)、气味(味觉)、温度(体觉)的有机配合,制造一个良好的、有独特个性的购物环境,带给消费者满意、满足和快乐。

五、安全性原则

连锁店铺是人口聚集的地方,也是货物、资金、设备集中的地方,一旦出现安全事故,损失是严重的。连锁店铺设计应侧重于安全事故的防范和安全撤离。这里的安全事故主要包括倒塌、火灾、毒气、疾病、地震等。

第二节 连锁店铺外观布局设计

店铺的外观布局是指店面和店铺周围环境的布局,它主要起到招徕顾客和方便顾客的作用。我国商业领域的前辈、著名学者万典武曾经著述:商店外观造型协调美,是建筑物的内在美和外在美的统一,是自然美与人工美的协调一致产生的一种美的形式,是功能和结构有机结合的产物。恩格斯说:"希腊建筑表现了明朗愉快的情绪,伊斯兰建筑如星光闪烁的韵乐,哥德式建筑则像朝霞。"突出的商店外观造型应尽量表现在环境优美、心情舒畅、购物便利的协调美感上。

一、店面的设计与布局

店面的设计和布局主要包括店名店号、店标、门口、橱窗的设计和店面用材的选择等内容。

(一)连锁店铺名称及名称字体的设计

1. 连锁店铺名称。一个好的店铺名称,会为企业带来荣耀和利益。如世界著名企业索尼创始人盛田昭夫将"SONY"作为公司产品的注册商标,并将公司名称由"东京通讯工业公司"改为"SONY"公司,这个名字上口易记,得到了消费者的喜爱。连锁店铺命名主要有以下几个原则:

(1)店铺名称的易读、易记原则。易读、易记原则是对店名的最根本的要求,店名只有易读、易记,才能高效地发挥它的识别功能和传播功能。如何使店名易读、易记呢?这就要求店铺经营者在为店铺取名时,做到以下几点:一是简洁明快。名称音节最好为2~3个音节,如"物美"。二是独特醒目。名称具有独特的个性,力戒雷同,避免与其他店名混淆。如"7-11",其店名就非常独特。三是新颖别致。店名要有新鲜感,顺应时代潮流,创造新概念,如柯达(Kodak)一词在英文字典里根本查不到,本身也没有任何含意,但从语言学来说,"K"音如同"P"音一样,能够给人留下深刻的印象,同时"K"字的图案标志新颖独特,消费者第一次看到它,精神就能为之一振,这就更进一步加深了消费者对Kodak的记忆。四是响亮动听。响亮的店名也易于流传,易于扩大其知名度,如亿客隆、物美、华联、联华等。五是高气魄、高起点。店名要具备冲击力及浓厚的感情色彩,给人以震撼感。如"雪亮"眼镜店的"雪亮"二字。

(2)暗示商店经营属性原则。店铺名称应具有暗示商店经营属性的特征,如苏宁电器。但是,店名越是描述某类经营商品的属性,这个名称就越难向其他经营范围上延伸。因此,店铺经营者在为店铺命名时,要充分考虑企业的未来经营战略和品牌延伸问题。要慎重选择过分暗示经营商品的种类或属性的店名。

(3)启发消费者联想原则。它是指店铺名要有一定的寓意,让消费者能从中得到愉快的而不是消极的联想。例如,"物美",使顾客联想到店铺的商品物美价廉;"超市发",让顾客联想到该超市生意兴隆。

(4)支持店标原则。店标是连锁店铺经营者命名的重要目标,当店名能够刺激和维持店标的识别功能时,店面识别系统的整体效果就加强了。例如,当人们听到"苹果"店名时,立刻就会想起那只明亮的能给人带来好运的苹果,这样,苹果这一店名在消费者心目中就留下了根深蒂固的印象。

(5)适应市场环境原则。店铺命名不仅要考虑经济方面,还要考虑地区文化环境。不同的地区具有不同的文化价值观念,因此,店铺经营者要想使店铺进入新市场(连锁化发展),首先必须入乡随俗,给自己的店铺取一个适应当地市场文化环境并被消费者认可的店名。不同的国家和地区在文化上具有很大的差别。例如,菊花在意大利被视为国花,法国人却认为菊花是不吉利的象征。所以,店铺经营者应本着适应性原则为商店命名,这样才有利于店铺的连锁化发展。

(6)受法律保护原则。店铺经营者还应该注意,绞尽脑汁得到的店名一定要能够注册,受到法律的保护。现在我国工商局的名称核准制度就起到这一作用。如美国有一家名为"伊丽莎白·泰勒热情"的专卖香水的连锁店,销售业绩非常好,但其连锁专卖店发展到第55家时,就被迫停业,因为它遭到一家售卖“热情香水”的产品的竞争者起诉……最后“伊丽莎白·泰勒热情”连锁店不得不改弦更张，重新命名，前面的努力付之东流。

2. 店名字体设计。连锁店店名字体也称为连锁店的标志字，拉丁语为Logotype，原来是印刷用语，原意是指两个以上的文字组成一个固定的整体，因此店名字体也称为组合字体。连锁店店名字体是其店面识别系统的构成要素之一，它是将企业经营活动中的规模、价值观念、经营理念，通过具有可读性、说明性、鲜明性、独特性的组合字体，在目标市场上进行传播，以达到识别的目的。与普通字相比，连锁店店名字体在书写方面除了造型外观上的差异以外，更在于文字间的配置关系，它强调连锁企业的个性形象与整体风格。

（1）店名字体特征。连锁店店名字体具有识别性、造型性、易读性、系统性的特征。店名字体作为一种符号，它是连锁店铺店面识别系统的组成部分，能表达丰富的内容。设计专家发现，“由细线构成的字体”易让人联想到香水、化妆品、纤维制品；“圆滑的字体”易让人联想到香皂、糕饼、糖果；“角形的字体”易让人联想到机械类、工业类用品。由此可见，不同的字体其含意各不相同，连锁店经营者有必要在店名字体上下一番工夫。例如，“雪碧”“芬达”就将店名字体的比例、形状处理得精致美观，雪碧的“碧”字中的一点，是柠檬形象的高度抽象，芬达的“达”字中的一点，是苹果叶子的高度象征，非常醒目、传神。

（2）店名字体的几种类型。不论英文店名字体或汉字店名字体，其字类均可粗分为印刷体、美术体和书写体三类，每一字类又可细分为多种字体（如表6－1所示）。

表6－1　　字体细分类型

字体类型	汉　字	英　文
印刷体	宋体、黑体等	古罗马体、现代罗马体、无饰线体等
美术体	象形、立体、彩色、附加装饰等	双线体、空心、阴影等
书写体	正楷（大、小楷）、隶书、篆书（大、小篆）、碑书、草书（大、小草、狂草）等	草书体、自由手书体等

（3）店名字体的性格属性。俗话说，字如其人。这里“人”是指人的性格、脾气、思想等，说明由人写出来的“字”包含了人的性格、感情，当然也体现企业家的理念和精神。所以，不同的字体有不同的性格属性，连锁店名字体的性格属性一般有以下几点：方饰线体、新魏碑等显示粗犷、豪放；古罗马体、仿宋、黑体等显示庄重、典雅；意大利斜体、行书等显示潇洒、飘逸；草书体、隶书

等显示纤巧、秀丽；正圆形罗马体显示古拙、稚气。

由于不同企业具有不同的经营属性，这些经营属性与不同的店名字体属性相吻合，在实践中就形成了一些约定成俗的法则。例如：经营化妆品的商店，其店名字体多用纤细、秀丽的字体，以显示女性的柔美秀气；经营手工艺品的商店，其店名字体多用具有美感的书法，以表现手工艺品的艺术风味和情趣；经营儿童食品与玩具的商店，其店名字体多用充满稚气的“童体”，活泼的字形易与儿童心灵相通；经营五金工具的商店，其店名字体多用方头、粗健的字体，以表示金属工具的刚劲坚韧。

一般来说，除了传统的经营工艺品、仿古制品、民间艺术品等的商店，其店名字体用古典体的较多外，其他商店，特别是经营与现代科技、生产和社会生活方式息息相关的汽车、IT 产品、钟表、时装、眼镜等商品的商店，其店名字体制作都是追求时代感的。

(4)店名字体与色彩。连锁店的店名字体与店面标志多为几种颜色组合，其色调的设计与应用要注意调和，主要是补色调和、明暗调和、纯法调和等。例如，北京雪亮眼镜公司店名字体的颜色，在其 LOGO 上红、白、黑三色的组合根据底色选取，它们有的黑底白字，有的白底黑字，“亮”字用红色突出。著名色彩设计专家鲁凯茨依照文字与底色的配合，根据明视度的顺序将两者的搭配关系进行了排列，如表 6－2 所示。

表 6－2　　标志底色与店名字体色的理想搭配

底色·文字色	底色·文字色	底色·文字色	底色·文字色
1. 黄色·黑字	4. 白色·青字	7. 绿色·白字	10. 红色·绿字
2. 白色·绿字	5. 黑色·黄字	8. 黑色·白字	11. 绿色·红字
3. 白色·红字	6. 红色·白字	9. 黄色·红字	

下面是福奈特的店面形象设计。

福奈特的店面形象设计

众所周知，法国和意大利是世界时装的发源地，但很少有人知道他们对服装的清洗与护理技术也是世界一流的。FORNET(福奈特)就是源于法国的高质快速干洗系统，它让中国人不出国门就能通过中国福奈特洗衣服务有限公司享受来自法国的全新的洗衣服务。福奈特是法语组合词“FORNET”的中文音译。“FORT”是指有力、非常;“NET”是干净、整洁的意思,组合起来表示非常干净。“FORT”中的“T”字母为了读音方便省略了。无论在哪里,福奈特都向顾客表达着一种美好的意愿——为了干净。

福奈特的马蹄莲标志是其形象的表现,中国福奈特已经遍布全国20多个省、市、自治区,其品牌已经在消费者心中根深蒂固。“FORNET”品牌色彩的创意来源于太平洋小岛未被污染的海水颜色,给人以清新、纯净的感受。字母“O”中富有动感的橘黄色深浅搭配,赋予了标志主体生命与活力。店面中大量的玻璃装饰,意在体现其通透的视觉效果。福奈特的每个加盟店都采用前店后厂的店面布局,采用通透式经营的工作车间。这种看得见、摸得着的明档操作加上高档而干净的设计风格,让顾客随时感受到福奈特的魅力。

(5)店名字体设计的具体要求。连锁店店名字体作为企业店面识别系统的组成部分,它应该能够清楚地表达商品名称和商店标志物的内容。为实现这一目的,连锁店铺经营者在设计企业店名字体时,必须注意以下几点:一是字体一定要与商店经营属性相吻合;二是要符合美学要求,使消费者视觉舒适;三是易于阅读,便于识认。

(二)连锁店标识(即店标)的设计

店标是指商品店面标识系统中可以被识别,但不能用语言表达的部分,是店面标识的图形记号。

1.店标的作用。连锁店店标与连锁店名称都是构成完整的连锁店标识系统的要素。连锁店店标自身能够创造连锁店认可、连锁店联想和消费者的连锁店偏好,进而影响连锁店体现出的质量与顾客对连锁店的忠诚度。如图6-1所示。

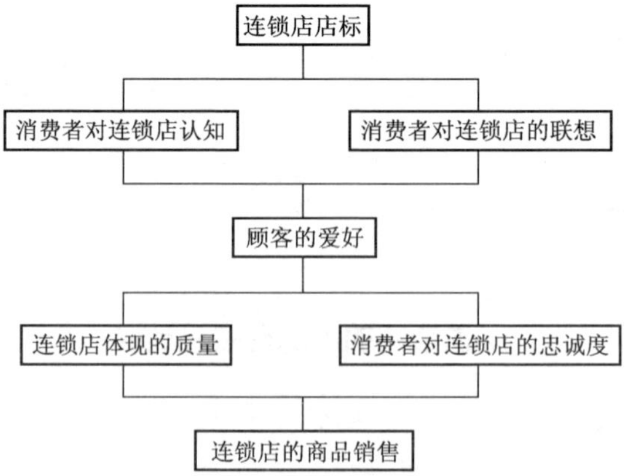

图6-1　连锁店店标的作用

(1)店标是公众识别连锁店的指示器。连锁店店标是一种"视觉语言"。它通过一定的图案、颜色来向消费者传输商店信息,以达到识别连锁店、促进销售的目的。早在公元前79年,在古罗马的庞贝镇,用色彩在外墙上面画一支壶把,表示茶馆;画有牛的地方表示牛奶店或牛奶厂;画有常春藤的是油房;画石磨的是面包店等。可见,店标的标志作用由来已久。

店标最常见的是几何图形。具有意义的图形,能够助长记忆。如图6-2所示,上排图形标识很容易让人联想到月牙、皇冠、星星、十字架,故认知率较高;下排标志图形很少见,表示何种意义无以明了,所以认知率较低。因此,在设计店标时,赋予一定的图形一种特殊意义就显得非常重要了。风格独特的店标是帮助消费者识别和记忆的利器,也就是说,将许多店标放在一起时,一般来讲,风格独特的店标会被消费者很快地找出来,并被牢牢记住。

图6-2 标识几何图形

(2)店标能够引发消费者产生连锁店联想。连锁店店标能使消费者产生有关连锁店经营商品类别或属性的联想。如锤子状店标让人想到五金店,头发形状的店标让人想到美容美发店。

(3)店标能够促使消费者产生喜爱的感觉。风格独特的标志能够刺激消费者产生联想,从而对该连锁店产生好的印象。例如,米老鼠、快乐的绿巨人、康师傅方便面上的胖厨师以及凯勃勒小精灵等,这些标志都是可爱的、易记的,能够引起消费者的兴趣,并使消费者对它们产生好感。而消费者都倾向于把对店标的感情(喜爱或厌恶)传递到商品上,这非常有利于商店经营者开展市场营销活动。

2. 连锁店标识(店标)的分类。店标分类有助于人们加强对店铺的认识,更有助于设计者根据各地的文化设计符合民族特色或通用特点的标识。店标主要有表音式、表形式、图画式、名称式、解释性、寓意性六种。

(1)表音式标识——指通过表示语言音素及其拼合的语言的视觉化符号来标识。大小写字母、汉字、阿拉伯数字、标点等我们日常用的文字或语素、音素等都是表音式标识。采用这种标识的有联想(LENOVO)(图6-3)、索尼(Sony)、沃尔玛(Wal-Mart)等。

(2)表形式标识——指通过几何图案或形象图案来表示标识。表形式标识靠形不靠音,因而形象性非常强,通过适当的设计,能以简洁的线条或图形

图 6－3

表示一定的含义，同时利用丰富的图形结构来表示一定的喻义。其缺点是没有表音式标识，不利于消费者将店标与企业联系起来，因此在使用表形式标识的时候，最好能配以企业名称。如建设银行和农业银行的标识、老家肉饼和马兰拉面的标识、麦当劳（图 6－4）的标识都具有此特点。

（3）图画式标识——指直接以图画的形式来表达连锁店铺经营特征的标识。早期有些商店用图画来表示，后来日渐简化，逐步向形象表示靠拢。图画式标识的特点是画面复杂，一般不利于传播。如肯德基以其创始人山德士上校的照片作为标识就是此类（图 6－5）。

图 6－4

图 6－5

（4）名称式标识——指商店的店标就是企业的名称，直接把商店名称的文字、数字用独特的字体表现出来。这类商店店标通常将其名称的第一个字母或字艺术化地放大，以使其突出醒目。如 7－ELEVEN 就是将 7 放大（图 6－6），又如国美电器将首字母“G”放大（图 6－7）。

图 6－6

图 6－7

（5）解释性标识——指对商店名称本身所包含的事物、动植物、图形等，用名称内容本身所包含的图案来作为商店的标识。如苹果电脑的那只诱人的苹果（图 6－8）彪马（Puma）服装那只美洲豹（图 6－9）。

图 6－8

图 6－9

(6)寓意性标识——指以图案的形式将商店名称的含义间接地表达出来的标识。这种标识根据文字、图形等组合因素的不同,又可分为名称字母式标识、名称线条式标识、图画标识三种。名称字母式标识是在商店名称里加上一个字母,以构成独特的商店店标。名称线条式标识,即在名称周围艺术化地加上一段线条的标识。图画标识即对商店名称进行加工和提炼,然后再以一定的图画形式将其表现出来的标识,许多世界性的商店多采用这种商店店标。如当铺的"当"字(图 6-10)。

图 6-10

3. 连锁店店标设计的原则:

(1)简洁鲜明原则。连锁店店标不仅是消费者辨认连锁店的途径,也是提高连锁店知晓度的一种手段。线条繁杂的店标,不利于发挥它的标志功能,正确贯彻简洁鲜明的原则,巧妙地使点、线、面、体和色彩结合起来,才可达到预期的效果。连锁店店标设计多用直线、曲线、圆形、三角形、方形、流线型等。

知识卡片

下面是一些图形所代表的特征。

- 直线:果断,坚定,刚毅,力量,有男性感。
- 曲线或弧线:柔和,灵活,丰满,美好,优雅,优美,抒情,纤弱,犹疑,有女性感。
- 水平线:安定,寂静,宽阔,理智,死亡,大地,天空,有内在感。
- 垂直线:崇高,肃穆,无限,悲哀,宁静,激情,生命,尊严,永恒,权力,抗拒变化的能力。
- 斜线:危险,崩溃,行动,冲动,无法控制的感情与运动。
- 参差不齐的斜线:闪电,意外事故,毁灭。
- 锯齿状折线:紧张,压抑,痛苦,不安。
- 螺旋线:升腾,超然,脱俗之感。
- 圆形:圆满,简单,结局,给人以平稳感和控制力。
- 圆球体:完满,持续的运动。
- 椭圆形:妥协,中和,不安定。
- 等边三角形:稳定,牢固,永恒。

(2)独特新颖原则。连锁店店标是用来体现企业的独特个性、品质、风格和经营理念的。因此,在设计上必须别出心裁,使标志富有特色、个性显著。例如,马兰拉面的标志为红色的大碗,与兰州人对兰州牛肉拉面的俗称"牛大碗"相吻合,碗上标有英文(也是汉语拼音)"malan"字样,碗的上方两只手又似牛角,与碗形成牛头图案。专业设计使之构图具有鲜明的现代感,再辅以绿色色块,以产生绿叶扶红花的效果,同时大红大绿的应用又体现了中华民族的审美特色。

(3)准确相符原则。准确相符是指连锁店店标的寓意既要巧妙,又要准确。店名与标志要相符,这样才有利于扩大连锁店的知名度。

(4)优美精致原则。优美精致原则是指连锁店店标造型要符合美学原理,要注意造型的均衡性,使图形给人一种整体优美、强势的感觉,保持视觉上的均衡,并在线、形、大小等方面作造型处理,使图形能兼具动态美与静态美。

(5)稳定适时原则。连锁店店标要为消费者熟知和信任,就必须长期使用和宣传。但为了与时代的步伐合拍,也要不断改进,以适应市场环境变化的需要。例如,日本花王公司的月亮标志,就是随着时代巨轮的转动,不断地演进。自公司1890年创业迄今,该标志共经过7次重大的变化,并且越靠近现代,越符合现代人的审美。

(三)连锁店铺橱窗的设计

在现代商业活动中,橱窗既是一种重要的广告形式,也是装饰商店的重要手段。一个构思新颖、主题鲜明、风格独特、方法脱俗、装饰美观、色调和谐的店铺橱窗,与整个店铺建筑结构和内外环境构成的立体画面,能起到美化店铺的作用。

1. 橱窗的分类。根据陈列方式不同,橱窗主要分为以下几类:

(1)综合式陈列橱窗。综合式陈列橱窗是指将许多不相关的商品综合陈列在一个橱窗内,以组成一个完整的橱窗广告。这种橱窗陈列由于商品之间差异较大,设计时一定要谨慎,否则就会给人一种"什锦粥"的感觉。综合式陈列方法主要有:横向橱窗陈列(横向分组陈列)、纵向橱窗陈列(纵向分组陈列)、单元橱窗陈列(分格支架陈列)。

(2)系统式橱窗陈列。大中型连锁店铺的橱窗面积较大,可以按照商品的类型、性能、材料、用途等因素分别将其组合陈列在一个橱窗内。这又可具体分为:同质同类商品橱窗(如各种自行车橱窗)、同质不同类商品橱窗(如各类皮具橱窗)、同类不同质商品橱窗(如各种化妆品橱窗)、不同质不同类商品橱窗(如运动器材橱窗)。

(3)主题式橱窗陈列。主题橱窗陈列是指以一个广告主题为中心,围绕某一特定的事情，组织不同品牌或同一品牌的不同类型商品进行陈列，向消费者传输一个诉求主题，如节日陈列、绿色食品陈列、丝绸之路陈列等。

(4)特写橱窗陈列。特写橱窗陈列是运用不同的艺术形式和处理方法，在一个橱窗集中介绍某一关键的产品，主要有单一店铺商品特写陈列和商品模型特写陈列等。这类陈列适用于新产品、特写商品的广告宣传，如只陈列一台新型电脑或摆上汽车、酒瓶模型等。

2.连锁店铺橱窗设计：

(1)基本要求。连锁店铺的橱窗应多采用封闭式，这样便于充分利用背景装饰，管理所陈列商品和方便顾客观赏。橱窗的规格应与店铺整体建筑和店面相适应。

橱窗底部的高度一般以离地面80cm～130cm，成人眼睛能看见的高度为好，所以大部分商品可从离地面60cm的地方进行陈列，小型商品从100cm以上的高度陈列。电冰箱、洗衣机、自行车等大件商品可陈列在离地面5cm高的部位。

橱窗陈列要反映出连锁店铺的经营特色，使消费者看后就产生兴趣，并想购买陈列的商品。季节性商品要按目标市场的消费习惯陈列，相关商品要相互协调，通过排列的形状、层次、顺序、底色以及灯光等来表现特定的诉求主题，营造一种气氛，使整个陈列成为一幅具有较高艺术品位的立体画。

橱窗陈列要有一定的“艺术美”。橱窗实际上是艺术品陈列室，通过对产品进行合理搭配，来展示商品美。它是衡量连锁企业经营者文化品位的一面镜子，是体现连锁企业经营环境文化、经营道德文化的一个窗口。顾客对它的第一印象决定着顾客对商品的态度，进而决定着顾客的进店率。

(2)背景要求。橱窗背景是橱窗广告制作的空间，它类似室内布置的四壁，有较严格的要求。背景颜色的基本要求是突出商品，而不要喧宾夺主。形状上一般要求大而完整、单纯，避免小而复杂的繁琐装饰。颜色上尽量用明度高、纯度低的统一色调。如果广告宣传商品的色彩淡而一致，也可用深颜色作前景。

(3)道具要求。道具包括布置商品的支架等附加物和商品本身。要求道具摆放越隐蔽越好，一定要突出广告商品，占用的位置要比商品少许多。实际中常用有机和无机玻璃材料作道具，适应面较广。

布料道具的颜色一定要和广告商品有一定的差异。如果服装使用道具模特，其裸露部分如头脸、手臂、腿等部位的颜色和形状，可以是简单的球体、灰白的色彩，或者干脆不用头脸，这样反而比真人似的模特更能突出服装本身。

商品名称、企业名称或简捷的广告用语的位置要巧妙安排在台架等道具上。例如,电冰箱橱窗陈列若以皮、毛类材料作背景,颗粒材料作底面,更能突出电器产品表面的金属质地感。

(4)灯光要求。光和色彩是密不可分的,按舞台灯光设计的方法,为橱窗配上适当的顶灯和角灯,不但能起到一定的照明作用,而且还能使橱窗原有的色彩产生戏剧性的变化,给人以新鲜感。对灯光的要求主要有两点:一是光源隐蔽,色彩柔和,避免使用过于鲜艳、复杂的色光;二是尽可能在反映商品本来面目的基础上,给人以良好的心理印象。例如,食品橱窗广告用橙黄色的暖色光,更能增强人们对所做广告的食品的食欲;而家用电器橱窗陈列,则用蓝、白等色光,能给人一种科学性和贵重的心理感觉。

现在的橱窗陈列设计,要充分利用滚动、旋转、振动等机械和电子的道具,给静止的橱窗布置增加动感;也可利用大型彩色胶片制成灯箱,制作一种新颖而具有立体感的画面等。

总之,现代橱窗设计不但要随着科学的发展、更新设计思想,不断充实、提高内容和形式,而且在设计制作上要注意广告宣传的目的,切不可喧宾夺主。

3. 橱窗设计的注意事项:

第一,考虑防尘、防热、防淋、防晒、防风、防盗等要求。

第二,季节性商品必须在季节到来之前一个月预先陈列。

第三,容易液化变质的商品以及日光照晒下容易损坏的商品,最好用其模型代替或加以适当的包装。

第四,应经常擦拭,保持清洁。

第五,橱窗陈列应勤加更换,尤其是有时间性和容易变质的商品。更换最好于当天晚间进行。

(四)店门的设计

在店面设计中,店门的设计是重要的一环。店门的作用是引导人们的视线,并使人们产生想进去看一看的兴趣。然而,怎么进去?从哪儿进去?这就需要正确的引导,使顾客一目了然。

1. 店门位置。将店门安放在中间还是左边或右边,这需要根据具体人流情况而定。一般大型商场因其空间大,店门可以安置在中间位置。小型商店的店门安置在中间是不妥当的,因为店堂小,所以若将店门安置在中间位置会直接影响店内实际使用面积和顾客的自由流动,因此其店门设在左侧或者右侧比较合理。

2. 店门性格。店门也是有性格的,店门的性格折射出经营者的经营理念。从商业经营观点来看,店门应当是开放性的,所以设计时应当考虑到不要让顾客产生幽闭、阴暗的不良心理,避免令顾客产生拒客于门外的感觉。因此,明快、通透具有呼应效果的门扉才是最佳设计,传统的木门、金属门的封闭性早已不适应时代的发展。

3. 店门与环境。店门设计,还应考虑店门前的路面是否平坦,是水平地面还是斜坡,前边是否有隔挡及影响店门形象的物体或建筑。另外,采光条件、噪音影响及太阳照射方位也是要考虑的因素。

4. 店门材料。店门所使用的材料,以往都是采用较硬质的木材,也有的在木质外部包铁皮或铝皮,制作较简便。后来,我国开始使用铝合金材料制作商店门,由于它轻盈、耐用、美观、安全,富有现代感,所以得到普及。无边框的整体玻璃属于豪华型门扉,由于这种门透光性好,造型华丽,所以现在被许多首饰店、电器店、时装店、化妆品店、超市等各种类型的连锁店采用。

根据开启方式,店门的种类有旋转门、推开门、推拉门、卷帘门、双重门等。无论哪一类,店门的安全和美观都同等重要。

5. 店门的精神。这主要是指连锁店将连锁企业的经营宗旨、经营战略、企业精神赋予到店门设计中。例如,有的连锁店门口设有坡道,这是为了方便消费者推购物车和残疾人轮椅进出,体现了服务第一、顾客第一的理念;有的连锁店门口摆了两个大狮子,这主要体现了连锁企业战无不胜、开拓进取、力争第一的霸气;有的店铺则在门口摆上了人物偶像,如日本品川区的 T 茶叶、海苔店。T 茶叶、海苔店在店前设置了一个高约 1 米的偶像,其造型与该店老板一模一样,只是进行了漫画式的夸张,它每天站在门口笑容可掬地迎来送往,一时间顾客纷至沓来。

二、店铺周围环境的设计

连锁店铺设计还要考虑周围环境,如停车场、周边通路及其绿化等。

(一)连锁店铺停车场的设计

目前,很多城市中的土地可谓寸土寸金,如果开连锁店,尤其是大型连锁店,如购物中心、综合百货店等,必须考虑停车的问题。很多超级市场、仓储式商场,由于在规划时对停车问题考虑不周,影响了顾客到店的人次。因为,没有方便的停车设施,顾客多会过门而去。在日本东京,市内超级市场大都设在百货公司的地下,而且有市区便捷的交通系统直达其店的地下,可以不必考虑停车问题,如果在郊外,则必须考虑停车问题,否则无法吸引顾客。在我国的大中城市,公共交通还不十分发达,再加上提倡私人购车,私家车数量不断增加,原来的店铺门口停车场地很小,所以车辆的停放问题相当突出。因此,如何进行停车场的设计,有很多方面的工作需要做。

停车场的设计要求,主要有以下几点:

1. 停车场大小问题。停车场的大小要视连锁店的面积而定,通常以营业面积的15%～30%为宜,大型购物中心、超级购物中心、仓储会员店可适当增加。如北京东方家园建材超市、北京沃尔玛会员店的停车场面积都在几万平方米以上。

2. 停车费用的问题。这里面包含两个问题:其一,该停车场是商业化运作,还是公益免费提供停车？现在的大中城市已经出现了停车经济,停车问题也已经是城市规划和经营的重要内容。二是停车场商业化收费多少合适？如何划分收费时间段？在我国大中城市,收费每小时5元以上的有不少,也有每小时收1元的。近几年北京在中国国际展览中心举办汽车展时,周围停车场的收费基本上达到每小时最低10元。有专家提出了解决连锁店停车问题的两种方式:一是纳入法制化轨道。由国家物价部门根据地理位置、商场等级、车位数量,制定一个指导价,由企业参照执行。另一个方式就是停车场和连锁店合作,根据消费者的购物数量决定收费标准。如购物多少元以上免费,多少元以上收基本费用,也就是买的商品越少,停车场给的优惠也越少。

停车场的出入口,不要选择在主干道上,而要选择在次干道上离主干道较近的位置。出入口应由专人负责管理和收取费用。如图6－11所示,A,B两种停车方式中,B法较适宜,因为角度小,车辆停放、出入车位方便。

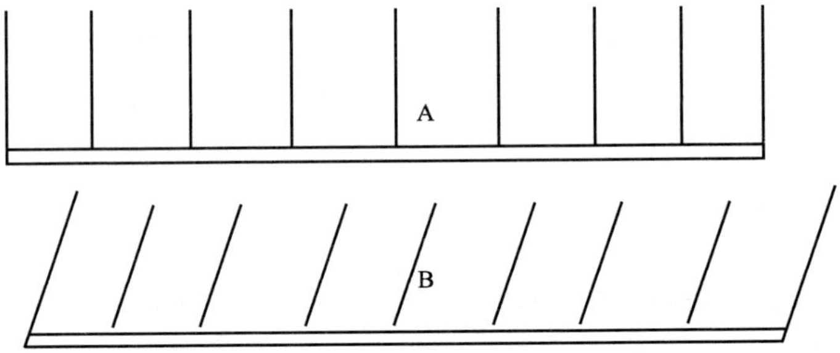

图6－11

（二）连锁店铺周边道路、周边绿化以及与相邻建筑协调的设计

1. 连锁店与周边道路的关系。连锁店一般设在交通要道处或位于大型社区的中心地带,因此需考虑其位置与周边道路的关系,应把握以下原则:

(1)连锁店的车辆不能影响社会公共车辆的运行。

(2)顾客到达连锁店要方便。国外许多连锁店设在高速公路的出口处。

(3)停车场出入口不宜设在主干道上。这是大城市规划的基本要求。

(4)店铺前应有较多的车站,以保证有一定的客流。

2. 连锁店周边绿化的设计。连锁店周边的绿化关系到整个店铺的环境的优美。店铺周边的绿化形式主要是树木、花坛、草坪等。树木设计包括树种的选择和分布。楼前应为落叶树,如槐树;楼后应为常绿针叶林,如松树。花坛、草坪的设计主要包括面积大小、形状、草种类型等,设计得好可以起到美化连锁店形象的作用。公共绿化系统一般由点、线、面、环四大类组成。店铺周边绿化可借鉴此类布局特点进行设计。

3. 连锁店与周边建筑的关系布局。在欧美发达国家,往往是由连锁店自己购地建设店铺,所以,如果在较远的郊区建立大型连锁店,周围建筑少,则可根据自己的特色规划、开工、建设;如果在人口稠密的城区或市里建设连锁店,则必须考虑与周边建筑形成相得益彰、互相衬托的协调关系。主要有以下几点要求:

(1)距离道路的距离应远近一致,形成横看一条线的景观,也就是距离红线的距离应差不多(城市规划中,红线是规划的城市道路路幅的边界线,沿街建筑都须从道路红线外侧退后建设)。

(2)高度上要相得益彰,太高太低都显得有失协调。

(3)建筑风格应一致。不能使民族特色浓厚的建筑与现代化风格的建筑并肩而立,否则会使反差太大,让顾客产生不愉快的感觉。

(4)建筑物外观色彩要协调,黑白、红绿等颜色的建筑尽量不要搭配在一起,同时还要考虑与周围建筑主色调相协调。所以,颜色选择上应请专家协助。

第三节 连锁店铺营业现场(卖场)布局设计

一、连锁店卖场环境设计原则

连锁店铺的营业现场,指的就是店铺卖场,也就是店铺出入口以里所谓的“消费通道”。本节以零售业和餐饮业的营业现场布局设计为主进行介绍,而服务业的教育、旅游、房地产中介咨询等店铺的营业现场有其独特的行业特点,由于篇幅有限,这里不做叙述。

连锁店铺的卖场环境设计直接影响着顾客的购买行为,影响着连锁店铺的销售业绩。好的卖场环境设计不仅体现了一定的艺术美,也反映了连锁店铺独特的经营理念与风格,它们属于连锁店铺形象设计中视觉形象范畴,不仅要求方便顾客购物消费,而且要求独特新颖,在众多的竞争者中能够脱颖而出,给消费者留下深刻的印象,使他们产生重复购买行为。

在设计连锁店铺卖场时,应遵循以下原则:

（一）便利顾客、服务大众

顾客“逛商场”已经不是一种纯粹的购买活动，而是一种集购物、休闲、娱乐及社交为一体的综合性活动，这是一种新型的生活方式。因此，连锁店铺既要拥有充足的商品，还要创造出一种适宜的购物环境，使顾客享受到最完美的服务。

（二）突出特色、便于经营

连锁店铺内部环境的设计应依照经营商品的范围和类别以及目标顾客的习惯和特点来确定，以别具一格的经营特色，将目标顾客吸引到连锁店铺来。如北京老家快餐，其店内设计以红黄颜色为主，风格以稳重、温馨为主，对顾客有极强的吸引力。

（三）提高效率、增长效益

连锁店铺内部环境设计科学，则能够使进、存、运、销各个环节紧密配合，从而节约劳动时间，降低劳动成本，提高工作效率，增加企业的经济效益和社会效益。如果能够充分利用原来建筑的特点，在装修上本着既美化环境，又勤俭节约的原则，就更能增加企业的经济效益和社会效益。

二、连锁店卖场通道设计

连锁店铺的通道是顾客在卖场内购物行走的路线。在设计连锁店铺卖场的通道时，主要有以下要求：

第一，通道宽度很有讲究，但各有不同的设计。一般来讲，营业面积在600平方米以上的零售店铺，卖场通道的宽度要在2米以上，副通道的宽度要在1.2～1.5米之间，最小的通道宽度不能小于90厘米，即两个成年人能够同向或逆向通过（成年人的平均肩宽为45厘米）。但也有人说东方人的身宽以60厘米较为适宜，所以卖场通道的宽度与通行人数有关，适宜通行两个人的通道宽度应不小于120厘米，适宜通行三个人的通道宽度应不小于150厘米，适宜通行四个人的通道宽度应为180～240厘米。

第二，卖场主通道、次通道的宽度要和连锁店的规模呈正比。

第三，通道设计最好简单、明了而且是直线。

第四，不能给卖场留有“死角”。“死角”就是顾客不易到达的地方或者顾客必须折回才能到达其他货位的地方。顾客光顾“死角”货位的次数明显少于其他地方，非常不利于商品的销售。

连锁店铺的通道可分为直线式通道和回形式通道两类。

（一）直线式通道

直线式通道也被称为单向通道。这种通道的起点是连锁店的入口，终点是连锁店铺的收款台。顾客依照货架排列的方向单向购物,以商品陈列不重复、顾客不回头为设计特点,它使顾客在最短的线路内完成商品购买行为。图 6－12 所示就是一幅典型的直线式通道设计图。

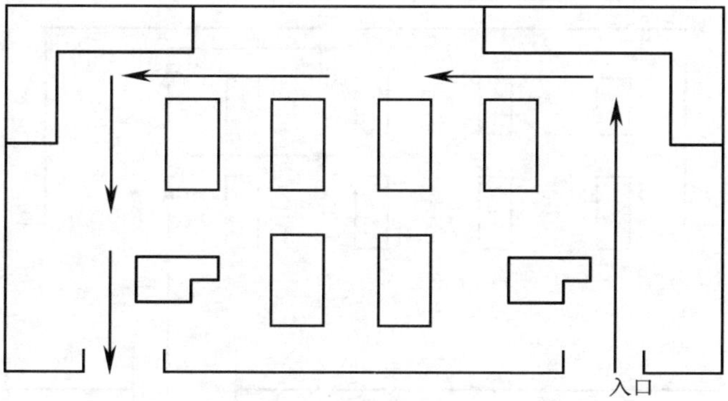

图 6－12 连锁店铺直线式通道

(二)回形式通道

回形通道又称环型通道,通道布局借以流畅的圆形或椭圆形,环绕店铺的整个卖场,使顾客依次浏览商品,购买商品。在实际运用中,回形通道又分为大回形和小回形两种线路模型。

1. 大回形通道。这种通道适合于营业面积在 1 600 平方米以上的连锁店铺,顾客进入卖场后,从右到左沿四周回形浏览后再进入中间的货架(如图 6－13 所示)。它要求卖场内一侧的货位一通到底,中间没有穿行的路口。

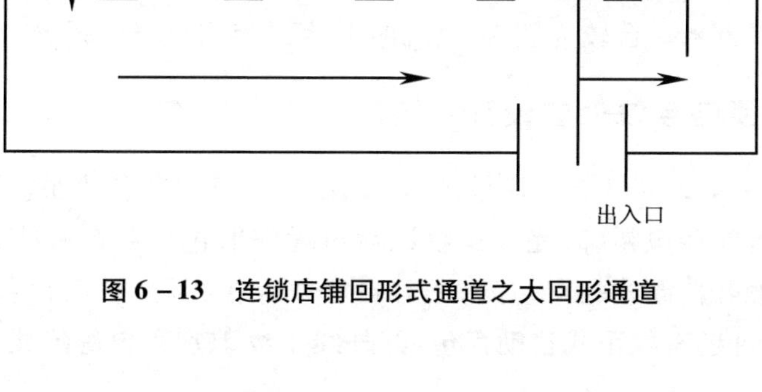

图 6－13 连锁店铺回形式通道之大回形通道

2. 小回形通道。它适用于营业面积在 1 600 平方米以下的连锁店铺。顾客进入连锁店铺卖场,沿一侧前行,不必走到头,就可以很容易地进入中间货位,图 6 – 14 所示就是一种典型的小回形通道设计。

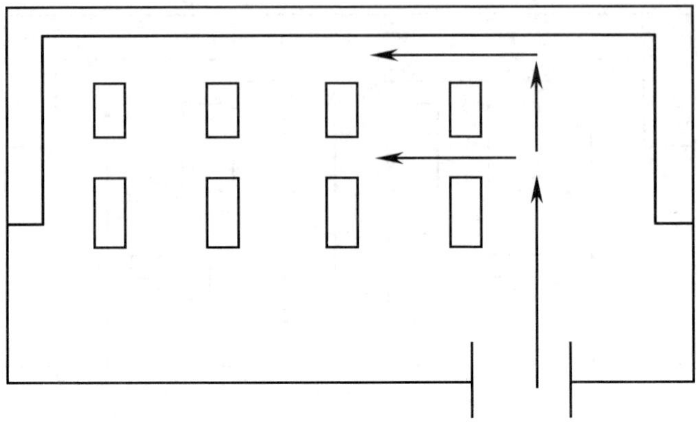

图 6 – 14　连锁店铺回形式通道之小回形通道

三、连锁店收银台的配置与设计

连锁店铺收银台的数量应以满足顾客在购物高峰时能够迅速付款结算为出发点。大量调查结果表明,顾客等待付款结算的时间不能超过 8 分钟,否则就会产生烦躁的情绪。由于顾客流量的增大,连锁店铺卖场内人太多,无形中就加大了顾客的心理压力。所以收银台的设计原则应是快速、安全地准确结算。

目前,在连锁店铺的收银台处,都配有 POS 系统。顾客自选商品到收银台付款时,服务人员只要对商品的条形码扫描,计算机就能显示出商品的数量和金额,顾客付款后,服务人员要将购物的小票,即结算凭证交给顾客,便于顾客核对。购物小票也是顾客保护自己合法利益的凭据,一旦其发现商品质量、规格不符合自身的要求,就可以凭此要求退换。为缓解顾客的心理压力,有的在收银台上方安装电视进行动画和电影播放。收银台的配置一般情况下以 40 平方米一台较为适宜,高峰时可达到 25 平方米一台。

四、连锁店存包处的设计

存包处一般设置在连锁店铺的入口,配备 2 ~ 3 名工作人员。顾客进入连锁店铺时,首先存包领牌,完成购物以后再凭牌取包。现在有些大型零售店铺中,配有顾客自助式的存包处,顾客自己取存柜钥匙,自己存包,减少了等待时间。此外还有投币式自助存包、红外线指纹识别存包等形式。不论采用何种形式的存包方式，都应该是免费的，否则就会引起顾客的反感，直接影响到连锁店铺的销售业绩。

五、连锁店卖场照明设计

连锁店铺照明的目的就是正确地传达商品信息，展现商品的魅力，吸引顾客进入店铺，达到促销的目的。连锁店铺的照明有基本照明、重点照明和装饰照明三种。

（一）基本照明

基本照明是确保整个连锁店铺的卖场获得一定的能见度而进行的照明。在连锁店铺里，基本照明主要用来均匀地照亮整个卖场。比如，天花板上的荧光灯、吊灯、吸顶灯就是基本照明。基本照明用来营造一个整洁宁静，光线适宜的购物环境。一般来讲，自然光是最好的基本照明，它对人眼没有任何刺激，又可以展现商品的本色和原貌。

（二）重点照明

重点照明也称商品照明，是为了突出商品优异的品质，增强商品的吸引力而设置的照明。常见的重点照明有聚光照明、陈列器具内的照明以及悬挂的白炽灯照明。在设计重点照明时，要将光线集中在商品上，使商品看起来有一定的视觉效果。在店铺里，烧烤及熟食类常用带红灯罩的灯具照明，以增强食品的诱惑力。

（三）装饰照明

装饰照明是连锁店铺为求得装饰效果或强调重点销售区域而设置的照明。常见的装饰照明有霓虹灯、弧形灯、吊灯以及连续性的闪烁灯等。

在设计连锁店铺的照明时，并不是越明亮越好。在连锁店铺的不同区域，如橱窗、重点商品陈列区、通道、一般展示区等，其照明光的强度（即光度）是不同的，设计要求也不一样，不同的商店有不同的设计。例如，服装店的照明要忠于商品本色，钟表店的灯光为表现出豪华的气派常以大型吊灯和冕灯为主，家具店为起到照亮全店的作用多采用日光灯。

六、连锁店卖场色彩设计

色彩可以对消费者的心情产生影响和冲击，它通过把商品的颜色、质感、量感等表现得极近真实，来增强顾客对所售商品的信任感。

（一）色彩冷暖

红色、黄色、橙色，被普遍认为是“暖色”，这是在希望有温暖、热情、亲近这种感觉时使用的色彩。蓝色、绿色和紫罗兰被认为是“冷色”，通常用来创造雅致、洁净的气氛。棕色和金黄色被认为是泥土类色调，可以与任何色彩配合。这些色彩也可以给周围的环境营造温暖、热情的气氛。白色使人想到冰天雪地，给人以冷清的感觉。黑色能吸光，给人以暖和的感觉。

（二）色彩语言

不同的连锁店、不同商品有各自独特的色彩语言，对顾客心理产生的影响也不同，这种作用在连锁店铺里特别明显。快餐店应运用暖色以及烛光和壁炉，对顾客的心境产生影响，使他们感到温暖、亲切；在光线比较暗淡的走廊、休息室以及连锁店铺中希望比较明亮、使人感到比较舒畅的场所，运用冷色效果较好。至于商品陈列，暖色系统的货架，放的是食品；冷色系统的货架，放的是清洁剂；色调高雅、肃静的货架上，放的是化妆品；等等。商品的色彩是做给消费者看的，消费者也有自己的色彩审美、色彩心理、色彩感觉、色彩感情，两者的统一将大大提高连锁店的销售额。

关于色彩感觉与色彩情感的关系，如表 6－3 所示。

表 6－3　　色彩设计中的色彩感觉与色彩情感

色彩种类	色彩感觉	色彩情感
红色	热	刺激
绿色	凉	安静
青色	较冷	较刺激
紫色	中性	少刺激
橙色	暖	较刺激
黄绿色	中性	较安静
青绿色	冷	很安静
紫绿色	较冷	较刺激
紫红色	稍暖	较刺激

（三）商品形象色

商品形象色是指不同大类商品上经常使用的、能促进销售和便利使用的色彩或色调。有些色彩会给人以酸、甜、苦、辣不同的味觉感受，以及不同的嗅觉感受。如淡红色、奶油色和橘黄色，点缀少量的绿色等，是促进食欲的颜色，因而食品类的陈列普遍采用暖色系的配色；反之，则会起到相反的作用。有一个真实的例子，美国一家无人售货商店发现肉类的销售量下降了，经过调查才发现，店里新安了一扇蓝色的窗子，蓝色使消费者对肉类感到反胃。

不同的商品具有不同的色彩形象，在设计连锁店铺卖场时，一定要正确处理一些大类商品的特点和习惯色调同连锁卖场的关系。比如，服装讲求样式与适合，男装明快的色调显示活力强，有气魄；女装和谐、柔和的色调烘衬温柔女性美。食品讲求安全与营养,多采用暖色调。化妆品功能是护肤美容,多用中性色调和素雅色调,如淡淡的桃红色,给人以健康、优雅与清香感。工矿机电产品多用稳重、沉静、朴实的色调,有时也用有活力的纯色(如红、黑、蓝色)加以衬托,给人以坚定耐用的感觉。儿童玩具和文具讲求兴趣与活泼感,多用鲜艳活泼的对比色调。药品讲求安全与健康,多采取中性色调。

七、连锁店卖场的声音设计

声音对连锁店铺的气氛营造非常重要。令人不愉快的或令人难以忍受的声音,会毁坏连锁店铺刻意营造的购物气氛。在某个场所人为嘈杂或令人不愉快的声音,在另一个场所也可能是令人愉快的声音。例如,舞会的摇滚乐放到商店里则不合适;商店的嘈杂声放到服务业的连锁店不合适;保龄球场上的声音在保龄球场上是令人愉快的,在商店则不协调。

声音在卖场布局、商品销售中的功能设计,主要应注意以下几点:

其一,柔和悦耳的音乐非常有益于产品促销。如果一家连锁店铺在入口处经常有悦耳的音乐,门外的顾客愉快地进入店内的概率会很高,不管他们是否有中意的商品需要采购。一项调查研究显示:在美国有70%的人喜欢在播放音乐的零售店铺内购物。另一项调查结果表明,在零售店铺里播放柔和而节拍慢的音乐,会使销售额增加40%;而快节奏的音乐会使顾客在商店里流连的时间缩短而购买的商品减少。这个秘诀早已被零售店铺的经营者熟知。所以,每天快打烊时,零售店铺就播放快节奏的摇滚乐,迫使顾客早点离开,好早点收拾早点下班。但在买方市场的今天,有些连锁店在不断地延长营业时间,甚至24小时营业,就是想留住顾客,所以几乎是全天候地播放舒缓的轻音乐。有时百货店会在下班前播放让人想家的音乐,如肯基尼的《回家》,虽舒缓但让你有回家放松的感觉。

其二,正常的、令人愉快的声音,可以吸引人们对商品的注意。实践证明,钟表的滴答音,音响以及电视机播放的声音,在各个售货场所均是正常的声音,它们确实可以吸引顾客对这些商品的注意。

其三,卖场的嘈杂声,某种意义上是对顾客的一种诱惑。连锁店铺背景音乐的使用最广泛,有意播放的背景声音是为了打破沉寂。许多连锁店开业时的混乱和嘈杂声并没有让顾客反感,反而让他们积极购物也是这个道理。

其四,声音的密度对顾客影响很大。声音的密度指的是声音的强度和音量。背景音乐的强度(响度)一定要与连锁店铺力求营造的店内气氛相适应,以不影响顾客之间的对话为宜。音乐的种类对连锁店铺来说,主要强调节奏的快慢。对连锁店铺来说,虽然雇员们乐意在工作时间行将结束时听一听E.波尔·比格斯演奏的"触枝曲"(一种形式自由、速度甚快的对位式风琴曲或古钢琴)和"遁走曲"(在一个乐曲中,有一个或一个以上的主题或旋律在不同部分重复演奏),而顾客对此乐曲则连5分钟都不能忍受。所以,连锁店铺卖场声音的设计要以轻音乐为主。

八、连锁店卖场的气味设计

连锁店卖场的气味,对创造最大限度的销售额来说,也是至关重要的。气味异常,商品的销售是不会达到可能达到的数量的;气味正常,则可增进人们的愉快心情,会吸引顾客购买商品。

我们对卖场气味设计要注意四点:

一是要与所售商品相协调。花店中花卉的气味,化妆品货架的香味,面包店的饼干、糖果味,蜜饯店的奶糖和硬果味,皮革制品部的皮革味,烟草部的烟草味,均是与这些商品协调的,对促进顾客的购买是有帮助的。比如,当顾客走过糕点店时,闻到一阵阵不可抗拒的香喷喷的新烤出的巧克力饼干的香味,会激发他的购买欲望。美国国际香料公司采用高科技人工合成了许多令人垂涎的香味,包括巧克力饼干香味、热苹果派、新鲜的比萨饼、烤火腿的香味,甚至还有不油腻的薯条香味等。各种人工香料被装在精美的罐子中来销售。连锁店可进行定时设置,使香料罐子每隔一段时间就将香味散发在店内,引诱顾客上门,效果奇佳。

二是要严格控制不愉快的气味。不愉快的气味会把顾客赶走。令人不愉快的气味,包括地毯的霉味,吸纸烟的烟气,强烈的染料味,啮齿类动物和昆虫的气味,残留的尚未完全熄灭的燃烧物的气味,汽油、油漆和保管不善的清洁用品的气味,洗手间的气味等。

三是注意不同商品相邻气味的混合问题。邻居的不良气味,会给店铺带来不好的影响。这些气味不光令人不愉快,还与连锁店铺的环境、气氛不协调。比如,巧克力和硬果的气味飘入保健食品部,医生或牙科医生诊室的很浓的药味飘入面包店等等。

四是要控制气味强度。对不好的气味,连锁店铺应当用空气过滤设备力求降低它的密度(强度)。对正常的气味,密度不妨大一些,以便促进顾客的购买,但是,要适当控制,使它不致扰乱顾客,或使顾客厌恶。

九、连锁店卖场的通风设计

连锁店铺内顾客流量大,空气极易污浊,为了保证店内空气相对清新通畅,冷暖适宜,应采用空气调节措施,加强通风系统的建设。

(一)通风设备分类

安置通风设备主要解决的是味道和温度的问题。通风设备按其来源可以分自然通风设备和机械通风设备。采用自然通风设备可以节约能源,保证连锁店铺内部适宜的空气。一般小型连锁店铺多采用这种通风方式。而有条件的现代化大中型连锁店铺在建造之初就普遍采取紫外线灯光杀菌设施和空气调节设备,用来改善连锁店铺内部的环境质量,为顾客提供清洁、舒适的购物环境。

（二）通风设备配置原则

连锁店铺的空调配置应遵循舒适性原则,冬季温暖而不燥热,夏季凉爽而不骤冷。否则,会对顾客和职员产生不利的影响。例如,冬季暖气开得太足的话,顾客从外面进店都穿着厚厚的衣服,不久会感到燥热无比,很可能匆匆离开连锁店铺,无疑会影响零售店铺销售;夏季若店内冷气开得太足,顾客也会有乍暖还寒的不适应感。从服务的角度讲,使用空调时,维持舒适的温度和湿度是至关重要的。目前,我国许多大城市如北京等已出台相关政策,对商铺内温度作出了指导性规定,以节约宝贵的能源。

（三）空调机组的选择

连锁店铺在选择空调机组的类型时,应考虑以下因素和原则:

1. 根据店铺的规模大小来选择。大型连锁店铺应采取中央空调系统,中、小型零售店铺可以设分立式空调。

2. 根据能源的供应状况选择。店铺空调系统热源选择应注意结合当时和未来的热能来源。市政集中供热是未来发展的方向,最好充分予以运用。店铺空调系统冷源选择也要慎重,要看是风冷还是水冷,是离心式制冷还是螺旋式制冷。同时还必须考虑电力供应的程度。

3. 店铺的空气湿度。室内空气湿度一般保持在40% ~50%,在50% ~60%更适宜,该湿度范围使人感觉比较舒适。但对经营特殊商品的营业场所和库房,则应严格控制环境湿度。

4. 连锁店铺的温度。根据国家有关规定,在北方地区,室内温度冬季不得低于16℃,夏季在25℃左右为宜。

十、连锁店卖场地板的设计

在进行连锁店卖场地板设计时,要考虑地板图案性格,选择合适的板材。

（一）地板图案性格

地板在图形设计上有刚、柔两种选择。以正方形、矩形、多角形等直线组合为特征的图案,带有阳刚之气,比较适合经营男性商品、建材、工业品的连锁店铺使用;而圆形、椭圆形、扇形和几何曲线形等曲线组合的图案,比较柔和,比较适合经营女性商品的连锁店铺使用,如内衣店、化妆品店、花店等。

（二）地板的选材

地板的装饰材料,一般有瓷砖、塑胶地砖、石材(天然、人工)、石英砖、木地板(原木、合成)、玻璃以及水泥等,可根据需要选用。地板的选材主要考虑的因素是连锁店铺形象设计的需要、材料的费用大小、材料的优缺点等。瓷砖的品种很多,色彩和形状可以自由选择。这种材料耐水、耐火及耐蚀,有相当的持久性,但是保温性差,对硬度的保有力太弱。塑胶地砖价格适中,施工方便,颜色丰富,但容易被烟头、利器和化学品损坏。石材有花岗石、大理石以及人造大理石等,外表华丽、装饰性好,耐水、耐火、耐腐蚀,但价格较高。木地板柔软、隔寒、光泽好,可是易被弄脏、易损坏,适合顾客进出次数少的店铺。水泥地面价格最便宜,但在连锁店经营中几乎不再使用。

第四节　连锁店铺营业现场(卖场)商品布局

日本销售专家对具有5.2万名顾客的商圈进行销售状况随机调查的结果显示,顾客对零售店铺各项目的关心程度为:商品容易拿到,15%;开放式、容易进入,25%;商品丰富,15%;购物环境清洁明亮,14%;商品标价清楚,13%;服务人员的态度,8%;商品价格便宜,5%;其他,5%。这些都是连锁店铺卖场设计的具体内容,而其中营业现场商品布局的问题占到了55%(15% +25% +15%)。因此,连锁店铺必须十分重视营业现场的商品布局。

连锁店营业现场的商品布局,主要是指根据商品分类、销售状况、价格大小和顾客活动规律等因素,考虑对商品进行位置的摆放。搞好营业现场商品布局,有利于商品销售,有利于方便顾客,有利于店铺环境的设计,有利于节省店铺经营者的人力和时间。

一、连锁店铺商品布局原则

连锁店铺营业现场的商品布局,主要遵循以下四个原则:

其一,有利于商品销售和提供服务的原则。也就是店铺内商品布局必须遵循促进销售和便于服务的原则。

其二,方便顾客的原则。也就是顾客在消费过程中,容易得到服务和找到想买的商品,便于商品的发现、获得、搬运等,节省顾客的时间。

其三,节约成本的原则。好的商品布置,能使顾客在短时间内就完成消费;而若相反,店方为适应顾客需求,就要不断地进行店铺内部布局调整,不但费时、费力,而且还影响销售,徒增运营成本。

其四,统一性和灵活性相结合的原则。统一性主要是由连锁店铺本身的经营特点决定的,在一般情况下,应坚持这一原则。灵活性原则是指在个别情况下,在某些民族文化和人文特点比较浓厚和突出的地区,在商品布局上可以适应当地的民族文化，以适应消费者的消费习惯。

二、连锁店铺商品布局的影响因素

影响连锁店铺商品布局的因素主要有主力商品或主力品种、入口多少、货架的开闭、端架和堆头。

（一）主力商品或主力品种

主力商品（Power Category）是指店内商品中，顾客购买量最大、购买力最高的商品。顾客在连锁店购物时，在店铺入口附近不可能找到所有想要的商品，虽然这一位置非常重要。这其中的原因主要有：一是空间有限，商品摆放有限；二是店家有意设计的因素；三是入口若堆积太多商品，会使进门顾客产生心理压抑感，吓跑许多顾客。如果放在入口处，虽然顾客不必一个个去找商品了，但总有一部分顾客的要求得不到满足；从商家角度看，顾客流动路线变短，加上顾客分流，必然引起销售额下降。

在连锁店销售策略上，延长顾客的流动路线，是重要的销售法宝。做法是将一个店的主力商品或品种，安排在店内若干重要的位置，而且尽量往里放，从而诱导和吸引顾客进店寻找，让顾客在不知不觉中不断深入，走遍店内各条通道。如果受店铺条件限制，则可考虑将其安排在变更后的次最佳位置上。

（二）入口的多少

入口不仅能吸引顾客，方便消费者进入，还有分流顾客的作用。客流集中，利处在于某些热销产品购买率高，弊处在于有些商品在拥挤状态下，不被顾客注意。所以，对顾客进行适当分流，是促进销售的一个考虑。分流方法之一，就是对入口数量的限制。若只有一个入口，顾客别无选择，只能从此进入；若有两个入口，则顾客立即分流。但入口不宜太多，否则会给主力品种的位置布局、优势货架摆放带来困难，要根据店内面积大小、商品种类多少、客流量大小来安排。

（三）货架的开闭

货架的开闭是指在某些通道前面，是放置较长、能阻挡通道的货架（封闭式货架），还是放置断开的、允许客流通过的货架（开放式货架）。

封闭式货架的作用是：它可以使顾客不至于在其前面被大量分流，从而使大部分顾客能够在主通道行进较长的距离。开放式货架的作用是：使顾客中途进行大量分流，从而进入中央陈列区，这样一来顾客在主通道上面对主力商品的时间就有限。这两种货架摆放模式还使得中央陈列区货架的重要性发生一些变化。开放式货架，使得靠近收银台的货架位置较差，而靠近主通道的较好;封闭式货架则是靠近收银台的货架位置较好。

(四)端架

端架(End Display)是指一个陈列架上位于两端、距离通道最近、顾客首先看到的陈列位置,是相对诉求性最强、销售力最高的陈列位置。

端架的作用体现在以下三点上:

一是销售大批量的、特价的、热销的产品。

二是控制连锁店内的客流。它可以吸引顾客驻足挑选,使顾客从主通道或其他区域进入端架区,并进一步进入中央陈列区域,减缓顾客流动速度,使顾客多头流动。

三是POP广告(售点广告)的重要陈列位置。

(五)堆头

堆头是指陈列于商店入口处、主通道、开阔空间上顾客最容易看到、最佳的商品布局位置,是诉求力最强、销售力最高的地点之一。它无时无刻都吸引着顾客,起着减缓顾客流动速度、分流顾客的作用。

三、连锁店卖场商品布局的重要理论

(一)店铺内顾客流动规律

大量研究表明,在连锁店铺卖场中,顾客的走动看似杂乱,实际有一定的规律性,集中表现为以下几种情况:

第一种情况:顾客进入连锁店铺以后,先围绕主通道浏览一周,然后进入卖场的中间陈列区选购自己需要的商品(如图6-15所示)。

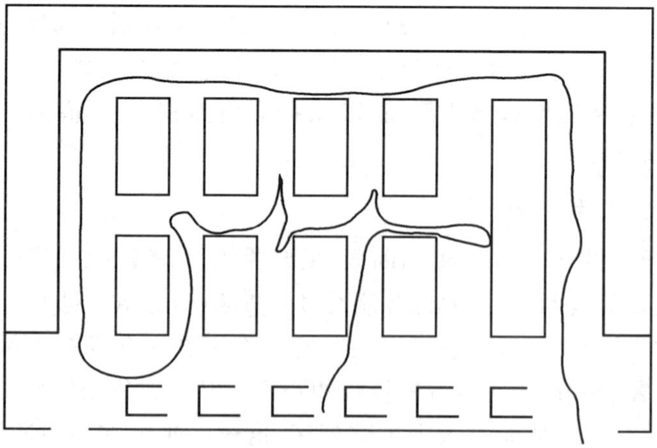

图6-15 顾客流动路线图(1)

第二种情况：顾客在沿着主通道浏览的途中，进入卖场中间区，选购好商品后，再回到主通道，最后到收银台结算付款（如图 6－16 所示）。

图 6－16 顾客流动路线图(2)

第三种情况：顾客只在主通道选购商品，然后直接到收银台付款（如图 6－17 所示）。

图 6－17 顾客流动路线图(3)

第四种情况：顾客在主通道的选购途中，主通道没走完就进入卖场中间陈列区购买商品，后直接到收银台付款（如图 6－18 所示）。

第五种情况：顾客没有走完主通道，中途穿过中间陈列区，直接到收银台

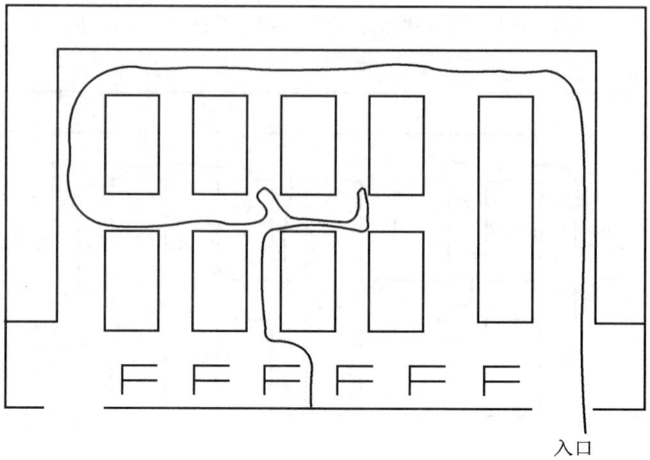

图 6－18　顾客流动路线图(4)

付款(在主通道已购完商品)(如图 6－19 所示)。

图 6－19　顾客流动路线图(5)

第六种情况:顾客走完主通道的大部分,然后在主通道往回返,再进入中间陈列区选购商品,最后到收银台付款(如图 6－20 所示)。

第七种情况:顾客进入主通道没多远,就突然进入中间陈列区选购商品,然后到收银台付款(如图 6－21 所示)。

第八种情况:顾客进入店铺以后,直奔要购买商品的货架,然后购货付款离去(如图 6－22 所示)。

图 6－20 顾客流动路线图(6)

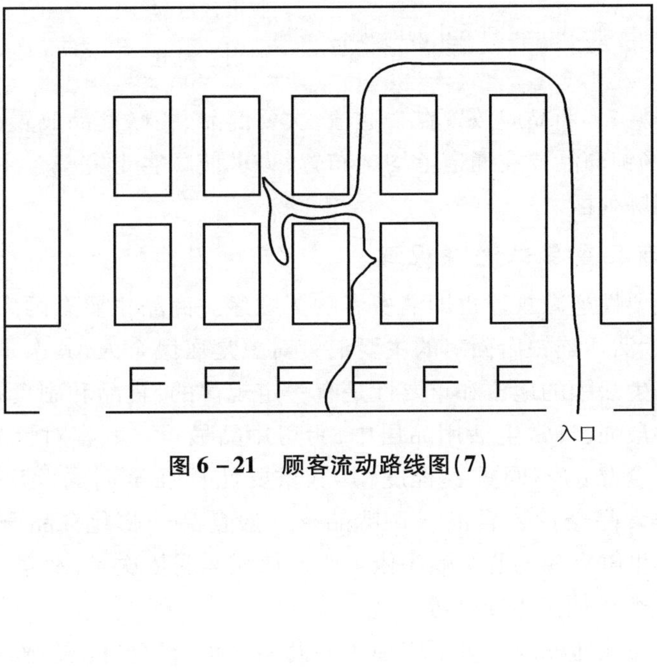

图 6－21 顾客流动路线图(7)

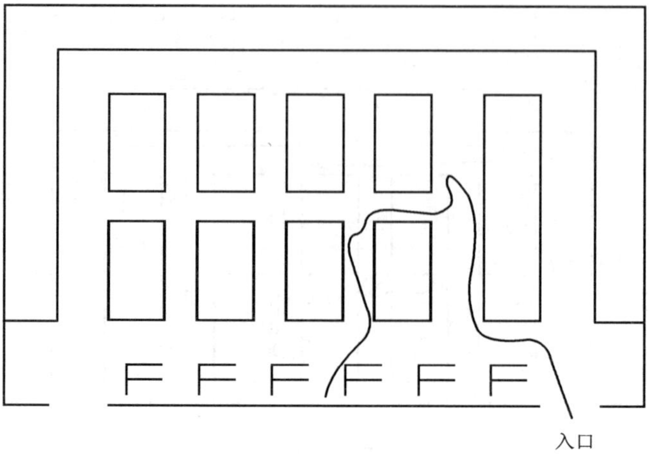

图 6－22　顾客流动路线图(8)

从以上八种情况可以看出,顾客在大多数情况下是按下列顺序流动的:

进入主通道 ⟶ 进入中间陈列区 ↗ 收银台付款
　　　　　　　　　　　　　　 ↘ 回到主通道 ⟶ 收银台付款

所以,易销售商品应放置在主通道,次要商品、关联商品放置在中间陈列区。另外,畅销商品要在通道上均匀布置,力求使顾客走完整个主通道,然后再进入中间陈列区。

(二)商品重要性递减规律

商品重要性递减规律也即消费者购买顺序。商品主要有两大用途:一是生产,二是生活。连锁店面对的主要消费对象是居民个人,其次是采购团体。商品在居民生活中的地位和重要性是有一定规律的:食品和副食在居民生活中的重要性最强,日常生活用品居中,厨房用品最弱。顾客对食品的购买顺序则显示了食品的不同重要程度,其从重要性从强至弱的顺序是:生鲜食品→半生鲜食品→冷冻食品→调味品→一般食品→膨化食品→日用食品。顾客对具体生鲜食品的购买顺序依重要性从强至弱依次是:蔬菜→水果→鱼类→加工肉类→加工半成品等。

商品重要性递减规律对于连锁店的商品采购、组合、配置、陈列等具有重要的指导意义,依照重要性强弱依次对商品进行布局,可以产生商品连续性展示的感觉。

（三）"磁石"理论

"磁石"理论的关键在于"磁石"商品。所谓"磁石"，是商品对顾客的吸引力的一种形象化说法。虽然连锁店经营的品种以大众日常生活必需品为主体，但其中不同商品由于类型、品种的不同等种种原因，构成对顾客不同程度的吸引力。根据这种吸引力的不同，可以分为不同的系列，相应的给予不同的位置安排，这就是"磁石"理论。以下是第一磁石到第五磁石商品的类型划分（如表6－4所示）。

表6－4　　磁石商品类型划分

类　型	位　置	特　征
1.第一磁石商品	沿主通道	①消费量大的商品 ②消费频率高的商品 ③主力商品 ④进货能力强的商品
2.第二磁石商品（都应具备第一磁石商品的全部特征）	在主通道沿线穿插	①前沿品种 ②引人注目的品种 ③季节性品种（时令性品种）
3.第三磁石商品（部分具备第一磁石商品的特征）	端架陈列	①特价品 ②即将大众化的厂家、商店商标品种 ③季节性商品（时令性品种） ④厂商促销品种（新产品）
4.第四磁石商品	每一陈列架上一到两种	①贴有醒目提示的商品 ②廉价品 ③有意识大量陈列的品种 ④新闻媒介广告宣传品
5.展销性品种	陈列在显眼、必经之地	①低价展销品种 ②非主流品种

下面对表6－4进行详细说明。

1.第一磁石商品。表6－4中所列的五种类型中，最重要的是第一磁石商品。该类商品陈列在主通道两侧，是消费量最大、消费频率最高的日常生活必需品，所以安排在主通道两侧才有吸引力。

2. 第二磁石商品。第二磁石商品是穿插在第一磁石商品中间，一段一段地引导顾客向前走的商品。第二磁石商品是同类商品中的前沿品种、引人注目的品种和季节性品种，是最引人注目的品种。第二磁石商品需要超乎一般的照度和陈列装饰，以最显眼的方式突出表现，让顾客一眼就看出其与众不同的特点。此类型商品品种需要隔一定时间便进行更新，以保持其基本特征。

3. 第三磁石商品。第三磁石商品是陈列在出口对面的货架或通道旁端架上的商品。第三磁石商品是特价销售品、即将大众化的厂家或商店商标商品、季节性商品和厂商促销商品（新产品）。面向墙壁一面端架的第三磁石商品要具备第一磁石商品的特征。第三磁石商品通常都具有价格优势。第三磁石商品的目的在于吸引主通道的顾客注意副通道两侧货架上的主力商品（如图 6－23 所示）。

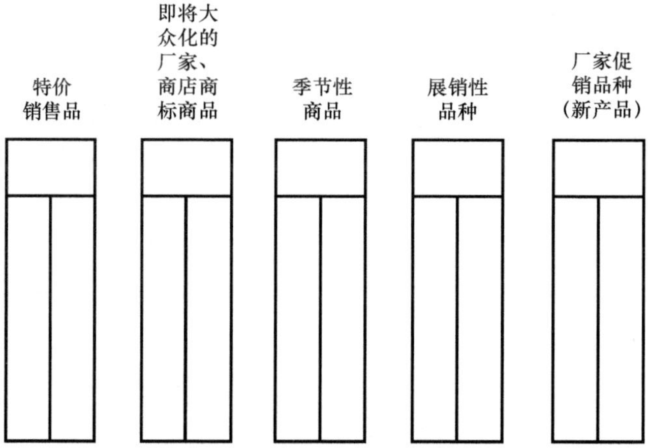

图 6－23　第三磁石商品配置

4. 第四磁石商品。第四磁石商品是那些散布在中央货架各处的，意在吸引顾客走进该货架的品种。第四磁石商品的显著特点是价格低廉，以形成对顾客非常强的吸引力。在陈列上，一是大量陈列，以显示丰富与量大；二是贴有特别提示标志，如“特价”“广告品”“推荐品”等。

5. 第五磁石商品。第五磁石商品是集中陈列在显眼、必经之地的展示性品种，是连锁店有意识选择的、用来做主题的展销品种。这类品种往往采取单独一处多品种大量陈列方式，造成一定程度的顾客集中，以烘托店铺气氛。展销性品种的位置要避免接近第一磁石类商品，要有一定的面积，辅之以一定的广告宣传。

四、连锁店铺营业现场的商品布局方法

(一)多层连锁百货店卖场的商品布置

多层连锁百货店卖场的商品布置一般是:一层经营食品、化妆品、百货及妇女流行饰品等;二层、三层、四层经营时装、鞋帽、针织用品,再往上经营家电用品、文化用品、工艺品等;最上层安排各种风味小吃店、餐厅;屋顶则经营花卉、园艺等,并设有广场花园,供顾客休息、饮茶、娱乐等。当然,随着消费升级,百货店的楼层不断增加,有的甚至达到10层以上。往上的楼层往往开设电影院、画廊、儿童游乐设施区等。

(二)单层超级市场的商品布置

1. 面包与果菜品部。此部门的商品是主力商品,关联性较强,消费者在购买面包等食物时,也常会购买部分蔬菜水果。所以,这部分商品布局可沿着连锁店铺内墙主通道布置,或采用岛式陈列。连锁店里的面包制作间,多位于内墙一侧,成为一大卖点。

2. 肉食品部。肉食品货架一般沿着连锁店铺的内墙摆放,方便顾客一边浏览一边选购。

3. 膨化食品部。膨化食品以饼干、方便面、儿童食品为主,多被摆放在店铺卖场的中央位置,用落地式货架陈列。以纵向布局为主,强调多种品牌的竞争。

4. 冷冻食品部。冷冻食品用冷柜陈列,多摆放在一层或购物通道的后半段,这样可以缩短冷冻食品解冻时间,方便顾客携带,且多和蔬菜靠近摆放。

5. 饮料部。饮料陈列以落地式货架为主,货架紧靠膨化食品区。有时和其他酒类相邻摆放,多为单独一个区域,甚至个别品牌在卖场中央搞堆头,形成展示区。

6. 奶制品部。消费者多在购物的最后阶段购买奶制品,所以奶制品多以冷柜存放,靠近卖场一边,距冷冻食品和蔬菜不远。

7. 日用品部。一般摆放在连锁店铺卖场的后半段,有时为最后部分,采用落地式货架,以纵向陈列为主。主要包括洗涤用品、卫生用品和其他日用杂品。如果是二层超市,收银台所在层多为生鲜、日配品,其他层为日用品。

(三)进出口处商品的布置

这是顾客最先和最后接触的部位,主要布置色彩鲜艳和造型美观的商品、挑选性不强的商品、购买频度大的商品、特色商品、即兴购买商品、儿童商品,如化妆品、日用品、速食品、儿童膨化食品、饮料等。

(四)按顾客需求程度和选择要求布置货位

最畅销、最有利可图的商品放最好的位置;利润少、销量小的商品放较差

的位置。店铺为多层时，一二层放销量大的商品，三四层放较贵的、单价高的商品；日常用品放在较低的楼层，耐用品放较高的楼层。

（五）连带性的商品要邻近布置，便于选购，促进连带购买

如洗涤用品邻近布置，海鲜、肉类一块放，鞋、帽、服装邻近摆放等。

（六）干扰性商品的布局

根据商品的性能和特点，选择适当位置，合理设计布局形式。比如，互有影响的商品分开摆放，如面包和鲜鱼类、茶叶与医药类等。

（七）根据购买动机，选择卖场布局

如顾客易冲动性购买的商品摆在明显的位置。

（八）按顾客流量分布规律和走向规律安排货位

顾客流量大的通道要摆放销量大的商品，如生活必需品。

（九）根据企业内部管理需要安排货位

如此摆放，既便于搬运、续货，也有利于安全和卫生。

复习题

1. 连锁店铺设计与布局的基本原则是什么？
2. 连锁店铺命名的原则有哪些？
3. 分析我国著名连锁店的店名字体和店标的设计理念。
4. 观察日常生活中连锁店的橱窗是如何设计的。
5. 选取一至两家我国著名的连锁店进行调查，分析其卖场布局方法。

案例一

耐克专卖店铺布局设计

NIKE 是全球著名的体育运动品牌，英文原意指希腊胜利女神，中文译为耐克。NIKE 公司总部位于美国俄勒冈州波特兰市。公司生产的体育用品包罗万象，例如服装，鞋类，运动器材等。

2019 年,《财富》世界 500 强榜单中,耐克公司排第 341 位,营业收入 364 亿美元。作为一个生产运动品牌的制造商,取得这样的业绩,关键和它的 5 000 多家连锁专卖店有关。

费尔·奈特(Phil Knight)于 1964 年以 500 美元创立 NIKE 公司时,做梦也想不到 NIKE 公司会成为现今全球最大的运动鞋品牌。1972 年,奈特和鲍尔曼发明出一种鞋,并决定自己制造,他们把这种鞋取名叫耐克,这是依照希腊胜利之神的名字而取的。同时他们发明出一种独特标志 Swoosh(意为"嗖的一声"),它极为醒目、独特,每件耐克公司制品上都有这种标记。耐克商标图案是个小钩子,并且在门店上都有自己的品牌标志。

NIKE 这个名字,在西方人的眼光里很是吉利,而且易读易记,能叫得很响。耐克商标象征着希腊胜利女神翅膀的羽毛,代表着速度,同时也代表着动感和轻柔。耐克商标的图案是个小钩子,造型简洁有力,急如闪电,一看就让人想到使用耐克体育用品后所产生的速度和爆发力。首次以"耐克"命名的运动鞋,鞋底有方形凸粒以增强稳定性,鞋身的两旁有刀形的弯勾,象征女神的翅膀。

耐克在店面设计上也费了不少功夫。比如灯光,地面设计与灯光照明色调统一,避免灯光照射到地面材料上的反光对商品色彩的影响。衣服、鞋子、背包、运动产品功能分区明确,布局集中陈列,便于消费者集中选择。橱窗设计体现主题,休闲与运动分区明确。通道的设计宽敞、笔直、少拐角,便于顾客对商品一览无余地观看。周边设有试衣间。中间设有休息区和试鞋区域,便于顾客坐下,有利于留客。

在店铺色彩的选择上,耐克多数选择黑色调。21 世纪,黑色意味着强有力、别致而不费吹灰之力的穿戴。黑给人的感觉是高贵、沉默、安静、莫测高深。黑色象征"刚直、坚毅、严正、无私"。时尚的人说黑色代表神秘;前卫的人说黑色代表冷酷;成熟的人说黑色代表庄重。黑色在时尚舞台的历史长河中,将始终充满着迷人魅力。

分析:

耐克作为品牌制造商一直坚信并坚持一个信念,一直将激励全世界的每一位运动员并为其献上最好的产品视为光荣的任务。耐克首创的气垫技术给体育界带来了一场革命。耐克在全球市场建立连锁专卖店,使销售渠道深入到大中小城市。耐克专卖店以青年人为主力对象,倡导一种创新精神,一种美国文化,把自己的标志通过门店进行深入宣传,取得了很好的市场效果,造成一种商场体育运动用品区域没有耐克专卖就不够档次的局面。

案例思考题

1. 请分析耐克专卖店标志的含义,及其对消费者心理的影响。

2. 在国际上,运动品牌专卖店很多,比如阿迪达斯、彪马、李宁、匹克、匡威等,请分析他们专卖店的设计有哪些特色?

案例二

解密屈臣氏之店铺设计

站在屈臣氏店铺的门口,你会发现一个有趣的现象:顾客一个又一个陆续进入店铺之后,很少有人会立刻出来,他们手里提着购物篮,慢慢地逛着。统计数据显示,屈臣氏单个店铺一周的平均交易次数超过6 000次,顾客在店铺内平均停留时间30分钟左右。

让顾客在店内自由选购是优秀的零售业绩的基础,屈臣氏一直努力通过店铺设计实现这一点,所以其在店铺设计方面遵循着一些原则:发现式陈列原则的应用;营造舒适、和谐、充满活力、令人兴奋的购物氛围;装修成本合理;努力让顾客"逛"起来。

一、发现式陈列原则的应用

观察屈臣氏的店铺你就会发现:站在店铺门外能发现屈臣氏的位置;站在门口能发现屈臣氏的经营范围;入门处能发现吸引你进店的元素;在店内能发现屈臣氏的服务以及推荐的主题。

为了让顾客快速地知晓屈臣氏店铺的确切位置,屈臣氏使用的是最直接也最简单的方法,如"屈臣氏,就在商场二层"的标语。站在屈臣氏店铺的入口处,就能快速地找到屈臣氏经营品类和收银台的具体位置,这主要通过明亮的灯光、降低中岛货架的高度、清晰的经营分类指示牌、明确的主副通道布局等来实现。而在店铺内,屈臣氏会使用多种道具及喷画图片,以明确地向顾客推荐当期促销的主题、新产品、特惠商品等,并且这些元素都是随着活动内容的变换而变换的。

二、卖场布局,努力让顾客逛起来

零售店铺内货架的布局是否科学,直接影响着店铺的经营状况,特别是店铺的经营面积达到150平方米以上,采取开架销售的经营模式,这让非常多的经营者头疼。怎样通过有效的布局让顾客逛起来,这是一个难点。下面我们以一个屈臣氏店铺的例子来说明其是如何布局的。

背景:一个不规则形状的屈臣氏店铺,总面积250平方米,深22.2米,宽

15.2米,窄处8米,有两个出入口,中间不规则地布置有9根柱子。

对其进行布局须依次考虑如下方面:

STEP 1:店铺内可以没有洗手间,但一定要配有办公室、员工休息室和店内仓库,屈臣氏1周有2次配送,以保证充足的库存和商品的安全管理。新的店铺还配有微波炉、饮水机、冰箱等。

STEP 2:设定收银台及化妆品品牌专柜的位置。屈臣氏收银台都设在店铺的尾部且较显眼的位置,目的是鼓励顾客进店消费;化妆品品牌专柜则布置于店铺内最显眼的位置。

STEP 3:靠墙货架的布置。靠墙的货架高度为2.2米。

STEP 4:以靠墙货架为基准,设置宽敞的通道,一般为1.2米以上,主通道为1.6米以上,以保证进门缓冲区有足够空间;中岛开架货架一般采取顺客流方向布置,以保证顾客畅通无阻地直达收银台,中岛货架的高度为1.45米,以保证足够的通透性;收银台前面要有足够的空间,一般在2米以上;中岛货架的布局设计中柱子的处理是关键,如何更好地避开柱子或利用柱子需要高超的设计技术,屈臣氏采用货架与柱子对位来隐藏柱子,让顾客在选购的时候感觉不到柱子的阻碍。

STEP 5:主通道、促销区、入门口的促销工具的布置。促销工具主要有堆头、椭圆形面膜台、四面屏风、促销胶箱等,具体有4个促销胶箱、1个面膜促销台、5个品牌专柜、25个堆头、3个收银机器位、8个端架促销位。

STEP 6:店铺的商品分类。屈臣氏卖场有美态(化妆品牌专柜、护肤品、饰品)、欢乐(护发、沐浴、口腔、男士用品、纸制品、小工具、小食品)、健康(保健食品、卫生用品)三个购物体验区。

核心产品(化妆品、护肤品、个人护理品)陈列在视野开阔的位置以显示其权威性;彩妆位于入口的迎面位置或者独立区域;化妆品作为主要大类陈列于店铺前部;日用品作为“目标购物”部分,陈列于店铺后部;化妆品和护肤品作为相近购物体验的部类,临近陈列在一起;婴儿用品作为护肤品和日用品的“桥梁”,陈列于两者之间或者临近两者之一,或者靠近女性护理用品;食品总是陈列于收银台旁边;杂样产品规划为“欢乐”类别之一,主要陈列于高客流的位置——通常紧邻主通道或者收银台;在店铺醒目位置陈列“推动走廊”,突出最佳促销堆头。

STEP 7:为了保持卖场美观,所有电源均采取隐形布线,入口处为双头金卤灯,亮度要高一些,灯布置规则为横向2米距离,纵向1米距离,仓库应安装防爆灯。

STEP 8:门头招牌的设计。屈臣氏按照自己的VI,制作规范的招牌方案,一般有1:6和1:9两种方法。

这就完成了店铺的基本设计。另外,屈臣氏还有一套完整的店铺装修设计规范,如灯箱、地面、间墙、玻璃外墙、货架、柜台等的处理要求,其中货架的布局是店铺设计中要求最高的,也是最关键的。

店铺设计不仅仅是装修的问题,其实,店铺的软装饰如灯光亮度、货架的选择、卖场的布局、商品的选择与陈列、促销活动的规划、促销氛围的布置、员工的服务等更为重要。如果一个设计公司不能全面地考虑这些要素,而是盲目地规划,其结果只是设计出一个没有灵魂、只能给顾客一个短暂新鲜感的店铺。作为经营者,也必须了解这些知识,不要一味依赖设计公司,在筛选设计人员时有自己的标准和目标,这样才能创造出令人满意的店铺形象。

(资料来源:http://www.e-anhua.com/news/10070773.html)

案例思考题

1. 阅读案例,说明屈臣氏是如何进行店铺设计的,有哪些可借鉴之处?

2. 在不同的业态和行业,店铺的设计与布局有很大的不同,请结合家居专卖行业的实际,为一个家居专卖店作出店面设计方案。

第七章
连锁企业商品管理

- 商品定位与商品组合
- 商品采购与调拨
- 商品采购电脑信息管理

商品是连锁企业得以生存与发展的基础，企业要在正确预测顾客需要的基础上，确定商品定位与组合，及时进货和补货，确保连锁门店营业的正常进行，这就需要连锁门店，一要加强商品管理，二要加强供应商管理。商品的生动化陈列可以达到降低成本、愉悦顾客、提高知名度、扩大销售的作用。商品采购的信息化使连锁企业降低成本、多频度、小批量、零库存、门对门物流配送成为现实。商品管理属于微观管理的范畴，是实实在在地为顾客着想、满足顾客需求的操作实务。

背景资料

日本伊藤洋华堂的单品管理模式

在零售企业商品管理中，为了便于管理，提高管理效率，商品分类一般采用综合分类标准，将所有商品划分成大分类、中分类、小分类和单品四个层次。单品是商品分类中不能进一步细分的、完整独立的商品品项。单品是零售企业商品经营管理的最基本单位，各商品群是由一个个单品组合而成的商品集合体。所以各商品群的管理（如20商品的选择与保留，滞销商品的选择与淘汰）要是离开单品管理是根本无法进行的。

单品管理是伊藤洋华堂在20世代80年代提出并逐步完善的重要专业概念，时至今日已发展成为其经管理念的核心，并为世界零售业界所认可和称道。单品管理模式将商品管理的重点和基点直接置于能够产生顾客需求差异的充分细分的商品品种（单品）之上，在经营活动中通过随时详细掌握每一种单品的销售动向，不断调整商品结构，力求最大限度地准确接近顾客的需求。同时以此为依据，精确确定进货的品种和数量，最大限度地解决了零售业最为常见也最难以解决的“库存损失”和“机会损失”问题。

为支持上述“单品管理”思想的实际运作，伊藤洋华堂在20多年间斥巨资与著名的计算机研发机构合作开发了独有的计算机管理系统，并不断追踪计算机科学的发展成果进行升级，至目前已历三代。强大的计算机系统解决了单品管理对大量信息处理的高要求，为单品管理思想的实现奠定了可靠的技术基础。20世纪90年代初，伊藤洋华堂在其计算机系统中引入了一种名为GOT（图形订货终端）的硬件设备，使一线营业人员根据卖场实际销售情况进行现场订货成为可能，从而解决了单品管理实施过程中的最后一个瓶颈。

依靠单品管理的思想和手段，伊藤洋华堂准确地把握着市场的不断变化，以此确定精确的经营计划，将“库存损失”和“机会损失”控制到了最低状态，实现了理想的利润水平。因此，尽管伊藤洋华堂的销售额排名并非日本第一位，但其利润额却长期为日本零售业界之魁首。

（资料来源：http://3y.uu456.com/bp_6okyn13ipl0vngk59eow_1.html）

连锁企业商品管理涉及的内容十分复杂，主要包括两方面：一是清点库存，合理掌握库存水平，及时订货，以保证商品不脱销；二是检查商品的陈列，检查商品标签，以保证商品的正常销售。下面我们将介绍连锁企业的商品定位、商品采购和商品陈列。

第一节 商品定位与商品组合

一、连锁经营商品的特征和品种

连锁企业经营是为了满足人民群众的日常生活的需要,大众化、日常需要、经常使用是其经营商品的基本特点。

(一)连锁企业经营的商品特征

连锁企业经营的商品具有如下特征:

1. 大众化、实用;

2. 以一般消费者购买得起的价格为主;

3. 质量和数量上都能满足消费者需求;

4. 方便顾客;

5. 满足消费者的心理需要,使消费者心情愉快。

当然,由于需求是多层次的,因而,不同的连锁店经营的商品也不同。

(二)连锁企业经营的商品分类

为了使企业经营者能进行有效的商品定位,需先对商品进行分类。根据分类方法不同,商品可以分为不同类别。

1. 根据商品自身属性分类。可分为:

(1)大众化品种和实用品种。即70%的消费者需要的品种,或者说大众日常生活离不开的,每天或者经常要使用的品种,也就是购买频率特别高的品种。

(2)发展性品种。即消费者需要但目前尚不能满足,需要连锁店进行开发的商品品种。发展性品种是体现连锁经营精髓的品种,也就是说连锁店要开发自有品牌。只有靠发展性品种,连锁体系才能真正做到丰富、便捷人民群众的日常消费生活。

2. 根据消费者购物习惯分类。可分为:

(1)便利品。便利品是指消费者购买频繁,希望一需要即可买到,并且只花最少的精力和时间去比较品牌、价格的消费品,如香烟、报纸等。

(2)选购品。选购品是指消费者为了物色适当的商品,在购买前要去许多家零售商店了解和比较商品的花色、样式、质量、价格等的消费品,例如儿童衣料、女装、家具等。

(3)特殊品。特殊品是指消费者能识别哪些牌子的商品物美价廉,哪些牌子的商品质次价高,而且许多消费者习惯上愿意花精力和时间去购买的消费品,如奢侈品、名牌时装、贵金属等。

(4)非渴求品。非渴求品是指顾客不知道的物品,或者虽然知道却没有兴趣购买的物品,如刚上市的新产品、百科全书等。

二、连锁企业商品定位

连锁企业在目标市场、业态确定了以后,就要考虑用什么样的商品来满足目标顾客要求,也就是商品定位。商品定位的好坏将直接影响到连锁店的销售额和店铺在顾客心目中的形象。商品定位不是一个静态的过程,它是随着季节、时尚、文化、顾客偏好等因素的变化而随时进行调整的动态过程。

(一)商品定位的概念及特征

商品定位是指连锁企业针对目标消费者和生产商的实际情况,动态地确定商品的经营结构,实现商品配置的最优化状态。商品定位包括对商品品种、档次、价格、服务等方面的定位。商品定位既是企业决策者对市场判断分析的结果,同时又是企业经营理念的体现,也是连锁企业通过商品而设计的企业在消费者心目中的形象。

商品定位是一种经营策略,商品定位正确与否、结构是否合理、能否保持正常运转,关系到连锁企业的生存和发展,所以需进行深入研究。因为消费者对商品的评价,主要是看其功能和所代表的形象能满足他们需要的程度。成功的商品有一个共性,就是始终如一地将商品的功能与消费者心理上的需要联结起来,通过这种方式将商品定位明确传递给消费者。例如,“仙女露”总给人以高雅、温柔的感觉;“高露洁牙膏”使人联想到可信赖的牙齿护理;“舒适牌织物柔软剂”让人联想到爱的温柔。一种商品特别是著名商品的影响是在消费者心目中被唤起的想法、情感、感觉的总和,因此,只有当消费者心目中关于商品定位的内容得以确认,企业为此进行的各种资源的利用才会有价值。

商品定位考虑的主要因素是:

第一,顾客满意度。这也是商品定位的首要条件,是任何企业赖以生存的主要因素。

第二,长期性。企业只有长期满足消费者需求,才能树立企业的良好形象。

第三,竞争性。这是指能够从竞争商品中显示出自己的独到之处,这样消费者才会容易选择并重复购买,也只有这样才会赢得竞争优势。

对于企业来讲,最重要的挑战就是针对目标消费者的喜好来为商品定位。最能持久的竞争优势,就是让消费者认为你的产品比别人的好,这就是制胜“定位”。

（二）商品定位的原则

由于连锁企业确定自己的商品结构十分复杂，并受多种因素制约，所以在进行商品定位时，应遵循一定的原则。

1. 准确把握店铺业态的原则。每一种零售业态都有自己的基本特征和商品经营范围，正是由于这种业态的差别，才决定了连锁经营商品的重点不同。换言之，连锁企业的商品定位一定要与其所选择的业态相一致。无论哪种业态，作为企业都应该明确谁是我的顾客？他们到这里来要买什么样的商品？我应该如何满足他们的需求？

国际零售巨头沃尔玛根据零售业态的不同采取不同的商品组合。例如，山姆会员店向消费者提供“一站式购物”服务，商品结构宽广度、中深度，即商品总的种类齐全，但单一商品类别适度齐全，商品种类为 3 万 ~6 万种，而且 50% 以上的商品为食品类；折扣店商品结构窄而浅，不但商品大类少，每类品种也少；购物广场商品结构广而深，商品种类在 8 万种左右，商品种类齐全；社区店商品结构窄而深，商品大类少，但每类的商品品种多，主要是日常生活品。

2. 适应消费者需求变化的原则。知己知彼，才能百战不殆，只有摸清目标消费者的详细情况，才能有针对性地组织商品服务，才能满足消费者的消费需求。随着经济的发展，消费者的生活水平在不断提高，其消费日益成熟。在这种情况下，连锁企业的商品定位一定要与消费者的消费结构相适应，要随时调整自己的商品经营结构。

3. 掌握影响目标顾客因素的原则。影响目标顾客的因素很多，但最主要的是地理因素、心理因素、人口因素。地理因素是指连锁商店所处的位置和周围的环境，如交通状况等。人口因素是指目标顾客的性别、家庭状况、收入水平、文化程度、年龄及其对顾客的消费习惯和消费心理产生的影响。心理因素是指随着人们收入水平和教育程度的提高，越来越显著地影响到人们消费习惯，并进而深刻地影响到连锁企业的商品定位。连锁企业只有将对目标顾客影响较大的一些因素作为重点进行分析，才能准确地进行商品定位。

4. “3S”原则。连锁经营商品定位，应遵循以下“3S”原则：

（1）特殊化、个性化（Specialization）。即要与以往传统零售商店或其他区域商店有不同商品定位，面对激烈的竞争，主动让顾客了解本连锁店特色，使顾客想买商品时，马上想到这家店，产生必须光临的冲动。这里所指的特殊化或个性化，并不是在店内摆设奇珍异品，重点在创造自身的与众不同。

(2)简易化、单纯化(Simplification)。这主要有以下几点:第一,商业活动的共同行为目标就是单纯明快。第二,简化程序,简洁迅速,便于提高效率、降低成本。第三,商品定位及筹备作业简易化,让采购人员及现场人员容易执行操作。

(3)标准化、统一化(Standardization)。这主要从两点理解:第一,这是由连锁经营的特点决定的。第二,标准化有利于降低成本,因为标准化简化了谈判程序和内容,各店分摊了商品开发成本。

(三)连锁店商品定位及管理决策

连锁店商品定位、组合及管理的决策权限归属,详见表7-1。

表7-1

权限归属	决策项目
高阶层人员	• 业种、业态类别; • 部门构成; • 客层(商业区、人口)
采购经理	• 商品构成坐标(商品线构成及单元构成)
高级经理	• 立地; • 建筑物结构(房产的居用方法)
开发部经理或设计负责人	• 店内构成(卖场与后场存在); • 内部装潢
负责布置人员	• 卖场布置
店铺经营经理或设计人员,负责业务系统人员	• 作业系统
商品供应计划员或供应商招募人员	• 每种商品区域面积; • 品目与品质; • 展示; • 陈列工具; • POP广告; • 检验商品的方法

三、商品组合

(一)商品组合的定义与结构

商品组合也称商品的经营结构,是商品定位的核心。简单地讲,商品组合就是连锁企业把同类商品或不同类商品,按某种规格样式进行的销售组合和搭配模式。商品组合由若干个商品系列(类型)组成,而商品系列又由若干个商品项目组成，且这种组成是有一定规律的。商品系列有的是由于其中的商品均能满足消费者某种同类需求而组成，如替代商品（如牛肉和羊肉）；有的是其中商品必须配套在一起发生作用才售给同类顾客，如互补性商品（如手电筒与电池）；有的可能是同属一定价格范围之内的商品（如特价商品）。商品项目是指企业商品销售目录上的具体品名和型号。以超级市场为例，其商品组合的结构如图 7－1 所示。

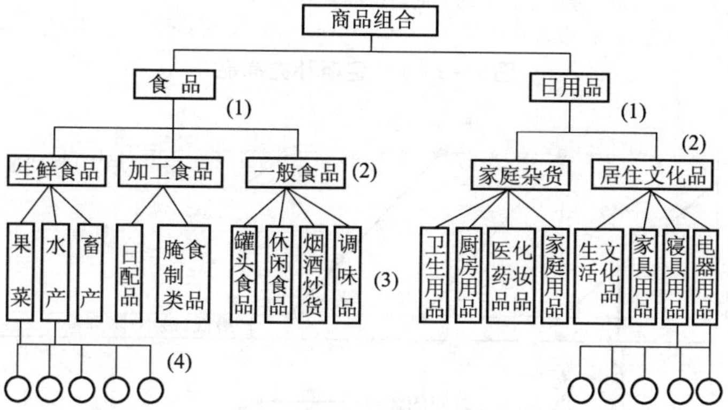

注：(1)为大分类商品；(2)为中分类商品；(3)为小分类商品；(4)为单品品项

图 7－1　超级市场的商品组合状况

可见，在超级市场中，虽然食品占有较大的比例，但也包含着许多家庭杂货、文化用品、日常用品等。

（二）连锁企业商品组合的原则

连锁企业的商品组合要坚持以下几个原则：

1. 保持适当规模。适当规模是指顾客能够感觉到丰富且充足的商品种类。这时的衡量标准是顾客，而不是店铺经营者。就顾客而言，只有自己所需要的商品齐全才是问题的关键，而不需要时，商品再多也没有用，所以，店方必须做好商品数量的管理工作。

2. 正确运用补充原则。陈列架上必须保持一定的最低陈列量。所谓最低陈列量，是指商品继续减少时将导致销售停顿的数量，换言之，就是快要缺货的数量。因此，须在最低陈列量以上来补充商品，以利于销售的持续进行。实际中，有两种补充商品的办法，如图7－2－1和图7－2－2所示。

由图 7－2－1 和图 7－2－2 可以看出，补充后的商品陈列量变成了最高，这就意味着本次的补充量等于直到下次补充时的销售量。因此，当决定补充商品时，必须预计到从现在直到下次补充商品时为止的销售量才行。反过来说，决定补充量的人必须是能够预测销售量的人。然而，采用这种补充的方

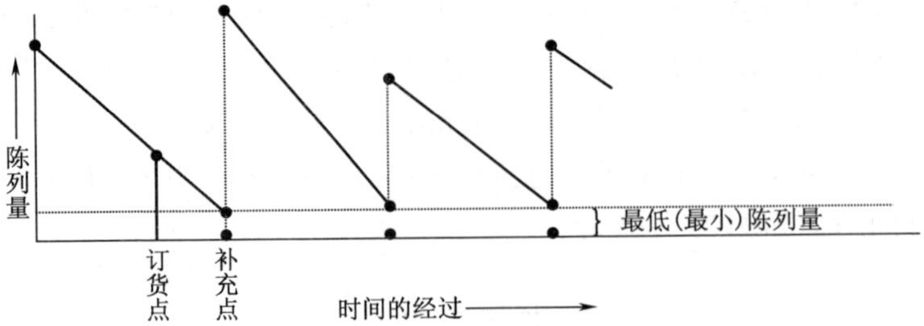

图 7－2－1　定期补充商品

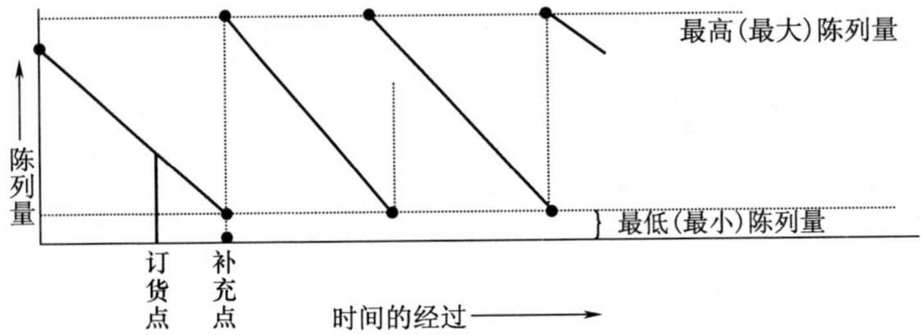

图 7－2－2　定量补充商品

法将产生另一个问题，在采用定期补充时，每次的补充量会有所不同；但如果采用定量补充制，则每次的补充时间又会变动。站在生产者的立场来讲，定量补充会比较方便，但如果是在成本较高的终端流通点（连锁店），则以定期补充较佳。

3. 保持适当的库存年龄范围。所有商品应以先进先出的原则来销售，这是保持库存商品新鲜的绝对条件。倘若没有先进先出的要求，或无法按照预测销售商品时，应该检查出超过库存年龄的商品，并且做好明确的标示。管理人员应该做清楚的记载，以此为依据决定其正确的库存年龄范围。为了避免竞争对手对资料的窃取，应避免使用数字，可以用符号或颜色来表示。

（三）商品群及组合方法

商品群是一群、一类商品的称呼，是根据连锁企业的经营观念，用一定方法来集结商品，将一些商品组合成一个战略经营单位，以吸引顾客并促进销售。商品群并不代表具体的商品，而是商品经营分类上的一个概念。商品群可以是商品结构中的大、中、小分类，也可以是一种新的组合。

连锁企业必须能够及时发现消费者的多样化需求变化及其特征，并适时地组合有创意的商品群，使商品群的战略单位不断地充实新的内容，使这种商品群可以打破商品原来的分类，成为新的商品部门。一般来讲，可采用的新商品群的组合方法有：

1. 消费季节组合法。例如，在夏季可组合灭蚊蝇的商品群，辟出一个区域设立专柜销售，在冬季可组合滋补商品群，火锅料商品群；在旅游季节推出旅游食品和旅游用品的商品群；等等。

2. 节庆日组合法。例如，在中秋节推出组合月饼系列的商品群；在老人节推出老年人用品的商品群；等等。也可以根据每个节庆日的特点，组合适用于送礼的礼品商品群。

3. 消费便利性组合法。根据城市居民生活节奏加快，追求便利性的特点，可推出微波炉食品系列、组合菜系列、熟肉制品系列等商品群，并可设专柜供应。

4. 商品用途组合法。在家庭生活中，许多用品在超级市场中分属于不同的部门，但在使用中往往就没有这种区分，如厨房系列用品、卫生间系列用品等，都可以用新的组合方法推出新的商品群。

四、品类管理

品类管理是一种新的商品管理模式，更能符合零售企业发展的要求，已有越来越多的连锁企业开始重视品类管理。品类管理是一种以发展品类（而非某个商品的品牌）竞争力为目标，通过满足消费者价值提高业绩的商品管理方法。开展品类管理，主要集中于解决内部和外部两个方面的问题。

（一）内部

内部问题可通过品类优化解决。通过品类优化来平衡和协调品类内部的各种关系，包括：

1. 商品种类和数量的关系。在做品类优化时，首先要决定：销售哪些商品？它们在店铺中将扮演什么角色？各种要采购多少数量为合适？这些问题是每天都要面临的，也是零售企业在商品管理上最重要的职能。

2. 商品种类与空间的关系。每个商品（供应商）都希望取得更多的排面，更好的展示位置；每个采购员都发现很多新品可能有很好的销售潜力。但零售企业的空间资源有限，不能满足所有的期望。

3. 价格与销售的关系。商品价格包含商品本身价值和商品附加服务价值两个部分。相同商品在不同零售商店里价格都可能不同。一方面和商品进货价有关，另一方面也与零售企业对商品附加服务定出的价格有关。

例如在家乐福，顾客可能兴奋于某个低价单品，但也可能主动接受其他商品的高价——即使明知后者的价格稍高。后者的高价位，就是家乐福为自己的销售策略而定出的附加服务价格。

4. 促销与销售的关系。在评估促销效果时，除了看它的短期效益，同时也要看它对品类销售的影响。例如低价促销短时间可促进销售，但长时间使用又会影响品类发展。像食用油这个种类,其价格敏感度非常高,价格促销自然有效。但如果进行定位不清晰的促销,会使这个品类的促销影响越来越小。所以,促销与商品销售的关系也是微妙的,需要从策略的层面去协调。

5. 服务与零售品牌的关系。连锁企业提供商品附加服务而获益,同时也能建立和加强自己的品牌。但要注意,连锁企业的品牌形象是可以变化的:一方面,顾客对店铺过去的服务有既定的评价和印象;另一方面,店铺也可以通过提供更加准确或独特的服务而新建某种品牌形象。在此,品类管理即可做出不少贡献。

(二)外部

外部问题可通过品类竞争解决。通过品类竞争,使企业凭借一个品类的综合表现来赶超对手,并赢得当地的一个细分的消费者市场。

1. 品类组合。对于品类中各商品的生产和开发,零售企业很少有主动权(除非做自有产品)。但通过商品品种的组合、价格的组合、促销的组合,就能体现企业提供商品附加服务的独特性,从而争取其目标顾客群。

2. 品类策略。某一次的品类组合取得优势,并不代表长期竞争力。因此,要把每个品类作为零售企业的一个可控制的服务单元,定期评估品类的定位和竞争力,由此制定店铺发展的方向和营销策略。根据品类评估结果而制定的典型营销策略有:提高客流量策略、提高交易量策略、产生利润策略、形象强化策略等,在此不再一一详述。

第二节　商品采购与调拨

一、商品采购

商品采购是物流管理的起点,是营销活动的起点和基础。由于连锁企业实行的是统一的标准化经营管理体制,所有连锁分店经营商品都要由商品采购部门集中采购配送,采购环节显得尤为重要,商品采购的良好运作,将给连锁企业带来较好的效益。

(一)商品采购策略

连锁企业的商品来源一是由自己生产,二是采购他人的商品。因此,连锁企业采购部门的决策主要包括两方面的内容:一是确定自己生产和外购的比例;二是确定总部与分店各自采购的比例。

连锁企业自己生产商品不一定完全由自己建厂来生产,可以自创品牌委托生产厂家进行生产(OEM)。例如,英国马莎公司成功地实行了自有品牌的商品策略,被誉为“没有工厂的制造商”。它只卖自己唯一的“圣米高”品牌商品,这些商品一般都是公司自己设计,然后委托生产厂家生产,产品由公司来销售。

大多数连锁企业的商品来源是依靠外购来解决的,特别是一些中小型企业,采取完全外购的策略更为合理。一些规模较大的连锁企业,有的则坚持自制与外购相结合、以外购为主的做法。无论采取哪种方法,有一点是肯定的,就是必须具有严格的商品采购制度。

（二）商品采购的环节和程序

采购活动是一个循环往复的过程,所以又叫采购循环。采购循环由确定采购内容、选择供应商、采购洽谈和跟踪管理构成,其中采购洽谈是关键步骤。采购循环详见图 7－3。

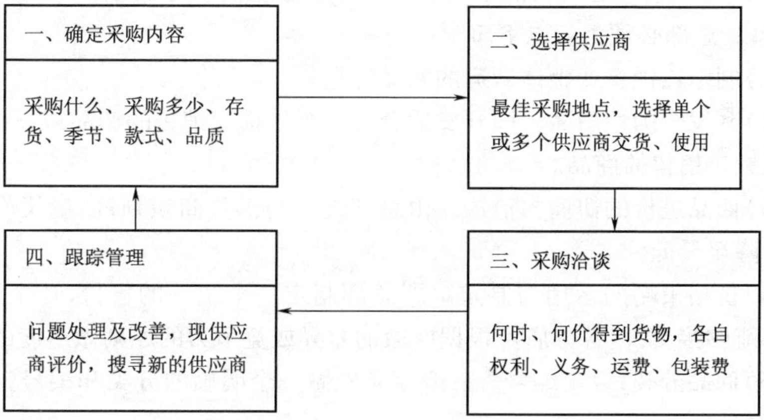

图 7－3　采购循环图

（三）商品采购方式

连锁企业商品采购一般有以下五种方式：

其一,总部统一集中采购；

其二,总部采购大部分商品,分店采购少部分商品；

其三,总部采购少部分商品,分店采购大部分商品；

其四,自己贴牌生产(OEM)和外购相结合；

其五,完全销售自己生产的商品。

一般来讲,第一种采购方式较常见,即商品的采购是由总部来完成的。因为,连锁企业为实现规模效应一般采用集中统一的采购方式,并且,这种方式实现了采购和销售职能的分离,而专业化的分工有利于提高经营效率;从厂商大批量进货,使总部具备讨价还价的实力,从而能获得较为廉价的商品,得到较好的服务和各种优惠。但是,有时为了增强企业适应市场的灵活性,总部给予分店一定程度的商品采购权，这种情况在特许连锁体系和自愿连锁体系中体现得更为明显。

第三种方式不利于连锁经营这种商业模式优势的发挥，但没有核心竞争力的企业不得不采取这种方式。第四种方式多为有实力的连锁企业集团采用，便于树立自己的品牌。第五种方式多为生产厂商自己开展连锁经营的商店采用。

（四）连锁企业采购时应注意的问题

连锁企业在运用外购方式时，需要特别注意以下几个方面的问题：

1. 总部与分店之间采购权限的划分。在连锁经营活动中，总部与分店采购权限的划分是一个会经常引起纠纷的问题。其划分的基本原则应该是：使加盟者成为具有一定权利的老板，而且总部也能使企业销售产品达成一致性。所以，总部必须负责以下事项：

（1）制定连锁企业整体营运的商品计划。

（2）开发全国性商品。即开发适合每一个连锁店销售的产品或适合 80% 以上连锁店销售的商品。

（3）商品进价的协商与洽谈。由总部统一与供货商谈判，以量议价，可促使进价降至最低。

（4）价格策略的运用与制定。即总部制定一个统一的售价，让全国每个分店都能够接受，但各分店可根据区域的差异或竞争力的原则做适度的调整。

（5）商品分类，设定编号。一般商品先做一个明确的分类和编号，以利于商品管理。

（6）货源厂商的开发与掌握。就分店而言，重点在于单店的经营，所以货源厂商的开发与掌握，由总部来执行为宜。

（7）商品淘汰规划与执行。有些商品在分析与规划上，不只是一家分店，而是全局性的，所以必须考虑整体的效益及单店的差异。因此，在规划与分析上必须由总部来执行，以保持连锁企业内部的一致性。

（8）商品调拨与处理。有些商品因各种原因销售状况差些，在商品开发时难以全面掌握，这些商品可以经由总部转入销售状况好的店铺。对整体而言，这样做可以降低库存成本也可以提高商品周转率。

（9）对厂商的管理事项。对配合优良的厂商，可给予奖励，这应该由总部来落实执行。

2. 分店与总部要密切配合。在商品的采购上，分店应与总部相配合。以下四种商品分店一定要从总部采购：总部拥有商标权的商品；总部拥有专利的商品；独特性强的商品；总部自行进口的商品。分店只要专心地经营就可以了，不需要自己去提货送货，总部可以把商品配送过来。这就要求总部的进价绝不可高于邻近零售店的商品的进价，必须以低于或等于周围零售店的进价进行采购。

另外，如果因为采购量很低，供应商不愿意配送且又是政策性商品时，则分店必须配合总部。

有些加盟系统中，总部对加盟店尤其是自愿加盟店的商品采购给予了较大的弹性空间，允许加盟店自行采购其他厂商的商品进行销售，但必须严格遵守契约中对于采购和销售产品范围的规定，切不可自作主张，违反契约规定，自行采购总部明文禁止的商品。

3. 重视商品的采购谈判。采购谈判是商品采购的关键环节。商品采购谈判的核心是议价，即企业的采购员与供货商就商品价格及交易条件直接进行谈判，这主要是围绕价格问题进行的。对于连锁企业来讲，总希望以最低的折扣价获得高流转率的商品，并争取延迟付款。商品的采购如要达到这一目的，需要做到以下几点：

（1）谈判前要做好充分的准备。这主要包括三方面内容：

一是对供应商的资质进行详细调查，弄清是全国性的、地方性的还是区域性的。

二是设定两个以上的谈判目标，一个是理想的目标即单赢，一个是合理目标即双赢。

三是要准备齐全各种相关资料，如市场调查报告和有效证件等。

（2）谈判中要有礼有节，策略灵活。

第一，要讲礼貌，从各方面尊重对方，要充满信心。

第二，通过提问，从对方回答中获得有用的信息，引导供货商说出我们所需要的东西。

第三，主动掌握谈判的进程。

第四，强调合作。我们所倡导的是以信任为理念，追求的是双赢效果，强调的是双方的合作。

第五，妥善处理异议。当供货商提出的条件过分苛刻时，可以据理力争，要善于说“不”，并作出谈判破裂的暗示。

（3）谈判后要追踪效果。商品采购谈判结束，并不是商品采购的终结，一个合格的采购员还要追踪因商品采购所延伸的一些工作，进行谈判后的效果追踪。主要考察以下六个方面：

一是商品是否满足消费者的需求？顾客的满意度如何？

二是商品采购总量、商品结构、批量是否合适？

三是商品质量是否稳定？能否满足顾客的需求？

四是商品货源是否来自制造商？

五是售后服务是否良好、可靠？对投诉是否能够作出迅速反应？索赔是否简便易行？

六是交货是否及时？供货量是否有弹性？交货时间是否合适？能否保证购货所需时间内的正常销售。

二、商品调拨

分店与连锁总部之间会发生商品调拨，可分为总部要求分店作商品调拨、分店向总部提出申请作商品调拨两种情况。

（一）总部要求分店作商品调拨

总部要求分店作商品调拨又有两种情况：

1. 总部要求分店将部分商品调拨给其他分店。总部应发出商品调拨单一式三联，一联交调出单位，一联交调入单位，一联交财务单位入账。对于特许连锁而言，当加盟店内的商品产权属于总部时，加盟店就必须依照契约及管理规定办理；当加盟店内的商品产权属于分店时，分店可视实际情况与总部协商办理。

2. 总部要求分店将商品调拨回本部。大致又有以下四种情况：

其一，试销新产品成效不佳，撤回作淘汰处理；

其二，商品的品质有瑕疵或已过期，为维护企业形象，避免损害消费者的权益，统一收回总部或物流中心进行处理；

其三，商品要更换包装，以新面貌重新推出；

其四，分店的存货过多，管理不良或滞销，总部主动协助分店作商品结构调整，以降低存货，做好库存管理。在操作程序上，总部仍然应依照规定发出调拨通知及商品调拨单给分店。对于特许连锁，当商品产权属于加盟店时，商品调拨可由总部与加盟店协商进行。

（二）分店要求总部作商品调拨

分店要求总部作商品调拨也有下列三种情况：

1. 分店临时缺货而总部又无法立即支援供货，改向其他分店或门市组织调拨。这时分店可以向总部区域主管提出申请，要求支援，由区域主管人员查询并确认后可向分店办理调拨手续，要由总部人员填写调拨单。

2. 分店的商品存货过多，造成积压，自身无法消化，需要向总部要求将商品调拨回总部的物流中心，或调拨给其他分店。当采用的方式是调回物流中心时，即当作退货处理。

3. 分店的商品滞销。分店向总部申请，要求将滞销商品调拨至畅销地区进行销售，经总部核查无误后，由总部开出商品调拨单，移转滞销品至畅销地区的分店。

三、连锁企业的商品开发

商品的管理与开发是连锁企业配送中心和分店的重要任务，是提高企业经济效益和竞争力的有效方法和途径。连锁企业的商品开发主要包括新产品的开发和疲软商品的淘汰。

（一）新产品的开发

新产品的开发包括外购品牌商品的开发和自制品牌商品的开发两类。这两类商品的开发都由企业与厂商通力合作，共担风险，共享利润，共同管理。

开发新产品的原则主要有两点：一是系列化。以商品系列来开发，品种齐全而且声势浩大。二是组合化。以商品组合来开发，建立适合生活形态的销售方式，可提高依照商品淘汰计划来开发新产品的速度。

以下产品不宜开发：毛利润偏低而且属于非必需品；保存期限太短，不易保存的产品；对人体健康不利或不符合有关法律法规规定的产品。

（二）疲软商品的淘汰

疲软商品即滞销商品。淘汰疲软商品的目的是为了保持店内商品的活性化与商品正常的更新换代。在连锁店空间有限的情况下，疲软商品的淘汰是开发新商品的前提。符合下列基本情况的商品应淘汰：

1. 发货中心以计算机分析出货资料，出货排行榜内累计销量在95%以下的商品；

2. 厂商直接配送的商品，每月销售额在每店平均进货金额1/2以下者；

3. 厂商货源不稳，无法控制者；

4. 与商品标志不符，有违政府法令法规或有害身体健康者；

5. 市面售价紊乱，毛利太低而且属于非必需品者；

6. 新商品试销结果不理想者。

总之，总部可以通过网络分析并通知分店对滞销商品进行淘汰，此建议也可以由分店主动提出，使总部与分店的商品库存成本降至最低，并不断提高周转率和经济效益。

对于疲软商品的淘汰要注意以下两点：一是持慎重态度，关键是要辨别疲软的趋势，要进行耐心细致的分析，综合判断；二是对那些确实需要淘汰的商品，可以根据实际情况采用立即放弃策略、逐步放弃策略或自然淘汰策略。

四、连锁企业与供应商的合作方式

（一）寄卖（代销）

连锁企业以寄卖的方式接受供货商供货，一般不会与供货商即时清算货款,而是按售后结算的方式和供货商协议订立一个结算期来结算货款。

1. 结算方式。在寄卖合作方式下,有两种具体结算方式:第一种为定期结算,即根据有关的寄卖货品每个结算期内的实际销售额来结算应付的货款。结算期大多是1个月到3个月不等。第二种为翻单结算,即在供货商供应第二批货品时结算第一批货品的货款。

连锁企业与供应商清算货款时,是按双方协议的营业额分成或保底金额来计算。营业额分成即连锁企业保证结算期内最低营业额不少于某一种基数,如果营业额达不到保底基数,连锁企业仍要按保底基数分成。换言之,供货商必须承担商品销量的风险。

2. 合作方式。供货商在寄卖合作中所扮演的角色有两种,一是只提供商品,售货员和管理等支援工作则由连锁企业负责;二是供货商既提供商品又提供售货员,售货员的薪酬由供货商提供,而连锁店则成了引厂进店或第三方平台,只管收取费用,风险转嫁给了供货商。现在,一些连锁店对新进场代销货品收取上架费、堆头费等。

(二)买断(购销)

买断经营在国际商界是很普遍的经营手段。如美国沃尔玛80%的商品都是买断经营,德国麦德龙89%的利润是通过买断来获取的。买断经营作为一种国际惯例在我国已逐渐得到重视和推广。

所谓买断经营,就是用现金支付方式大批量地独立购买生产方的商品经营权和所有权,付款方式从原来的约期付款改变为现款结算,对购进的商品只要不存在质量问题,一律不再退货。

1. 结算方式。买断结算按货款结算条件不同又分为"即期结算"(货到付款或款到付货)和"数期结算"(货到后一定期限内结算)两种。数期结算一般在1至3个月内结算,结算时间越短,连锁企业要求的进货价越低。即期结算的优点在于连锁企业不会对供货商拖欠货款,大大减低供货商对流动资金需求的压力。连锁企业实施买断经营,一旦商品滞销,造成积压,便要承担所有损失,因此,买断经营供货价一般比寄卖为低。

2. 实行买断经营的意义。实行买断经营最重要的一个条件就是连锁企业要有足够的实力,能够大批量地进货,压低价格,提高市场竞争力。买断经营买断了风险,也买断了利润。目前,国内一些连锁企业热衷"买断",主要是选择部分全国畅销品牌商品,看中了买断商品的低价格和较高的利润空间。由于买断现款支付,供货商自然会在供货价的基础上,再降低几个百分点。

(1)实行买断经营,对生产企业有利。生产企业产品迅速变现后,可将回笼资金投入再生产和新产品开发,并可根据连锁公司所下的订单安排生产,在一定程度上做到以销定产，进入产品生产、开发、再生产的良性循环。

(2)连锁企业实行买断经营，使供货商供货价格降低，连锁企业买断商品承担的市场风险由此得到回报。如1998年四季度，华联超市试行买断了1亿元商品，仅厂家平均降价3%这一项，就获毛利300万元。而连锁企业花钱买断数亿元商品后，意味着将市场风险扛到自己肩上，逼迫连锁企业加强市场预测，扩大企业规模，精打细算，降低成本，提高企业的管理水平和竞争能力。

(3)实行买断经营，对消费者更有利。首先是价格上得到实惠，其次是得到更加优质的服务。目前连锁超市遍地开花，进哪家店完全由顾客说了算，只有为顾客提供优质服务，才能吸引客源，赚取商业利润。

总之，买断经营使厂家、商家、消费者三方皆大欢喜。买断这种符合市场规律的经营方式必将向整个流通领域逐步推开。

(三)引厂进店(连锁店铺设专柜)

对于那些想要突出品牌、强调产品形象和企业形象的生产企业，会经常要求连锁企业为自己开设专门展柜销售自己的产品。对连锁企业来说，这是重要的营销机会，也是采购产品与调整产品结构的机会。连锁企业也可以主动出击，要求著名品牌进店经营。越是著名的连锁企业越应当主动出击，寻求与著名品牌合作。

专柜是连锁店和供货商根据事先约定的合作条件共同开设的品牌销售专柜。专柜的结算方式基本上与寄卖相同，按连锁店和供货商协定的保底和营业额分成，在指定的结算期内结清货款。除了保底和分成之外，有些店铺还要求供货商缴付其他费用，如促销及推广费(大约占月销金额的1%至5%)、仓储费(大约每月50元至80元)等。连锁店专柜每平方米的平均租金一般比商场和临街铺面低一些。

专柜货品的定价在一般情况下采取两种方式：一种是由供货商提出，由双方协议确定零售价；另一种是在供货商的供货价的基础上，加乘一定的比例作为零售价。专柜商品的销售原则上按连锁店有关规定进行，统一收款。

专柜的销售人员数目、来源、培训和日常管理由连锁店和供货商协定。一般专柜销售人员的来源可分为由连锁店提供、由供货商提供和双方共同提供三种。此外，供货商还要与连锁店协议货物进出专柜的程序、手续以及退换货的手续。

对于在整体销售策略上占市场主导的连锁店，要求专柜经营商在产品订购和陈列等方面，要遵从连锁店的规定。连锁企业通过引厂进店设立品牌专柜有三个好处：一是有利于调整优化产品结构；二是有利于和著名品牌建立良好的制售关系；三是有利于稳定商品的货源，降低自己产品经营的风险。

但是,设专柜也会增加对厂方人员、设备管理的难度。因为是不同的利益主体,厂方的营销活动有时会损坏连锁企业的形象,这就需要连锁企业加强供货商管理。

第三节 商品采购信息管理系统

商品采购信息管理系统是一套为企业采购人员提供的可以快速、准确地向供货厂商适时、适量地开立采购单的信息系统。这一系统能协助销售主管了解消费者对商品的偏好趋势,进行商品销售排行、畅销品及滞销品分析、商品周转率分析、商品获利率分析等,可以实现通过销售分析与销售预测来指导商品采购的目的。一般的采购作业通常包括商品数量需求统计、对供货厂商查询交易条件,然后根据所需数量及供货厂商提供的经济订购批量提出采购单,采购单发出后则进行入库进货的跟催动作。

一、商品采购信息管理系统的作用

商品采购信息管理系统是连锁企业正常运营、规模扩张的神经中枢,这与传统的企业通过报表、单据收集信息并据此作出决定的方法相比,前进了一大步。商品采购电脑信息管理的作用主要表现为以下五方面:

第一,信息收集更加迅捷化。由于商品采购信息管理系统是连锁企业整个信息管理系统的一部分,与其他业务的信息管理系统如 EOS 系统、POS 系统、EDI 系统都有联系,从而这些相关系统的销、存、订、储信息都会及时地返给采购部门,使采购部门可以及时地将信息传递到物流中心,进行订货。

第二,信息处理更加规范化。由于是通过电脑网络进行信息传输和处理,中间人为的主观因素和错误出现率将大幅降低,信息的处理将规范化。

第三,采购管理决策更加科学化。由于商品采购信息管理系统获取的都是迅速、即时的信息,是对供货商、顾客、零售店销售的客观反映,这就为决策的科学化创造了前提。有了正确的资料和信息,不一定就会产生正确、科学的决策,但科学的决策必须要以正确、科学的信息管理作为手段。

第四,为连锁企业经营实现 ECR(Efficient Consumer Response,高效率的消费者反应)奠定了坚实的基础。"高效率的消费者反应"是一种运用于工商业的策略,连锁企业通过与供应商共同合作(如建立供应商—分销商—零售商联盟)，改善其在货物补充过程中的全球性效率，而不是以单方面不协调的行动来提高生产力，从而节省由生产到最后销售的整个贸易周期的成本。在其中，商品采购信息管理系统扮演了重要角色。

第五，可以大大提高采购部门的工作效率。通过掌握和使用现代科技手段，使采购部门的管理人员和业务人员从大量繁琐的事务中解放出来，大大提高了工作效率，同时提高了连锁企业的整体素质和管理水平，为连锁企业的进一步发展创造了条件。

二、商品采购信息管理系统的运作流程

商品采购信息管理系统与库存管理系统和销售管理系统的关系如图7－4所示。

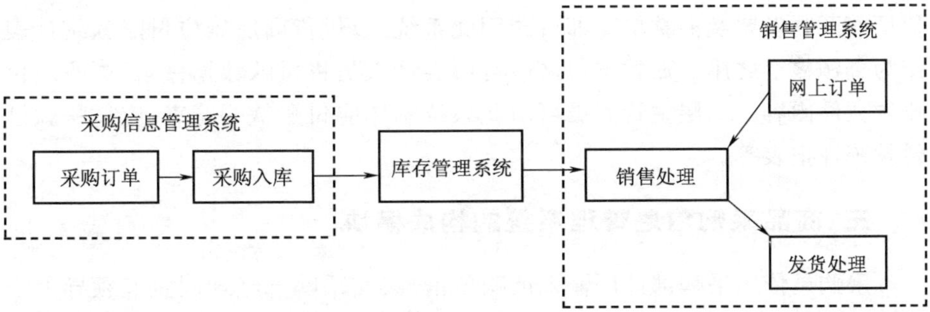

图7－4

商品采购信息管理系统是为采购人员提供的一套快速而准确地为供货厂商适时适量地开立采购单的系统，使商品能在出货前准时入库，并无库存不足及积压货太多等情况发生。此系统包括四个子系统：采购预警系统、供应厂商管理系统、采购单据打印系统、采购跟催系统。当库存控制系统建立采购批量及采购时间文件后，仓库管理人员即可随时调用采购预警系统来核对需要采购的商品。

仓库管理人员输入日期，系统访问库存数据库、采购批量及采购时间数据库，对比现有库存数是否低于采购点，如果库存数低于采购点就将此商品的情况打印出来。打印报表内容包括商品名称、建议采购量、现有库存量、已订购待入商品量等数据。当采购预警系统打印出建议采购商品报表后，仓库管理人员即可根据报表内容查询供应厂商数据，输入商品名称后从供应商数据库中检索供应商报价数据、以往交货记录、交货质量等数据作为采购参考。系统还可提供商品供货厂商报价分析报表、各供货厂商交货报表等报表。

根据上述报表，仓库管理人员可按采购商品需求向供应商下达采购单，此时仓库管理人员需输入商品数据库供应商名称、采购数量、商品等级等数据，并由系统自动获取日期来建立采购数据库。系统可打印出采购单以供配送中心对外采购使用。当配送中心与供应商通过电子订货系统采购商品时，系统还需具备计算机网络数据接收、转换与传送功能。采购单发出后，仓库管理人员可用采购跟催系统打印预定入库报表及已采购未入库报表，作为商品入库跟催或商品入库日期核准作业。系统无须输入特殊数据，只需选择欲打印报表名称，由系统根据当天日期与采购数据库进行比较，打印未入库数据。采购系统最好具备材料结构数据，在组合产品采购时可据此计算商品需求量。

采购单可由一笔或多笔商品组成，且允许有不同进货日期。应付账款系统在采购商品入库后，采购数据即转入应付账款数据库，会计管理人员为供货厂商开立发票及催款单时即可调用此系统，以供货商所做应付账款统计表作为金额核准之用。账款支付之后可由会计人员将付款数据登录，更改应付账款文件内容。高层主管人员可由此系统制作应付账款一览表、应付账款已付款统计报表等。

三、商品采购信息管理系统的构成模块

采购员依照采购部计划输入请购单信息，交采购部经理同企业领导人审核，审核后的请购单生成采购单，确认采购任务。接货员负责采购收货和采购退货。商品采购信息管理系统主要包括以下几个模块。

（一）请购单

根据采购部的采购计划输入请购单信息。采购计划输入界面系统可帮助操作员分析系统库存情况，可以调用库存分析模块全部或有选择地自动生成请购单。

（二）请购审核

采购部经理根据企业状况和其他授权人的批准，确认采购任务。

（三）采购单

采购员根据审核后的请购单生成详细的采购单信息，此为企业真正的采购信息。

（四）采购审核

经过采购部经理或授权人审核后，确认采购任务。

（五）采购收货

采购完成后，由接货员负责接收采购来的货物，并详细填写收货单信

息。错发的货物、途中损坏的货物或不合格货物应该详细记录或填写采购退货单。

（六）采购退货

如果货物有质量问题或其他原因，需要由接货员来负责退货，并填写退货单。

（七）采购报表

采购报表模块将作出供应商供货情况、商品采购情况、业务员采购情况等分类报表，报表明细如表 7－2 所示。

表 7－2 采购报表

序号	类别	名称	备注
1	采购报表	供应商供货汇总表	
2		供应商供货明细表	
3		商品采购汇总表	
4		商品采购明细表	
5		业务员采购汇总表	
6		业务员采购明细表	
7		采购订单	

（八）采购基础资料管理

采购基础资料管理包括以下信息的管理：供应商信息、供应商类别资料信息、采购方式、购货信息、供应商信息、供应商联系地址、供应商结算方式、采购请购取消原因、信誉等级、退货原因信息等。

（九）采购系统管理

采购系统管理仅限系统管理员或其授权人使用，将对采购部操作员进行授权管理。

（十）采购物料管理

货物将因供应商的不同而含有不同的信息，系统支持同一类、同一种名称的货物绑定供应商，故又称其为供应商物料。

第四节　连锁店铺商品陈列

大卖场中的商品极其丰富，而顾客首先接触的又是商品，如果没有一个良好的商品陈列,就不会有温馨舒适的购物环境。商品陈列的适当与否,直接关系到商品销售量的多寡。商品陈列是连锁企业商品管理的重要内容,体现了连锁企业的管理水平和服务意识。科学、美观、合理、实用的商品陈列可以起到刺激销售、方便购买、节约人力、利用空间、美化环境等作用。商品陈列既包含操作的技巧,也包含大量的美学内容。本章主要介绍商品陈列的原则、商品陈列的运作程序、商品陈列的方法等。

一、商品陈列的基本知识

(一)商品陈列的定义

连锁店铺商品陈列是指连锁店为了最大限度地便利顾客购买,利用有限的资源,在店铺总体布局指导下,实施货架顺序摆放、商品码放、店内广告设计,合理运用照明、音响、通风等设施,创造理想购物空间的活动过程。科学合理的商品陈列可以起到刺激销售、方便购买、节约人力、利用空间、美化环境等作用。

对商品陈列的概念可以这样理解:

1. 商品陈列不仅是一门艺术,更是一门科学。商品陈列通过视觉与顾客沟通,以商品本身为主题,利用商品形状、色彩、性能,通过生动化(艺术造型)陈列及与环境的相互协调来向顾客展示商品的特征,增强商品对顾客的吸引力,加深消费者对商品的认识。卖场的整齐美观是卖场商品陈列的基本思想。商品陈列的优劣,决定着顾客对店铺的第一印象。陈列的精彩变化,不同陈列方式相互对照的好坏,一定程度上左右着商品的销售数量。要充分地将这一基本思想融入货架、堆头等各种方式的商品陈列中去。

2. 商品陈列是零售现场管理工作的一项基本内容。商品陈列在吸引顾客进店选购商品,激发顾客的购买欲望以及在达成交易中,起着很重要的作用。商品陈列是一种无声而又重要的推销方式,是一种零售现场的活生生的广告。特别是对陈列着几万种商品的大型连锁店超市而言,如果没有一定的方法,顾客进门后根本就无从选择,或者为了买一件商品来回几遍也找不到。规范化、科学化、生动化的商品陈列能使顾客较快地找到自己满意的商品,省时又省力。

(二)商品陈列的原则

连锁店商品陈列要遵循以下三大原则。

1. 容易选购的原则。通过换位思考,我们知道,容易选购、便利购物是商品陈列的出发点。

(1)商品须一目了然,造型简洁醒目。目前,国内营业面积在100m^2 以上的便利店,经营商品大多为2 000 ~2 500种;500 ~1 000 平方米的超市,经营品种多为5 000~10 000种。如此浩瀚的商品,要使顾客能在较短的时间内找到自己想要购买的商品,店内商品的纵向分类(产品线的深度)应简单明了,且以简洁的形式、新颖的格调突出自己的形象。

(2)符合购买习惯。顾客习惯购买商品的先后顺序、关联商品顾客的适应程度,店方应研究透彻。对节假日、季节性、新商品的推销区和特价区商品的陈列要引人注目。

(3)标价要准确醒目。最容易出现的情况是标价与商品互相混乱,还要顾客将其一一对上号,这容易产生以下几个方面的负面作用:一是导致顾客投诉,认为店方素质差,管理不到位;二是投诉之下难以购买产品,因为搞不清产品价格,无法作出购买决策,导致销售额下降;三是容易激发事端,产生矛盾,影响店铺形象。

(4)商品易于拿取。这是最基本的陈列要求。

(5)过道应畅通。过道以能够容纳2人并行通过(宽度在90cm以上)为宜。

2. 愉快购物原则。容易购物是连锁店商品陈列的基本条件,而顾客的心理满足才是最重要的。要达到这一点,只有让顾客愉快购物。良好的心情,会使顾客停留的时间长,顾客会多看、多比较,甚至会不自觉地购买计划外的商品。连锁店可以通过以下几方面的努力来使顾客感到愉悦。

(1)货架上的商品要丰富、充足,目的是使顾客有挑选的空间,避免产生脱销现象。

(2)保持清洁整齐,这是基本工作要求。货架要整洁,陈列的商品要干净、完整;有破损、有污渍、外观上不合要求的商品要及时撤下。

(3)商品陈列要经常变化翻新,但不能影响整体效果。不过不能太频繁,不能给消费者"穷折腾"的印象。

(4)商品陈列要有美感,有艺术性,要赏心悦目。

(5)商品陈列要能及时宣传新产品新项目,迎合顾客兴趣,体现阶段经营商品的特色,强调广告效果。

3. 便利商品管理的原则。商品被销售出去后,就要进行商品补充陈列。商品的补充陈列是从后面开始的,而不是从前面开始的,这种陈列法叫先进先出法,这样有利于商品的保鲜和有效管理。因为顾客总是购买靠近自己的前排商品,陈列在后排的商品会不容易卖出去。一般商品尤其是食品都有保质期限,因此消费者会很重视商品出厂的日期。用先进先出法来进行商品的补充陈列,较早陈列的商品会较早地卖出,使货架上没有陈列时间太久的商品,这样可以在一定程度上保证顾客买到新鲜的商品,这是先进先出法保护消费者利益的一个重要的方面。另一方面,由于商品前后周转,既容易保持商品的清洁,也容易减少损失和降低管理费用。

知识卡片

商品的陈列应考虑以下方面:

(1)视野宽度。视野一般是指消费者站在一定的位置所看到的范围。根据医学研究,人的视野宽度可达120°左右,但看得最清楚的却是在60°左右。

(2)视野高度。一般消费者视线的高度,男性是165厘米~167厘米,女性则是150厘米~155厘米,因此,黄金陈列位置即为视线下降20°左右的地方,也就是大约70厘米~130厘米的位置。

(3)标价粘贴位置。价格标签的粘贴位置一定要力求固定,但绝对不宜贴在商品说明或制造日期标示处。

(三)店铺商品陈列的主要工具

连锁店中用于陈列商品的工具主要有:

1. 货架。货架多以可拆卸组合的钢制货架为主。在日本、中国台湾、中国香港等国家和地区,普遍使用一种高170cm、长100cm的货架,由于这种货架低于欧美式货架15~20cm,非常适应东亚人的体型,我国内地的零售店铺普遍采用这种规格的货架。当然,货架的高度还受连锁店业态、建筑层高和货物储存成本影响,也同商品大小有关。若是购物中心、仓储超市,货架要高一些。如沃尔玛会员店、东方家园建材超市都使用较高的工业货架。如果建筑物层高比较高,货架太低,则会形成空旷、冷清和不协调之感,且浪费高度资源。有些连锁店为了减少库存成本,不设仓库,货架很高,目的就是为了在货架上存储商品,而不在于销售,这就相当于增加了1/4的陈列面积。此外,若商品较大,必然要求较大的货架陈列。

2. 价格卡。价格卡主要用来标示商品售价并进行定位管理。价格卡一般以电脑打印,内容包括商品名称、商品号码、条形码、售价、排面数,经常贴于该商品陈列的货架凹槽内。

3. 端架。端架通常用来陈列一些高毛利商品、新品、季节性商品、促销商品或要处理的滞销商品。

4. 堆头。堆头是在连锁店铺卖场的主通道、出入口、开阔的空间上摆放一些平台或筐篮,陈列一些价格优惠或促销的商品。目的是为了吸引顾客的注意,突出商品的独特个性以及焦点促销的效果。

除上述陈列工具外,连锁店铺商品陈列的工具还有柜台、托盘、挂钩、水箱、木桶、玻璃罐、网状筐、堆头筐、悬空架、衣架、拍子(木托盘)、地老虎、叉车、取货架等。

二、商品陈列的操作程序

(一)对连锁店商品陈列操作程序的认识

我们这里所说的连锁店商品陈列的操作程序,绝不是局部的陈列方法,不是把商品通过一定的方法,在货架上或其他容器里陈列出来。陈列方法只是商品陈列这个大范畴的一个局部内容,也就是具体动手的操作落实的技能。而我们这里所言的商品陈列程序,是从全局角度考虑的广义的商品陈列。它包括:

1. 为什么进行商品陈列(陈列目的)?
2. 什么情况下进行商品陈列(陈列规划)?
3. 商品陈列应做的准备工作有哪些(订货收货等)?
4. 商品上架陈列(具体操作)、陈列标准与陈列情况如何(确认与检查)?
5. 陈列销售(对顾客的影响),陈列信息的利用(信息收集与资料分析)等。

商品陈列操作程序如图7-5所示。

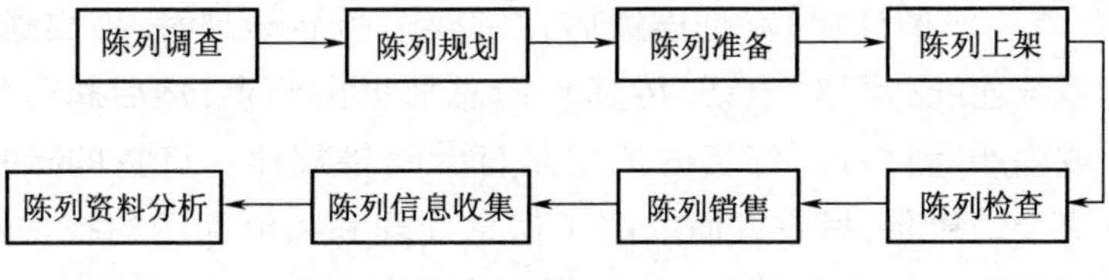

图7-5 商品陈列操作程序图

(二)连锁店商品陈列操作程序

连锁店的商品陈列,是从陈列调查并作出陈列规划开始,经过陈列准备,实施上架陈列,然后不断地进行陈列检查,实现陈列销售,最后进行陈列信息的收集和分析的过程。

1. 陈列调查。陈列调查主要是为了商品竞争而进行的信息收集与处理工作,目的是为陈列规划提供必要的素材。调查的对象主要是不能人为操作的环境因素。环境因素分为内部环境因素和外部环境因素。内部环境因素是指连锁企业总部的商品规划要求和分店自身面临的具体需求特点。外部环境因素指以下几个方面:

(1)地区性大型活动。如当地有无传统的庆典节日,这些活动的举行时间、规模、方式等。

(2)节日性特别促销活动。如妇女节、儿童节、圣诞节、新年、春节等。

(3)气候变化规律。如当地换季的时间、气温变化幅度、适宜的商品等。

(4)市场上新产品的潮流,时髦和时尚的变化。

(5)竞争对手的情况。

综合考虑上述两方面环境因素后,就可以根据地区特点,从总部推荐的品种中选定适宜的经营商品结构。商品结构确定后,根据各类商品的销售特点、顾客购买习惯和连锁企业的销售方针,确定基本的陈列布局和陈列方式以及相应的促销活动。在此基础上,进一步确定每一种商品摆放的位置、陈列方式、占用空间、陈列天数等。做完上述工作,就可以作出一个商品陈列规划了。

2. 陈列规划。陈列规划实际就是把商品陈列操作的一切前后顺序和相关内容,用文字的形式书面表达出来,写成一个比较完备的计划。陈列规划的内容包括:商品陈列的外部环境因素;商品陈列的内部环境因素;商品陈列的时间(开始、调整、转换、终止时间等);商品陈列的标准;商品陈列的确认及检查和评价;商品陈列的具体负责部门及职责;陈列商品的准备及协调安排;商品陈列的效果分析;店内招牌广告的应用;出现问题的处理办法等。

3. 陈列准备。陈列准备,是指商品上架前的准备工作,包括连锁店铺的订货、收验货、分类标价、编码等。

(1)订货。所谓订货,就是连锁店在货架上商品不足时,提出送货要求。可以通过系统连线(网络、电话、传真),向总部提出要求,然后总部汇总后向物流中心或生产商订货。订货的依据是日常销售规律。订货的批量和批次一方面取决于销售量,另一方面取决于信息处理和物流配送的技术水平。近年发达国家有这样的发展趋势:区别不同商品,按温度带,多频度、小批量送货,来货直接上架,店铺无库存经营。

连锁分店进货实行"统一配送"或"统分结合"的原则。进货的渠道通常包括:由公司配送中心配送到店铺的商品;由厂商直接配送到店铺的商品;由专业批发供应商配送到店的商品;等等。连锁分店通常不承担进货业务,只负责按总部确定的供货渠道向供货方订货或向总部订货。

(2)验货。尚无完善商品供应计划体系的连锁企业,各连锁分店对从各配送中心分批分类送来的商品,必须按规定的质量标准和验收项目验收,确保没有假冒伪劣、过保质期的商品,或不符合要求的商品,保证售出商品的品质和数量。验收程序是:先看送货单,然后核对订货记录,再检查商品的品质、种类、数量是否符合要求,在送货单上签收,最后入库。在相关商品开发、供货系统构建和管理技术水平达到一定程度的企业,可逐步免除验货环节,提高配送效率。

(3)标价编码。验货后,要对商品分类标价,整理上架。商品没有标准条形码的,要按公司规定标准统一编码。编码输入电脑后,商品才可以上架出售。

4. 上架陈列。除了本章中介绍的陈列基本知识外,商品陈列还包括多层店堂中各层经营内容的安排、售货方式选择、橱窗布置,店内广告招牌装饰等。

(1)各层经营内容的决定应遵循第六章"店铺设计与布局"所讲。就商品的陈列而言,首先是由大类商品的位置决定的。楼层不是越高越好,最高为5层,这可以说是绝大多数店铺的楼层极限,因为消费者一般不愿意去高层购物,楼层越高,消费者越少。如果商品数量太多,店铺占地面积不够大,那只能增加楼层或往地下发展,以降低铺面的租金成本。一般可设地下一层、地下二层。在多层店铺里,上面楼层多摆放贵重物品或必需品,而在底层多摆放时尚产品、季节产品、食品等。

(2)商品陈列货架的平面布置也不是随意的。前面讲到的主通道的原则,升降设施的位置,都在相当程度上制约着商品陈列货架的平面布置(参考第六章)。

(3)选择售货方式时,根据行业特点,连锁店应尽可能采用自助售货方式。自助售货方式可使顾客充分享受自由乐趣,任意逗留,触摸商品,从容挑选。

(4)商品陈列操作的注意事项:

①商品摆放应遵循从左到右、从上到下的次序,标牌应固定在第一件商品处,作为该类商品位置的起点和标记,同时也是与邻近品种的分界线。

②小分类商品必须集中陈列,并以直线形式摆放。这里的依据正是前面所提到的,消费者的视野宽度可达120°左右,但看得最清楚的宽度却在60°左右。

③销量越大的商品所占的陈列位置应越大,并可适当向货架的较低层延伸。反之,销售量小的商品,陈列所占空间位置亦应小些,并可摆在货架的中层,即眼手线范围(眼的视线范围和手能触及的范围)内,便于顾客发现。

④商品摆放要做到整齐不串位;货架和商品不能有积尘;包装不能有破损。

⑤冷柜商品要统一标价,清楚醒目,没有遗漏。

⑥新商品上架,应本着先进先出的原则,将旧商品适当向外移,并检查保质期及商品有无变质、破损。

⑦尽最大限度做到不缺货,做到有牌有货。如果出现缺货要有缺货标记(如翻牌),货到后再将标记取下(翻回)。

⑧季节性销售或店铺宣传推销品最好选择专用的宣传推销位置。遇有大的节日,如春节年货陈列期间,店铺可以适当调整货架位置,但节后应迅速

还原。

⑨适当布置相应的店内广告招牌，起到提示顾客购买、宣传介绍商品、渲染店铺气氛、美化店铺环境的作用。

5. 陈列检查。商品陈列确认与检查是连锁店日常管理中的一个重要方面，它能确保在此环节之前所做的各项工作以最佳状态呈现在消费者面前，从而树立企业良好的形象。商品陈列确认与检查的内容主要包括以下几个方面：

(1)商品分类是否易于选购；

(2)商品是否易于拿取；

(3)商品数量是否充足；

(4)商品种类是否齐全；

(5)商品色彩搭配是否协调，照明是否良好；

(6)商品是否得到妥善管理；

(7)商品摆放是否有助于销售；

(8)商品广告运用是否恰当等。

以上八个方面的要求是商品陈列的基本要求，也是关键要求。

6. 陈列销售(以理货为主)。陈列销售这一环节是连锁店与顾客直接接触的一环，其中与商品陈列状态相关性较强的，是理货人员的岗位服务和维护。对理货员的要求，主要有以下几点：

(1)理货员必须熟悉自己的岗位职责；

(2)理货人员应熟悉自己负责维护商品的有关知识，包括用途、品质、价格、产地、理化特征、消费使用方法、保存维护要求等；

(3)提前做好营业准备，服装整洁、精神饱满地接待顾客；

(4)营业时间要站立服务，礼貌待客，介绍商品既要热情，又要实事求是；

(5)营业时，要严格按照各岗位的服务规范操作；

(6)要做好通道、货架的清洁卫生工作，密切注视商品销售动态，及时补充商品，回收纸箱等包装物，察看标价有无错误，商品有无混乱歪斜现象；

(7)对顾客的合理化建议要及时记录，向上级管理人员反馈信息。

销售是在商品陈列完备的基础上，结合理货业务的一个复合过程，也是极为重要的一环。

7. 陈列信息的收集与分析。前面的陈列调查、陈列规划、陈列准备、上架陈列、陈列检查、陈列销售六大环节会产生很多的经营数据信息，经营者应该时时处处留意记录，积累起来，进行研究。利用 POS 系统，可以把由人力做的定性分析和计算机的定量分析结合起来，研究商品销售变化及陈列效果，进一步改进和调整商品陈列。如果一些比较小的连锁店没有 POS 系统、EOS 系统、MIS 系统(商品管理信息系统),则可以根据销售报表和营业人员的直接观察,一方面,了解顾客对经营品种的满意度,分析影响顾客满意程度的因素,改善经营商品结构;另一方面,结合货架位置、陈列方法、销售时期、店内广告宣传、服务状况等因素,研究和改进商品陈列,不断提高商品陈列水平。

三、商品陈列的功效和方法

(一)商品陈列的功效

商品陈列的功效,也就是商品陈列要达到的目的。商品陈列应达到以下效果:

1. 增加销售机会,提高店铺销售业绩。

2. 改善店铺形象,培育顾客忠诚。

3. 良好的商品陈列能弥补店面设计的不足,使店铺内外协调,加强顾客对店铺形象的认知度。

4. 使顾客选购商品方便、容易。

5. 良好的、科学的商品陈列,能带给顾客好心情,使顾客快乐购物。

6. 能起到接力棒的作用,可以吸引顾客、引导顾客、分散客流、提示商品信息、宣传商品。

(二)商品陈列的主要区域

在连锁店铺的卖场里,商品陈列的主要区域有货位区、走道区、中性区和端架区。具体分布如图 7-6 所示。

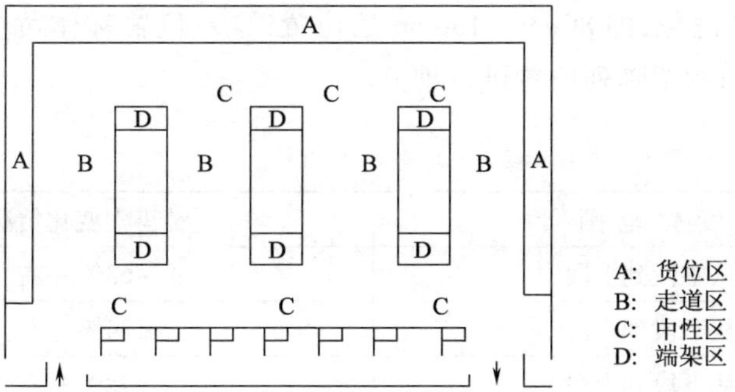

图 7-6 商品陈列区域图

1. 货位区。图 7-6 中所示的 A 区为货位区。连锁店铺中的大多数商品都被陈列在正常的货位区,摆放在货架上供顾客选购。这主要包括卖场周边货位和中央陈列区货架。

2. 走道区。图 7-6 中所示 B 区为走道区。即在连锁店铺卖场的大通道中央摆放一些平台和筐篮，陈列一些价格优惠或促销的商品，俗称堆头。目的是为了吸引顾客注意，突出商品的独特个性以及售点促销的效果。

3. 中性区。即连锁店铺卖场过道与货位的临界区，一般进行突出性商品陈列。例如，在收款台附近摆放一些小商品或自有品牌商品。这种商品摆放也叫堆头。有的连锁店铺会选择在楼梯处、出口处进行突出性商品陈列。如图 7 - 6 中所示 C 区为中性区。

4. 端架区。即整排货架的最前端与最后端，即顾客流动线转弯处所设置的货架，常被称作最佳陈列点。端架区所处位置优越，人们一抬头就能看到它，因此，极易引起顾客的注意，常常陈列一些季节性商品、包装精美的商品、促销商品或新上市商品。图 7 - 6 中所示 D 区为端架区。

（三）陈列货架的上、中、下分段

无论在欧美，还是在亚洲，一般都将货架依据重要性不同分为上、中、下三个段。三段与商品销售有密切关系。国外曾对某些商品进行测试，将商品在货架陈列中的纵向位置，进行上、中、下三个段的调换，结果显示：从上往下调时，销售额减少；从下往上调时，销售额增多。可见，商品在货架位置上的变化，会引起销售额的变化（如表 7 - 3 所示）。

在日本、中国台湾、中国香港等国家和地区，普遍使用一种高 170cm、长 100cm 的货架，由于这种货架低于欧美式货架 15cm ~ 20cm，非常适应东亚人的体型。我国大陆的零售店铺，也普遍采用这种规格的货架。这样，货架上最佳陈列位置不是 130cm ~ 145cm 段位（消费者的视线高度，男性是 165cm ~ 167cm，女性是 150cm ~ 155cm，但消费者有视线下降的习惯），而是处于上段和中段之间的段位，即 80cm ~ 130cm 的位置，这一位置称作黄金段。下面我们对 170cm 的货架陈列位置进行细分：

表 7 - 3

变化范围	销售额变化情况
从中段到上段	+63% 左右
从下段到中段	+34% 左右
从下段到上段	+78% 左右
从上段到中段	-20% 左右
从上段到下段	-32% 左右
从中段到下段	-40% 左右

上段：货架最上层，高度一般为 130cm ~ 170cm，主要陈列推荐商品和自有品牌商品或促销商品。

黄金段：货架第二层，高度为80cm~130cm，主要陈列高利润商品、自有品牌商品、独家代理或经销的商品及其他重要商品，无毛利或低利商品不能陈列。

中段：货架第三层，高度为50cm~80cm，这一段主要经营陈列低利润产品，或满足顾客需要不得不经营的补缺商品，目的是顾客在购买此位置商品时，购买“黄金段”商品。

下段：货架最底层，高度为10cm~50cm，主要陈列体积大、重量较重、毛利低、易破碎但周转较快的商品。如果某商品的顾客忠诚度较高，单价较低，无论陈列在什么位置顾客一定要买，那么这类商品也可以陈列在下段。

（四）连锁店商品陈列的方法

1. 日用杂货的陈列方法。日用杂货有封闭式陈列和开架式陈列两种陈列方法。

（1）封闭式陈列。封闭式陈列，也称柜台式陈列，就是利用柜台陈列商品，有的商品放在柜面上，有的则放在柜台内。该方式主要用于放置贵重商品，如照相机、贵金属、DV、MP3、U盘、手机等；再就是放置一些较小的商品，如装饰品、化妆品、电池、手表等，主要起到保护商品、防止被盗的作用。

（2）开架式陈列。这主要是放在货架上或在类似货架的物品上陈列商品。它根据陈列方式不同，又分为很多种，下面介绍常用的几种：

①集中陈列法：这是连锁店中最常用的方法，就是把同一种商品集中陈列在一个地方的方法。集中陈列法适合于周转快的商品。

②整齐陈列法：就是把商品从包装中一件一件取出，并按一定层面整齐地堆放在一起。如瓶装饮料、罐装饮料、啤酒、酱豆腐、辣椒酱、卫生纸等。目的是使顾客感到商品丰富量大，以激起消费者的购买欲望。这种陈列法适用于季节性、购买频率高、购买量大、高折扣的商品。常用这种方式的商品不能怕挤压。

③盘式陈列法：又称割箱陈列法，是整齐陈列法的一种变形。它不像整齐陈列法那样，将商品从包装中一件件取出，再整齐地堆积起来，而是将包装纸箱底部以上一半左右割去，露出一排排的商品，再以底为盘，以盘为单位将商品一盘盘码放在一起。其目的也是为了突出商品的量感，并说明可以整箱出售。此方法主要用于陈列饮料、啤酒等商品。

④随机陈列法：这是指理货员在上货时，不用讲求陈列造型与图案，而把商品随便堆放在固定货架上的方法。其工具主要有四角形或圆形网状器或带有凹槽的货架，主要用来陈列特价品或想给消费者留下“特价品印象”的商品。如随便堆放的便宜皮鞋、围巾、内裤、过季服装和榨菜、糖、盐、咸菜、小食品等。

⑤端架陈列法：端架（End Display）是指一个陈列架的两端，是距离通道最近，顾客首先看到的陈列位置。这里客流量大，是卖场内最能吸引顾客的地方，是商品陈列的黄金地段。端架陈列的商品主要是高利商品、特价品、新开发产品、自行规划商品、国际国内名牌商品、热销商品等。端架陈列的商品可以是同一种商品，也可以是不同商品的组合，但不宜超过2种。这一位置要获取最大利润，必须充分利用，为此应陈列名牌或高利商品。

利用端架陈列商品的原则是：

- 价格优惠要明确表示，使顾客一看就懂。
- 体现出数量上的丰富感，吸引顾客观看，诱导非计划性的购买。
- 注意关联性的商品的邻近陈列。
- 经常更换商品品种。
- 陈列上要引人注目，创造节日的气氛。

端架陈列商品要讲究主题设计，即商家想要突出表现的是什么，或最想以哪一点来打动顾客。一般来说，想要表现的主题有以下几种：

- 表明特定时节来临。如圣诞节、情人节或新年等。
- 表明季节转换。如入冬时的保暖衣裤。
- 品种的吸引性。如日用小商品，10元均一商品。
- 表明商品的特点和利用方法。如介绍新产品。
- 著名厂商、名牌产品的展示。
- 优惠价格商品促销。

（6）岛式陈列法：在连锁店铺的卖场入口处、中部或底部，有时不设置陈列架，而配置以特殊陈列的一组展示台、展示柜、展示桶等，这种方法称为岛式陈列法。岛式陈列法的主要工具有大型矮式冰柜、网状货筐、平台、木桶或塑料桶、屋顶架等。岛式陈列位置一般处在零售店铺的入口处、中部和底部，高度不能超过消费者的肩部，否则会影响整个卖场的视野，所以顾客可以从四个方向看到岛式陈列的商品。既然容易看见，那么商品必须吸引人，所以，包装华美、色彩艳丽的新产品、特价品最适合岛式陈列。

（7）悬挂式陈列法：即将扁平形、细长形，不能站立的无立体感的商品悬挂起来的一种方法。有些商品由于物理性能方面的限制，其外面平淡无奇，不足以打动消费者，而运用悬挂式陈列，可以增加其观赏性，有利于销售。悬挂式陈列能使顾客从不同角度观察商品，具有化平淡为神奇的促销作用。适用于悬挂式陈列的商品有衣架、拖把、衣服、皮带、书包等。当然有的商品在实际运用时，就需要悬挂，所以连锁店铺为增加陈列效果，也将商品悬挂起来，以增加感性认识，如电热水器、空调器等。食品类像牛肉、火腿等悬挂陈列也是为了销售需要。

除以上几种方法外，日用杂货的陈列方法还有：狭缝陈列法、突出陈列法、定位陈列法、关联陈列法，比较陈列法等。

2. 日配品陈列方法。日配品主要是指消费者每天生活必备的、商家需每天进行配送的商品，如面包、牛奶、豆制品、饮料、熟食品等。其特点是保持商品的新鲜度。其陈列方法主要有冷藏柜陈列法和集中陈列法，如牛奶、冷饮、熟食品等多采用冷柜陈列；面包、饮料等多采用集中陈列。有些连锁店有面包制作车间，其成品面包陈列在车间前的货架上，用散发出的面包的香味吸引顾客。

3. 水产品陈列方法。连锁店中的水产品分为三大类，即新鲜的水产品、冷冻的水产品、盐干类水产品。

(1)新鲜水产品的陈列。活鱼活虾等新鲜水产品用无色的玻璃水箱陈列，水中游弋的鱼虾能满足消费者的新鲜感，受消费者喜爱。非活新鲜水产品，其特征是出水时间较短，新鲜度高，一般用木板或白色托盘陈列，陈列时鱼头朝里，尾朝外，肚朝下，周围撒上冰块，覆盖部分不超过鱼身长的1/2，以求达到次序感和新鲜感。陈列时讲求艺术造型，达到生动化的效果。

(2)冷冻水产品的陈列。冷冻水产品一般陈列在敞口的连续制冷的冰柜内，商品多用塑料袋包装，但必须能从外透过包装看到产品的实体。有的用小塑料托盘封塑后进行冷冻陈列，这样便于消费者少量选购，如冷冻排虾、冻鱼等。

(3)盐干类水产品的陈列。盐干类水产品由于被食盐腌制过，短期内不会变质，为突出新鲜感多用平台陈列，有些则用标准货架陈列，如干贝类、壳类等。

有些水产品太大，必须进行切割，分成段、块、片来陈列。这样做一是便于销售；二是便于保存陈列。这些水产品一般用塑料袋包装后陈列于冰柜中，或是用深底托盘放置冰块，陈列于平台上。有些则从下至上摆出层次感。

4. 果蔬品的陈列方法。果蔬品的质量关系到消费者的身体健康，所以果蔬品的陈列要注意两个问题：一是新鲜；二是干净。蔬菜的单位价值低，人们购买的出发点就是新鲜。

(1)果蔬品的陈列方式。由于果蔬种类很多，在此介绍几种基本的陈列方法。连锁店铺中果蔬品的陈列主要有排列、置放、堆积、交叠、装饰五种基本方式。排列是指将果蔬有顺序地并排放置在一起。置放是指将商品散开放置在容器中。堆积是指将商品自上而下放置在一起，上少下多立体感强。交叠是指将大小不一、形状各异的商品进行交错排列，交叠的目的就是为了美观，使商品看起来整齐一些。装饰是指将一些商品放在另一些商品上，起陪衬的作用，故称为装饰。

(2)果蔬品的陈列形态。连锁店铺中果蔬陈列的基本形态可归纳如下：

①圆积形。这主要用来陈列圆形的水果和蔬菜，如苹果、柚子等水果以及西红柿、茄子等蔬菜。陈列的顺序是先排底层的前边部分，然后排底层的两侧和后边，最后再排底层的中间部分。第二层商品的重心放在底层两个商品的联结位置，以此向上排放。

②圆排形。这是陈列体积较大一点果蔬的形式，如冬瓜、椰子等。首先用挡板将商品的两侧固定起来，防止其松垮塌落。然后放置低层商品，每层商品重心相对，层层向上，给人一种整齐有序的感觉。

③芹排形。这是陈列葱、芹菜、茭白等长形蔬菜的一种形式。摆放时，蔬菜根部向外，茎部向里，呈纵向排列。

④交错形。这是陈列韭菜、蒜黄等长身、瘦体蔬菜的一种形式。摆放时，层层之间要根茎相对，整体呈方形。

⑤格子形。这是陈列青萝卜、胡萝卜等尖形蔬菜的一种形式。摆放时，要根部向外，尖部相对，纵横交错。匀称的圆形根部或带叶的根部朝着顾客，反映出商品良好的质地。

⑥盘子形。这是陈列豆芽菜、青豆等形状不一蔬菜的一种形式。用白色盘子将这些蔬菜固定陈列起来。

⑦斜立形。这是陈列大白菜的一种形式，棵棵白菜紧靠在一起，根部朝下斜立着。由于相互之间是侧靠着的，重心在侧面，其根部不易损坏；顶部或菜心部分不易张开，又确保了蔬菜的新鲜性。

⑧植入形。这是将蔬菜根部和顶部相接，根部植入前排蔬菜顶部下面的一种陈列方式。它与斜立形的区别在于：采用斜立形陈列的蔬菜是站立着的，而采用植入形陈列的蔬菜是平躺的。采用植入形陈列的蔬菜，根部朝里，叶部朝外，将翠绿色直接展现给消费者，以体现蔬菜的新鲜感。

⑨散放形。这是陈列形状不一的根菜类和香蕉的一种形式，只要面对消费者的部分摆齐就可以了。这类果菜怕挤压，不能堆积，只能散放，一般做法是根部朝里，顶部面对消费者。

⑩堆积形。将包装过的商品、袋装商品、长形的商品先排好前面和周边的部分，然后向上堆到一定高度，就是堆积形。在运用堆积形陈列商品时，前面的商品要排放整齐，两个侧面可用挡板或商品自身进行固定，第二层商品的重心应该在底层两个商品的联结点上，依次上堆，数量递减。

⑪面对面形。将包装过的蔬菜两排为一组，组与组之间根对根或头对头地陈列。这种陈列形式整齐划一，有利于零售店铺果菜卖场的整体布局，有利于维持良好的店堂环境。

⑫围绕形。用甲商品将乙商品围绕起来，或者用隔物板、容器将商品围绕起来，这种形式就称为围绕形。采用围绕形陈列的商品一般单位价值较

高,形体较小,被围绕起来能显示出良好的视觉效果。

⑬搭配形。这是将两种以上的商品陈列在一起,来获得理想的对比效果。例如,大小搭配,长短搭配,红绿搭配,粗细搭配,黑白搭配,黄绿搭配等。通过搭配对比,各种商品的色彩显得更加鲜明,更引人注目,形体特征也更加明显。

⑭阶梯形。事前准备好阶梯形的陈列架,将不能堆积陈列的果蔬置于架上。架上的商品要排放整齐,层层有序,以显示商品的丰富与多样。

⑮段积形。段积形与阶梯形的差别在于,阶梯形要用阶梯形的货架,而段积形则依靠商品自身的摆放而成形。段积式形同积木,顶部到底部的线条呈阶梯状的形式。

5. 商品陈列要领。连锁商店商品的陈列,最大原则就是要促使商品产生“量”感的魅力,使顾客觉得商品极为丰富。所以除前面所讲技巧之外,还要注意以下要领:

(1)重视粘贴价签。商品不论种类、性质如何,其价签的粘贴位置一定力求固定。但绝对不宜贴在商品说明或制造日期标示处。标签应贴牢、贴正,以防止脱落或被顾客更换。

(2)注意顾客流动形态。据统计,顾客进店以后通常先从柜台看起,走六至八步,而后停下来看货品陈列,然后再走一小串步子再看。因此,商店对于商品的陈列应注意顾客流量最多的区域是在哪里,以及尽量安排完整的商品陈列,使顾客从头到尾都经过,才不会造成死角,失去售货机会。

(3)进行最有利的分配。通常最畅销品排在最前面,次畅销者次之,依此类推,到后面则必须摆设较吸引人的商品,使顾客能继续走到最后。此外,需注意属于顾客冲动性购买的商品一定要陈列在必需品附近,以形成乘数作用。

(4)揭示标语。在众多商品的陈列当中,如果一些商品旁适当的位置陈列各种标语,如“新产品”、“新项目”、“特惠价”、“新包装”、“新上市”和“特别物品”,或标示品质、特色等,时常会大幅增加销量。

(5)采用“前进立体”式陈列。市面上很多商店都采用“后退平面”式陈列,由于这种陈列方式的错误,使商品失去陈列的多量感魅力,常易使顾客对货架上的商品产生陈列不足或缺货的感觉。

(6)互补效益,造势销售。靠陈列技巧亦可帮助商品的销售。例如:一家商店中销货金额较大的是30元的商品,它平常保持有50个的陈列数量,现在您想促销100元的商品的销货量,那么,100元商品的陈列数量就必须增多,至少也应该和30元商品的陈列数量一样,甚至还要超过,并将它陈列在较醒目的位置。我们都知道,商品的畅销与否,受所陈列位置、数量的影响非常之大。这种方法,也是目前超市或商场常用的方法,若要大量销售某一种商品时,都会将该商品陈列在最醒目的位置,并且加大陈列面积。

复习题

1. 连锁企业应遵循怎样的商品定位原则?
2. 连锁企业商品组合的原则有哪些?
3. 连锁企业商品采购的方式有哪些?
4. 连锁企业与供应商有哪些合作方式?
5. 你是如何理解商品陈列原则的?
6. 商品陈列的运作程序是什么?
7. 观察你身边超市中商品的陈列方法,看看哪些方法是最经常被使用的。

案例一

苏宁小店的商品管理

一、苏宁战略布局

苏宁在南京总部宣布3年全国"大开发"战略,即通过"租、建、并、购、联"的模式,新建2万家互联网门店,展开一张新零售版图。在苏宁"大开发"战略布局中,苏宁小店是打通流量的入口,深耕"社区O2O"渠道层面最关键的一环。同时,也是苏宁最后一公里完善业态布局、将优势扩大化的核心环节。

二、苏宁小店概况

按规划,苏宁小店主要围绕社区、CBD和大客流地段来构建三类店面模型。

(1)社区店:社区店主要面向家庭用户,除了便利店的常规商品,还会加大生鲜类商品的数量。在这方面,苏宁投资的易果生鲜会提供供应链支撑。

(2)CBD店:CBD店主要面向办公室白领,主要满足的是轻餐饮需求,包括高品质生鲜、方便速食等。

(3)大客流店:在如医院、车站、地铁等地通过商品售卖和广告获取收益(自助购物机主要放置在无法开店的大客流区域),就是便利店蓝海。苏宁小店从本质上而言就是便利店的一种。

三、苏宁小店经营模式设计

规划中,苏宁小店选择的切入点是水果和蔬菜。针对蔬菜,苏宁小店推出特色项目叫拿手菜(半成品、预包装)。在水果和蔬菜之后,再把肉类、海鲜冻品、鱼类陆续上线,从而形成苏宁小店生鲜的"全品类"。

未来的苏宁小店会根据地段和消费者需求进行迭代,增加包括家政服务、包裹代发和自提等物流服务。在未来规划中,小店还会以“便利店 + 金融”、“便利店 + 娱乐消遣”、“便利店 + 政务办理”、“便利店 + 药店”及“便利店 + 数码办公”等多种形态出现。

四、苏宁小店商品管理

在实体店经营中,受中国商品品牌的影响和消费者消费心理影响,苏宁小店在商品经营上并未像规划的那样做出特点:

(1)商品特色。从目前开业门店看,苏宁小店像个传统小超市,商品没特色,各家店都可以买到,价格却还比别人高。

(2)生鲜种类少,上店前也没有做处理加工。选品根本就没选品。没有自有品牌,不做贴标处理。家政服务暂无宣传力度。也没有依据所在的地段和人群侧重销售不同的商品或服务。

(3)单品管理系统多杂乱且不精。店铺没有单品销售数据支撑,也不做综合分析。销售原因分析意义不大。

(4)陈列管理。消费者心理研究不足,没有相对统一的陈列原则,有破损的商品依然在货架售卖。甚至因为店铺物业原因,里面的布局陈列也大不相同。大部分店都有杂物堆放。

(5)物流供应链方面。在物流和供应链方面,苏宁自营自建物流。苏宁多年来在物流领域的重金投入,大量储备仓储资源是苏宁最大的底牌。物流优势并没有运用到苏宁小店上,供货采取仓库直发 + 当地经销商的模式。苏宁小店没有共同配送,也不根据产品的温度特性做集约化管理。

案例评析:苏宁小店可以说是横空出世。它诞生于一个线上增长乏力、线下经营困难的时代。苏宁本来是做实体店家电连锁,10 年前随着互联网的大潮而进入电商时代,虽然活下来了,但并不是最好的效果。后来电商时代发展为移动电商时代后,也出现了问题,苏宁又开始向线下延伸。苏宁本就有实体店,这是它的优势,延伸的方向选择了百货、大卖场、便利店等传统零售。通过融合,苏宁希望线上、线下互相引流,资源不浪费。这就是苏宁小店建设的初衷,也是融合的实验。这就是苏宁小店的价值所在,店铺本身的成败无关苏宁创新发展大局。

(资料来源:https://www.zhihu.com/question/50558480/answer/430606378)

案例思考题

1. 苏宁小店在布局时是如何选择商品的?在商品管理方面有没有问题?

2. 搜集互联网巨头的资料,分析苏宁小店、京东便利、淘宝便利、永辉生活等在经营过程中是如何进行商品选择和设计的?

案例二

盒马鲜生的运营模式

盒马鲜生是阿里巴巴对线下超市完全重构的新零售业态。盒马鲜生是超市,是餐饮店,也是菜市场,但这样的描述似乎又都不准确。消费者可到店购买,也可以在盒马鲜生 App 下单。而盒马鲜生最大的特点之一就是快速配送:门店附近 3 公里范围内,30 分钟送货上门。

一、发展历程

2018 年 4 月下旬,盒马鲜生在武汉的首家实体店在武昌区首义广场泛悦汇开业。

2018 年 8 月 11 日,北京居然之家家居连锁集团与盒马鲜生牵手后的首个门店正式落地居然之家顺义店。

截至 2019 年 10 月 31 日,盒马鲜生已在全国拥有 155 家门店,分布在 21 个城市里,服务超过 2 000 万消费者。

二、经营模式与思路

盒马鲜生的经营模式有以下几点:

第一,线下生鲜店不能搞成传统超市,就算比传统超市挣钱,也不干,因为这不是阿里巴巴想要的。线上的收入必须大于线下的收入。

第二,线上的每日订单一定要超过 5 000 单。

第三,在冷链物流做到低成本可控的前提下,实现门店 3 公里半径内 30 分钟完成配送。要形成自己的独特优势、独特卖点。

第四,最终要做到线下往线上引流,App 不需要其他流量支持,能够独立生存。

第五,不同业态融合。如超市里开餐厅,用盒马鲜生 App 支付买单,在头顶安装传送带实现 30 分钟送货,无条件无理由退货等。

线下门店 = 超市 + 餐饮 + 仓储 + 分拣配送。场景是线下实体店,是流量转化中心;现场体验让顾客更放心;开放式动线布局;关联性陈列导流;品类场景化;线上线下一体化运营。

盒马鲜生看起来是一家线下店,其实是获得流量的方式,用户最终得留存在网上,复购率也在网上。实体体验店 + 购物 App + 全球生鲜一站式购齐经营模式造就了它的盈利点较多。

盒马鲜生多开在居民聚集区,下单购物需要下载盒马鲜生 App,只支持支付宝付款,不接受现金、银行卡等任何其他支付方式。实际上,在强推支付宝支付背后,是盒马鲜生未来对用户消费行为大数据挖掘的野心。阿里巴巴为盒马鲜生的消费者提供会员服务,用户可以使用淘宝或支付宝账户注册,以便消费者从最近的商店查看和购买商品,目的是盒马鲜生未来可以跟踪消费者购买行为,借助大数据做出个性化的建议。

三、服务对象

盒马鲜生未来主要服务于三类人群。第一类,晚上大部分时间在家的家庭用户。第二类,基于办公室场景推出针对性便利店或轻餐。第三类,周末会去超市、带着孩子出去走走的用户。

四、实现盈利

盒马鲜生为何能超越传统生鲜超市呢?

传统生鲜超市的交易结构是:坪效 = 线下收入 ÷ 店铺面积。而盒马鲜生呢? 是有着电商血液的新零售,电商是主体,其交易结构是:

坪效 =(线上收入 + 线下收入)÷ 店铺面积

在这个交易结构下,如果线上收入大于线下收入,它的坪效就有机会做到传统超市的 2 倍,甚至更高,从而突出传统生鲜超市的坪效极限。

2017 年 7 月,盒马鲜生创始人表示,盒马鲜生营业时间超过半年的门店已经基本实现盈利。盒马鲜生上海金桥店目前每天平均营业额可达 100 万元左右,已经实现单店盈利。上海金桥店 2016 年全年营业额约 2.5 亿元,坪效约 5.6 万元,远高于同业平均水平(1.5 万元)。盒马鲜生已实现用户月购买次数达到 4.5 次,坪效是传统超市的 3 ~5 倍。

2018 年 8 月 11 日,北京居然之家盒马鲜生顺义店开业,面积约 4 300 平方米,拥有产品超过 7 000 款。通过全球采购体系,盒马鲜生可以从近百个国家采购食材,像波士顿龙虾、阿拉斯加帝王蟹、智利车厘子等特色生鲜商品都可以从盒马买到,体现了盒马鲜生的商品品类和组合结构。

五、物流配送体系

盒马鲜生最大的特点之一就是快速配送:门店附近 3 公里范围内,30 分钟送货上门。与传统零售最大的区别是,盒马鲜生运用大数据、移动互联、智能物联网、自动化等技术及先进设备,实现人、货、场三者之间的最优化匹配,从供应链、仓储到配送,盒马鲜生都有自己的完整物流体系。

盒马鲜生能做到 30 分钟配送速度,在于算法驱动的核心能力。盒马鲜生店内挂着的金属链条的网格麻绳是盒马鲜生全链路数字化系统的一部分。盒马鲜生的供应链、销售、物流履约链路是完全数字化的,从商品的到店、上架、拣货、打包、配送等,作业人员都是通过智能设备识别和作业,简易高效,而且出错率极低。整个系统分为前台和后台,用户下单 10 分钟之内分拣打包,20 分钟实现 3 公里以内的配送,实现店仓一体。

六、价格优势

盒马鲜生在价格上具有一定优势。比如,盒马鲜生的超市和 App 上显示,蔬菜中常见的青菜、鸡毛菜、生菜、韭菜仅需 1.5 元/包,空心菜、菜心、红米苋、香芹、油麦菜、茼蒿菜仅 2.5 元/包,价格低于传统菜场 10% 以上。这些菜品的重量都不超过 480 克。这缘于没有中间环节,每天从不远的蔬菜基地直采直供,经过全程冷链运输并精细包装后,直接进入盒马鲜生超市售卖,商品卖不完当晚销毁,"我们不收取供应商一分钱的进场费,将全链条上节省下来的费用,直接补贴到消费者的身上,确保了盒马鲜生在微利情况下以该模式可持续运作。"

七、未来计划

阿里巴巴表示,创办盒马鲜生,不单单是为了要在线下开店(毕竟中国并不缺海鲜卖场),而是希望通过线上驱动淘系消费数据能力,线下布局盒马鲜生与银泰商业、百联、三江购物等,开展更丰富的合作形式。模式跑通后,其数据能力和技术能力会对合作伙伴开放共享。总的来说,线上可以为线下引流,同样线下一样能为线上引流,而且规模更大。

(资料来源:盒马鲜生官网. https://www.360kuai.com/pc/99e093329e1caced6? cota = 4&kuai)

案例思考题

1. 简述盒马鲜生的运营模式。

2. 认真阅读本案例,搜集永辉超市超级物种的资料,分析这两个企业的运营模式对我国超市发展有何借鉴。

3. 通过案例认真理解线上线下 O2O 运营的特点与技巧。

第八章 连锁物流管理

- 连锁物流的地位、作用、结构、特点
- 连锁物流的环节
- 连锁物流的运作程序
- JITS物流配送体系
- 物流配送中心的作用、工作流程、职能

物流配送是连锁企业经营管理的核心环节，是商品管理的基础。连锁企业利用信息化系统，加强物流配送管理，不仅可以节省成本，而且可以提高效率，具有诸多的优势。连锁企业要电子化、快速化和有效地进行订货、集货、补货、进货、销售、配货以及付款等关键环节的控制，及时、准确、定量地总体规划，都需要加强物流配送管理。物流同商流、信息流、现金流一起构成了作为连锁企业"精气神"的"四流"。

背景资料

永辉超市的生鲜供应链布局

在2019年中国超市百强中，永辉首次超越沃尔玛，跻身前三。永辉的销售额从767.68亿元上升到931.4亿，逼近千亿大关。而供应链正是永辉超市的核心竞争力所在，永辉的直采比例达到70%。

自成立以来，永辉超市就在不断打磨自身的供应链，通过打通上游优质采购、配合强大的物流体系快速配送、冷链系统保鲜、门店到家，以及强大的智能中枢，永辉超市打造了高效的供应链体系，在控制成本的同时保证了产品品质。所以永辉超市生鲜损耗率仅为3%～4%。

1.用户采购模式

在采购端，围绕“品质、品牌、源头”三大核心原则，永辉超市建立了“源头直采+区域直采+自有品牌”的三重模式，并成立了专门的买手公司，建立三层级采购体系，降低采购成本，减少流通环节的层层费用，减少长尾商品损耗。

在国际端，永辉超市国际供应链布局基本完成。2016年，永辉超市深化与达曼国际、东展国贸的合作，整合全球供应链资源；2019年永辉超市设立一二三三国际供应链管理有限公司，打造S2B全球消费品供应链服务平台，进一步提升国外直采商品进口效率。

2.物流体系模式

永辉超市对物流体系进行全国布局。截至2019年底，永辉超市的物流中心配送范围已覆盖全国28个省，在全国已拥有19个常温仓、11个冷链仓，总运作面积60万平方米。当前“吞吐能力”能满足全国1 200家门店，总作业额522.4亿。京东到家也已连接永辉超市门店485家，进一步完善“最后一公里”配送网络。

评析：

永辉超市全国化布局背后的支撑力，离不开“生鲜为王”的差异化策略、供应链能力的夯实以及人才管理机制的创新这“三板斧”。回望过去20年，永辉超市以远高于行业平均水平的增速，迅速发展为中国超市行业领先的零售商，上市以来更是连续10年保持2位数的增长。

在连锁经营中，物流系统主要起到商品集散及带动商流、信息流、现金流三流运转的作用，它通过商品的集中采购、集中储备和统一配送，成为连锁经营市场供应的保障系统，也是连锁企业运作的基础。有效率的物流系统可以使连锁经营管理达到提高补货效率、降低库存成本、沟通情报信息、增加商品价值的目的。

第一节 连锁物流概述

一、连锁物流的概念

物流是物资商品流通的简称，是物质资料从供应者向需要者物理性移动过程中创造时间价值、场所价值，也创造一定的加工价值的经济活动。连锁物流只是物流运营同连锁经营相结合的结果。连锁物流是指从商品采购到商品销售给消费者的商品移动过程，是与商流、信息流和现金流并列的四大连锁经营机能之一。

二、物流系统在连锁经营中的地位和作用

在连锁经营中，物流系统主要起到商品集散及带动商流、信息流、现金流三流运转的作用，它通过商品的集中采购、集中储备和统一配送，成为连锁经营市场供应的保障系统，也是连锁企业运作的基础。有效率的物流系统给连锁经营带来诸多好处：

第一，丰富、及时、充足适应市场的商品；

第二，降低运营成本；

第三，更为丰富的信息情报。

在作为连锁企业“精气神”的物流、商流、信息流、现金流中，物流是最主要的，没有物流，其他三流无法实现，连锁企业也就无法生存。物流不仅体现在降低成本上，更主要的是体现在物畅其流上。加快物流就能缩短商品的销售周期，加快商流和现金流的流转，从而为企业赚取更大的利润。之所以这么说，是因为消费者的消费形态发生变化：一是要更方便快捷地取得其所需商品；二是在产品种类或服务时间上要获得最大的服务空间。这要求连锁店必须分布于人们平常活动的地点附近，且商品种类一应俱全。如果由供应商送货，一是很难保证不出现缺货，二是在这种情况下连锁店的接货就已经疲于应付了，要想法提高对顾客的服务水准就更难了。有物流系统和无物流系统有很大的区别，如图 8－1 和图 8－2 所示。

图 8－1 显示，4 个供应商分别向 4 家店供应 4 次商品则共有 16 次，每个供应商供应 4 次，每个店接收 4 次。

图 8－2 显示，物流配送次数共有 8 次，供应商每家只供 1 次，物流配送中

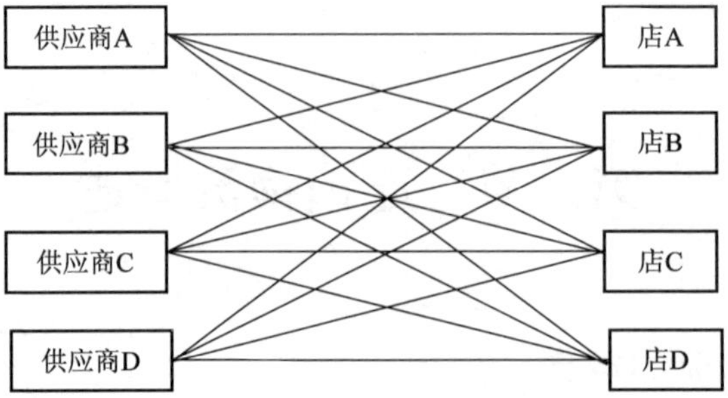

图 8－1　无物流系统

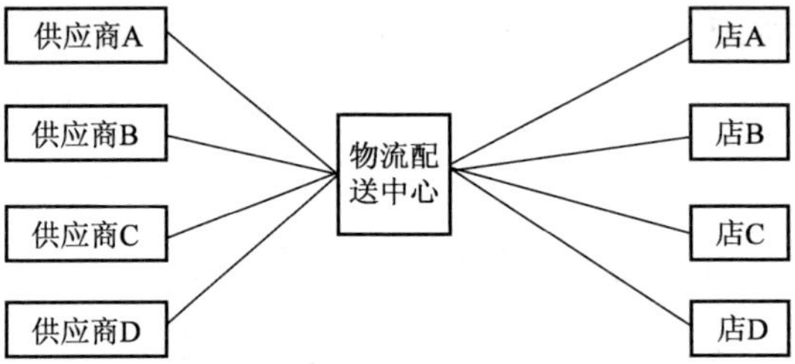

图 8－2　有物流系统

心每店只供 1 次，各店接货也只有 1 次。可见，有物流系统比无物流系统节省一半的工作量。

三、连锁物流的结构形式

连锁物流主要是指包含供应物流、内部物流、销售物流、回收物流在内的、在总部统一指导下进行的运输、保管、装卸、包装、在库管理、流通加工等各种物流活动。

连锁物流主要有两种结构形式：

第一种：如果连锁集团有自己的配送中心，而且它只服务于自己的连锁分店，那么物流结构如图 8－3 所示。

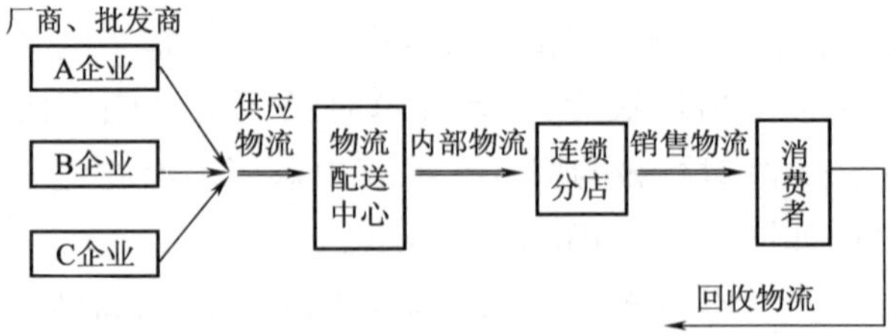

图 8－3

第二种：如果物流配送中心是社会性的，或虽是连锁集团的配送中心，但担负着供应非连锁店的服务，那么物流结构如图 8 －4 所示。

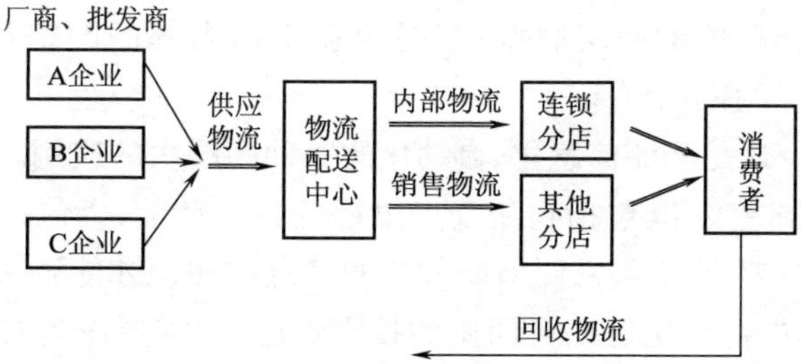

图 8 －4

从物流的结构形式中可以看出，连锁物流分为供应物流、内部物流、销售物流、回收物流等。在物流结构中，物流配送中心处于关键位置。我们将在本章第三节中专门介绍物流配送中心。

四、连锁物流系统的物质基础要素

连锁物流系统的建立需要大量的技术、装备、手段，这些物质基础要素对物流系统的有效运转有着决定性的作用。连锁物流系统的物质基础要素主要是以下三个方面：

其一，物流管理技术。如统一的采购技术、节约成本的订货技术、最低库存费用控制技术、物流系统设计与规划技术、运输规划技术、车辆配载技术、门店商品陈列技术等。

其二，物流装备技术。如装卸搬运机械器具、包装机械、运输设备、货架、陈列柜、恒温与冷冻储存设备、计算机及其网络设备、通信设备等。

其三，物流设施。如配送中心、仓库、店面、停车场所、送货通道等。

五、连锁物流的特点

（一）现代连锁物流的新特点

21 世纪，随着电子商务和网络经济的不断发展，连锁物流表现出了新的特点：

1. 信息化。信息技术和计算机技术在物流中广泛应用，从而改变了物流体系的状况。物流信息化主要表现为物流信息商品化、物流信息处理电子化和计算机化、物流信息存储的数字化、信息搜集的数据库化和代码化。

2. 自动化。自动化的基础是信息化，其核心是机电一体化，其外在表现是无人化。自动化的效果是省力、提高劳动生产率、减少物流作业的差错。在发达国家,许多自动化设施都普遍运用于物流实际操作中。

3. 网络化。这是网络经济的重要特征。连锁物流网络可分为两大块:一是对外的网络,即连锁企业计算机中心或物流配送中心与供应商、生产商、消费者及相关合作单位的网络联系;二是企业组织内部的网络化,即连锁总部与连锁分店之间的网络联系。

4. 智能化。这是物流信息化、自动化的一种高层次的应用。物流作业过程中大量的运筹和决策,既包括物流配送过程的各个环节,也包括物流配送中心的经营管理的决策,它们都需要借助大量的信息和知识才能解决。在物流自动化的过程中,物流智能化是不可回避的技术难题,它需要设备自动地对大量信息作出正确、及时的处理。物流智能化是网络时代物流发展的一个新趋势。

5. 柔性化。柔性化主要是为实现“以顾客为中心”的理念而在生产领域提出来的,我们可以把它移到销售领域,即根据消费者需求的变化来灵活调节商品组合。如果没有柔性化的物流,就无法形成“多品种、小批量,多批次,短周期”的物流特色。所以,柔性化物流是适应生产、流通与消费需求的一种新型的物流模式。

(二)商业连锁物流配送的特点

相对于工业物流,商业物流特别是商业连锁物流有以下几个特点:

其一,订单频繁。连锁零售门店多,进货订单频率高,同时还对送货有时间要求,有些小型的便利店甚至要求一天送货两次。

其二,商品的进货价格变动快。通常连锁超市经营的快速消费品的价格会随着市场供需有较快的变化,特别是有食用保质期的商品;同时生产商或零售商的频繁促销也会引起经常变价。

其三,更换快。商品更换的频率很高,因而会要求增加新品,更换滞销品。

其四,退货。为配合促销活动,配送中心还要处理诸如赠品、退货(正品、残次品)的问题。

其五,拆零。如果供应商是大包装供货,那么配送中心需要按照各个连锁店的订货量进行拆零、分拣,为门店做好服务。

其六,配合保质期。消费品通常有不同的保质期,需要配送中心有针对性地进行保质期管理,要按照保质期的要求合理安排配送日期。

六、连锁物流配送的类型

物流配送根据配送者主体、配送对象、服务对象及流通环境的不同,可以有不同的类型。

(一)按配送的物资种类与数量不同分类

按照配送的物资种类与数量的不同,物流配送可分为以下类型:

1. 配套、成套配送。这种方式主要是为了满足生产企业特别是装配型企业的生产需求。

2. 单品种大批量配送。此类型配送的特点是品种单一,批量比较大,配送的组织计划工作比较简单,因而物流配送的成本比较低,多表现为生产企业通过运输工具将物资直接运输到各连锁店或配送中心,或者用户直接提货。

3. 多品种小批量配送。这是一种高技术、高水平的物流配送方式,组织计划工作复杂,各方面要求较高;但只要操作得当,就会取得较高的经济效益和社会效益,为企业赢得利润与市场空间。这种方式下的物流配送重点在于"送"与"配"的有机结合。

(二)按经营形式分类

按经营方式不同,物流配送可分为以下类型:

1. 供应配送。这是由用户自己采取的配送方式。由用户统一建立配送中心,集中组织大批量进货,以求取得批量优惠;然后由用户自己向本企业配送或向本企业集团的若干企业进行配送。连锁超市就广泛采取这种方式,可以提高供应水平,通过大批量采购获得价格折扣,以降低采购成本。

2. 销售配送。这类配送是销售企业为提升服务形象而采取的一种促销策略,又叫促销性配送。配送业务根据销售企业的销售状况而变化,因为在销售旺季时,配送业务成饱和或超饱和状态;销售淡季时,又可能出现大量的资源闲置。同时,销售配送的物资与用户不固定,随机性较强而计划性差。

3. 销售—供应一体化配送。如果连锁企业有基本的固定的用户和比较确定组合的配送产品,就可以实行供应与销售结合为一体的配送方式,从而减少连锁企业自身组织所占用的人力、物力、财力,并能获得稳定、高效的物资供应。

知识卡片

前置仓标准发布,助力"社区生鲜"再升级

2020 年 4 月 1 日,中国连锁经营协会发布《前置仓管理规范》(T/CCFAGS 016-2020),为进一步推动前置仓新兴业态的有序发展提供了标准保障。该标准对前置仓业态发展过程中备受关注的三个主要问题有了明确规定。一是经营模式以线上下单、线下配送或预约到站自提方式向顾客提供商品,服务站不得直接进行售卖交易。二是业务范围以包装生鲜食品为主,服务站内不得进行食品现制现售。三是卫生管理和防疫要求更加严格、常态化。此外,鼓励向消费者提供"三无退货"售后服

务也是一大亮点。

新冠肺炎疫情期间,“宅家吃饭”成了人们的生活常态,特别是前置仓以生鲜食品手机下单,线下无接触配送到家(小区门口)的服务模式呈现爆发式增长。以“美团买菜”为例,自2019年1月正式运营以来,已在北京、上海、武汉、深圳四城开设了120余家前置仓。2020年疫情暴发以来,仅北京一个城市,平均每天新增客户近6 000人,2月平均订单量是1月的1.5倍,客单价也翻了一番,预测1季度销售同比将增长500%。在全国,美团买菜、叮咚买菜、每日优鲜等主流前置仓企业为北、上、广、深在内的30多个城市的3 000多万家庭提供到家服务。

前置仓作为新兴业态通过标准规范其经营行为,有利于政府备案监管和作为社区菜篮子、便民服务的基础设施。经广泛征求意见、专家审定、报批公示等环节,该标准于2020年4月1日生效,应用企业可通过第三方机构审核的方式自我声明达到标准要求。

七、连锁物流配送的原则与模式

物流配送对于连锁企业来说是至关重要的,所以连锁企业的管理者应努力提高整个连锁企业的物流管理水平。

(一)连锁物流配送的原则

在设计与管理连锁物流系统时,应遵循以下原则:

1. 以信息管理为中心。物流配送信息化表现为物流信息搜集的数据库化和代码化、物流信息处理的电子化和计算机化、物流信息传递的标准化和实时化、物流信息储存的数字化等。因此,连锁物流配送中要运用的技术有:条码技术(Bar Code)、数据库技术(Database)、电子订货系统(EOS)、电子数据交换(EDI)、快速反应(QR)、有效的客户反应(ECR)、射频技术(RF)、管理信息系统(MIS)、企业资源计划(ERP)等先进的技术与管理策略。

2. 以物流整体最优为目的。连锁物流不应是追求单个物流的最优,也不能是局部物流的最优,而应当是企业物流整体的最优,企业物流全过程的最优。

3. 连锁物流活动的标准化。连锁经营追求的是标准化。标准化包括作业标准化、信息标准化、工具标准化等。连锁物流的标准化可以使物流活动在涉及的各个部门和各个环节中进行标准化处理。可以说,标准化是实现物流各个环节相互连接、互相配合的基础条件。

4. 物流组织的网络化。连锁企业的诸多门店既是商品的销售网络、配送网络,也是连锁企业本身的共同化物流组织,不仅可以提高单个门店的物流效率,而且可以从供应商的角度出发建立广泛的供货网络。连锁企业不断建立的连锁店销售网络体系一定要集约化,这样才能成为有效的物流组织。

5. 统购分销的物流运作方式。连锁超市应采取集中的采购制度,就是坚持总部集中采购进货、门店负责商品销售的统购分销物流运作方式。这是保证发挥连锁超市经营优势和实现规模效益的基础。

(二)连锁物流配送模式

配送模式是包含运输、储存、包装、流通加工等物流功能的综合性的、特殊的、具有商流特征的物流形式。一般有仓库配送、生产企业配送、商业企业内部配送、专业配送中心配送等类型。不同的配送模式有各自不同的特点,适用于连锁企业不同的发展阶段和经营状况。

1. 自营配送模式。自营配送模式是连锁企业自筹资金建立配送中心的物流模式。这是目前连锁企业广泛采用的一种模式。物流中心的设施设备归连锁集团所有,并作为企业内部的一个业务组织,是连锁企业的一个有机组成部分。一般自营配送中心只负责本企业的物流任务。此模式主要的缺点是运营成本高,物流资源难以充分运用,从而造成物流成本过高。一般大型连锁企业集团规模大、门店数量多,物流业务量大,适合采用自建配送中心的模式。

2. 厂商直接的物流模式。这是连锁企业和供货厂商为追求共同的利益,由生产厂家将连锁店所需要的商品直接配送给连锁门店甚至到货架的配送方式。实行厂商直接的物流模式有三个前提条件:第一,制售企业之间要结成战略联盟,实现工贸一体化;第二,生产厂商要给予强有力的物流配送支持;第三,制售企业要实现情报信息的共有化,即要建立统一的信息管理系统。

3. 共同化配送模式。共同化配送是指多家连锁企业为了实现整体的物流配送合理化,在互惠互利的基础上共同出资建立一个配送中心,配送中心由所有出资企业共同管理。共同化配送模式是通过一个几方共有的配送体系,将各个企业配送需求组织化、共同化,然后再就配送时间、数量、次数、路线等方面作出最佳的选择,进行合理有效的配送。这种模式的优点是,多个企业的配送业务集于一体,配送量大,可以消除迂回运输现象,有利于降低物流费用,实现物流合理化。缺点是各个企业之间的商业秘密难以保密,当业务发生冲突时难以协调,成本效益难以分配,商品仓储不好处理等。因此,共同配送需要有较高的管理水平。一般来说,单个超市、经营规模较小的或门店数量较少的连锁企业,可以采取这种物流模式。

4. 第三方物流模式。这是大型连锁企业自己不设立配送中心,而将其物流配送业务委托给专业的物流企业去办理,以追求完全或近似完全本企业零库存的一种物流模式。这种模式的优点是：可以得到专业化的物流服务；连锁企业可以集中精力搞好内部管理和产品销售；节约自己建立物流设施的资金和管理费用；转嫁了商品积压和缺货的风险。其缺点是：商业秘密容易泄露；企业运营成本会上升；如果所委托的物流企业管理不善的话，就容易出现不能及时供货、货源不足，或不能长期提供服务等问题。

第二节　连锁物流的运作

连锁物流是连锁经营中操作性很强的一个环节，而其中许多小环节及各环节间的相互衔接尤为关键。

一、物流的环节

连锁企业运营包含有四大机能，即商流、物流、信息流、现金流。商流是指从采购、促销到销售的一系列交易活动或促进交易的活动，主要由营运部、分店共同执行，其中部分职能（如采购）由商品部执行。信息流是与销售、结算、情报有关的市场信息处理活动。现金流则是与销售收入、货款支付、借还款相关的资金流通活动。物流则是从商品采购到商品销售给消费者的商品移动过程。四大机能互为联系，最高管理层对它们进行协调，以减少浪费，提高营运效率。

连锁企业一般由营运部、连锁分店负责一系列的贸易合作谈判、商品交易等；以商品部下的物流中心（许多企业单设物流中心），包括配送、传送、加工中心负责物流管理；以直属最高管理层的信息中心负责信息收集、整理、分析等；以财务部下属的现金结算中心负责现金收支、保管。

完整的物流环节主要包括：采购、包装、装卸、收货、保管、库存管理、运输配送等活动。其中包装、运输配送、保管、装卸是四个最重要的物流环节。

（一）包装

包装是为了保护、美化商品，便于商品销售而对商品进行的装饰活动。包装一般分为商品包装和工业包装。在包装时要注意以下要求：

1. 由于包装和装卸、运输有关系，所以在用人工装卸时要考虑人工装卸的单件重量。用机械装卸时，尽量装单件重量大的。

2. 连锁店和物流配送中心为了便于运输，要向供应商明确要求合适的包装。

3. 包装时一定要考虑商品在运输、保管过程中面临的上下压力、震动、冲击、跌落等情况，采用能承受较大压力和具有缓冲作用的包装。与此有关的因素有商品的物理性质、包装材料的缓冲性能等。

4. 对于易受潮的商品要进行防潮包装,如玻璃瓶、金属桶等,有的则加以防潮纸袋。

5. 对金属产品注意防锈、防腐蚀。

(二)保管

物流的保管,也称流通保管,主要是指将所购商品在仓库中暂时保存,然后针对各店备齐各种商品,进行定价、包装或简单加工,使物流的速度加快。这样的仓库也称流通仓库。而以储存为主要职能的仓库则称为保管仓库。流通保管是对生产和消费之间在时间上的差异进行的调整。所以,流通仓库保管的特点是:保管期较短;商品的出库、入库多;成为物流据点;承担流通服务功能。

根据仓库的用途、构造、所保管物品和所处位置,仓库主要有以下分类:

1. 按仓库用途分类,分为自备仓库(自用)与营业仓库(可对外开放)。

2. 按保管物品的要求分类,分为冷藏仓库、恒温仓库、服装仓库等。不同的物品要求不同,因此,连锁店要设不同的仓库。

3. 按仓库结构分类,分为平房仓库、多层仓库、高层货架仓库、筒仓等。平房仓库的特点是构造简单、费用节省。多层仓库的容量较平房仓库可扩大多倍面积,但需立体作业。高层货架仓库为国外多数连锁店采用。在保管活动中,高层货架仓库采用了最先进的物流现代化技术,可实现货物自动出入库,并且使用电子信息智能化系统进行控制,使用自动操作装卸机。这样可以节省大量人力。筒仓一般是用来装散装物品的塔形建筑物。

4. 按仓库所在地分类,分为城市仓库、港口仓库、车站仓库等。

(三)装卸、搬运

装卸活动是运输和保管活动前后必然要发生的作业活动。装卸活动的基本内容有:物品拾起、放下、移动等。装卸的要素有:人、搬运设备、装卸物、装卸场所、装卸时间、装卸手段。对于装卸物,因货物种类、性质、形状、重量、大小不同,要采用不同的装卸手段。所以,在装卸时要考虑以下几点:

1. 运送方式的选择。一个一个装卸,称为单件处理;用托盘或集装箱运送的方式,称为集装箱化。

2. 装卸场所。有供货者处装卸、物流中心装卸和分店装卸。

3. 装卸时间。要考虑开始时间、结束时间、频度和待运时间。

4. 装卸方式选择。有包括连续装卸、间歇装卸和集中装卸三种装卸方式。

5. 装卸的合理性。这主要有两层含义,一是要注意货物搬运的灵活性。货物在托盘和台车上最为灵活。二是充分利用重力和机械作业。传送带作业、托盘作业、叉车作业最为常用。

传送带作业的优点是:狭窄场所可作业;路面不平也能作业;搬运距离长短对作业影响不大;易于利用重力原理进行搬运;便于对作业过程进行控制;对于散装物资可进行无包装搬运。

托盘作业的优点是:可将货物集中处理,提高作业效率;可充分利用升降机迅速移动,搬运灵活性较高;可多品种物品一起来处理,易于实现作业标准化、定型化;由于手不触及物品,可防止物品破损和污损;便于查对物品数量等。

常用的装卸机械有:起重机类、升降机类、提升绞车类、工业用车等。一般可将装卸机械分为三种。第一种是自动码垛机,这是向托盘上自动堆积货物的装置,有全自动和半自动两种形式。与之作用相反的是拆垛机。第二种是台式升降机,这是由液压装置和连杆机构组成的,可使货台升降的一种装置。第三种是站台调平机,其功能是为了使码垛车等直接从高站台开到卡车车厢里,在站台和车厢之间架起跳板,固定后可用液压或弹力调节高度。还有叉式升降机,托盘装载机等。

(四)运输

物流运输的方式很多,如陆上运输、空运、水运、管道运输、皮带运输等。陆上运输又分为有轨运输和无轨运输。有轨运输以火车、轻轨列车为主,无轨运输以汽车为主。各种运输方式的特点如下:

1. 火车、船舶运输,适宜进行大批量运送物品,费用较省,受干扰因素少。

2. 汽车,适宜中小批量商品的近距离运输。其特点是快捷、方便,适用于门对门的货物运输。在配送中心与连锁分店之间往往用汽车运输。

3. 对于跨国采购和国内远距离采购的商品,或者一些贵重物品以及一些体积小价值高的商品,也可采用空运方式。

如美国本·富兰克林连锁店在世界范围内有 1 100 家分店,其中分布在美国阿拉斯加州的有 6 家店。这 6 家店原来由配送中心的自有车队完成,从发货到各分店收到货物大约需 2 ~4 周时间。但为了保证顾客需要,提高配送效率,该公司转而委托美国空中快递公司为其配送货物。从美国空中快递公司到配送中心提取货物至各分店收到货物,大约需 4 天。新的配送方式使该公司运输成本降低了 20%。

(五)流通加工

流通加工是指在流通阶段实施的对商品简单加工、组装的活动,如家具、家电产品的组装、调整,衣饰在陈列前的上架,生鲜食品的切割以及小袋包装等。流通加工的目的是为了能进一步适应顾客的需要,商品也因此而增加了附加价值。

传统上的流通加工集中在批发和零售业，然而随着连锁体系向大型化发展，绝大部分的流通加工集中在物流中心进行，各个店铺自身不必再设太多的加工场所。这既扩大了有限的店铺营业面积，还节省了人力；而且将流通加工集中到一起，可实现规模效益，提高加工效率。

当然，如果一些连锁店将流通加工全部集中到最上端的商品生产厂商，利用计算机信息情报系统为生产厂商提供店铺和消费者的需求数据，由生产厂商直接做成成品，则效果更好。

（六）配送

配送是以配货、送货的形式最终完成物流的活动。过去人们将配送作为运输中的末端来看待，然而现在，作为一种现代意义上的配送，已远远不只是一种送货运输活动，应单独将其列出，作为一种对商品增加附加值的经营活动。

（七）物流信息

物流信息是指与上述活动有关的计划、实施、预测的动态的信息。物流信息在现代物流系统中处于核心地位。从更大的范围讲，连锁体系中的商流、物流、信息流、资金流已各成体系，而信息流总是和物流紧密联系在一起，因为大部分信息都是关于物流的信息。

沃尔玛的“无缝”物流体系

在物流配送方面沃尔玛向自己提出挑战，其中的一个挑战就是建立一个无缝的物流体系，能够为商店和顾客提供最迅速的服务。

“无缝”物流体系指的是整个供应链达到一种非常顺畅的链接，即所购的产品从工厂到商店货架，这种产品的转移应当尽可能地平滑，“就像一件外衣一样没有缝”。为达到“无缝”链接，沃尔玛在总部和分店之间建立了“根系”状网络。20 世纪 90 年代，沃尔玛建立了庞大的数据中心，公司所有的门店、配送中心也与供应商建立了联系，从而实现了快速反应的供应链运作。为此，沃尔玛被称作“零售配送革命的领袖”。沃尔玛的配送中心为达到“无缝”物流的要求，建筑物只设一层，以保证商品的快速流动。同时，沃尔玛物流中心采用传送带处理技术。为了区别商品所送的商店，在传送带上有一些不同颜色的信号灯，以加强对商品流向的提示。

沃尔玛的"无缝"物流大大减少了运营成本,保证了充足的货源,加快了商品的流通速度。

二、连锁物流系统的运作程序

(一)连锁物流系统

要使物流系统高效率、低费用地完成上面所述的各项职能,前提条件是整个物流系统能够有效地运作。连锁物流系统包括以下几个分系统:自动化、机械化仓储系统;计算机订货、配货情报信息系统;温度、湿度控制设备和系统;运输量、线路、频率规划系统;物流配送组织管理系统。这些分系统各成体系,但又彼此交叉。现代连锁物流系统的运作流程如图8-5所示。

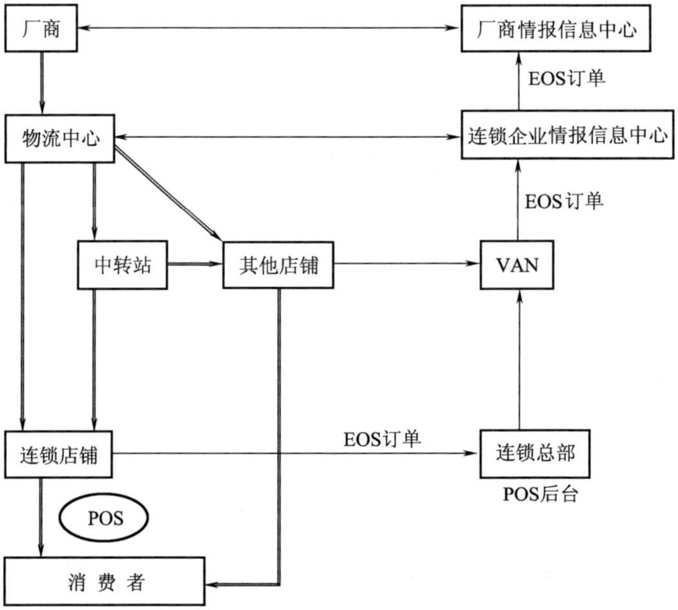

图8-5 现代连锁物流系统运作示意图

从图8-5我们可以看到,连锁店铺通过EOS系统向总部发出订单,连锁总部对订单汇总后,加上其他的信息,通过VAN增值网,以EOS订单的形式,传到情报信息中心。情报信息中心再通过EOS订单的形式向厂商的情报信息中心发出订货信息,厂商的销售部门获得订货信息后,向物流中心送货。连锁企业的情报信息中心也可以直接把订货信息传给物流中心,由物流中心直接向厂商订货,厂商向物流中心供货后,物流中心可以向不同的连锁店铺供货。

（二）连锁物流系统与信息情报系统的配合运作

从图 8 – 5 我们可以看到，谈连锁经营物流系统的运作，必须提到信息流。可以说信息情报系统已经成为整个物流系统运作的基础。以情报信息为基础的订货、发货系统是整个系统的核心。下面我们介绍物流系统和情报信息系统互相配合运作的情况。

物流系统与情报信息系统的配合运作主要包括以下几个环节：

1. 连锁店环节。连锁店需负责以下工作：

(1)通过 POS 系统(Point of Sale)终端来收集销售信息，即何种商品在几时几分向什么样的顾客层(男性、女性；年轻人、中年人、老年人)销售了多少，货架上还剩多少。

(2)预测订货数量。即根据商品销售的情况、动向作出预测。

(3)通过 EOS 系统(Electronic Ordering System)向连锁总部订货。EOS 是利用店内手持售货终端 POS 机(或电脑网络终端)，经由电话线(或光缆宽带)传送至总部订货(当然有一部分商品也可采用传真形式)。采用 EOS 有助于实现多品种、多频率、少批量的商品配送，降低分店库存压力，降低缺货率。连锁分店通过 EOS 订单向总部订货，原则上有固定的时间，即在固定的时间订货，一般每天两次。

2. 连锁总部环节。连锁总部设有计算机中心(或信息中心)，和店铺一起进行 POS 终端的管理，同时起指挥、协调的作用，从整体上把握连锁店的经营和管理。连锁总部在收到各连锁分店发来的电子订货后，也以 EOS 的形式通过 VAN(增值网络系统)传至连锁企业的情报信息中心(有的连锁企业没有设这一机构)。

3. 连锁企业情报信息中心环节。根据总部发来的电子订单，情报信息中心通过计算机联网指示物流中心出货。同时，通过 EDI(电子数据交换系统)与厂商的信息中心随时保持密切联系。有时信息中心也可直接将信息发给厂商直接订货。

4. 厂商环节。在规定的时间内，各厂商接受不同客户、不同商品种类的订货指示单，将各处的订货指示单汇总，开始制造订货商品或是调度库存，并做好出货准备，然后往配送中心送货。

5. 物流配送中心环节。大部分的物流活动都将在这一环节完成。物流配送中心将各地厂商运来的整货验收入库，并根据各连锁店的订货要求，通过自动化机械进行自动分货、拣货，再将各家店铺的货物集中起来，安排卡车配送。

物流配送中心还会调查各连锁店的到货情况以及运输车辆的有效利用情况，如调查商店是否准确、及时地接到商品，在运输中是否有效地装卸货物，运输路线是否合理等。

日本大型连锁集团伊藤洋华堂对配送商品的交、接货实行高效率管理方式，具体的手段是设立定时配送、划卡制度。这就是说，每一台配送车辆到店时要划卡，离店时也要划卡，到店至离店的时间为卸货和验货的时间。配送中心根据 POS 系统获取的信息而得知配送车辆到店和离店的划卡时间，分析交、接货的作业效率。如果发现配送车辆比按规定的时间早到或晚到店 15 分钟（早到无接货人员，晚到则会使商店失去最佳销售机会），总部的职能部门就要按照合同规定，对运输公司的当事者处以罚款（委托运输的情况）。对配送车辆每到一店都实行同样的划卡制度，这样负责商品配送的物流配送中心就能掌握车辆在途时间，从而规划较为合理的配送路线，以确保物流的通畅，使各连锁店能够顺利地运营。

国外的实践说明，要使连锁经营的物流系统能够真正有效地运作起来，不能再依靠单纯的物流活动（体力的、机械的），而需要利用信息系统像一根链条那样将各个环节串起来，做到准时、高度协调，否则整个物流系统就会瘫痪。这就是为什么我们现在一提物流系统以及物流系统的运作，就要将它和信息系统联系在一起的道理。

从连锁系统整体上讲是如此，缩小了讲也是如此。从事具体物流活动最多的物流配送中心所进行的每一项物流活动都离不开情报信息的支持，缺少了信息系统对情报的收集、整理、分析、处理、指示，物流配送中心的机械设备就都成了废铁。

案例阅读

JITS——新的物流配送体系

传统的物流系统都是在物流中心配置一定的库存（预测），再根据各连锁店的需求配送。但是由于市场行情带有很大的不确定性，因此要准确确定库存的合理数量是件很不容易的事。库存过量会增加不必要的库存成本，库存短缺又会丧失销售机会。JITS（Just in Time System）就是为解决这一问题而开发的物流配送体系。

JITS 在日本被称为“多频度、小批量配送系统”，意思是尽量减少每次配送的商品数量，而同时增加配送的次数。这一系统在日本的连锁店（特别是便利连锁店）中已经得到了广泛运用。它的基础还是各个店铺的 POS 情报信息系统以及广泛的 EDI 的信息交流。连锁店铺一方面要能够满足顾客多品种、小批量的购买需要,另一方面又不愿增加过多的库存,因此最理想的状态是在最必要的时候补充最必要的商品,这样既满足了销售目的,又尽可能地减少了不必要的库存。这套JITS系统适应了上述要求,因而得到企业的广泛好评。近年,JITS系统又有新的发展趋势,出现了把送往各个店铺的少量商品都集中起来,实行大量配送、共同配送、委托配送、集中交货等改进做法。

JITS物流系统可以减少连锁店铺的库存,但给供货方如物流中心、厂商造成很大的困难,因此厂商也正努力形成一套相应的体系来适应这种变化。

最新出现的JITSⅡ就是对JITS的改进。连锁店铺将销售预测的数据提供给供货方,供货方接到信息后,不直接出货,而是根据这些数据来调整自己的生产量、库存量,努力使生产、库存与销售动态相一致。到后来出货的时候就不需要再发订单,因为产量完全是由需求所定的,这样既减少了发单这一环节,也省略了涉及价格、交货方式等交易条件方面的谈判。连锁店和供货方如同一个企业,追求共同的利益,这就是现在流行的所谓"企业同盟"。有时,厂商或物流中心派人员长期在连锁店巡回工作,协助连锁店铺,以更为准确地掌握信息。该系统的核心是情报信息的共有,它以能够及时把握连锁店铺的销售动态为前提。因此,必须构筑各店铺统一完善的库存管理和订、发货系统,仅仅把预测任务交给连锁店铺效果也很有限,需要各方面的协调和配合。JITSⅡ的发展,最终促进了商品的共同开发和企业在更为广阔的领域进行合作。

第三节 物流配送中心建设

在连锁经营物流系统中,物流配送中心因处于关键的位置,故被称作物流系统的枢纽。连锁经营的大多数物流活动集中在物流配送中心,可以说物流配送中心的运营情况是整个物流系统运营好坏的标志。

一、物流配送中心对连锁经营的影响

(一)使商品流通渠道发生变化

建立物流配送中心前的情况,如图8-6所示。

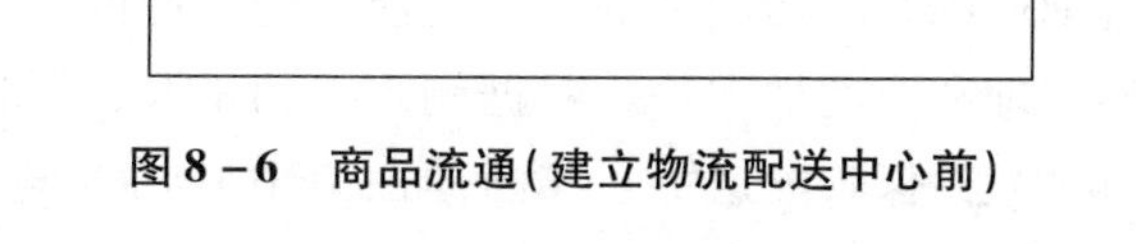

图8-6 商品流通(建立物流配送中心前)

建立物流配送中心后的情况，如图 8－7 所示。

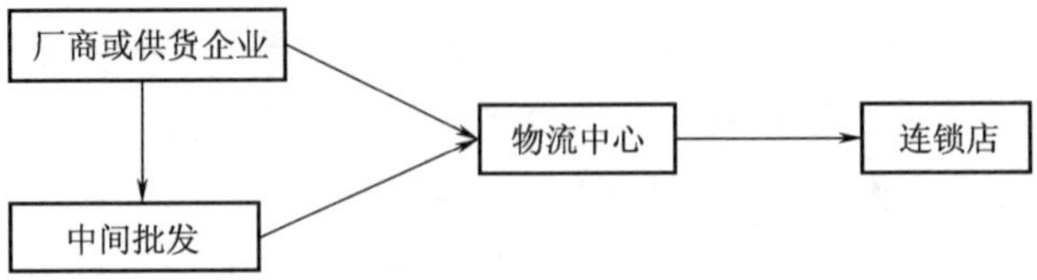

图 8－7　商品流通（建立物流配送中心后）

（二）使商品配送实现了集约化，降低了物流成本

没有物流配送中心，各供货方分别对各个连锁店供货，交易次数较多；有了物流配送中心，各供货商只对物流中心一家供货，而物流中心则分别对各连锁店供货。物流中心可以把不同供货商的商品放在一起，形成商品组合，直接配送给同一个连锁分店，而供货商做不到这一点。物流配送中心的供货流程如图 8－8 所示。

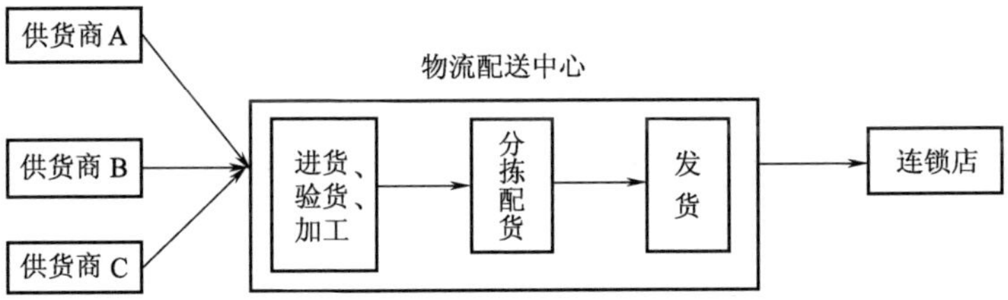

图 8－8　物流配送中心的供货流程

（三）减少了连锁店的操作环节

由于减少了连锁店的物流操作，使连锁店更加专注于销售，也降低了各店铺的成本。如果没有物流配送中心，各连锁店在和供货商交接货、验货后，须将商品入库、加工、包装、贴标签，然后上架陈列。有了物流配送中心后，商品入库、加工、包装、配送诸环节则被放到了配送中心，而连锁店在接货、验货后，就可将商品直接上架陈列了。

二、连锁企业配送中心的类型及工作流程

（一）连锁企业配送中心的类型

1. 根据物流配送中心的功能来划分。物流配送中心的主要功能有周转、分拣、保管、在库管理和流通加工等。根据侧重点的不同，可将其分为周转配送中心、分销配送中心、保管配送中心、流通加工配送中心四类。

(1)周转配送中心(Transfer Center):不具有商品保管、在库管理等管理型功能,单纯从事商品周转、分拣作用的物流配送中心。

(2)分销配送中心(Distribution Center):拥有商品保管、在库管理等管理功能,同时进行商品周转、分拣业务的物流配送中心。

(3)保管配送中心(Keeping Center):单纯从事商品保管功能的物流配送中心。

(4)流通加工配送中心(Circulate Process Center):从事流通加工功能的物流配送中心。有的也称生鲜食品处理中心。

以上四种类型物流配送中心的区别反映在物流上,则表现为物流配送中心内的作业内容和服务范围的差异(如表8-1所示)。

表8-1　不同类型物流配送中心内的物流运动

类型	物质流动过程								
	接货	检货	商品处理	暂时保管	长期保管	流通加工	分拣	配货	送货
周转型	√	√	√				√		√
分销型	√	√	√	√			√	√	√
保管型	√	√	√		√				√
加工型	√	√	√			√			√

从现代物流的发展趋势看,为了加强商品的流动,使物流系统更好地顺应客户需求,物流配送中心逐渐从周转型转向分销型。在连锁物流中,由于这是批发商或零售商主导的物流系统,所以保管型配送中心几乎不存在。在目前发达国家中,分销配送中心的比例一般要占到所有物流配送中心的70%以上。另外,流通加工配送中心的发展也非常迅速。

2.按配送中心的设立者分类。生产商、批发商、零售商都可以创建配送中心,因此可据此分为制造商型配送中心、批发商型配送中心、零售商型配送中心、专业物流配送中心四类。

(1)制造商型配送中心。制造商配送中心是以制造商为主体的配送中心。这种配送中心里的物品100%是由自己生产制造,用以降低流通费用、提高售后服务质量和及时地将预先配齐的成组元器件运送到规定的加工和装配工位。从物品制造到生产出来后条码和包装的配合等多方面都较易控制,所以按照现代化、自动化的配送中心设计比较容易,但不具备社会化的要求。

(2)批发商型配送中心。批发商型配送中心是由批发商或代理商所成立的、以批发商为主体的配送中心。批发是物品从制造者到消费者手中之间的传统流通环节之一,一般是按部门或物品类别的不同,把每个制造厂的物品集中起来,然后以单一品种或搭配向消费地的零售商进行配送。这种配送中心的物品来自各个制造商,它所进行的一项重要的活动是对物品进行汇总和再销售,而它的全部进货和出货都是社会配送的,社会化程度高。

(3)零售商型配送中心。零售商型配送中心由零售商向上整合所成立的、以零售业为主体的配送中心。零售商发展到一定规模后,就可以考虑建立自己的配送中心,为专业物品零售店、超级市场、百货商店、建材商场、粮油食品商店、宾馆饭店等服务,其社会化程度介于前两者之间。

(4)专业物流配送中心。专业物流配送中心是以第三方物流企业(包括传统的仓储企业和运输企业)为主体的配送中心。这种配送中心有很强的运输配送能力,地理位置优越,可迅速将到达的货物配送给用户。它为制造商或供应商提供物流服务,而配送中心的货物仍属于制造商或供应商所有,配送中心只是提供仓储管理和运输配送服务。这种配送中心的现代化程度往往较高。

3. 按服务范围分类。配送中心按照所服务的范围不同,可分为城市配送中心和区域配送中心两类。

(1)城市配送中心。城市配送中心是以城市范围为配送范围的配送中心。由于城市范围一般处于汽车运输的经济里程,这种配送中心可直接配送到最终用户,且采用汽车进行配送。所以,这种配送中心往往和零售经营相结合。由于运距短,反应能力强,因而从事多品种、少批量、多用户的配送较有优势。

(2)区域配送中心。区域配送中心是以较强的辐射能力和库存准备,向省、全国乃至国际范围的用户配送的配送中心。这种配送中心配送规模较大,一般而言用户也较大,配送批量也较大,而且往往是配送给下一级的城市配送中心,也配送给营业所、商店、批发商和企业用户。虽然也从事零星的配送,但不是主体形式。

(二)物流配送中心的工作流程

1. 连锁物流配送中心在物流中所处的位置如图 8-9 所示。

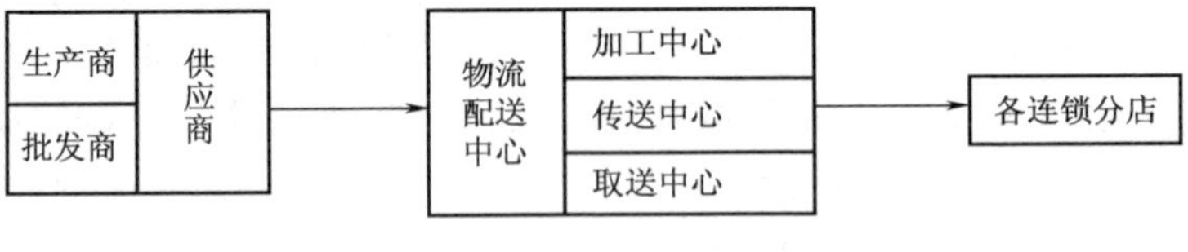

图 8-9

由图 8－9 我们可以看到，连锁物流配送中心在整个物流系统中处于上连供应商、下接各连锁分店的核心位置。

2. 物流配送中心的内部流程如图 8－10 所示。

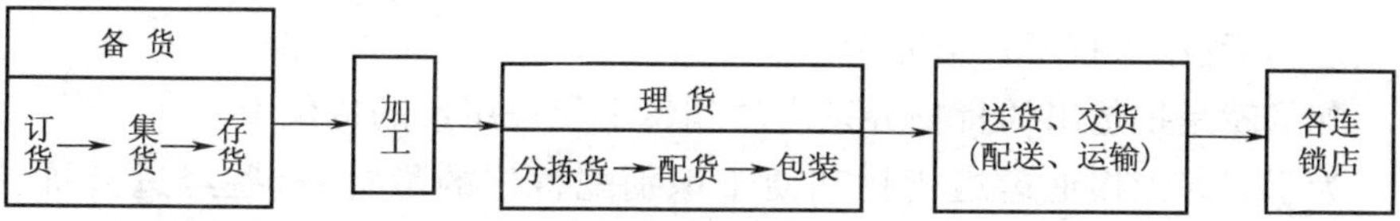

图 8－10

从图 8－10 我们可以看到物流中心的备货、加工、理货、配送等主要功能在其内部的基本运作顺序，并对部分环节进行了分解。

三、连锁物流配送中心的功能

从前面的内容我们可以看出，连锁物流配送中心具有五大功能，即备货、理货、送货、加工和信息收集职能。

（一）备货

备货是指准备货物的一系列活动，它是配送的基础环节。严格来说，备货应当包括以下活动：订购货物（订货）、筹集货物（集货）和储存货物。其中，订货和集货也称进货。

1. 订货。订货主要表现为配送中心向生产商订购货物，由生产商供货。

2. 集货。集货或接货表现为配送中心集中货物或者接收连锁总店（或其他委托客户）所订购的货物的过程。

3. 储存货物。储存货物即按照用户提出的要求并依据配送计划，将购到或收到的各种货物进行检验，然后分门别类储存在相应的设施或场所中，以备拣选和配货。储存作业一般都包括这样几道程序：运输→卸货→验收→入库→保管→出库。存储作业依产品性质、形状不同而形式各异，有的是利用仓库进行储存，有的是利用露天场地储存，特殊商品（如液体、气体）则需储存在特制设备中。为了提高储存作业效率和使储存环节合理化、集约化，当前许多企业普遍采用先进的储存技术和储存设备。例如，按先进先出的储存原则，利用智能化分拣、集货系统进行作业；利用贯通式货架、重力式货架和计算机储存系统等储存货物。

（二）理货

理货是配送的一项重要内容，也是配送区别于一般送货的重要标志。理货包括货物分拣、配货和包装等。

货物分拣就是从储存在货位上的货物中选出(分出)每个用户所需的货物。一般有摘取式和播种式两种操作方式。摘取式就是在仓库货架间来回走动,按照配送单把一个客户的货物配齐全的方式。播种式就是将同种货物集中运到发货场,然后根据每个货位的发送量,分别取出货物,分别投送到每个用户的货位上,直至投送完毕。

配货就是把选出的货物分别投放到每个代表用户的货位上。

为了完好无损地运送货物和便于识别配备好的货物,有些经过分拣、配备好的货物尚需重新包装,并且要在包装物上贴上标签,记载货物的品种、数量、收货人姓名、地址及运抵时间等。

分拣和配货是同一个工艺流程中两项有着紧密联系的经济活动。有时,这两项活动是同时进行和同时完成的(如散装物的分拣和配货)。在进行分拣、配货作业时,少数场合是以手工方式进行操作的,更多的场合是采用机械化方式进行操作的。如今,随着一些高新技术的相继开发和应用,自动化的分拣、配货系统已在很多企业的配送中心建立起来,并发挥了重要的作用。注意,配货在这里有一定的分装功能。

(三)送货

送货是配送活动的核心,也是备货和理货工序的延伸。在物流运动中,送货的现象形态表现为货物的运输,所以常以运输代表送货。这里要注意配送运输与干线运输的区别。在送货流程中,包括这样几项活动:搬运、配装、运输和交货。其作业程序为:搬运→配装→ 运输→交货。送货是配送的终结,故在送货流程中除了要圆满地完成货物的移交外,还必须及时进行货款(或费用)结算。由于送货中运输的重要性,选择合理的运输方式和使用先进的运输工具,对于提高送货质量至关重要。就前者而言,应选择直线运输、配载运输(即充分利用运输工具的配载重量和容积,合理安排装载货物和载运方法的一种运输方式)方式进行作业。

(四)加工

在配送过程中,根据用户要求或配送对象(产品)的特点,有时需要在配货之前先对货物进行加工,以求提高配送质量,更好地满足用户需求,如钢材剪裁、木材锯段、肉类分割、计量、散货分装以及蔬菜的分拣、计量、包装等。

(五)信息收集

因为配送中心一头连着采购,一头连着销售,各方面在实际经营中所取得的经验和暴露出的问题,均可以在配送中心得到全面反映,因此,配送中心兼有连锁企业信息中心的功能。

四、连锁物流配送中心的经济效益评价

我国连锁企业的配送中心由于实现了统一进货、统一定价、统一配送、统一调拨、统一退调的物流管理，因而对连锁企业的业务发展和经济效益的提高能起到成本节流的作用。具体体现在以下五个方面：

第一，降低商品的进货价格。连锁企业由于实行配送中心统一进货、统一配送，因而可以从中获得大批量进货的低进价，大大增强了企业在市场竞争中的价格优势。

第二，降低物流费用。通过配送中心的系统化、批量化、高效化的运作，统一对货物进行检验、编号、登记和入库，从而大大减少了各连锁分店的相应程序，节约了成本。

第三，有效的质量控制。配送中心采购商品时，往往尽可能地减少中间环节，直接与厂商打交道；再加上配送中心的采购具有长期性和固定性，供应商不敢贸然提供假冒伪劣产品而失去配送中心这个大主顾，故其商品质量能得到保证，在处理商品质量问题时，商品质量信息也能得到迅速反馈。

第四，减少分店库存。由于商品的储存及运输职能由配送中心承担，分店只需根据销售情况提出要货计划，所需商品就能较快送达，而分店所存储的多是少量即销商品，故可大大减少各分店的库存量，甚至实现零库存。

第五，提高经营效率。连锁企业所属的物流配送中心同连锁分店之间的关系是业务内部化关系。由于物流配送中心代表各连锁店进行集中统一的采购，使原来众多分散的、无机化的分店变为有机的统一组织，各连锁店同供应商的关系由多边关系变为单边关系，从而大大减少了交易次数和交易费用，进而提高了业务效率和经营灵活性。

五、物流配送中心的选址布局

在一个大规模的连锁企业中，面对诸多供应商和连锁店的不同要求，组织好物流配送工作是至关重要的。这对物流配送中心选址和布局提出了较高的要求。

（一）基本原则

物流配送中心的选址，对于连锁经营全过程有着至关重要的影响。选址直接关系到配送中心所能供应的区域和店铺数量，关系到物流配送的效率和连锁体系的效益。因此，建设物流配送中心必须经过充分调查、认真研究和规划。一般来说，在规划物流配送中心的时候，要遵循四条原则：动态原则、发展原则、定性与定量相结合原则、统筹原则。

1. 动态原则。考虑物流配送中心的布局绝不能将环境条件和影响因素绝

对化,因为物流配送中心的服务对象(各连锁店铺)的交通条件、成本和价格等因素都在不断变化之中,因此,规划时要有相当大的柔性,能够在一定的范围内适应变化。

2. 发展原则。连锁企业在刚开始经营的时候应特别注意发展原则。因为在起步阶段,一般来讲店铺的数量较少,然而随着店铺数量的不断增多,对物流配送中心的要求也越来越高,因此,无论是地域设置,还是内部的结构和设施,在进行物流配送中心建设前就要有一定的估计,也就是要用发展的眼光来看问题。

3. 定性与定量相结合原则。在进行物流配送中心规划时,特别是涉及服务范围、工作量以及一些可用数据统计的因素时,有很多数学计算模型,利用这些模型得出的一些结果对于决策当然有很大的帮助,但是应该看到这些模型本身都有一些不完善的地方。所以,不能绝对化,一定要和定性分析相结合,考虑各种社会条件,这样才能作出较为全面的决策。

4. 统筹原则。规划物流配送中心时要考虑到各方面的因素。既要考虑各种社会因素,也不能忽视自然条件,否则很难从整体上进行把握。

(二)影响因素

进行物流配送中心选址时,应考虑以下影响因素:

1. 连锁分店的区域分布。这包括配送连锁分店的地理分布、密度大小、配送区域大小、配送距离等。

2. 交通运输情况。配送区域的道路、交通设施、交通枢纽等因素都是必须考虑的。

3. 用地条件。必须考虑利用现有的土地还是重新征地、地价情况等。

4. 法规制度。比如,哪些区域不准建造某种类型的建筑等有关规定。

5. 通信条件。包括附近的通信设施,总部和分店情报信息交流等方面的因素。

6. 与厂商、批发商的距离。

7. 其他。比如物流费用的分担等。欧美国家的运输费用一般由接货方承担,而日本则由供货方负担。

(三)配送中心的规模

建立物流配送中心时,需要注意的是,要按连锁店实际的经营和发展情况,逐步推进。在日本,要建立一个集TC(分货配货),DC(流通库存),PC(生鲜加工)为一体的综合物流配送中心,以大型综合超市为例,要满足的条件是:在经营的商品中,服装、日用品应占销售额的40%左右;家居用品应占销售额的15%左右;食品应占销售额的45%左右。一个店铺的商圈为10万人口,类似的店铺发展到10个时,就可以考虑建立综合物流配送中心了。以经营食品为主,营业面积在300~500平方米的超市,一般发展到30家左右时,根据商店的布局,就可考虑建立有分货配货、流通库存功能的物流配送中心,而其鲜活商品的加工则可考虑在店内进行。当类似店铺发展到近100家,加工成本和加工总量、加工量和配送量的关系趋于稳定时,企业就可考虑建立以加工鲜活商品为主的加工配送中心了。

这些当然只是国外的一些经验,仅能作为参考。实际运作时,还得具体情况具体分析。

(四)配送中心数量

连锁企业要设立多少个配送中心,要考虑两个因素:

一是物流配送的成本。物流配送中心的数量和物流配送成本为反比例关系。随着物流配送中心数量的增加,总的物流配送成本由最初呈逐步减少的趋势,变为呈上升趋势。总物流成本费用最低时的配送中心数量就是配送中心最合适的数目。

二是从配送范围来看配送中心的数量。如果配送范围广、人口数量小,则配送中心的数量少,离顾客的距离远;如果配送范围窄,人口密度大,则要增加配送中心的数量,离顾客的距离也就近了。

(五)物流配送中心的建设类型

当前,物流配送中心的建设类型主要有三种,究竟采取哪种,要视连锁企业的规模而定。

1. 连锁企业自建物流配送中心。这种方式主要适用于实力强大的连锁企业,是由企业独立出资兴建的,并进行独立经营管理,为本企业整个连锁网络和其他企业提供货物。

2. 联合型配送中心。这种配送中心有两种不同的联合方式。一种是由连锁企业与物流企业联合,分别承担不同的功能,共同实现配送任务,为各连锁企业和其他企业配货。另一种是由多家连锁企业联合,共同出资建设物流配送中心,为各连锁企业和其他企业提供服务。

3. 社会型物流配送中心(第三方物流配送中心)。连锁企业不经营物流配送业务,而是由连锁企业总部与某一代理机构或物流配送中心签订委托合同,由第三方负责提供连锁企业的商品配送服务。

复习题

1. 连锁物流配送的模式有哪些?
2. 连锁物流有哪些环节?
3. 结合图8-5,理解连锁物流系统的运作程序。
4. 物流配送中心有哪些功能?

案例一

可口可乐×华润万家:基于消费者出发的端对端供应链提效

一、背景介绍

面对日益多样化的购物方式和复杂多变的市场,零供双方面临着前所未有的挑战与变革。传统零售商面对消费升级,需要更精准地满足消费者需求。而供应商根据消费者需求,来尽量生产并上架这些产品。因此,从消费者需求端到生产端,如何提升零供双方供应链效率从而优化成本、创造价值?

二、实施流程

可口可乐和华润万家有多方面紧密合作:

(1)华润万家分享进、销、存等大数据给可口可乐,可口可乐进行大数据的分析并分享给华润,使得双方可以平等地探讨共同的生意机会点,一起理顺和改进业务链条中的薄弱点。

(2)基于消费者出发的品类管理和货架陈列改进。通过分析华润的大数据,可口可乐可以知道在华润门店购物的消费者的习惯,并把此信息分享给华润,双方可以讨论对于不同品类中产品数的建议和调整方案。其中涉及调整后整体品类生意、品类毛利以及货架的布局。最终目的是使消费者更容易买到他们想要的单品。

(3)通过供应商驻场办公来共同管理补货量和库存量。此项目中另一行业领先处在于,华润不仅分享了大数据,更分享了华润的补货系统给可口可乐的驻场办公人员,完全信任可口可乐的驻场办公人员来管理日常补货量,在确保合理库存量的同时通过提升产品周转率来确保销售。由于华润补货系统衔接货架陈列量以及日常单品销售量,通过驻场办公的管理,以及双方联合销售预估,可以极大改善原来门店中快流产品的缺货以及补货不及时,同时改善品类库存结构和整体品类毛利。

(4)端对端的托盘运输。本项目前面精细的大数据分析,结合最后环节端对端快速托盘送货,大大提升了送货的及时性,减少了门店由于送货不及时导致的缺货,又节约了双方的人力和时间成本。对本项目的效率有了极大的提升。

三、实际收效

实施端对端供应链提效后,效果显著:

(1)双方销售额增提升了5%;(2)毛利额提升10%;(3)供应商送货率提升26.1%;(4)门店断货率下降64%;(5)物流效率提升35%;(6)华润整体库存减少18.2%。

案例分析:

本实践获得2019年零售业供应链最佳实践奖。此创新案例最关键的是为零供行业如何基于消费者需求出发改进供应链合作起了带头作用,值得借鉴和复制到更多的零供合作中为行业带来更多的利益。

(资料来源:中国连锁经营协会网站 http://www.ccfa.org.cn)

案例思考题

1.可口可乐与华润万家是如何合作的?对我国零售企业有何借鉴意义?

2.零供合作一直是个难题,请搜集资料,分析格力电器与国美、苏宁的关系。

案例二

步步高数字化物流

步步高集团,是我国著名的连锁零售企业,涵盖了超市、百货、电子商务、商业地产、便利店、电器、餐饮、服装、物流、大型综合体等多个业态。2020年6月,连锁经营协会发布2019年中国连锁百强榜单,步步高排名第14。连锁企业的发展离不开物流。物流成本占企业成本的1/3。利用现代物流技术为企业降低成本成为连锁企业的必修课程。步步高集团同样面临着物流成本问题,而面对未来企业的发展,进行现代物流数字化被提上日程。

一、概况

(一)目标

1.商品数字化

采用新型商品测量设备,并进行系统对接,对园区标准件商品重新核准,保证商品长/宽/高、重量、体积等数据的准确性。为车辆派车及商品存储提供数据基础。

功能目标:

(1)数据采集:商品长/宽/高/体积/重量,对接体积测量仪。

(2)数据审核:商品长/宽/高/体积/重量,审核确认之后生效。

(3)数据分发:商品长/宽/高/体积/重量,分发至WMS/VMI/MA。

2. 货位数字化

建立园区内货区与货位的数字化,建立货区与大类的存储分区配置、货位与商品对应关系;并建立大类存储的标准件数及周转天数。

功能目标:

(1)采集货位长、宽、高,有效体积等数据。

(2)建立适合的货区信息。

(3)建立对应货位的商品存储规格及商品所属大类的标准周转天数。

(4)根据标准的周转对所存储的商品周转进行考核。

(5)根据货位的存储约束,指导商品的上架及存储。

3. 车辆数字化

建立园区内所有车辆的运营标准,核准车辆的车型,长/宽/高、载重/体积,为车辆的系统派车提供车辆的装载数据。

功能目标:

(1)采集维护车辆的基本信息,及司机、门店、里程等基本信息。

(2)路线/门店信息维护与管理。

(3)费用计算规则维护与管理。

(4)费用计算模板维护与管理。

(5)费用计算。

(6)派车功能。

(7)运输货物信息记录:与 Ma 对接。

4. 数据中心

收集相关 WMS,GPS,RMS,EBS 等业务系统的数据,形成有效的数据链条,为订单及车辆可视化提供全过程的作业数据,并提供给用户进行查询。

功能目标:

(1)建立多维数据中心,ODS/DW/DM 多维数据模型。

(2)数据抽取/清洗/转换。

(3)BI 报表开发。

5. 调度监控中心

打造云通物流的调度中心,建立电子大屏展示系统,为管理提供实时有效的数据展示。例如:车辆实时跟踪,库存周转,作业进度展示,同期作业对比等。

功能目标:

(1)建立整个调度监控中心(液晶展示屏)。

(2)建立业务作业进度数据展示。

(3)建立车辆实时跟踪及轨迹展示。

(4)建立温度跟踪及异常展示。

6. 费用结算及核算中心

建立云通的仓储/运输费用计算、核算系统,实现费用的系统自动计算,减少人工干预。

(二)功能目标

1. 实现仓储费用计算

2. 实现运输费用的计算

3. 相关费用的核算及对账

二、实际收效

步步高建立数字化物流以来,效果如下:

(1)降低了人力成本(减少相关操作人员 5 人,节约人力成本约 20 万)。

(2)提供数据准确率 100%,准时率提升为一天之内。

(3)运输成本节约 150 万,车辆装载率提升 6 个点。

(资料来源:http://www.ccfa.org.cn/portal/cn/xiangxi.jsp? id=441194&type=10004)

总结:

现代物流是社会化大生产条件下一种新的组织方式和管理技术。从参与现代物流的企业来说,有效管理,成本控制,提高效率和优化服务,对于数字化、信息化、智能化手段的依赖性很强。现在已经是产业链升级取代产品升级,物流业与制造业"两业联动"不断深入,物流服务方式开始从传统物流外包向工位配送、代理采购、融资监管等新兴领域渗透,服务范围从单一物流环节向供应链一体化延伸,市场竞争的焦点逐步转向供应链之间的竞争。尤其是随着自动化、标准化技术装备和以物联网为代表的智能化新兴信息技术的广泛应用,物流运作的集成化、便捷化水平大幅提升。步步高集团及时战略布局,业务深耕,通过对管理对象及作业节点的数字化,以数字化驱动业务变革,提升内部管理水平及管理效率,为客户提供更好的服务及更低的成本。

案例思考题

1. 请回答数字化物流能达到步步高营运的哪些目标?

2. 中国的实体零售企业面临着传统物流效率低下、成本上升、电商快速扩张圈地的双重打压。请搜集资料,分析永辉、华润、物美、超市发等大型连锁零售企业物流数字化改革的思路。

第九章
连锁企业内部管理

- 连锁企业组织结构及功能
- 连锁店铺管理
- 连锁企业人力资源管理
- 连锁企业信息系统管理
- 连锁企业财务管理
- 连锁企业文化建设

在 SWOT 模型分析中，涉及四个要素：和外部环境有关的是机会与威胁，和内部实力有关的是优势与劣势。外部环境对所有企业来说是公平的，关键看企业把握外部机会的能力，而这就是企业内部管理要解决的问题，所以可以说连锁企业有效的内部管理是连锁企业发展的首要前提。组织机构的不同反映的是企业适应市场的能力；人力资源管理构筑的是企业不可战胜的长城；信息化管理可以使企业利其器以功善其事；财务管理化风险于无形；企业文化锻造的是生命不息的企业精神和宗旨化的价值观念。

背景资料

苏宁零售云:打通全品类的智慧零售解决方案平台

苏宁零售云项目是苏宁智慧零售能力对外输出的战略项目,旨在进一步提振县乡市场消费秩序、为合作伙伴提供高效的智慧零售解决方案。

苏宁零售云针对县镇传统门店经营痛点开发了一套完整的S2B2C的解决方案,自2017年7月第一家零售云县镇加盟店开业至今,零售云在全国范围内已开店近5 000家(包含直营店)。经零售云智慧零售能力赋能后的门店整体坪效提升2倍以上,资金周转率提升6倍,单店利润较赋能前提升30%以上。2018年11月30日,国务院总理李克强到访苏宁期间,专门与零售云加盟商做了视频连线,对苏宁零售云模式给予高度赞扬。

经过2年来的探索和实践,苏宁零售云已成为打通县镇市场全品类经营的智慧零售解决方案,真正做到让门店转型更简单、让线下零售更智慧、让创业者更省心!

(资料来源:中国连锁经营协会网站)

连锁企业的良性发展离不开有效的内部管理,当各种硬件条件都已经成熟时,良好的内部管理可以保证经营策略有效地贯彻执行。发展高度整合的内部管理制度,采取操作性强的控制手段,订立合理的岗位责任,是连锁企业长远发展的基础问题。连锁企业内部管理包括各连锁店铺的管理、信息系统管理、财务管理以及企业文化建设几个方面。

第一节　连锁企业组织结构及职能

一、连锁企业组织设立的原则

连锁经营是一种商业模式,这一模式的运作靠的是连锁企业组织。从组织职能上看,连锁企业有总部职能和分店职能。从具体营运程序上看,连锁企业必须做市场调查、订货、采购、加工、配送、验货、陈列、销售、客服、防损等一系列工作。确定部门设立的原则,明确各部门的职能,对连锁企业至关重要。

(一)统一指挥的原则

统一指挥的原则是指每个环节有人负责,每个人知道对谁负责,只对一个上级负责,每个上级知道多少人对他负责,上下级线条明晰、统一。这一原则避免了多头领导的矩阵管理模式。

（二）以工作为中心的原则

这里的工作是指工作量、工作环节、工作分配的综合。以工作为中心进行组织设计时,应有三条标准:一是没有多余的管理环节,每个岗位必须有明确的工作任务。二是部门划分粗细适当。三是每个部门的人员配备要与工作任务相适应,既不要人浮于事,又要有一定的人手,确保任务完成。

（三）连锁店的组织层次和管理幅度要适当

管理层次应采取适当的扁平化管理。层次太多则沟通困难,层次太少则管理力度可能跟不上,这就涉及管理幅度的问题。从国外的情况看,管理幅度是 1 ~ 24 人,但一般情况下,7 ~ 8 人为宜。在确定连锁店的不同层级领导的管理幅度时,视不同职位应有所不同。一般来讲,层级越高,管理幅度越窄;层级越低,管理幅度越宽。

（四）对称原则

连锁企业部门设立要符合对称原则,要求权力与责任、才能与职位相对称。

（五）组织设置应按专业化进行的原则

专业化设置最主要的是按专业功能设计,如总部董事会承担决策功能,总部各职能部门承担执行功能,连锁分店承担销售功能。总部各职能部门应按工作性质进行设置。如果地域太广还可按区域划分为二级区域组织,一是区域管理部,二是区域代理商。如"中国 21 世纪不动产"就是"21 世纪不动产"的中国区总代理,由它对中国区内的各加盟店进行授权。

二、连锁企业总部的组织结构及职能

（一）总部与分店的关系

连锁企业总部是连锁体系的核心和枢纽,连锁分店则是连锁体系的枝杈和触角。如果是直营连锁,总部与分店是上下级关系。如果是加盟连锁、自由连锁,则总部与分店之间是一种经济合同关系,在法律上平等,在业务上合作,在运营上是指导与被指导的关系。

（二）连锁企业总部的组织机构设置

连锁总部的组织机构设置会受到连锁体系的类型的影响,也会受到连锁体系规模大小的影响。所以这里只是普遍地、抽象地说明连锁总部的机构设置。当然,连锁总部的组织机构设置还会受到连锁体系的创建人、合伙人的影响。下面是连锁企业总部组织结构设置的完整模式。实际中可能会有些部门缺省。

1. 单一连锁形式的连锁企业总部组织结构图。如图9－1至图9－5所示。

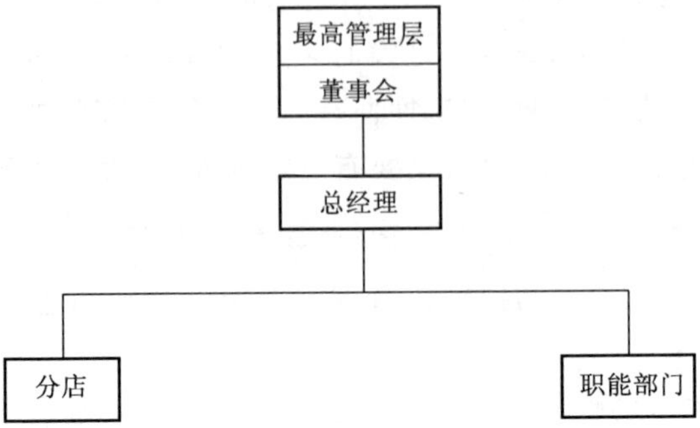

图9－1　总部最高管理层结构图

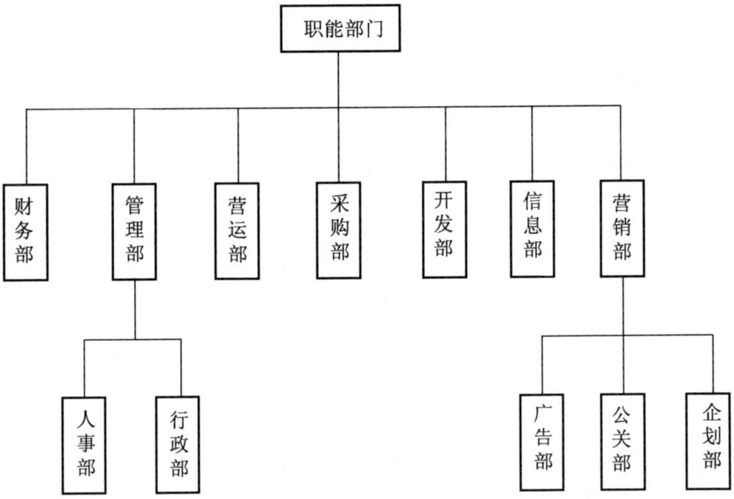

图9－2　总部职能部门结构图

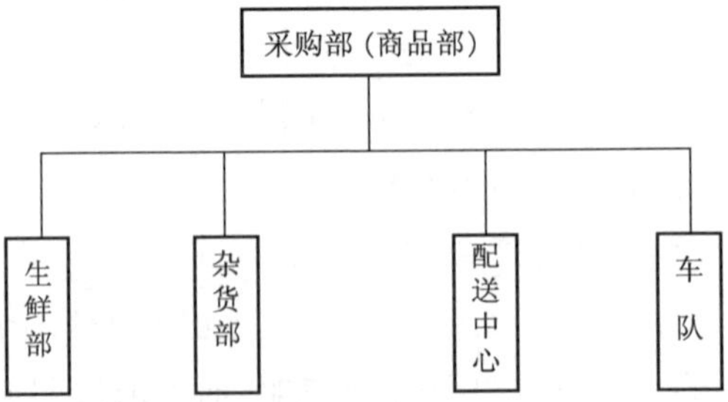

图9－3　采购部（商品部）组织结构图

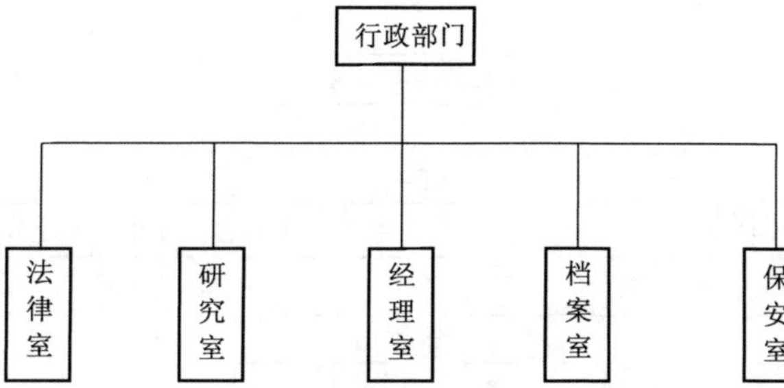

图 9-4 总部行政部门结构图

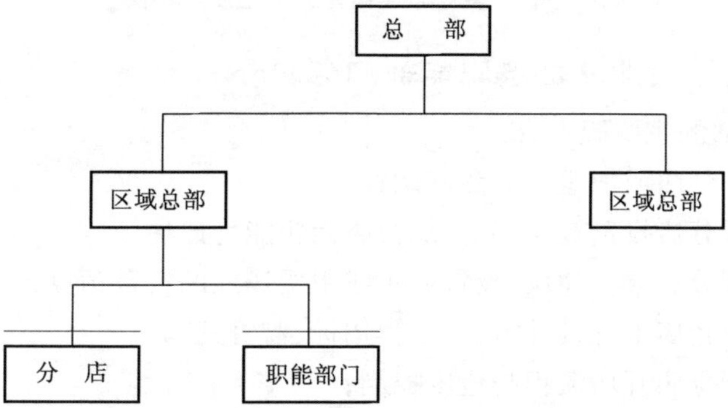

图 9-5 区域总部组织结构图

2. 多种连锁形式的连锁企业总部组织结构。多种连锁形式的连锁企业总部组织结构更加复杂,如图 9-6 所示。

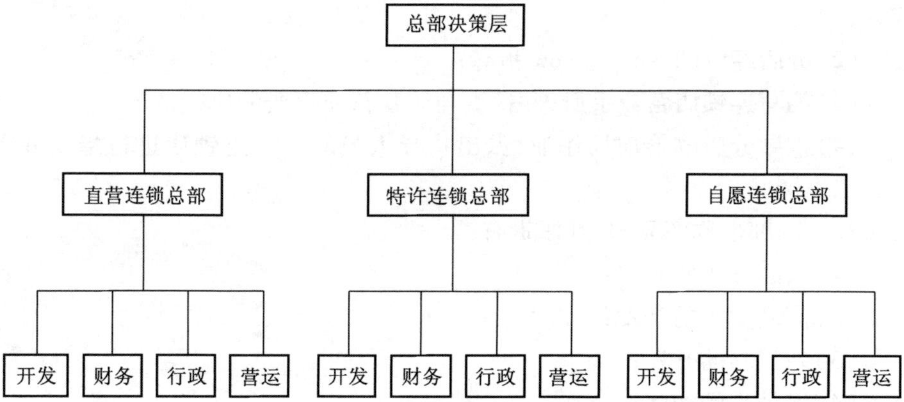

图 9-6 多种连锁形式的连锁企业总部组织结构图

3. 多业态连锁企业的组织结构图(如图9－7所示)。

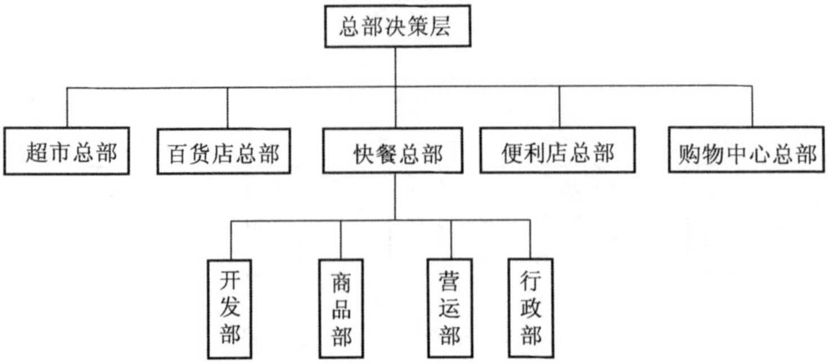

图9－7 多业态连锁企业的组织结构图

(三)连锁企业总部各职能部门的职责

1. 开发部的主要职责有:

(1)新开分店或加盟店的商圈调查;

(2)新开分店投资效益评估,加盟店销售能力评估;

(3)新开分店自行建设、投资购买或租赁场地的投资预算;

(4)建设新店工程设计审核、工程招标、监督、验收;

(5)新开分店开店流程与进度控制;

(6)新开分店所需设备的采购及各分店设备的维修保养。

开发部的工作流程是:制定选址标准、设备标准、投资标准→商圈分析→建店、买店、租店→分店建造、改建或装修→施工监督与验收→新店开业

2. 营运部的主要职责有:

(1)制定连锁总店的营业目标和各分店的营业目标,推动营业目标的实现;

(2)分店经营的 Know－how 指导;

(3)编写连锁店营业手册,并检查与监督营业手册的执行情况;

(4)指导分店改善现场作业,派出指导人员对不同连锁店进行指导并考查其工作情况。

3. 采购部也称商品部,其职责有:

(1)采购方式的制定;

(2)商品货源的开发;

(3)新商品的开发;

(4)滞销品的淘汰;

(5)商品采购的谈判;

(6)销售价格的制定;

(7)商品存储、加工、配送制度的制定及运作;

(8)商品的组合和定位。

4. 营销部(有的企业也称之为企划部)的职责是:

(1)商品配置、陈列设计,商品销售分析,利润分析与改进措施;

(2)促销策略的制定,促销活动计划制定与执行;

(3)企业广告、竞争状况调查分析;

(4)店铺形象的设计;

(5)店铺广告计划的制订与执行。

5. 管理部也称行政部,其职责是:

(1)人力资源制度的制定与执行;

(2)企业行政管理制度的制定与执行;

(3)员工福利制度的制定与执行;

(4)企业合同管理、企业保安制度的制定与执行;

(5)企业办公用品的采购与管理;

(6)法律事务专员、公关事务专员的管理。

6. 财务部,其职责包括:

(1)财务管理,即企业融资、用资、资金调度及企业财务状况、投资风险分析;

(2)财务报表、会计报表编制工作;

(3)审核进货凭证,处理进货财务,与供应商对账;

(4)统计每日营业额;

(5)发票管理、支票管理;

(6)税金上报缴纳;

(7)会计电算化作业与管理;

(8)各店铺财务工作的统一管理,把握各店铺考核的经济指标(营业收入、毛利率、费用、利润等)。

7. 信息处理中心(或称计算机中心)的职责。信息处理中心是连锁企业信息处理、收集的总后方、总枢纽,是连锁企业运作系统软件的支撑平台。企业的所有系统软件都必须在信息处理中心安装的企业总的系统平台上运行才能发挥作用。连锁企业各部门、各店铺的所有数据处理均需通过网络传到信息处理中心,并由信息处理中心汇总处理。所以,其职责是:

(1)连锁企业信息收集、处理的总平台;

(2)连锁企业计算机网络系统的维修养护;

(3)商品代码、企业代码、条形码的打印处理;

(4)各种数据、影像资料的存储、保管;

(5)数据资料的加密、解密。

三、连锁企业分店的组织结构

连锁分店无论是直营店还是加盟店,由于工作内容和环节的关系,也存在着很多部门,如图 9 – 8 所示。

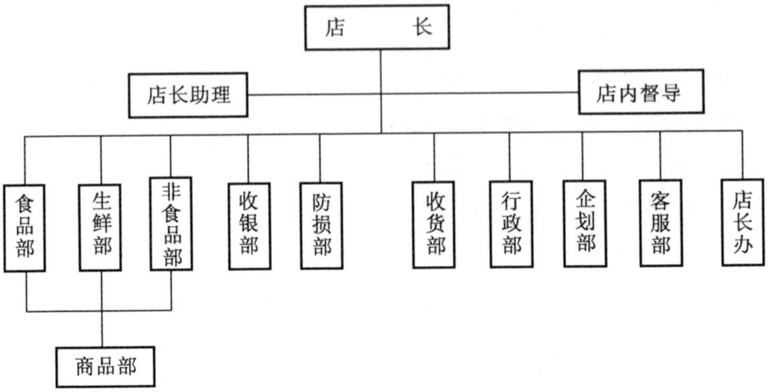

图 9 – 8　连锁分店组织结构图

第二节　连锁企业店铺管理

连锁企业总部下设商品部、销售部和其他职能部门,而分店是分布在各处以直营店或加盟店的形式存在的直接面对消费者的最终销售环节。分店在总部的支持下执行最终销售功能。连锁总部花费大量人力、财力、物力,精心设计开发的各种经营手段和方式,最终只能在分店日常营业中体现出来,而分店业务管理的要求就是尽可能地把连锁总部的经营理念、战略、策略、技巧完整地在日常经营中体现出来,从而有效地支持连锁企业这座大厦。

一、连锁店铺管理的原则及要求

(一)连锁店铺管理的"3S"原则

1. 标准化原则(Standardization)。这是连锁经营最基本也是最重要的原则,是连锁企业的经营特色之一。标准化主要体现在企业形象的标准化、作业的标准化和企业理念的标准化上,如共同的经营目标、策略、文化,统一的采购广告,标准化的店面招牌、外观、陈列、售价、制服及服务程序等。

2. 简单化原则(Simplification)。即指作业流程和作业操作简单化,免去不必要的流程，使作业简单易行、任何人都能胜任。这样分店经理便能明确抓住重点，能很容易对员工的业绩进行考核，而且可以聘用临时工、计时工，降低人工成本。

3. 专业化(Specialization)。这是指专业化人才管理，专业化人员操作，专业化的管理制度，专业化的岗位设计，专业化的考评机构。

以上三原则即为连锁店管理的“3S”原则。

需要注意的是，为了更好地执行“3S”原则，必须依“3S”原则将流程作业制成手册，并以此为依据进行操作，并作为店铺考核的依据。手册的内容应包括：

作业流程：订货、进货、收验货、上货、退货；

销售管理：营业状况、各种绩效分析、促销活动；

店铺管理：人员、商品、安全、票据处理、管理；

财会管理：融资、投资等资本运作，编制会计表格等；

顾客管理：顾客反馈管理、顾客需求管理、顾客服务强化管理。

（二）连锁店铺管理的要求

1. 为顾客提供良好的购物环境。这需要总部规划安排，分店落实。

2. 提供高质量的服务。具体包括：充足完美的商品，科学的商品陈列，物美价廉和便利购买的状态，不断创新的经营手段。

3. 较高的数量管理和品质管理。数量管理要求达到“单品”管理程度，即具体到顾客无法再分辨，但店铺计算机可分辨的品种那种程度。品质管理的主要要求是，按照不同种类商品的理化性质，给予相应的温度、湿度控制，保证商品在保鲜期、保质期内提供给顾客。

4. 较低的运营费用。这是指连锁店铺努力降低各方面的运营费用，以降低成本，目的是为了以降低的商品售价获得更多的利润。

5. 培养人才。如果是直营店，连锁店铺则承担着为企业培养连锁经营管理人才的使命。特许加盟店也须对加盟者有关人员进行培训、指导。

二、连锁店铺业务操作的类型

连锁店铺的日常营业需要员工具备一些必要的技能。这些技能按复杂和难易可分为三类，即简单操作、基础操作和技能操作。依照复杂程度的差别，简单操作往往由新入店员工和计时工、临时工承担；基础操作主要由经过培训以后，熟悉业务和操作的资历较深的员工承担；技能操作主要由具有专业技术的员工和资深员工或基层管理人员承担。具体如表 9－1 所示，是这三类操作的具体项目。

表9-1　　店铺业务三类操作的具体项目

简单操作	基础操作	技能操作
• 搬运 • 整理整顿 • 简单加工 • 简单盘点 • 按指示陈列 • 包装 • 分装、标价 • 购物筐及其他器具整理 • 设备简单操作 • 票据整理	• 商品陈列整理 • 营业现场顾客引导 • 商品、设备、业务用品整理、补充 • 试验性销售的观察和记录 • 现场盘点 • 检查和确认缺货、次品 • 正规事务性作业	• 品质管理(鲜度、温度、湿度管理) • 店内广告招牌设计和书写 • 店长秘书 • 复杂加工 • 技术性验收业务 • 机械修理 • 分类整理 • 司机 • 电话交换机操作 • 展示和配色陈列 • 订货 • 面对面推销技术

正确划分各项业务操作的类型和难度,对于合理安排员工工作,保障各项职能充分发挥作用,发挥个人能力和才干,都是非常重要的。虽然这些操作看起来琐碎、简单,但正是靠这些具体细致、繁琐单调的操作,才能构筑起连锁店经营和发展的事业基础。

三、连锁店铺管理的主要任务

根据连锁企业业务种类的不同,其连锁店铺管理的主要任务可列出以下几项:订货业务、商品陈列业务、销售业务、商品品质管理、服务管理、安全管理、保洁管理、工作安排与作业分工、促销活动等。下面,仅对订货业务、销售业务、工作安排与作业分工展开分析。

(一)订货业务

商品的采购、储存和运输功能都由配送中心承担,连锁店铺只需根据销售情况向总部或物流配送中心提出要货计划。虽然表面看连锁店铺仅承担订货职能,但订货却是连锁经营中至关重要的一个环节。因为连锁店铺是连锁企业经营中的最终销售主体,所有在此之前的一系列准备工作,都要靠最终销售来实现。能否保证商品销售顺畅,在相当大程度上取决于连锁店铺的订货是否适当。

1. 订货的基本要求。简单地说,订货的目的是在尽可能节省费用的前提下，保证商品充分满足销售需要，按照不同种类商品的特点，适时、适量地补充货源。因此，连锁店铺订货必须注意以下两点：

(1)订货量要适当。订货量超过实际的销售需要，会导致商品周转速度下降，滞销品种比重增大，占压库存和资金，减少畅销品种，增加日常作业负担，增大运输和保管费用；反之，如果订货不足，导致商品脱销断档，会丧失销售机会，给顾客造成缺货、品种不丰富的印象，丧失顾客，减少客流量。因此，订货量既不能过多，也不能太少，必须最大限度地接近销售实际需要。

(2)进货的批量和批次问题。这是指在一定期间内进货总量一定的前提下，如何确定进货的次数和每次进货的数量。进货次数与每次进货量成反比例关系。相应的，运输费用和保管费用以及总费用都会随着进货的批量和批次不同而有所不同。另外，交通运输状况、顾客对商品保鲜程度的不同要求、连锁店铺想要达到的目标，都在相当程度上制约着订货的批量和批次。

近年来，随着消费者对商品新鲜程度的要求越来越高，在连锁企业物流配送和订货业务过程中形成了一种多频度、小批量进货的趋势。当然，物流配送手段和信息管理手段的进步也是一个重要方面。

2. 合理订货的条件。包括：

(1)准确把握商品库存量。合理的订货首先来自现有库存量的准确把握。库存量除了通常意义上仓库中的商品存量外，还包括销售现场陈列的量。在无仓库营业的店铺，货架上的陈列量就是库存量。

(2)具体、细致的商品管理。日常商品销售和营业过程中，要形成具体、细致的商品管理制度。对商品陈列位置、陈列方式、陈列量、标价、进货时间、保质期、温湿度控制等与具体品种有关的各方面特征，都应实行具体、准确、细致的管理，获得相关数据。有了这些方面准确的数据，才能较恰当地得出商品需要更换、补充和处理的结论，才能真正把握库存状态，为确定订货量提供依据。

(3)了解和把握商品销售动态，做好预测。日常商品销售动态无疑是合理确定订货量的主要依据。了解和把握日常商品销售动态的方法有四种：一是具体观察和分析，哪些商品正处于畅销期？每日销售量可能达到多少？哪些商品销售开始下降？下降的幅度和速度如何？哪些品种下一阶段会扩大销售量？增长幅度和速度如何？二是可以根据日常销售动态记录、POS资料分析、总部销售动态信息通报、新闻媒介宣传、顾客意见和反映等途径，了解上述动态和数据；三是可运用一定的调查和分析手段加以了解；四是根据产品生命周期变化，了解商品销售的动态。

(4)进行ABC分析。ABC分析，是根据事物在技术和经营方面的主要特征，将事物予以分类排队，分清重点和一般，从而有区别地确定管理方式的方法。ABC 分析是一种行之有效的方法。在商品种类较多,难以对每一品种做到科学、准确的管理的条件下,应用该方法能够抓住重点,实施有效的管理控制,及时把握商品销售动态。

ABC 分析的一般步骤是:

①确定分类标准(如表 9 - 2 所示),记录有关商品销售情况的数据。

表 9 - 2　　A、B、C 三类商品分类标准

分类	销售额	分类	毛利率
A	占销售额 75% 部分	A	占毛利额 75% 部分
B	占销售额 20% 部分	B	占毛利额 20% 部分
C	占销售额 5% 部分	C	占毛利额 5% 部分

②计算每种商品在一定时期的销售量和毛利率。

③按照销售额大小对所有品种排序,并算出每种商品在总销售额中所占百分比(如表 9 - 3 所示)。

表 9 - 3　　ABC 分析计算表

商品名	销售额	销售额百分比	累计百分比	分　类
a	3 000	30.0	30.0	A 类
b	2 300	23.0	53.0	
c	1 200	12.0	65.0	
d	1 000	10.0	75.0	
e	900	9.0	84.0	B 类
f	750	7.5	91.5	
g	450	4.5	96.0	
h	170	1.7	97.7	C 类
i	150	1.5	99.2	
j	80	0.8	100.0	
合计	10 000	100.0		

④选择占销售额 75% 的品种作为 A 类,选择占总销售额 75% ~95% 的部分作为 B 类,余下部分作为 C 类。

⑤对 A,B,C 三类商品采用不同的管理方法。通过 ABC 分析清楚了 A、

B、C 三类商品,就可以有针对性地及时调整商品结构,补充 A 商品,下架 C 商品,进而调整进货策略。

(5)考虑季节、节日与促销。根据过去的经验,在季节性变化来临或在节日、纪念日之前,适当增加相关种类商品的订货量,可以更好地适应销售需要。当然也需注意消费时尚。

3. 订货程序。订货和实际商品到达连锁店铺之间的安排,因商品种类的不同有很大差异。例如,有些商品一日多次配送,如生鲜食品、加工快餐;有的商品一日一次配送,如蔬菜、水果、面包类加工食品;有的商品容易保存,可以几天甚至一周以上配送一次,如许多日用百货用品。根据这些经验,店铺可以制订订货计划,并以图表的形式列出先后次序。

在连锁总部和连锁店铺之间,根据对各类商品销售规律的分析,往往都有一般情况相对稳定的各类商品的货架保有量、配送次数、每次配送量等方面的经验数据和常规配送方式,并不是所有商品每次都要重新研究和调整订货量。在形成较科学的订货、配送工作程序的基础上,订货人员需要完成的工作主要包括三方面:一是根据每日具体销售情况,在经验订货量基础上略做增减,适应日常销售不均匀造成的波动。二是在适当的时机,根据某些商品的趋势性销售动态调整经验订货量,以适应新变化。三是应对某些季节性变化、节假日、纪念日、特殊活动对部分商品需求的影响。

(二)销售业务

销售是连锁店铺最主要的任务,连锁店铺正是通过不断满足顾客对商品的需求,来扩大销售额并实现利润的。所以,连锁店铺应围绕销售这一任务开展工作。

1. 扩大销售途径。第一,制订销售计划,指导店铺内的各项具体工作。计划应该有年度计划、月度计划和周计划。在计划里必须确定重点销售的商品和重点关注的商品。第二,树立一切为顾客着想的观念。通过优质服务树立连锁店铺品牌,吸引顾客,这就需要加强销售的前、中、后服务。第三点是抓好影响销售额变化的三大要素,即顾客人数、顾客购买量和商品单价。增加顾客人数的措施有:改善服务,提高接待水平,进行广告宣传,制定较低的商品价格,销售品种齐全的商品等。若要增加顾客购买量,应首先在商品陈列上下功夫,其次是店铺卖场布局和商品布局,再就是通过 POP 等刺激消费者。商品单价与销售额呈反向变化关系。提高销售额不能一味地通过降低商品单价来实现,而是应通过提供新开发商品、优质商品、名优特商品、独家商品,改善服务,改进包装,提供更多便利等方式来增加商品的附加价值。

2. 展销、促销措施。据国家市场营销协会的资料,大部分顾客 70% 的购物决策是在连锁店铺中作出的。这说明,店铺在顾客到店购物期间是否有效刺激他们的购买欲望,是其销量大小的重要决定因素。通过展销、促销措施可以达到增加销售额的目的。展销、促销的手段很多,前已论述,在此不再赘言。

(三)工作安排与作业分工

连锁店铺管理工作面对的,一方面是每日必须完成的一定种类和数量的工作;另一方面是一定数量的,具有不同操作技能和经验的员工。有效的连锁店铺管理既要保证每日业务工作圆满完成,又要合理安排员工,充分发挥和使用人力资源,这就需要有详细、周密的业务分工和人员日工作安排。所以,必须制定工作安排计划。制订计划的步骤如下:

1. 安排业务分工。制定工作安排计划的过程中很重要的一个方面就是进行作业分工,即把何种工作、多少工作量、在什么时间内、安排给何人承担。因为分店的作业繁多,包括订货、补充商品、接待顾客、销售、提供服务等许多方面,只有通过合理的分工才能把这些工作具体落实下来,保证正常的营业。

2. 根据分店的周边情况,竞争对手情况,休息日、节假日、地方性活动,来预测不同日子或一日中各时间段可能的销售额、顾客人数和销售数量。

3. 制定业务计划。根据以上预测,制定月、周的作业计划。作业计划中,要考虑如订货、盘点等项作业的工作量。

4. 制定出勤安排表。即根据业务计划掌握适当的工作量和店员的工作安排。在此基础上,制定月间和周间的出勤安排表。

5. 下达操作指示。明确了分工出勤计划后,还要通过操作指示表来明确每项工作的具体操作规程。例如,如何进行货架商品的补充?如何制作冷藏食品?等等。操作指示表一般由不同的部门来填写,一般核定 30 分钟 ~ 60 分钟的工作量。

四、连锁店从业人员的职责

连锁超市是连锁企业常见的一种业态,其从业人员的职责如下:

(一)店长的职责

店长与店经理是有区别的,连锁店铺的店长应不折不扣地执行总部的政策,而连锁店铺经理则有一定的自主性和灵活性,更适合由非连锁店的领导人来担任。

1. 店长的工作职责。包括:

(1)负责连锁店铺的经营管理;

(2)对总部下达的各项经营指标的完成情况负责;

(3)监督连锁店铺的商品进货、验收、仓库管理、商品陈列、商品质量管理等有关作业;

(4)执行总部下达的商品价格变动;

(5)执行总部下达的促销计划与促销活动;

(6)掌握连锁门店销售动态,及时向总部提出建议;

(7)监督与改善连锁门店各部门个别商品损耗管理;

(8)监督和审核连锁门店的会计、收款等作业;

(9)监督与管理连锁门店职工考勤、仪容、仪表和服务规范执行情况;

(10)对职工人事考核、升职、降级和调动提出建议。

2. 店长的作业流程。店长的作业流程可以说是工作职责的分解和细化。店长的工作流程须确定两点:一是明确店长的作业时间。一般超市的营业时间为早 8 点至晚 10 点。因此,店长的作业时间为早班出勤,即上班时间为早上 8 点至下午 6 点,这种作业时间的安排使店长掌握中午及下午两个营业高峰期的销售情况,从而有利于店长掌握每月的营业状况。二是店长每日的工作中每个时段上的工作内容。表 9－4 列出了某超市对店长作业流程的时段控制和工作内容的确定。

表 9－4　　超市店长作业流程时段表

时期	作业项目	作业重点
AM8:00—9:00	1. 晨会	布置主要事项
	2. 职工出勤状况确认	出勤、休假、病事假、人员分配、仪容仪表及工作挂牌检查
	3. 卖场、后场状况确认	(1)商品陈列、补货,促销及清洁卫生状况检查; (2)后场仓库检查(包括选货验收等); (3)收银员、找零金、备品及收银台和服务台的检查
AM8:00—9:00	4. 昨日营业状况确认	(1)营业额; (2)来客数; (3)每客购物平均额; (4)每客购物平均品项数; (5)售出品种的商品平均单价; (6)未完成销售预算的商品部门

续表

时期	作业项目	作业重点
AM9:00—10:00	1. 开门营业状况检查	(1)各部门人员、商品、促销等就绪; (2)店门开启、地面清洁、灯光照明、购物车(篮)等就绪
	2. 各部门作业计划重点确认	(1)促销计划; (2)商品计划; (3)出勤计划; (4)其他
AM10:00—11:00	1. 营业问题热点追踪	(1)营业额未达销售预算的原因分析与改善; (2)电脑报表时段与商品销售状况分析,并指示有关商品部门限期改善
	2. 卖场商品态势追踪	(1)缺品、欠品确认、追踪; (2)重点商品、季节商品、商品展示与陈列确认; (3)时段营业额确认
AM11:00—12:30	1. 库存状况确认	仓库、冷库、库存品种、数量及管理状况了解及指示
	2. 营业高峰情况掌握	(1)各部门商品表现及促销活动效果; (2)后场人员调度支援收银; (3)服务台加强促销活动广播
12:30—13:30	午餐	交代指定代管负责卖场管理工作
PM13:30—15:30	1. 竞争店调查	同地段竞争店与本店营业状况比较(来客数、收银台开机数、促销状况、重点商品等)
	2. 部门会议	(1)各部门协调事项; (2)如何达到今日营业目标
	3. 教育训练	(1)新进入人员在职训练; (2)定期在职训练; (3)配合节庆的训练(如礼品包装等)
	4. 文书作业及各种计划、报告撰写与准备	(1)人员变化、请假、训练、顾客意见等; (2)月、周计划,营业会议竞争对策等

续表

时期	作业项目	作业重点
PM15:30—16:30	1. 各时段、各部门营业状态确认	(1)各部门人员、商品、促销 POP 等就绪; (2)地面清洁,灯光照明、购物车(篮)等就绪
	2. 全场态势巡视、检核与指标	卖场、后场人员、商品清洁卫生、促销等环境准备及改善指示
PM16:30—18:30	营业问题热点追踪	(1)后勤人员调度、支援卖场收银或促销活动; (2)收银台开台数,找零金确保正常状况; (3)商品齐全及量感化; (4)服务台配合促销广播; (5)人员交接班迅速且不影响对顾客的服务
18:30	指示代理负责人接班注意事项	交代晚间营业注意事项及关店事宜

值得指出的是,要提高超市管理的现代化水平,必须从岗位职责管理向岗位作业管理转变,也就是说粗线条的岗责要求向细化的作业管理发展。

(二)收银员的工作流程和职责

连锁店铺经营一般采用顾客自我服务、钱款一次性在收银台结清的方式。在超级市场的零售店铺中,一般都把收银台设计在超市的进口处,而和顾客打交道的主要就是收银员,收银员的服务质量优劣将直接关系到顾客对店铺的整体印象。

1. 收银员的工作流程。如图 9-9 所示。

2. 收银员的工作职责。收银员的工作职责是:①收银台附近的保洁;②收银台使用物品的整理与补充;③收银机的设置与管理;④核实商品的零售价;⑤收银登记;⑥清点现金,结算营业额;⑦关闭收银机;⑧检查现金、票据有无遗漏;⑨整理顾客放的购物筐和车等。

(三)理货员的工作职责与工作流程

理货员是在超市和便利店中为顾客服务的间接销售人员,是最直接与消费者沟通的人员之一,其工作质量的好坏也直接影响到销售额和商店的形象。

1. 理货员的工作职责。包括:

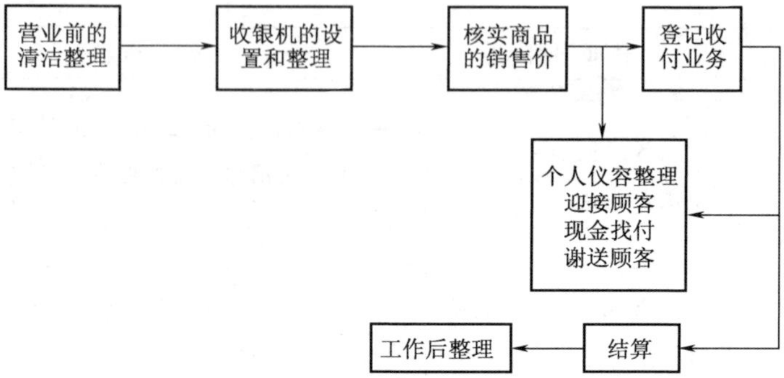

图9－9　收银员工作流程图

（1）熟悉所在部门的商品名称、产地、厂家、规格、用途、性能、保质期限；

（2）遵守连锁店仓库管理和商品发货的有关规定，按作业流程进行该项工作；

（3）掌握商品标价的知识，正确标好价格；

（4）熟练掌握陈列的有关专业知识，并把它运用到实际中；

（5）搞好货架与责任区的卫生，保持清洁；

（6）随时对顾客挑选后的货架上的剩余商品进行整理，并做好商品的补充工作；

（7）保证商品安全。

2. 理货员的工作流程。如图9－10所示。

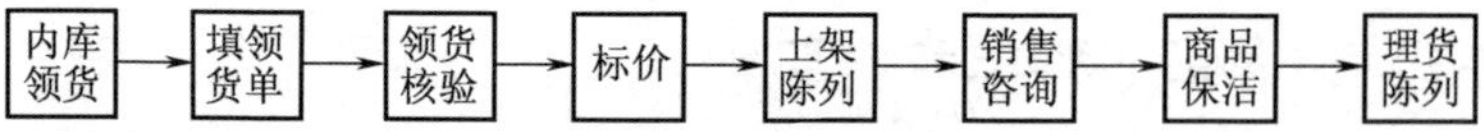

图9－10　理货员工作流程图

第三节　连锁企业信息系统管理

连锁经营区别于传统商业经营的明显特点就是集中与分散的统一。连锁企业虽然是由各分散的连锁门店组成的一个整体，但是必须通过集中管理和规范化运作才能实现资源的最佳配置和优化经营，由此使连锁企业中的物流、商流、资金流和信息流构成一个庞大的网络体系。只有当信息流在网络中活跃起来并畅通时，配送中心、各连锁门店以及连锁总店各职能部门的业务活动才能高效地联系起来，发挥整体优势，真正实现连锁经营的规模效益。这就要求连锁企业必须借助于完善的计算机管理信息系统，而不是再凭经验或凭零散的市场信息的传统方式来经营管理。连锁企业规模越大，地域分布越广，信息化管理就越迫切。

一、连锁企业信息系统建设的内容

（一）信息系统建设的层次

连锁企业在经营管理活动中存在着丰富的信息资源，它们既是企业经营活动的组成部分，又是企业经营管理的决策依据。商业信息的不断流动形成了商业信息流，它和商流、物流、资金流等密切相关且不断扩大，使连锁企业各方面管理和决策力度加大。为此需要利用信息技术进行信息化管理，以达到信息管理制度化、规范化、科学化。连锁企业信息系统建设包括三个层次：

1. 作业层信息化。作业层信息化的主要职能是通过计算机技术代替部分手工操作，完成基本数据的采集。它主要从事日常事务性工作处理、报表处理和查询处理，包括销售数据的收集、统计、查询，产生销售报表，各种会计账簿的登录、查询以及产生相应的报表等。这是整个信息化战略的基石，没有解决好这一层次的信息化，就不能得到准确的数据、丰富的信息，更谈不上有更深入的管理和分析。

2. 管理层信息化。管理层信息化主要是通过对基层采集的数据进行统计分析与对比，根据总部的经营方针，对企业的人事、财务、库存、合同、销售、仓储等方面进行组织管理和微观控制。管理层处理来自作业层的数据，它产生的信息提供给决策层使用。

3. 决策层信息化。决策层利用所获得的各类数据，运用模型库和方法库中的各种模型和方法，挖掘各种信息和规律，辅助决策者预测未来市场的变化趋势，制定正确的发展方向和策略。它所处理的数据一是企业内部作业层和管理层的信息，二是企业所处环境数据。它不但需要常规的即时数据，还需要历史数据。由于决策环境的不确定性，要解决的问题也是不精确的，计算机系统只能提供辅助性决策的依据，决策者需要借助这些数据进行分析判断来做出问题的解答。

从上面三个层次可以看出，连锁企业信息系统的建设就是要解决四个平台建设的问题：为顾客、供应商和本企业提供一个信息交互平台；为业务人员提供一个业务处理平台；为管理者提供一个控制平台；为决策者提供一个决策支持平台。

（二）连锁企业信息系统的构成

从横向看，连锁企业的信息系统由总部管理信息系统、配送中心管理信息系统、连锁门店管理信息系统及远程联网系统四个部分构成。各部分的内部采用局域网络，各部分之间采用广域网络，通过通信线路、电话线或其他传输介质实现异地数据通信。

1. 总部管理信息系统。包括：进货管理子系统；销售管理子系统；财务会计管理子系统；连锁总部决策支持系统；库存子系统；商品进、销、存子系统；人力资源管理子系统。

2. 门店管理信息系统。包括：收款机管理；到货管理；数据统计；销售管理；补货管理；盘点管理；会员管理。

3. 配送中心管理信息系统。包括：业务管理；盘点管理；在库商品管理；查询统计；库存结构分析；账目管理。

案例阅读

7－11 连锁店铺的信息管理系统平台

1. 平台基础。日本 7－11 连锁店的店铺信息管理系统平台是基于 NEC PC 机的。售货员使用 POS 机收款的同时，输入顾客的性别和大致年龄段，然后将数据传输到 PC 机上。PC 机还监控店铺的设备，例如冰柜和空调。如果设备运行不正常，PC 机上的应用系统就会自动通知维修公司。

2. 手持终端。店铺信息管理系统还包括 NEC 的手持终端。店铺经理订货时可用手持终端从 PC 机下载数据，统计不畅销的品牌，从而决定哪些品牌不再订货。

3. 与总部的实时连接。PC 机是同总部的计算机直接连接的，总部可以向 PC 机或手持终端的屏幕上发布一些动态消息，如另一个店铺正畅销的商品。7－11 连锁店的信息系统具有学习功能，使用越频繁，订货的准确性就越高。另外，总部的信息系统分析 5 000 多家店铺的日销售数据，将各店和总体销售分析结果提供给店铺的管理人员以进行更好的决策。7－11 连锁店专为销售分析采购了惠普公司的分布式客户机/服务器系统。

4. 与制造商的伙伴关系。7－11 连锁店将 POS 数据提供给制造商进行需求规划和新产品开发。例如，需要每天补货的鲜活食品占到销售额的 40%，其销售数据可实时提供给制造商进行需求规划。另外，这种伙伴关系使 7－11 连锁店节省了自己的物流中心，制造商可将其商品送到另一个制造商的工厂，使用条形码扫描仪按店铺进行分类，减少了每家店铺的送货车次。

5. 顾客分析。PC 机所收集的数据准确地描述了典型的顾客类型、所采购商品的类型和时间。店铺经理使用这些数据进行订货决策。7－11 的店铺应用程序跟踪3 000种商品，并用图形化数据来展示。这类数据可以显示这些商品每天销售的时间和当时的天气状况，同时也揭示哪些货位对销售和利润贡献最大。结果发现，到7－11店铺采购的顾客有72%是男性，他们主要在晚上7:00—9:00到店铺买盒饭，因此可每天在这个时段在货架上摆放盒饭。另外，系统还发现每天有19%的冷面需要扔掉，原因主要是由于天气炎热容易引起食物变质，因此店铺在天气热时应减少订货。

7－11连锁店铺的信息管理平台如图9－11所示：

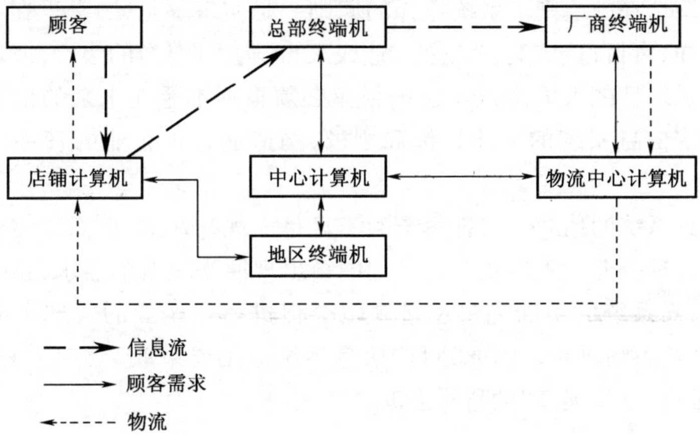

图9－11　7－11的店铺信息管理平台示意图

二、连锁企业信息系统的建设

（一）信息管理系统的组织实施

企业信息化不等于IT（信息技术），而是企业利用现代信息技术和管理技术达到经营管理目的的全过程管理活动。企业信息化涉及更多的是组织行为和业务模式的设计，而不是简单的会计电算化、销售管理或办公自动化。企业信息化的本质就是如何通过信息工具实现有效的管理，创造和获取竞争优势。因此，信息化战略的实施不是企业信息部门的事情，而是整个企业的作业流程的再造。在实施信息化战略时，必须成立"一把手"亲自领导的企业信息化执行委员会或信息化领导小组，成员包括企业所有管理层和相关部门领导，并与人力资源部门、质量管理部门和业务管理机构形成项目协同制度，要按照细分的项目计划建立若干项目作业小组，落实各个部门的协作人员参与，不断征求企业领导的意见，不断获取企业各个管理单元、管理节点的反馈意见；同时，也要建立外部专家联盟，充分考虑供应商和咨询公司的意见。

（二）系统性能及选择

连锁企业信息系统应具备的性能主要是安全可靠性、可扩充性、先进性和易用性。不同规模的连锁企业、不同的应用领域、不同的功能需求，在管理信息系统开发时差异很大，要求也不完全相同。鉴于连锁企业信息系统建立在我国尚处于起步阶段，还没有较为完善、规范的系统，在确定方案时应多方考察、谨慎选择。其中，系统的选择是一个重要的问题。系统是否合适，只有投入使用后才会知道，可是当企业发现这套系统不合适的时候，已经陷入了两难境地——切换，数据转移相当麻烦，企业的日常经营可能受影响；不换，最终会因为系统混乱而影响企业的生存发展。

1. 系统选择的原则。系统选择的原则一是实事求是，二是重在发展。不可贪大求洋，盲目追求“高、大、全”，造成人力、物力、财力的浪费，或者因投资过低导致系统性能大大降低。连锁企业必须根据本企业未来的信息化发展战略来确定信息系统的具体目标和规模，构造适合本企业的管理信息系统模型。

2. 信息系统的拓展。信息系统的不足是客观存在的，而系统完善是永无止境的。连锁企业在不断发展的过程中会出现原来没有的需求，系统也应该随之拓展；而系统的不断完善反过来也会促进整个企业的管理水平不断提升，推动企业不断进步。因此，对待信息系统应用要采取“合理配套、流程配合、分段进行、逐步提高”的科学态度。

（三）连锁企业主要信息系统介绍

1. POS 系统。POS 系统即时点销售数据管理系统。该系统采用条形码技术使设备与收款机联合进行销售数据的实时输入，采用信用卡技术使刷卡设备与收款机联合进行商品销售的实时结算，能够及时地跟踪处理销售与结算支付业务，并根据这些数据进行详细、正确、迅速的分析，为商品的补货和管理提供依据。利用 POS 系统可以及时了解商品的销售动态和周转情况以及库存信息，还可以帮助进行商品结构的 ABC 分析，实现对商品的单品管理。这对于连锁企业研究消费者偏好、把握消费趋势是非常有意义的。

2. EDI 系统。EDI 系统即电子数据交换系统，是按照协议在数据通信网络上将具有一定结构特征的标准数据资料，在贸易伙伴的计算机系统之间进行交换和自动处理的电子化工具。它将与商业贸易活动相关的运输、保险、海关等行业的信息，用一种标准化的格式进行代码描述，然后通过计算机通信网络，实现企业内部各单位之间、企业与其他企业或相关机构之间的电子数据的传输、处理与交换等业务。对于连锁企业而言，每天都有大量数据需要在总部、门店、配送中心、交易伙伴之间流动，因此，使用 EDI 系统既实现了“无纸交易”，又加快了信息传输的速度，提高了工作效率。

3. EOS 系统。EOS 系统即电子订货系统，是连锁企业将各种订货信息通过计算机网络系统传送给供应商，完成企业（包括配送中心）与批发商、制造商之间的商品订购、运输、调配,以及订货、接单、处理、供货指示和结算等项内容的作业控制,其全部过程均是在计算机中进行处理的。连锁企业通过建立与供货商之间的EOS系统,实现商品快速反应,能减少缺货现象,加强商品采购管理。

4. MIS系统。MIS系统即管理信息系统,是指专门为连锁企业服务,具有特定功能的管理信息系统。它是为增加商品销售,在企业内部对商品计划、合同、购、销、调、存、核算、财务、统计分析、辅助决策的整体循环处理过程中,以数据信息为轴心、全面自动化的管理控制系统。

5. VAN系统。VAN系统即价值增值系统,是连锁企业与其战略联盟企业之间实现信息资源共享的网络系统,联盟企业之间可以相互传递信息或了解对方的信息,但对联盟外部则保密。它可以减少搜寻成本等交易费用,减少一些中间环节,故能实现各个企业在原有基础上的价值增值。

总之,上述各信息系统不是独立存在的,而是整合起来的一个有机网络,可以消除信息搜集的重复和各功能系统的局限性。在这个基础上,一些新的网络信息技术也层出不穷,如SCM(供应链管理)系统、HS(物流配送)系统、HRM(人力资源管理)系统等。连锁企业要根据自身发展的需要建设相应的信息网络,提高企业的运营效率。

需要强调的是,连锁企业信息化程度高并不代表企业的管理水平就一定很高,关键还在于连锁企业必须有一种基于信息化的执行文化,在于管理者头脑中有一种用数据进行科学管理的观念。拥有一个完善的管理信息系统和管理制度并不能保证企业拥有强大的竞争力,只有同时建立起基于信息化的企业执行文化才能发挥制度和技术的作用。

第四节　连锁企业财务管理

财务管理是对企业资金运动和价值形态的管理,它通过价值形态的管理实现对企业实物的管理。每一个连锁企业必须建立健全企业财务管理制度,利用财务手段对企业经营管理的全过程进行监督、检查、控制,并对企业的经营状况、经济效益作出正确分析,为企业决策提供准确、及时的信息。

一、连锁企业财务管理的特点

连锁企业的财务管理具有以下四个特点。

(一)统一核算,分级管理

由连锁总部进行统一核算是连锁经营众多统一之中的核心内容。同一区域内的连锁企业,由总部实行统一核算;跨区域且规模较大的连锁企业,可建立区域性的分总部,负责对本区域内的店铺进行核算,再由总部对分总部进行核算。

连锁企业统一核算的主要内容是:对采购货款进行支付结算;对销售货款进行结算;进行资金筹集与调配等。

(二)票流、物流分开

连锁企业实行总部统一核算,由配送中心统一进货,统一对门店配送货物。从流程上看,票流、物流是分开的,这同单店式经营中资金与商品同步运行有着很大的不同。因此,在连锁企业中财务部门与进货部门保持紧密的联系是非常重要的。财务部门在支付货款以前,要对进货部门转来的税票和签字凭证进行认真核对,同时,在企业财务制度中要规定与付款金额数量相对应的签字生效权限。

(三)资产统一运作,资金统一使用

连锁经营的关键是发挥企业的规模效益,所以有必要实行资产统一运作,资金统一使用。

1. 连锁企业资金由总部统一核算,实行资金的统一管理,可以提高企业资金的使用效率和效益,降低成本,减少费用,增加利润。

2. 连锁企业资金实行资产和资金的统筹调配、统一调剂和融通。总部有权在企业内部对各店铺的商品、资金和固定资产等进行调动,以盘活资产,加快商品和资金周转,获取最大的经济效益。

(四)地位平等,利益均衡

连锁企业利润的取得是各分店、各部门通力协作、共同创造的结果,不存在谁地位比谁低、谁为谁服务的问题,各方都要遵循利益均沾、风险共担、地位平等、协商共事的原则,不能靠牺牲对方利益谋取自身利益。

二、连锁企业财务管理的内容

连锁企业财务管理的内容主要是资金管理和成本费用管理。由于存货成本是连锁企业最主要的成本之一,我们还将专门介绍存货成本的控制。

(一)资金管理

资金是企业生存和发展的保证,任何企业都离不开资金,连锁企业也面临着资金管理这一问题。连锁企业的资金应由总部统一筹措,集中管理,统一使用,可采用预算管理方式,并强化日常控制。

连锁企业经营过程中涉及大量的现金收付业务和货物的流动,因此流动资金管理的管理是其资金管理的重点,而流动资金的管理又侧重于货币资金和存货的管理。

1. 货币资金的管理。各门店经营和改造所需资金,由总部或地区总部统一筹措,统一安排。各门店存入银行的款项,要及时通过银行结算划转到总部或地区总部指定账户,由总部或地区总部统一计划调剂。总部和地区总部对门店可建立备用金制度,门店不得坐支销货款。为加强总部、地区总部的资金融通和调度力度,总部或地区总部在内部资金管理上,应通过建立内部资金调剂中心,对门店实行统一开户、统一结算、统一管理、统一调度。

2. 存货管理。连锁企业的存货主要是指采购的商品和低值易耗品。存货占整个连锁企业流动资产的比重较大,有的高达80%。存货利用的好坏,对连锁企业财务状况影响很大。因此,加强存货的规划与控制,使存货保持在最优水平上,是连锁企业财务管理的一个重要内容。

(1)存货成本控制。具体来讲,作为连锁企业总部或地区总部要合理设置库存,以降低资金成本和仓储管理费用。那么,如何控制存货成本呢? 这里主要介绍经济批量法和ABC法。

①经济批量法。存货的成本主要包括采购成本、订货成本、储存成本、缺货成本。采购成本是指从供应商那里获得商品而支出的成本,是商品本身的价值,由购买数量与商品单价决定。一般情况下,采购成本与采购数量成正比例关系。订货成本是指为订购商品而发生的文件处理费和验收成本,如邮资、电报、电话、电传费、办公费、差旅费等。订货成本中有一部分与订货次数无关,如常设采购机构的管理费、采购人员的工资,属于固定成本;另一部分与订货次数有关,属于变动成本。为了降低订货成本,企业需要大量采购,以减少订货次数。储存成本是指存货在储存过程中发生的成本,包括仓储费、保险费、残损变质损失、存货占用资金应支付的利息。为了降低储存成本,企业应要求小批量送货。缺货成本是指由于供应中断而给企业销售造成的损失,如由于供货中断造成延期交货而付出的罚金,由于供货中断而丧失的销售机会及市场份额。为了减少缺货成本,企业应保持足够量的存货或加强物流配送。

订货批量越大,储存成本越高,订货次数越少,订货成本越低;反之,订货批量越小,储存成本越低,订货次数越多,订货成本越高。经济批量法就是要确定经济订货批量,即要寻找使综合成本最低的采购批量。

②ABC分类法。连锁企业常常涉及成千上万的存货项目,有的价值昂贵,但品种少;有的价值低廉,但种类、数量很多。在存货管理上区分重点,照顾一般,这种分类管理的方法就是ABC管理法。首先,以存货的品种和金额作为分类的标志,将存货分为三类:将品种比重不超过20%,金额比重在70%以上的存货项目划分为A类存货;将品种比重不超过30%,金额比重占20%

左右的存货划分为 B 类存货；将品种比重不低于 50%，金额比重只占 10% 左右的存货划分为 C 类存货。如表 9－5 所示。在 ABC 分类法下，对不同类别的存货在管理方式、订货方式、检查方式、控制程度上均有不同的要求，可使企业将管理的重点放在主要资金的运用上。

表 9－5　　ABC 分类管理方法表

项目	A类	B类	C类
管理要求	由于金额比重大，应把库存压缩在最低限度，投入较大精力，精心管理	按经营方针，调节库存水平。根据情况可时严时松	集中大量订货，以较高的库存来节约订货成本
订货方式	按照经济订货批量，定期订货	采用定量订货方式，当库存降到订货点时发出订单	大批量订货
检查方式	经常检查	定期检查	按月或季检查
控制程度	按品种控制	按大类控制	按金额控制

（2）连锁企业加强存货管理的措施。包括：

①总部要对所经营的商品进行统一采购、统一配送、统一核算；

②门店每月要对商品进行盘点，建立实物负责制度；

③总部或地区总部要核定商品损耗率，超额损耗部分由总部或地区总部从门店的工资或奖金总额中扣除；

④门店要根据销售情况和市场需求，及时提出调整商品结构的建议，对接近保质期的商品经常清理，以便总部或地区总部及时调换；

⑤对低值易耗品等其他流动资产的管理，要明确总部和门店的管理权限，实行分级管理。

（二）连锁企业的成本费用管理

成本是指为了达到某一目的，在生产经营活动中发生的人力、物力、财力消耗的总和。连锁企业的成本费用主要是商品采购成本、经营费用、管理费用、财务费用等。

商品采购成本是指外购商品而发生的支出。首先，连锁企业在采购上应货比三家，在保证质量的同时，努力降低采购成本，特别是发挥连锁企业的优势，通过集中采购降低成本。其次，要与供应商建立良好的长期合作关系，减少不必要的费用。

连锁企业经营费用是指连锁企业在供产销过程中发生的各项支出，如运输费、储存费、保险费、展览费、广告费以及各门店发生的各项费用等。连锁企业管理费用是指连锁企业行政管理部门为组织生产经营活动而发生的各项费用,包括管理人员的工资、工会经费、教育经费、保险费、咨询费、诉讼费、四小税(房产税、车船使用税、土地使用税、印花税)、业务招待费、坏账损失等。连锁企业财务费用是指连锁企业在经营过程中为筹集经营所需资金而发生的筹资费用,包括利息支出、手续费、汇兑损益。

连锁企业加强费用控制可采取的措施有:

1. 总部要严格控制自身的费用开支,如广告宣传费、工资等。

2. 由总部统一固定资产的折旧,统一支付贷款利息。

3. 总部规定各店铺的费用项目范围及开支标准,原则上不允许随意扩大和超标。

4. 总部对一些费用要进行分解,尽量细分到各个店铺和商品种类上。

5. 总部对各个店铺的费用通过下达销售费用率进行总体控制,要建立费用率预算计划管理。

6. 各个店铺的直接费用要同店长的利益直接挂钩,对达不到要求的店铺要分析造成费用上涨的原因,并提出调整改正的措施。

三、连锁企业经营活动分析

连锁企业经营活动分析的方法主要有比较分析与比率分析两种。比较分析在于对不同时期的财务数据进行连续的对比,以揭示当期财务状况和经营成果增减变化及其发展趋势。比较时,可以用绝对值,也可以用相对值,通过制作统计图表或编制报表的方式,进行对比分析。比率分析是运用各种财务指标,评价企业财务状况并发现经营管理中存在的问题的一种分析方法。下面我们主要对比率分析作详细介绍。

(一)偿债能力分析

一个企业要生存首先应具备一定的偿还债务的能力,偿债能力的分析主要包括以下几个指标:

$$流动比率=流动资产/流动负债$$

$$速动比率=(流动资产-存货)/流动负债$$

$$资产负债率=负债总额/资产总额$$

流动比率和速动比率是反映企业短期偿债能力的指标。如某连锁企业2003年年末流动比率为1.5,这表明该企业每1元的流动负债就有1.5元的流动资产作为保证。流动比率越高,说明企业偿还债务的能力越强。企业能否偿还短期债务,不仅要看有多少短期债务,还要看有多少可变现用于偿债的流动资产。企业要根据历史的资料数据进行分析，确定适合本企业的指标数值。

资产负债率是反映企业综合偿债能力的指标，它表明在企业的资产总额中有多大比例是通过负债构成的，(1－资产负债率)则表示资产总额中有多大比例是投资人对企业的投入，揭示了企业的资金结构。资产负债率维持在50%左右比较安全。但是，不同的人站在不同的立场会有不同的看法。站在债权人的立场看，他们最关心贷款的安全性，希望按期收回本金与利息，因此，希望企业资产负债率越低越好，这样企业偿债有保证，贷款风险小。企业的投资人关心企业是否营利，投资是否有回报，当资产利润率超过借款利率时，企业的利润就会增加，这对投资人是有利的，此时投资人就希望增加负债，以获得更大的收益。作为连锁企业的经营者，必须在财务风险与营利之间权衡，保持适当的资产负债率。

(二)盈利能力分析

反映企业盈利能力的指标很多，下面是常用的两个指标：

销售毛利率＝(销售收入－销售成本)/销售收入

销售利润率＝利润总额/销售收入

盈利能力指标越高越好，企业要想提高盈利能力，必须想办法提高收入，降低成本费用。

(三)资金周转能力分析

资金周转能力分析指标主要介绍存货周转率、损益平衡点指标，这是连锁企业的效率性指标，是为了对自身经营进行考核而设立的指标。

1. 存货周转率。计算公式如下：

存货周转率＝主营业务收入/平均存货余额

平均存货余额＝(期初存货余额＋期末存货余额)/2

存货周转天数＝360天/存货周转率

一般来讲，存货周转速度越快，存货的占用水平越低，流动性越强，存货转化为现金的速度越快。提高存货的周转率可以提高企业的变现能力；反之，存货周转速度越慢，则变现能力越差。

一般情况下，超市存货周转1次不宜超过40天，连锁便利店存货周转1次应在35天以下。

2. 损益平衡点。计算公式为：

损益平衡点＝固定费用/(1－变动费用/计划营业收入)

损益平衡点即企业保本点，在这一点上企业既不营利也不亏损，只有在保本点以上，企业才能营利。该指标主要是测定连锁店需要实现多少营业收入才不亏损。

第五节 连锁企业文化建设

文化，是物质与精神的综合。企业文化，当然也应该是有形资产和无形资产的总和。在我国，提到企业文化通常只是指无形资产的部分。

一、连锁企业文化的内容

企业文化应该包括精神层、物质层、行为层和制度层四个层面的内容，连锁企业文化也有相应的层次划分。

其一，精神层面。连锁企业文化的精神层面，是指连锁企业在实际运营过程中，经营者的价值观受到一定社会文化背景、意识形态的影响而长期形成的一种精神塑造和价值观。

其二，物质层面。连锁企业文化的物质层面，是指由连锁企业员工创造的产品、服务和各种物质设施等构成的物质文化，是一种以物质形态为载体的表层文化。比如唐装连锁店，这个企业的表层文化是由唐装产品体现的，而其企业文化则是渗透了对中国传统文化的钟情和坚持。

其三，行为层面。连锁企业文化的行为层面，是指连锁企业员工在生产、经营、学习、培训中产生的行为准则。

其四，制度层面。连锁企业文化的制度层面主要体现在连锁企业的领导体制、组织机构和管理制度三个方面。例如，在我国医药行业中享有盛誉的百年老店“同仁堂”，其企业文化就是“修和无人见，存心天有知，炮制虽繁，不敢有损物力”。“同仁堂”将中华民族的传统美德和悠久文化，融入了企业的经营理念之中和员工的行为标准之中。

二、连锁企业文化的构成与功能

（一）连锁企业文化的构成要素

连锁企业文化是具有丰富内涵的亚文化系统，其中包括一系列基本构成要素，如价值观念、企业精神、制度规范、英雄人物、企业环境等，这些要素是构建连锁企业文化的基础。任何形式和特点的连锁企业文化都是由上述要素按照一定方式组合而成的。如麦当劳的清洁（Clean）、快速（Fast）、品质（Quality）、服务（Serve）、价值感（Value）的大原则已深深地印入员工的脑海，形成麦当劳独特的企业文化，也是麦当劳长盛不衰的奥妙之一。

1.价值观念。价值观念是企业及其全体员工一致赞同的、关于客观事物对于企业是否具有价值以及价值大小的共同认识或看法。它体现了一个企业的基本概念和信仰,反映了企业内部衡量事物重要程度及是非优劣的根本标准,因而是企业文化的核心和基石。连锁企业的最高目标、宗旨等是连锁企业价值观念的集中反映。对连锁企业具有价值的客观对象往往不是一个,而是多个,如人才、顾客、利润、社会责任等,各种价值的重要程度也有所不同。将多种价值按照其重要程度加以排序组合,就构成连锁企业价值观念体系。具有稳定的、为全体员工共享的价值观念体系是连锁企业文化发育成熟的重要标志。

2.企业精神。企业精神是指企业及全体员工共同具有的精神状态和思想境界。企业精神的作用更侧重于激发职工的主观能动性,鼓舞士气,在连锁企业形成一种高昂的、充满进取精神与活力的精神氛围,增强企业的凝聚力和职工行为的一致性。

3.制度规范。制度是企业内部按照组织程序正式制定的、成文的规章和规定,如人事制度、奖惩制度等。规范可以是成文的,也可以约定俗成,如道德规范、行为规范等。连锁企业制度规范是连锁企业价值观念、道德观和行为的具体化和条例化,是连锁企业文化的组织保障系统。它把企业职工的价值共识,以及在分工协作、协调相互关系、保持行为一致性方面的共同要求以条文的形式确定下来,从而对职工行为形成有形或无形的约束。

4.英雄人物。英雄人物是指企业中具有超出一般职工的思想境界和行为表现,能够成为榜样和表率的先进个人或群体。他们可以是企业的缔造者、领导者,也可以是职工中的模范代表。英雄人物具有榜样的作用,通过对英雄人物的仿效和追随,可以使广大职工形象、具体地接受连锁企业的价值观体系,领悟连锁企业精神的精髓,进而积极遵从本企业文化的各种准则和规范,使职工群体的文化素养得到普遍提高。如山姆·沃尔顿的精神就是要不断创新,永不满足,积极进取,有极强的竞争意识,不墨守成规,因此,沃尔玛总是在不断创新变化。

5.物化环境。物化环境是指企业内部的物质条件和企业文化有机联系起来,形成一种"物化的外表,精神的环境"。比如,统一的企业形象、颇具特色的工作服、交通工具和办公设备,以及专属于连锁企业的服务用语等等。

(二)连锁企业文化的功能

连锁企业文化的各项要素具有不同的能量和效用。当各要素处于孤立状态时,其能量和效用是潜在的,唯有将各要素按照一定方式加以组合联系,使之以整体的企业文化形式存在,才能使各要素的潜在能量发挥出来,形成效用上的一致性,进而,以整体功能的方式发挥作用。连锁企业文化的整体功能表现在以下方面：

1. 整合生产力功能。连锁企业中人、资金、技术、物资设备等生产力要素的充分整合是连锁企业生产力高度发展的条件。而连锁企业文化在整合生产力要素方面具有特殊作用。它通过共有价值观体系的倡导、行为规范的确立、主文化氛围的形成，造成一种强有力的影响和约束力量，使具有不同价值取向的各个职工达到观念上的共识，并根据规范和氛围的要求自觉调整自身的心理与行为，从而使职工个体结合成为具有共同目标和共同行为能力的集体，把人员协作中可能产生的摩擦和消耗减少到最低限度，实现生产力系统中的人与人关系的最佳组合。

2. 资产增值功能。连锁企业文化作为特定企业环境中生成的群体文化，一经形成便带有与本企业生产经营特点相吻合的鲜明个性与色彩，进而为企业所独有，成为该企业自有资产的一部分。与物质技术设备等有形资产相区别，连锁企业文化资产是无形的，但是，由其生产力性质决定。连锁企业文化作为一种无形资产，同样可以创造价值，具有资产增值的功能。拥有优秀文化的连锁企业可以充分调动职工的积极性和创造性，挖掘物质技术设备的潜能，提高劳动生产率；可以树立良好的企业形象，凭借信誉和声望赢得顾客的支持，推动产品销售，扩大市场占有率，从而利用无形资产促进有形资产的价值增值。不仅如此，在有形资产遭受损失时，企业文化还可以起到补偿和替代作用。例如，有人推断，即使美国可口可乐公司在全世界的机构全部消亡，仅凭可口可乐的名称仍可获得重建公司所需的全部资金。可见，企业文化作为企业的无形资产，其价值有时是难以估算的。

3. 凝聚和激励功能。连锁企业文化在发挥导向和约束功能的基础上，可以促进企业凝聚力的增强。这是由于，通过价值观念及目标的引导，企业将不再是仅由于相互利益需要而聚集起来的群体，而是一个由具有共同的价值观念、精神状态和理想追求的人凝聚在一起的组织。在这个组织中，每个成员都有着强烈的认同感和归属感，对企业的发展前途充满责任感和自信心，积极参与企业的各项事物，主动将个人利益与企业利益联系在一起，与企业结成命运共同体。

4. 辐射功能。连锁企业文化通常在本企业内发挥作用，但由于现代企业与外部环境有着千丝万缕的密切联系，因此，某种企业文化一旦形成，也会通过各种渠道向社会发生辐射作用。例如，企业人员与社会各界的交往、企业的广告宣传、产品销售及服务、企业对社会活动的参与等，都会反映出该企业的文化特点及丰富内涵，并对社会公众产生不同程度的影响。优秀的企业文化可以成为其他企业及社会组织效仿的榜样，对正确的社会意识和良好的社会风气及道德规范的形成起到积极倡导和促进作用。

三、培育有特色的连锁企业文化

企业文化的功能具有普遍适用性，任何性质、形式的企业都可以依靠强有力的企业文化获得成功。而优秀的连锁企业文化不是自然生成的，其功能的充分发挥有赖于对其的精心培育和长期建设。

（一）培育具有优良取向的价值观念，塑造杰出的企业精神

价值观念以及体现价值观念的企业精神是连锁企业文化的核心，也是培养连锁企业文化的首要任务。为确立连锁企业共有的价值观体系和企业精神，要有正确的指导思想。连锁经营企业必须以社会主义市场经济理论为指导，以"三个代表"重要思想为本原，来塑造企业的经营哲学、企业精神、企业道德、价值观念、企业制度等。

（二）明确连锁企业文化建设的目标

连锁企业文化建设要以人为本，调动员工的生产经营积极性。连锁企业文化建设要明确两大目标：一是要为振兴企业服务，通过培育全体员工共识的价值观，形成企业强大的凝聚力，以增强企业在市场上的竞争力，促进企业的生存和发展。二是培养"四有"职工队伍，提高员工的思想素质和技术业务素质，开发员工的智力，增强其创新能力，并充分调动他们的积极性、主动性和进取性，发挥他们的主人翁作用，真正实现以人为中心的管理。

（三）连锁企业领导者要率先垂范，积极倡导连锁企业文化

连锁企业的领导者在建立和发展企业文化中起着关键性的作用。连锁企业文化能否形成，能否继续完善和充实提高，同企业领导者自身的素质、精神状态、思想作风密切相关。他们应成为优秀企业文化的积极倡导者和模范的实践者，身体力行，言传身教，推动企业文化深入人心。企业家身教重于言教，会使企业文化潜移默化，激发广大职工群众的主人翁热情和责任感、使命感。

（四）宣传、教育、灌输，达成共识

连锁企业文化一旦形成体系，比较充实和完善，就需要在企业广大员工群众中，大力进行宣传教育，积极灌输，形成企业上下左右一致的共识，并在企业内部大造舆论，形成强烈的文化氛围，深化每个员工对企业文化的认识，在他们的心灵深处牢牢扎根，并且要抓住典型榜样，大力表彰。先进典型是优秀企业文化的代表，典型引路，榜样激励，会群起效仿。让有理想的人讲理想，有创业精神的人讲创业，使大家学有榜样，赶有目标，从而成为推动人们前进的强大动力。

（五）加强礼仪建设，促进连锁企业文化的习俗化

习俗礼仪是企业文化个性或独特性的具体反映，也是企业文化的主要表

现形式。在构建连锁企业文化时，要注重保留和维护能反映本企业优良传统和文化特点的风俗、习惯，同时根据连锁企业发展需要创立各种活动礼仪形式。为强化习俗礼仪在倡导企业精神、规范职工行为、增强凝聚力等方面的效果，应当尽量采用多样化、趣味化、娱乐化的表现形式，使之成为广大职工喜闻乐见、乐于参与的群众性活动。礼仪建设的实质是使企业的价值观念、精神追求、道德准则和行为规范进一步习俗化，成为每个职工的自然要求和自觉行动。而要达到企业文化的这一最高境界，就要把礼仪建设贯穿和渗透于企业经营管理的全过程，在工作秩序、办事风格、会议形式、待人接客与信息沟通方式以及内部公文格式等各个方面充分体现本企业特有的习俗礼仪，评价其企业文化状况。为此，在培育连锁企业文化时，有必要把塑造良好的连锁企业形象作为一项重要的战略性措施。塑造企业形象与培育企业文化的其他措施有着内在的密切联系。确立卓越的价值观和企业精神，提高职工素质，完善制度规范，加强礼仪建设等，都是塑造良好企业形象的重要内容。与单项措施的区别在于，塑造企业形象强调从全貌或总体状态的角度对各项措施进行统筹设计、系统运用，同时特别注重物化环境要素在塑造企业形象中的骨架和轮廓作用。为此，在从事“软”文化建设的同时，必须加强“硬”文化建设，要不断提高产品质量和服务，改进物质技术准备水平，改善工作环境，提供良好的福利设施和待遇，提高企业的经济效益，从而为企业文化建设奠定坚定的物质基础。

复习题

1. 不同连锁形式的连锁企业的组织机构如何设置？
2. 连锁店铺管理的主要原则包括哪些？
3. 连锁企业如何进行人力资源质量开发？
4. 连锁企业信息系统主要由哪些系统构成？分别介绍。
5. 连锁企业财务管理有什么特点？
6. 结合实际，说明如何利用 ABC 分析法进行科学订货。
7. 连锁企业如何控制存货成本？
8. 连锁企业文化建设有什么作用？

案例一

便利蜂：自动化系统辅助店员

2020 年 8 月 19 日，由中国连锁经营协会主办的 2020 便利店大会在西安举行,便利蜂高级副总裁、运营CEO王紫在会上分享了便利蜂关于提升门店经营品质的实践和思考。

王紫表示,为了在扩张中依然做到把高水准管理系统和服务毫厘不差地复制到全国各地,让每家门店就像社区里的港湾一样,始终给消费者提供干净、温暖的高品质体验,便利蜂落实了两个事情:一是建立了一套自动化系统,把人从琐碎的门店管理中解放出来,专心做好顾客服务;二是把顾客服务的最佳实践量化,由系统帮助人去达到这个标准。

(1)关于自动化系统。据王紫介绍,便利蜂先后开发了智能订货系统、大数据选品系统、自助收银系统、动态定价系统等,并把他们整合为一个覆盖全业务链条的智能便利店操作系统,把门店员工从订货、选品、收银等琐碎的工作中解放出来。

王紫表示,这套系统上线后的效果非常好,动态定价在收益上给便利蜂带来了30%的提升,大数据选品也在"人机大战"中表现出了更高的胜率,自助收银解决了绝大多数门店的排队问题。在这套操作系统的帮助下,仅订货方面,门店店员就节省了3个小时左右的工作量,便利蜂把释放出来的这部分人力,全部投入到亲切待客、清洁卫生、效期检查和食品复热上。

(2)关于量化服务标准、系统辅助店员。据王紫介绍,便利蜂的门店管理是围绕品质、服务和清洁展开的,也称作QSC(即Quality、Service、Clean-ness)。和传统做法不同的是,便利蜂使用系统驱动来降低个体因素导致的工作误差,确保在快速开店过程中保持服务品质的一致性。

便利蜂为门店的QSC管理设置了400多个检查点,制定了300多个SOP①,用以严格、详细、系统化店员的操作,并应用了人工智能、大数据和自动化等技术帮助员工落实。

比如在确保购物环境安全卫生方面,店员只需要按照sop的指引,就可以高效地对门店器具、设备进行不同程度和次数的清洁。同时,便利蜂系统具备识别乱象的功能,像门店餐桌不及时收拾、周转筐乱放这些会影响到消费者购物体验的乱象,一旦被发现,系统会在相应的时间里对店员进行语音提醒。自从这套AI系统上新后,便利蜂门店的不合规操作大幅下降。

此外,便利蜂还将海量店员成熟的服务进行量化,来帮助更多的店员快速达到这一标准。

比如商品的自动排面,便利蜂以老道的店长经验为基础,通过和系统的结合,为新店员提示商品排列的美观度做法。以袋装膨化食品为例,用双手抻住包装对角轻轻拉伸使包装平整、轻轻挤压包装使内部空气均匀分布、商

---

① 所谓SOP,即标准作业程序。

品放回货架最前端时双手轻轻拉伸同侧两角，这些就是所有门店店员都在执行的 sop 流程，而便利蜂的系统会告诉店员应该陈列在哪里、应该是横着还是竖着、商品的间距是多少等等。

便利蜂正是借助店员极致化服务和这套强大的系统，确保了 1 500 多家门店品质如一。今年，便利蜂洞察部门基于北京、天津、上海、南京、苏州、无锡、杭州、深圳这 8 个城市展开了一次调研，分别有 78%、77%、85% 的消费者点赞便利蜂门店环境整洁度、服务亲切度和购物的高效，对比其他同类品牌，在这三项的投票数上便利蜂具有极大的优势。

（资料来源：连锁经营协会网站，2020/08/19）

案例思考题

1. 搜集资料分析，一个连锁企业成功的因素有几条？

2. 便利蜂在互联网时代的大背景下，O2O 融合的情况如何？

3. 根据天眼查数据显示，便利蜂于 2017 和 2018 年获得过两轮融资，总金额达 5.56 亿美元。近日有消息称，便利蜂已完成新一轮融资，累计募集资金达 15 亿美元。思考：如果没有三次资本融资的支撑，便利蜂能存活下去吗？为什么？

案例二

物美新零售转型策略与借鉴

2018 年 4 月 12 日，联商网大会上，物美 COO 首次公开分享物美的新零售转型内幕。作为一家老牌零售企业，物美并未像许多同行那样在新零售时代落伍，一直是令业界好奇的问题。

张文中提到物美超市的新零售转型是他手中的“秘密武器”——多点 Dmall，“多点 + 物美已经成为全渠道零售的新模式”。

一、中国超市的开路先锋

物美是一家带有数字化基因的超市。它的诞生，始于一场无心插柳的意外。张文中回到北京创业，搞出一套针对超市的 POS 系统。张文中决定自己来打造一个超市，向人们示范他这套 POS 系统。1994 年底，物美超市翠微店开张。这也是北京第一家严格意义上的超市。2003 年 11 月，物美成为第一家在香港上市的内地民营零售企业。这之后，物美先后收购美廉美超市，控股宁夏新华百货，吞并正大集团旗下卜蜂莲花部分门店。

2012年,物美在联想桥东北角开设了一家北京面积最大的超市。如今,这里成为物美新零售的最前线。

2015年10月,大卖场低迷的寒流中,物美完成私有化。到2017年底约有240家超市。

二、拿亏损最严重的门店开刀

在超市纷纷进行新零售转型的2017年,物美向亏损最严重的北京联想桥店开刀。

首先做减法。砍掉整个二层,清退原来的服装、茶叶等商家,经营面积从1.2万平方米压缩到6 000平方米,随后进一步压缩到3 500平方米。SKU从1.8万个压缩到8 000个。

然后做加法。引入餐饮区域,推出现场"加工、烹饪、售卖"一条龙堂食餐饮,增加面包、牛排、海鲜陈列。

最后做乘法。借助多点App,打通线上与线下,线上下单,门店配送,如2017年12月这家门店在多点日均有415个订单,占到店铺销售的10%。此外,消费者线下可以用手机自助结账,吸引更多年轻人进入会员体系。

经过改造后,物美北京联想桥店出现三大变化。一是面积压缩、商品减少,销售额却没有减少。二是顾客来店次数少了,总顾客数却没少。三是员工数量从160人降到90多人,库存降低,周转效率显著提升,经营成本因此大幅降低。

物美联想桥店,为什么能上演大逆袭?"关键是物美与多点的深度融合。"物美人说。

三、物美改造背后的"秘密武器"

物美超市的新零售转型,离不开同一阵营的兄弟公司多点Dmall的数字化驱动。

2015年4月,张文中和一些年轻的创业者以及IDG资本创立了分布式电商"多点"。这是"一家线上线下一体化全渠道新零售平台",品类覆盖生鲜、日用、百货等消费品,通过与本地大型商超和深度合作,为各个城市的消费者提供"高品质、低价格"商品的2小时送达服务。

多点Dmall的创始团队堪称豪华,五名合伙人均具备互联网、电子商务领域的经验,而多点与物美的深度融合,应该是其走出困境的主要驱动力。早在2017年1月,多点就宣布北京市场实现正毛利,随后向华东市场拓展。

北京物美与多点会员系统打通后,不到一年时间,会员平均年龄下降了3.5岁,35岁以下用户占到四成。多点也推出了基于物美门店的前置仓、多点秒付、自由购等多种创新。物美高层表示,多点最初只做了北京一个城市,近期才拓展到全国四个城市(北京、天津、杭州、银川),这样的做法带来了顾客的高粘性。

四、多点的新零售打法

多点对物美超市的改造，涉及技术、商品、库存、仓储、会员、营销等层面，但也可以归结为三个方面：更具粘性的人、更满足需求的物、突破空间的场。

第一，通过用户精细化运营，基于数字化建立用户画像，提升用户转化率30%～40%。多点称，其“美杜莎系统”可以根据用户数据、消费数据、消费偏好，以分钟级的速度筛选和分类顾客。随后，“潘多拉系统”跟进，进行点对点全类型促销支持，向不同需求的顾客推送个性化的门店活动，针对关联商品赠送优惠券等。

第二，通过自动化收银系统，实现收银支付效率最大化，提高收银台效率4～6倍，免除排队。多点推出秒付和自由购两个功能，一个普通收银台收银时间50秒，多点秒付13.9秒，多点自由购8秒。据称，机器加上周边配套设备成本只有3 000元，但是等同于1个收银台、3个收银员的工作量。2018年春节前后北京出现用工荒，而北京物美可以减少收银员700人。杭州物美一个星期内自动收银顾客占比超过20%，两个月时这个数字达到30%。

第三，以用户为中心的商品一体化管理、规模化采买、电子化商圈，驱动供应链效率提升。

多点App可以进行用户定位，及时了解用户流向，实时监控门店消费变化，及时根据用户需要来优化商品结构。如今，物美超市每日商品的动销率超过90%，综合毛利达到25%。

与多点合作以后，物美进行了前场后仓配售的一体化改革，门店库房跟三年前相比小了一半之多。后仓商品主要是促销品，老店库房交给多点做“电商前置仓”。物美的动态缺货率从三年前的15%降到1.7%，供应链在物流场景的周转天数甚至一度做到0.8天，在线下超市领域堪称极致。

（资料来源：杜博奇. 物美首次披露新零售转型内幕. 天下网商，2018.4.15；作者整理）

案例思考题

1. 阅读案例，说说多点是一个付款工具还是一个交易平台？

2. 搜集无人销售的案例，比较无人超市系统与多点的无人交易平台有哪些不同，并分别说明各自未来的发展方向。

附 录

附录一

零售业态分类

1. 范围

本标准规定了零售业态的分类标准及其分类原则和各种业态的结构特点。

本标准适用于在中华人民共和国境内从事零售业的企业和店铺。

2. 术语和定义

下列定义适用于本标准。

2.1 零售业(Retail Industry)

以向消费者销售商品为主,并提供相关服务的行业。

2.2 零售业态(Retail Formats)

零售企业为满足不同的消费需求进行相应的要素组合而形成的不同经营形态。

3. 零售业态分类原则(Classification Principle of Retail Formats)

零售业态按零售店铺的结构特点分类。根据其经营方式、商品结构、服务功能,以及选址、商圈、规模、店堂设施、目标顾客和有无固定营业场所进行分类。

4. 零售业态分类(Classification of Retail Formats)

按照零售业态分类原则分为食杂店、便利店、折扣店、超市、大型超市、仓储会员店、百货店、专业店、专卖店、家居建材商店、购物中心、厂家直销中心、电视购物、邮购、网上商店、自动售货亭、直销、电话购物18种零售业态。

零售业态从总体上可以分为有店铺零售业态和无店铺零售业态两类。

4.1 有店铺零售(Store-based Retailing)

有固定的进行商品陈列和销售所需要的场所和空间,并且消费者的购买行为主要在这一场所内完成的零售业态。有店铺零售业态分类和基本特点见附表1。

4.1.1 食杂店(Grocery Store)

以香烟、酒、饮料、休闲食品为主,独立、传统的无明显品牌形象的零售业态。

4.1.2 便利店(Convenience Store)

以满足顾客便利性需求为主要目的的零售业态。

4.1.3 折扣店(Discount Store)

店铺装修简单,提供有限服务,商品价格低廉的一种小型超市业态。折扣店拥有不到2 000个品种,经营一定数量的自有品牌商品。

4.1.4 超市(Supermarket)

开架售货,集中收款,满足社区消费者日常生活需要的零售业态。根据商品结构的不同,可将其分为食品超市和综合超市。

4.1.5 大型超市(Hypermarket)

实际营业面积在6 000平方米以上,品种齐全,满足顾客一次性购齐所需的零售业态。根据商品结构,可以分为以经营食品为主的大型超市和以经营日用品为主的大型超市。

4.1.6 仓储会员店(Warehouse Club)

以会员制为基础,实行储销一体、批零兼营,以提供有限服务和低价格商品为主要特征的零售业态。

4.1.7 百货店(Department Store)

在一个建筑物内,经营若干大类商品,实行统一管理,分区销售,满足顾客对时尚商品多样化选择需求的零售业态。

4.1.8 专业店(Specialty Store)

以专门经营某一大类商品为主的零售业态,如办公用品专业店(Office Supply)、玩具专业店(Toy Store)、家电专业店(Home Appliance)、药品专业店(Drug Store)、服饰店(Apparel Shop)等。

4.1.9 专卖店(Exclusive shop)

以专门经营或被授权经营某一主要品牌商品为主的零售业态。

4.1.10 家居建材商店(Home Center)

以专门销售建材、装饰、家居用品为主的零售业态。

4.1.11 购物中心(Shopping Center/Shopping Mall)

多种零售店铺、服务设施集中在由企业有计划地开发、管理、运营的一个建筑物内或一个区域内,向消费者提供综合性服务的商业集合体。

4.1.11.1 社区购物中心(Community Shopping Center)

在城市的区域商业中心建立的,面积在5万平方米以内的购物中心。

4.1.11.2 市区购物中心(Regional Shopping Center)

在城市的商业中心建立的,面积在10万平方米以内的购物中心。

4.1.11.3 城郊购物中心(Super-regional Shopping Center)

在城市的郊区建立的,面积在10万平方米以上的购物中心。

4.1.12 厂家直销中心(Factory Outlets Center)

由生产商直接设立或委托独立经营者设立,专门经营本企业品牌商品,并且多个企业品牌的营业场所集中在一个区域的零售业态。

4.2 无店铺零售(Non-store Selling)

不通过店铺销售,由厂家或商家直接将商品递送给消费者的零售业态。无店铺零售业态分类和基本特点见附表2。

4.2.1 电视购物(Television Shopping)

以电视作为向消费者进行商品推介、展示的渠道,并取得订单的零售业态。

4.2.2 邮购(Mail Order)

以邮寄商品目录为主向消费者进行商品推介展示的渠道,并通过邮寄的方式将商品送达给消费者的零售业态。

4.2.3 网上商店(Shop on Network)

通过互联网络进行买卖活动的零售业态。

4.2.4 自动售货亭(Vending Machine)

通过售货机进行商品售卖活动的零售业态。

4.2.5 直销(Direct Selling)

采用销售人员直接与消费者接触,进行推介,以达到销售其产品或服务目的的零售业态。

4.2.6 电话购物(Tele-Shopping)

主要通过电话完成销售或购买活动的一种零售业态。

(资料来源:国家质量监督检验检疫总局、国家标准化管理委员会于2004年联合颁布)

附表 1

有店铺零售业态分类和基本特点

业态	基本特点						
	选址	商圈与目标顾客	规模	商品（经营）结构	商品售卖方式	服务功能	管理信息系统
1. 食杂店（Traditional Grocery Store）	位于居民区内或传统商业区内	辐射半径 0.3 公里，目标顾客以相对固定的居民为主	营业面积一般在 100 平方米以内	以香烟、饮料、酒、休闲食品为主	柜台式和自选式相结合	营业时间 12 小时以上	初级或不设立
2. 便利店（Convenience Store）	商业中心区，交通要道以及车站、医院、学校、娱乐场所、办公楼、加油站等公共活动区	商圈范围小，顾客步行 5 分钟内到达，目标顾客主要为白领阶层，单身者、年轻人。顾客多为有目的的购买	营业面积 100 平方米左右，利用率高	即时食品、日用小百货为主，有即时消费性、小容量、应急性等特点，商品品种在 3 000 种左右，售价高于市场平均水平	以开架自选为主，结算在收银处统一进行	营业时间 16 小时以上，提供即时性食品的辅助设施，开设多项服务项目	程度较高
3. 折扣店（Discount Store）	居民区、交通要道等租金相对便宜的地区	辐射半径 2 公里左右，目标顾客主要为商圈内的居民	营业面积 300～500 平方米	商品平均价格低于市场平均水平，自有品牌占有较大的比例	开架自选，统一结算	用工精简，为顾客提供有限的服务	一般
4. 超市（Supermarket）	市、区商业中心、居住区	辐射半径 2 公里左右，目标顾客以居民为主	营业面积在 6 000 平方米以下	经营包装食品、生鲜食品和日用品。食品超市与综合超市商品结构不同	自选销售，出入口分设，在收银台统一结算	营业时间 12 小时以上	程度较高
5. 大型超市（Hypermarket）	市、区商业中心、城郊结合部、交通要道及大型居住区	辐射半径 2 公里以上，目标顾客以居民、流动顾客为主	实际营业面积 6 000 平方米以上	大众化衣、食、日用品齐全，一次性购齐，注重自有品牌开发	自选销售，出入口分设，在收银台统一结算	设不低于营业面积 40% 的停车场	程度较高

续表

业态	基本特点						
	选址	商圈与目标顾客	规模	商品(经营)结构	商品售卖方式	服务功能	管理信息系统
6. 仓储式会员店(Warehouse Club)	城乡结合部的交通要道	辐射半径5公里以上,目标顾客以中小零售店、餐饮店、集团购买和流动顾客为主	营业面积6 000平方米以上	以大众化衣、食、用品为主,自有品牌占相当部分,商品在4 000种左右,实行低价、批量销售	自选销售,出入口分设,在收银台统一结算	设相当于营业面积的停车场	程度较高并对顾客实行会员制管理
7. 百货店(Department Store)	市、区级商业中心、历史形成的商业集聚地	目标顾客以追求时尚和品味的流动顾客为主	营业面积6 000~2 0000平方米	综合性,门类齐全,以服饰、鞋类、箱包、化妆品、家庭用品、家用电器为主	采取柜台销售和开架面售相结合方式	注重服务,设餐饮、娱乐等服务项目和设施	程度较高
8. 专业店(Specialty Store)	市、区级商业中心以及百货店、购物中心内	目标顾客以有目的的选购某类商品的流动顾客为主	根据商品特点而定	以销售某类商品为主,体现专业性、深度性、品种丰富,选择余地大	采取柜台销售或开架面售方式	从业人员具有丰富的专业知识	程度较高
9. 专卖店(Exclusive Shop)	市、区级商业中心、专业街以及百货店、购物中心内	目标顾客以中高档消费者和追求时尚的年轻人为主	根据商品特点而定	以销售某一品牌系列商品为主,销售量少、质优、高毛利	采取柜台销售或开架面售方式,商店陈列、照明、包装、广告讲究	注重品牌声誉,从业人员具备丰富的专业知识,提供专业性服务	一般
10. 家居建材商店(Home Center)	城乡结合部、交通要道或消费者自有房产比较高的地区	目标顾客以拥有自有房产的顾客为主	营业面积6 000平方米以上	商品以改善、建设家庭居住环境有关的装饰、装修等用品、日用杂品、技术及服务为主	采取开架自选方式	提供一站式购足和一条龙服务,停车位300个以上	较高

续表

业态	基本特点					
	选址	商圈与目标顾客	规模	商品(经营)结构	商品售卖方式	服务功能	管理信息系统
11. 购物中心 shopping center/shopping mall							
社区购物中心(Community shopping Center)	市、区级商业中心	商圈半径为5～10公里	建筑面积为5万平方米以内	20～40个租赁店独立开展经营活动	各个租赁店独立开展经营活动	停车位300～500个	各个租赁店使用各自的信息系统
市区购物中心(Regional Shopping Center)	市级商业中心	商圈半径为10～20公里	建筑面积10万平方米左右	40～100个租赁店,包括百货店、大型综合超市、各种专业店、专卖店、饮食店、杂品店以及娱乐服务设施等	各个租赁店独立开展经营活动	停车位500个以上	各个租赁店使用各自的信息系统
城郊购物中心(Super-area shopping Center)	城乡结合部的交通要道	商圈半径为30～50公里	建筑面积10万平方米以上	200个租赁店以上,包括百货店、大型综合超市、各种专业店、专卖店、饮食店、杂品店以及娱乐服务设施等	各个租赁店独立开展经营活动	停车位1 000个以上	各个租赁店使用各自的信息系统
12. 工厂直销中心(Factory Outlets Center)	一般远离市区	目标顾客多为重视品牌的有目的的购买	单个建筑面积100～200平方米	为品牌商品生产商直接设立,商品均为本企业的品牌	采用自选式售货方式	多家店共有500个以上停车位	各个租赁店使用各自的信息系统

附表 2 **无店铺零售业态分类和基本特点**

业态	基本特点			
	目标顾客	商品(经营)结构	商品售卖方式	服务功能
1. 电视购物（Television Shopping）	以电视观众为主	商品具有某种特点,与市场上同类商品相比,同质性不强	以电视作为向消费者进行商品宣传展示的渠道	送货到指定地点或自提
2. 邮购（Mall Order）	以地理上相隔较远的消费者为主	商品包装具有规则性,适宜储存和运输	以邮寄商品目录为主向消费者进行商品宣传展示的渠道,并取得订单	送货到指定地点
3. 网上商店（Shop on Network）	有上网能力,追求快捷性的消费者	与市场上同类商品相比,同质性强	通过互联网络进行买卖活动	送货到指定地点
4. 自动售货亭（Vending Machine）	以流动顾客为主	以香烟和碳酸饮料为主,商品品种在30种以内	由自动售货机器完成售卖活动	没有服务
5. 直销（Direct Selling）	根据不同的产品特点,目标顾客不同	商品单一,以某类品种为主	采用销售人员直接与消费者接触,进行推介,以达到销售其产品或服务的目的	送货到指定地点或自提
6. 电话购物（Tele-shopping）	根据不同的产品特点,目标顾客不同	商品单一,以某类品种为主	主要通过电话完成销售或购买活动	送货到指定地点或自提

附录二

连锁超级市场、便利店管理通用要求与术语规范

1. 范围

本标准规定了连锁超级市场、连锁便利店的有关术语及其定义。

本标准适用于连锁超级市场和便利店业态的经营。

2. 定义

本标准规范了下列术语及其定义。

2.1 零售业态(Retailing Format)

零售企业为满足不同的消费需求而形成的不同经营形式。

2.2 连锁经营(Chain Operation)

企业经营若干同行业或同业态的店铺,以同一商号、统一管理或授予特许经营权方式组织起来,共享规模效益的一种经营组织形式。

2.3 直营连锁(正规连锁)(Company-owned Chain)

连锁的门店由连锁公司全资或控股开设,在总部的直接控制下,开展统一经营。

2.4 自由连锁(自愿连锁)(Voluntary Chain)

若干个门店或企业自愿组合起来,在不改变各自资产所有权关系的情况下,以共同进货为纽带开展的经营。

2.5 特许连锁(合同连锁、加盟连锁)(Franchising)

加盟连锁店的门店同总部签订合同,取得使用总部商标、商号、经营技术及销售总部开发商品的特许权,经营权集中于总部。加盟连锁门店均为独立法人。

2.6 直营店(Chain Store)

以同一资本直接采取连锁经营的门店,也称连锁店。

2.7 加盟店(Franchised Outlet)

以特许连锁方式经营的门店。

2.8 超级市场(Supermarket)

采取自选销售方式,以销售生鲜商品、食品和向顾客提供日常必需品为主要目的零售业态。

2.9 便利店(方便店)(Convenience Store,简写为 Cv. S)

满足顾客便利性需求为主要目的的零售业态。

2.10 连锁公司(chain corporation)

连锁超市(便利店)公司应由10个以上门店组成,实行规范化管理,必须做到统一订货,集中合理化配送,统一结算,实行采购与销售职能分离。

连锁超市(便利店)公司由总部、门店和配送中心(或委托配送机构)构成。

2.11 总部(Headquarters)

总部是连锁企业经营管理的核心,它除了自身具有决策职能、监督职能外,还应具备以下基本职能:网点开发、采购配送、财务管理、经营指导、市场调研、商品开发、促销策划、人员招聘、人才培训、教育及物业管理等职能。

2.12 门店(Outlet)

门店是连锁经营的基础,主要职责是按照总部的指示和服务规范要求,承担日常销售业务。

2.13 配送中心(Distribution Center)

配送中心是连锁企业的物流机构,承担着商品的集货、库存保管、包装加工、分拣配货、配送、信息提供等职能。配送中心由分货配货(TC)、流通库存(DC)、生鲜加工(PC)三部分构成。

2.14 单品(Stock Keeping Unit,简写为SKU)

商品的最小分类。

2.15 单品管理(SKU Control)

单品管理是通过电脑系统对某一单品的毛利额、进货量、退货量、库存量等,进行销售信息和走势的分析,把握某一单品的订货、进货情况的一种管理方法。

2.16 客单价(Per Customer Transaction)

每一位顾客平均购买商品金额。

(1)客单价 = 商品平均单价 × 每一顾客购买商品个数

(2)客单价 = 销售额 ÷ 顾客数

2.17 ABC分析(ABC Analysis)

对重点商品或项目的管理手段。ABC分析的具体做法是:首先将商品依畅销度排行,计算出每一项商品销售额比及累计构成比,以累计构成比为衡量标准,即80%的销售额约由20%的商品创造,此类商品为A类商品;15%的销售额约由40%的商品创造,此类商品为B类商品;5%的销售额约由40%的商品创造,此类商品为C类商品。

2.18 商圈(Trading Area)

来商店购物的顾客居住区域。商圈的大小,主要依据有效吸引来商店购物所需时间而定。根据时间、距离、占有率等,将商圈分第一商圈、第二商圈、第三商圈。

2.19 商品供应计划(Merchandising)

商品由原料开始到最终消费的全过程,即由原料筹集、产品设计、成本控制到向顾客提供商品的所有活动的总称。

2.20 自有品牌(Private Brand)

零售业为建立商品差异化形象而选定某些合适商品,委托制造商加工,并冠以零售企业自身的品牌之称。

2.21 畅销商品(Fast Selling Merchandise)

补货频度和订货频度高,销售量和订货量都大的商品。一般多指 ABC 分析中的 A 类商品,即用 20% 的商品创造 80% 销售额的商品。

2.22 交叉比率(Cross Ratio)

交叉比率 = 周转率 × 毛利率

通常以每季为计算期间。交叉比率低的为优先淘汰商品。

2.23 信息系统(Information System)

信息系统由营业信息系统、管理信息系统和外部关联信息系统构成。

2.24 MIS 系统(Management Information System)

即商店管理信息系统。企业把经营所必要的信息(会计管理信息、人事管理信息、经营管理信息等)储存于电脑,按需要进行加工、分析,所得信息再灵活运用于企业决策中的一种技术方法。

2.25 POS 系统(Point-of-sale System)

即商店的时点销售信息管理系统。

2.26 EOS 系统(Electronic Ordering System)

即电子订货系统,是指销售商与供应电脑相连接,达到正确、迅速开展补货、订货业务的系统。

2.27 EDI 系统(Electronic Ordering System)

即电子数据信息交换系统,是指以电子方式开展资料交换的交易,用不同机种连接不同行业的企业电脑,开展无电话、无传票(无纸)的数据交换的系统。

2.28 ECR 系统(Efficient Consumer Response)

即食品行业防止缺货迅速有效的补货系统。

2.29 QR (Quick Response)

即服装衣料业为减少缺货,缩短加工时间,减少经营费用,能准确预测补货信息,适应顾客需求变化的快速反应系统。

2.30 增值网(Value Added Network)

将收集的商业信息通过电脑网络,附加各种服务,再提供给第三者的有偿资讯信息,即称增值网。

2.31 店外条码(Out-store Bar Code)

产品在制造商生产阶段已在包装上的商品,通常由产品的供应商事先提出申请,在产品出厂前已印好条码。店外条码适合于大量生产的产品。

2.32 店内条码(In-store Bar Code)

仅供商店自行印贴、店内使用,不能对外流通的条码,适用于非大量规格产品。

2.33 POP 广告(Point of Purchase)

零售店的店内海报。

2.34 3S 原理(3S Principles)

(1)标准化(Standardization)

为持续性地生产、销售预期品质的商品而设定的既合理又较理想的状态、条件,以能反复运作的经营系统。

(2)专业化(Specialization)

企业或个人等在某方面努力追求卓越,将工作特定化,并进一步寻求强有力的能力和开发创造出独具特色的技巧及系统。

(3)简单化(Simplification)

为维持现定的作业,创造任何人都能轻松且快速熟悉作业的条件。

(资料来源:原国家贸易部于 2001 年 3 月发布)

附录三

连锁经营名词、术语

1. 便利店(Cv. S, Convenience Store)
2. 超级市场(SM, Super Market)
3. 大卖场,又称大型超市(Hyper market)
4. 联合店(Combination store)
5. 超级商店(Super Store)
6. 专卖店(Exclusive shop)
7. 专业店(HS 或 SS, Specialty Store)
8. 变量店或量贩店(VS, Variety Store)
9. 百货店(Department Store)
10. 折扣店(DS, Discount Store)
11. 仓储式会员店(Warehouse Club)
12. 厂家店(Factory Outlet)
13. 综合店,又称大型综合超市(GMS, General Merchandise Store)
14. 单品店(Single-line Store)
15. 购物中心(Shopping Center)
16. 快餐店(Fast-food Outlet)
17. 超级专卖店(Super Specialty)
18. 仓储式销售(Warehouse Retailing)
19. 计算机商店(Computer Store)
20. 电子超级店(Electronics Super Store)
21. 超大型购物中心(Mega Mall)
22. 电子购物(Electronic Shopping)
23. 美国巨型市场(American Hyper Market)
24. 连锁店(Chain Store),连锁经营(Chain Operation)
25. 配送中心(Distribution Center)
26. 中央商务区(Central Business District, CBD)
27. 次级商务区(Secondary Business District, SBD)
28. 居民商务区(Neighborhood Business District, NBD)
29. 新产品引进(Efficient Product Introduction)

30. 电子订货系统(Electronic Ordering System,简称 EOS 系统)

31. 时点销售信息管理系统,即 POS(Point Of Sales)系统

32. 管理信息系统(MIS 系统)

33. 款到发货(Cash On Delivery, COD)

34. 单到付款(Cash With Order, CWO)

35. 电子标签监视系统(EAS)

36. BtoC (Business to Customer):企业对个人的电子商务

BtoB (Business to Business):企业对企业的电子商务

CtoC (Customer to Customer):个人对个人的电子商务

37. 供应链(Supply Chain)

38. 门店 (Outlet)

39. 高效的店铺配置(Efficient Store Assortment)

40. 正规连锁(Regular Chain, RC),又称直营连锁、公司连锁(Company Owned Chain)

41. 特许连锁(Franchise Chain, FC),又称合同连锁

42. 自愿连锁(Voluntary Chain, VC),又称自由连锁

43. SV(super vison),督导指导或经营指导

44. Know-how,技能、技术、诀窍

45. 补货系统(Efficient Replenishment)

46. (1)特许经营(Franchise);(2)特许者(Franchiser);(3)加盟者(Franchisee)

47. 经营模式的特许经营(Business Format Franchising, BF)

48. 商品商标的特许连锁经营(Product and Trade Name Franchising, P&T)

49. 零库存(Just In Time, JIT);日本称为多频度、小批量配送,也叫及时配送,零库存系统(Just In Time System, JITS)

50. 企业资源系统(Enterprise Resources Planning, ERP),是一种企业信息管理系统。

51. 加盟金(Franchise Fee, FF)

52. 数据库技术(Database)

53. CI 有两层含义:

(1)企业识别(Corporate Identify)

企业识别系统(Corporate Identify System, CIS)

理念识别(Mind Identify, MI)

行为识别(Behavior Identify,BI)

视觉识别(Visual Identify, VI)

(2)企业形象(Corporate Image)

企业形象管理(Corporate Image Management,CIM)

54. DIY,家居建材商店,连锁业态的一种

55. 超级标签(Super Tag)

56. 店面识别(Store Identify, SI)

57. 标准字(Logo Type)

58. 图形标志(Symbol Mark)

59. 企业精神标语(Slogan)

60. 店头广告(Point of Purchase, POP)

61. 沟通(Communication)

62. 整合行销系统数据网络(Integrated System Digital Network, ISDN)

63. 图表订货终端机(Graphic Order Terminal,GOT)

64. 扫描仪(Scanner Terminal, ST)

65. 门市电脑(Store Computer, SC)

66. 网络增值系统,又称增值网(Value Added Network, VAN)

67. 高效率消费者反应策略(Efficient Consumer Response, ECR),是为减少缺货而建立的迅速有效的补货系统

68. 计算机辅助订货(Computer Assisted Ordering, CAO)

69. 持续补充系统(Continuous Replenishment Programmer, CRP)

70. ADC,自动数据采集

71. 穿过式配送,又称交接运输(Cross Docking, CD)

72. EAN,国际通用的商品条形码体系,也是国际物品编码委员会的简称

73. UPC,美国统一编码委员会的简称

74. 电子标签辅助拣货系统(Electronic Label System, ELS)

75. OFC,店铺巡视经营指导员

76. AFC,助理经营指导员,店铺巡视经营指导员的下级

77. 全球卫星定位系统(Global Positioning System, GPS)

78. SKU(Stock Keeping Unit)数,即单品数,即店内销售的不同商品的品种数,也是存货控制的最小单位。每一个单品即为一个 SKU。

79. ITEM 号,即单品号,商品号,每一种商品均被设有一个商品号

80. MPU 区,贵重商品区

81. OP 单,即订单,店内收货部据此收货。OC 单即为退货单。

82. EA,商品的销售单位

83. 销售区(Picking Stock)

84. 存货区(Over Stock)
85. END CAP,堆头
86. RTV 区,非正常销售商品的存放区
87. 端架(End Cap)
88. 边架陈列(Side Kit)
89. 天天低价,简称 EDLP(Everyday Low Price)
90. 一站式购物(One Stop Shopping)
91. 集中付款管理,即 CPC(China Payment Center)
92. 客单价(Per Customer Transaction),即每一位顾客平均购买的商品金额
93. 条形码(Bar Code)
94. DM (Direct Mall),简称直接广告、快讯商品广告,又称促销彩页
95. 促销(Sales Promotion, SP)
96. 店外条码,有叫原印码、国际商品条码(Out-Store Bar Code)
97. 店内条码,商店自己编制的商品条码(In-Store Bar Code)
98. 商品管理计划(Merchandising)
99. QR(Quick Response)系统,快速反应系统,供应链管理系统之一。
100. 单品管理(SKU Control)
101. 商圈(Trading Area)
102. 自有品牌(Private Brand)
103. 商品供应计划(Merchandising)
104. RFID,是一种射频技术,借助智能标签能自动识别商品的价格与位置。
105. RFID 货架(RFID Shelf)
106. 智能电子秤(Smart Scale)
107. 智能购物车(Personal Shopping Assistant)
108. 智能支付(PSA Check-OUT)
109. 去码器(DE-activator)
110. 电子产品代码(EPC)
111. 现购自运(Cash & Carry)
112. 项目管理(Project Manage ment, PM)
113. 工作分解(WBS)
114. 直接送货(DSD)
115. 供应链管理系统(SCM)
116. 物流配送系统(HS)
117. 人力资源管理系统(HKM)

118. 供应商管理用户库存(VMI)

119. 店铺直送(Direct store delivery,DSD)

120. 款到收货(COD)

121. 单到付款(CWO)

122. 国际特许连锁协会(IFA International Franchising Association)

123. 国际大量零售协会(IMRA International Mass Retail Association)

124. 大西洋与太平洋茶叶公司(A&P)

125. 美国中小企业局(SBA)

126. EFF (European Franchise Federation)欧洲特许联盟

127. WFC (World Franchise Council)世界特许联合会

128. 中国连锁经营协会(CCFA)

129. 美国国际特许经营协会(D. S. A)

130. 美国全国零售联盟(NRF)

131. 国际零售商联盟(IGA)

132. 美国受许人与经销商协会(AAFD)

133. 美国受许人协会(AFA)

134. 法国特许经营协会(FFF)

135. 英国特许经营协会(BFA)

136. 德国特许经营协会(DFV)

137. 世界特许经营发展服务组织(FDS)

138. 预先收货清单(ASN)

139. 商品分类管理(Category Management,CM)

140. 首次公开发行(IPO)

141. 投资回报(ROI)

142. 市盈率(PE)

143. 品类(Category)

144. 品类管理(Category Management,CM)

145. 价格带(Price Range,PR)

146. 价格点(Price Point,PP)

145. NKA:大型连锁销售机构

146. ALC :全称门店行政后勤控制中心. 即 Administration 行政 + Logistics 后勤 + Control 控制

147. KA 管理(Key Account Management):重要客户管理

148. KA 销售(Key Account Selling)

149. 集中付款管理(CPC)

150. 总部(Headquarters)

151. 先进先出(First - In First - Out,FIFO)

152. 缺货(Out of Stock)

153. 畅销商品(Fast Selling Item)

154. 滞销商品(Slow Selling Item)

155. 自有品牌(Private Brand)

156. 客单价(Per Customer Transaction)

157. OPL 订单(Order Proposal List):系统电脑自动建议订单,它是根据每个商品的库存天数、DMS、最低订货条件等各种因素综合之后自动产生的订单。

158. 每日平均销售值(Daily Mean Sales,DMS)

159. 孤儿商品:指被顾客遗弃在该商品非正常陈列位置的单个或多个商品

160. 盘点(Stock - taking)

161. CPFR 联合计划、预测与补货:是建立在贸易伙伴之间密切合作和标准业务流程基础上的经营理念

162. 预先发货通知(ASN)

163. 价值链分析(VCA)

164. 敏捷制造(AM)

165. 虚拟企业(VE)

166. 集成供应链管理(ISCM)

167. 售货合同(Sales Contract)

168. 国际贸易标准分类(SITS)

169. 布鲁塞尔海关商品分类目录(BTN)

170. 商品名称及编码协调制度(H. S)

171. 商品的质量(Quality of Goods)

172. 凭卖方样品买卖(Sale by Seller's Sample)

173. 凭规格买卖(Sale by Specification)

174. 凭标准买卖(Sale by Standard)

175. 良好的平均品质(FAQ)

176. 凭品牌买卖(Sale by Trade Mark or Brand)

177. 工厂交货(EXW)

178. 货交承运人(FCA)

179. 运费付至(CPT)

180. 运费、保险付至(CIP)

181. 运输终端交货(DAT)

182. 目的地交货(DAP)

183. 完税后交货(DDP)

184. 船边交货(FAS)

185. 船上交货(FOB)

186. 成本加运费(CFR)

187. 成本、保险加运费(CIF)

188. 质量控制(QC)

189. 现代通路(Modem Trade,MT)

190. 传统通路(Traditional Trade,TT)

191. 3R 原则:Rotation 先进先出原则;Re - location,进行货架调整,转到较快货架;Roll 临期货统一收集,放到小店促销

192. 快速消费品(FMCG)

193. 客户管理(CRM)

194. RFM 方法:最近购买月 Recency,购买频率 Frequency,平均客单价 Monetary

195. 高效新品引进(EPI)

196. 快速消费品类(FMCG)

197. 顾客满意度(CS)

198. 商店识别(Store Identity,SI)

199. 物联网(IOT)

200. 广告口号(Slogan)

201. 管理服务商(MSP)

202. 数字化解决方案(ISV)

203. 云转售(AGG)

204. 人工智能(AI)

205. 流程管理(BPI)

206. 电子价签(ESL)

207. 线上到线下(O2O)

208. 千人传播成本(CPM)

209. cost per click(CPC);按照点击量收费

210. 点击成本 CPA(cost per Action):按照订单量收费。

211. CPS(cost per sales):按照实际销售量收费。

(资料来源:作者收集整理)

参考文献

[1]耿启俭,李亮德.连锁联盟.北京:中国纺织出版社,2018.

[2]李松.招商模式.北京:中国财富出版社,2019.

[3]耿启俭.连锁联盟.北京:中国纺织出版社,2018.

[4]郑昕.连锁门店运营管理.北京:机械工业出版社,2017.

[5]李维华.特许经营连锁经营手册.北京:北京经济管理出版社,2017.

[6]中国连锁经营协会.连锁[J].2014－2016.

[7]赵涛.连锁店经营管理[M].北京:北京工业大学出版社,2006.

[8]王吉方.特许经营管理实务[M].2版.科学出版社.2016.1.

[9]韩肃.连锁经营管理[M].哈尔滨:哈尔滨工业大学出版社,2004.

[10]第6届中国特许加盟大会暨展览会刊[J],2010.5.

[11]周树清.连锁制胜[M].中国国际广播出版社,2002.

[12]蒋才虎.双赢新干线[M].广州:广东经济出版社,2002.

[13]朱明侠.特许经营案例集[G].北京:经济科学出版社,2003.

[14]万典武等.商业布局与商店设计[M].北京:中国商业出版社,2004.

[15]赵凡禹.麦当劳的成功奥妙[M].北京:民主与建设出版社,2002.

[16]蔡明烨.商店·连锁店·超市经营规划与作业设计[M].上海:上海三联书店,2001.

[17]季辉.连锁商业营销与管理[M].重庆:重庆大学出版社,2004.

[18]唐树伶.连锁商业营销与管理[M].北京:清华大学出版社,北京交通大学出版社,2006.

[19]张大成.现代商业企业经营管理[M].2版.北京:清华大学出版社,北京交通大学出版社,2006.

[20]赵涛.特许经营[M].北京:北京工业大学出版社,2005.

[21]李维华.特许经营理论与实务[M].北京:机械工业出版社,2005.

[22]何森.连锁为王[M].北京:中国经济出版社,2005.

[23]倪宁.麦当劳餐饮攻略[M].广州:南方日报出版社,2004.

[24]杨波.7－11真经[M].北京:北京工业大学出版社,2006.

[25]朱甫.沃尔玛与家乐福[M].北京:中国经济出版社,2006.

[26]安德鲁J.谢尔曼.特许经营手册[M].北京:机械工业出版社,2005.

[27]中国连锁经营协会.特许经营实务[M].北京:高教出版社,2014.